ENTENDIENDO A DIOS

Y

SUS PACTOS

por

Patricia Beall Gruits,

B. Th.; M. Div.; D.D.

PeterPat Publishers, Inc.
PO Box 081816

Rochester, Michigan 48308-1816
U.S.A.

Citas bíblicas tomadas de la Biblia Reina-Valera
C 1960, Sociedades Bíblicas en América Latina.
Utilizada con permiso.

ENTENDIENDO A DIOS Y SUS PACTOS

Derechos del Autor Reservados en 1985 por Patricia Beall Gruits
Derechos del Autor Reservados en 1993 por Patricia Beall Gruits

Todos derechos del autor son reservados. Ninguna parte de este libro puede ser usado sin permiso escrito del editor, con la excepción de porciones breves para artículos en folletos, revistas, periódicos, etc. Para más información Diríjase a:

PeterPat Publishers, Inc.
PO Box 081816, Rochester, Michigan 48308-1816

ISBN 0·9639461·0·2
Library of Congress Catalogue Card Number 93·86503

Este libro se ha publicado originalmente en inglés con el tintulo de
UNDERSTANDING GOD AND HIS COVENANTS.
(ISBN 0·935945·00·8)

Imprimido en U.S.A.

Dedicado a mi esposo, J. Peter Gruits
y mis cuatro hijos, Peter, Harry, Patrick, y William

Su ánimo y apoyo leal
han hecho este libro una realidad.

RECONOCIMIENTO

PeterPat Publishers desea agradecer a Charles Hibdon por el trabajo de traducción de este libro. Especiales gracis van también a Kati Hibdon, Jason Hibdon y Rosa Collier por la ayuda de ellos al leer la versión antes de imprimirla.

Patricia Beall Gruits

INTRODUCCIÓN

En 1972, "Entendiendo a Dios", fue publicado para satisfacer el hambre intensa para el conocimiento de Dios. Este hambre fue producido por la Renovación Carismática. Multitudes de personas alrededor del mundo han estudiado diligentemente este libro de texto o a asistido una clase de "Entendiendo a Dios". Todas las verdades básicas fueron presentadas con apelo fresco y sencillez. Vida espiritual fue restaurada a ellos a través de una revelación del Espíritu Santo. Los estudiantes actualmente experimentaron las doctrinas fundamentales de Cristo y los sacramentos de la Iglesia, que antes fueron solamente tradiciones.

La Iglesia de Jesucristo una vez más está deseando una visitación fresca del Espíritu Santo y mayor entendimiento de Dios. Sin embargo, las Escrituras nos enseñan que el conocimiento que desean, solamente se puede encontrar cuando hombres y mujeres entran en un pacto significante con Dios. Este nuevo libro, "Entendiendo a Dios y Sus Pactos" es diseñado para ayudara gente en todo el mundo que tiene hambre espiritual y descubrir el entusiasmo de esta relación profunda y significante con Dios.

Este nuevo libro utiliza el método más antiguo, pero mas renumerable de instrucción religiosa ... un método sistemático de preguntas y respuestas. El catecismo se ha probado valioso en la educación cristiana porque enseña con preguntas provocativas y con respuestas claras y concisas. Presenta las verdades bíblicas con organización lógica y con pasos progresivos. Organiza el trabajo de ambos, estudiante y maestro dentro de límites específicos de asignaciones definidas. Enfatiza el carácter permanente de la verdad y más importante de todo, da al alumno un entendimiento inteligente de la fe cristiana.

INTRODUCCIÓN

Los beneficios de catecismo son muchos. Desarrolla entendimiento espiritual, estimula crecimiento en gracia, fortifica contra la tentación, crea hambre para estudiar las Escrituras, anima testimonios personales, y fortalece el alumno para vida y servicio cristiano.

Durante los últimos catorce años, "Entendiendo a Dios", ha sido enseñado en clases y seminarios en todo el mundo. Mientras que hemos usado los materiales, hemos descubierto muchas nuevas maneras efectivas para presentar este catecismo a nuestros estudiantes. La súplica para publicar este nuevo libro ha venido de los que nos han oído enseñar los pactos de Dios y han observado nuestro método efectivo.

"ENTENDIENDO A DIOS Y SUS PACTOS" es presentado con mucha oración para ayudar el pueblo de Dios encontrar las respuestas que desean en lo profundo de su corazón.

Patricia Beall Gruits

TABLA

DIOS Y SU PALABRA

CAPITULO		PÁGINA
1	Entendiendo A Dios	1
2	La Guia Cristiana	15

LOS PRINCIPIOS

3	El Mundo Espiritual	22
4	La Restauración De La Tierra Y De La Creación Del Hombre	35

LOS PACTOS DE DIOS

5	El Pacto Con Adán	41
6	El Pacto Con Noé	47
7	El Pacto Con Abrahán	54
8	El Pacto Con Moisés	63
9	El Misterio De La Iniquidad	70

LA PRIMERA TABLA DE LA LEY

10	El Primer Mandamiento	79
11	El Segundo Mandamiento	82
12	El Tercer Mandamiento	84
13	El Cuarto Mandamiento	90

LA SEGUNDA TABLA DE LA LEY

14	El Quinto Mandamiento	94

15	El Sexto Mandamiento	98
16	El Séptimo Mandamiento	101
17	El Octavo Mandamiento	109
18	El Noveno Mandamiento	111
19	El Décimo Mandamiento	115
20	El Pacto Con David	119

JESUCRISTO Y EL NUEVO PACTO

21	Entendiendo A Jesucristo	127
22	La Encarnación	139
23	Estableciendo El Nuevo Pacto	148
24	La Resurrección Y La Ascención	161
25	El Credo De Los Apóstoles	172
26	Las Bendiciones Del Nuevo Pacto	174
27	Preparándonos Para El Pacto	178
28	La Doctrina De Justificación O Fe En Dios	181
29	Entrando Por La Entrada Del Nuevo Pacto	193
30	Sellando El Pacto	207
31	La Imposición De Manos	224
32	El Propósito Del Pacto	229
33	Juicio Eterno	241

EL ESPÍRITU SANTO Y LA IGLESIA

34	Entendiendo Al Espíritu Santo	258
35	Santificación	267
36	El Cuerpo De Cristo	274
37	La Misión De La Iglesia	289
38	Alabanza Y Adoración	303
39	Oración Y Ayuno	317
40	Dones, Llamadas Y Ministerios Del Espíritu Santo	340

41	Compromiso Al Cuerpo De Cristo	362
42	El Estilo De Vida Del Reino	378

LOS SACRAMENTOS Y LAS ORDENANZAS

43	Los Sacramentos Y Las Ordenanzas De La Iglesia	391
44	El Sacramento De Comfirmación	397
45	El Sacramento De Lavar Los Pies	402
46	La Santa Cena	414
47	Los Sacramentos De Matrimonio Y La Dedicación De Niños	422
48	La Familia Cristiana	435
49	Sanidad Divina Y El Sacramento De Ungir Con Aceite	448

ENTENDIENDO A DIOS

CAPITULO 1

1. ¿QUÉ SIGNIFICA LA PALABRA, "DIOS"?

La palabra "Dios" es el título usado para describir al Ùnico Ser Supremo. El es alabado como el "Ùnico" con suficiente sabiduría y fuerza para crear y mantener el universo.

Aprende pués, hoy, y reflexiona en tu corazón que Jehová es Dios arriba en el cielo y abajo en la tierra, y no hay otro. (Dt. 4:39)

Así dice Jehová Rey de Israel, y su Redentor, Jehová de los ejércitos: Yo soy el primero, y yo soy el postrero, y fuera de mí no hay Dios. (Is.44:6)

2. ¿ES POSIBLE ENTENDER A DIOS?

Sí. Dios no se esconde de su creación. Ha proveído respuestas - no todas las respuestas, pero suficientes como para satisfacer a nuestro intelecto e inspirar a nuestros corazones. Ha proveído estas respuestas en la naturaleza, en las Escrituras, y en la persona de Su Hijo.

No hablé en secreto, en un lugar oscuro de la tierra; no dije a la descendencia de Jacob: En vano me buscáis. Yo soy Jehová que hablo justicia, que anuncio rectitud. (Is. 45:19)

Los cielos cuentan la gloria de Dios, Y el firmamento anuncia la obra de sus manos. (Sal. 19:1)

Y se manifestará la gloria de Jehová, y toda carne juntamente la verá; porque la boca de Jehová ha hablado. (Is. 40:5)

Felipe le dijo: Señor, muéstranos el Padre, y nos basta. Jesús le dijo: ¿Tanto tiempo hace que estoy con vosotros, y no me has conocido, Felipe? El que me ha visto a mí, ha visto al Padre; ¿cómo, pués, dices tú: Muéstranos el Padre? (Jn. 14:8-9)

3. **¿ES NECESARIO QUE NOSOTROS ENTENDAMOS A DIOS?**

Sí. Lo que entra en nuestra mente cuando pensamos en Dios es la cosa más importante para nosotros. El hombre no puede elevarse a ser más alto que su religión, y una religión jamás ha sido más grande que su idea acerca de Dios. La pureza y la profundidad de adoración depende en la imagen que una persona tiene de Dios.

El temor de Jehová es el principio de la sabiduría, Y el conocimiento del Santísimo es la inteligencia. (Pr. 9:10)

Profesando ser sabios, se hicieron necios, y cambiaron la gloria del Dios incorruptible en semejanza de imagen de hombre corruptible, de aves, de cuadrúpedos y de reptiles. (Ro. 1:22-23)

4. **¿QUÉ ES DIOS?**

Dios es Espíritu. Es un ser personal sin sangre y carne y así pues, invisible.

Dios es Espíritu; y los que le adoran, en espíritu y en verdad es necesario que adoren. (Jn. 4:24)

Por tanto, al Rey de los siglos, inmortal, invisible, al único y sabio Dios, sea honor y gloria por los siglos de los siglos. Amén. (I Ti. 1:17)

5. **¿DÓNDE ESTA DIOS?**

El hogar y el trono de Dios está en un lugar llamado el cielo, pero Dios mora en toda la tierra. No podemos escondernos de Dios. Sus ojos ven todo. No podemos escapar de Dios, porque El está en todos sitios.

Jehová dijo así: El cielo es mi trono, y la tierra estrado de mis pies; ¿dónde está la casa que me habréis de edificar, y dónde el lugar de mi reposo? (Is. 66:1)

6. ¿CÓMO ES DIOS DE GRANDE?

El tamaño de Dios es ilimitado. El es más grande que el universo entero, más grande que nos podamos imaginar. No existe ni un instrumento conocido al hombre que pueda medir la grandeza de Dios.

¿Quién midió las aguas con el hueco de su mano y los cielos con su palmo, con tres dedos juntó el polvo de la tierra, y pesó los montes con balanza y con pesas los collados? (Is. 40:12)

He aquí que las naciones le son como la gota de agua que cae del cubo, y como menudo polvo en las balanzas le son estimadas; he aquí que hace desaparecer las islas como polvo. (Is. 40:15)

7. ¿CUAL ES EL ORIGEN DE DIOS?

Dios no tiene origen. "Origen" es una palabra que se puede aplicar a las cosas creadas. Dios es auto-existente, auto-dependiente, y auto-suficiente. El existió antes de que empezara el tiempo.

Señor, tú nos has sido refugio de generación en generación. Antes que naciesen los montes y formases la tierra y el mundo, desde el siglo y hasta el siglo, tú eres Dios. (Sal. 90:1-2)

En el principio era el Verbo, y el Verbo era con Dios, y el Verbo era Dios. Este era en el principio con Dios. (Jn. 1:1-2)

Porque en él fueron creadas todas las cosas, las que hay en los cielos y las que hay en la tierra, visibles e invisibles;

sean tronos, sean dominios, sean principados, sean potestades; todo fue creado por medio de él y para él. (Col. 1:16-17)

8. ¿CÓMO PUEDE SER DIOS AUTO-SUFICIENTE?

Dios es lo que es en Sí Mismo. La vida es en Dios y es de Dios, sea la forma mas baja inconsciente de la vida, o sea, la forma de vida de alta inteligencia y de alta conciencia como la de un serafín. No hay criatura que tenga vida en sí mismo, todas las formas de vida son un don de Dios. Dios es el Ser que contiene todo y quien da todo lo que es dado, pero El Mismo no puede recibir nada que El no haya dado primero.

Porque como el Padre tiene vida en sí mismo, así también ha dado al Hijo el tener vida en sí mismo; (Jn.5:26)

¿Dónde estabas tú cuando yo fundaba la tierra? Házmelo saber, si tienes inteligencia. (Job 38:4)

Todas las cosas por él fueron hechas, y sin el nada de lo que ha sido hecho, fue hecho. (Jn.1:3)

9. ¿CUALES SON LOS ATRIBUTOS QUE DESCRIBEN A ESTE DIOS INFINITO?

Dios es:

A. **ETERNO** - El ha vivido todas nuestras mañanas y todos nuestros ayeres.

Yo soy Dios . . . y nada hay semejante a mí, que anuncio lo por venir desde la antigüedad lo que aún no era hecho; que digo: Mi consejo permanecerá, y haré todo lo que quiero. (Is. 46:9-10)

Señor, tú nos has sido refugio de generación en generación. Antes que naciesen los montes y formases la tierra y el mundo, desde el siglo y hasta el siglo, tú eres

Dios. (Sal. 90:1-2)

B. **INVARIABLE** - no es afectado por tiempo o circunstancias.

Porque yo Jehová no cambio. (Mal.3:6)

C. **OMNIPOTENTE** - todopoderoso.

Yo soy el Dios Todopoderoso. (Gn. 1:17)

Una vez habló Dios; dos veces he oído esto: que de Dios es el poder. (Sal. 62:11)

Para Dios todo es posible. (Mt. 19:26)

D. **OMNISCIENTE** - sabiendo todo.

Tú la sabes toda. (Sal. 139:4)

E. **OMNIPRESENTE** - está presente en todas partes; no está limitado por espacio.

¿Se ocultará alguno, dice Jehová, en escondrijos que no lo vea? (Jer. 23:24)

F. **SANTO** - sin pecado, odiándolo, totalmente puro.

Santo soy yo Jehová vuestro Dios. (Lv. 19:2)

G. **JUSTO** - justo e imparcial. La verdad es la base de Su justicia.

Dios es verdad, y sin ninguna iniquidad en él (Dt. 32:4)

H. **FIEL** - cumpliendo Sus promesas, totalmente confiable.

El permanece fiel; no se puede negar a sí mismo. (II Ti. 2:13)

I. **BENÉVOLO** - Bueno, amable, deseando nuestro bien.

Bueno es Jehová para con todos, y sus misericordias sobre todas sus obras. (Sal. 145:9)

J. **PIADOSO** - Lleno de compasión.

¡Jehová! ¡Jehová! fuerte, misericordioso y piadoso; tardo para la ira, y grande en misericordia y verdad; que guarda misericordia a millares. (Ex. 34:6-7)

K. **MISERICORDIOSO** - demostrando inmerecido cariño y perdón.

Porque soy misericordioso. (Ex. 22:27)

Clemente y misericordioso es Jehová, lento para la ira, y grande en misericordia. (Sal. 145:8)

L. **AMOR** - El es nuestro amigo. Podemos andar juntos y disfrutar una relación íntima con El.

En esto consiste el amor: no en que nosotros hayamos amado a Dios, sino que él nos amó a nosotros, y envió a su Hijo en propiciación por nuestros pecados. (I Jn. 4:10)

En el amor no hay temor, sino que el perfecto amor echa fuera el temor; porque el temor lleva en sí castigo. De donde el que teme, no ha sido perfeccionado en el amor. (I Jn.4:18)

Ya no os llamaré siervos, porque el siervo no sabe lo que hace su señor; pero os he llamado amigos, porque todas las cosas que oí de mi Padre, os las he dado a conocer. (Jn.15:15)

Habitaré y andaré entre ellos, y seré su Dios, y ellos serán mi pueblo. (II Co. 6:16)

NARRATIVO BÍBLICO: Abrahán fue llamado el amigo de Dios. (Gn. 18; Stg. 2:23)

M. **INFINITO** - sin límites o confines en poder o espacio.

¡Oh profundidad de las riquezas de la sabiduría y de la ciencia de Dios! ¡Cuan insondables son sus juicios, e inescrutables sus caminos! (Ro. 11:33)

10. **¿QUÉ ES LA SANTA TRINIDAD?**

    La Santa Trinidad es la unión de tres distintas identidades divinas - el Padre, el Hijo, y el Espíritu Santo. Estos tres son **UN DIOS**.

    Porque tres son los que dan testimonio en el cielo: el Padre, el Verbo y el Espíritu Santo: y estos tres son uno. (I Jn. 5:7)

    NOTA - La Trinidad de Dios también es llamada la "Deidad"

    Porque en él habita corporalmente toda la plenitud de la Deidad. (Col. 2:9)

11. **SON LAS TRES IDENTIDADES DISTINTAS LA UNA DE LA OTRA?**

    Sí. Las tres identidades son muy distintas entre sí pero a la vez son inseparables, porque funcionan juntas en unidad.

CREACIÓN:

En el principio creó Dios los cielos y la tierra. (Gn. 1:1)

Porque en él fueron creadas todas las cosas, las que hay en los cielos y las que hay en la tierra, visibles e invisibles; sean tronos, sean dominios, sean principados, sean potestades; todo fue creado por medio de él y para él. Y él se antes de todas las cosas, y todas las cosas en él subsisten. (Col. 1:16-17)

INCARNACIÓN:

Respondiendo el ángel, le dijo: El Espíritu Santo vendrá sobre ti, y el poder del Altísimo te cubrirá con su sombra; por lo cual también el Santo Ser que nacerá, será llamado Hijo de Dios. (Lc.1:35)

BAUTISMO DE CRISTO:

Y Jesús, después que fue bautizado, subió luego del agua; y he aquí los cielos le fueron abiertos, y vio al Espíritu de Dios que descendía como paloma, y venía sobre él. Y hubo una voz de los cielos, que decía: Este es mi Hijo amado, en quien tengo complacencia. (Mt. 3:16-17)

RECONCILIACIÓN:

¿Cuánto más la sangre de Cristo, el cual mediante el Espíritu eterno se ofreció a sí mismo sin mancha a Dios, limpiará vuestras conciencias de obras muertas para que sirváis al Dios vivo? (He. 9:14)

RESURRECCIÓN:

A este Jesús resucitó Dios, de lo cual todos nosotros somos testigos. (Hch. 2:32)

Por eso me ama el Padre, porque yo pongo mi vida, para volverla a tomar. Nadie me la quita, sino que yo de mí mismo la pongo. Tengo poder para ponerla, y tengo poder para volverla a tomar. Este mandamiento recibí de mi Padre. (Jn.10:17-18)

Que fue declarado Hijo de Dios con poder, según el Espíritu de santidad, por la resurrección de entre los muertos. (Ro. 1:4)

SALVACIÓN:

Elegidos según la presciencia de Dios Padre en santificación del Espíritu, para obedecer y ser rociados con la sangre de Jesucristo. (I P.1:2)

CREYENTES CON EL ESPÍRITU MORANDO DENTRO DE ELLOS

Y yo rogaré al Padre, y os dará otro Consolador, para que esté con vosotros para siempre: el Espíritu de verdad, al cual el mundo no puede recibir, porque no le ve, ni le conoce; pero vosotros le conocéis, porque mora con vosotros, y estará en vosotros. Respondió Jesús y le dijo: El que me ama, mi palabra guardará; y mi Padre le amará, y vendremos a él, y haremos morada con él. (Jn.14:16-17,23)

12. ¿CÓMO PUEDE SER UNO LAS TRES DISTINTAS IDENTIDADES?

Aunque el misterio de la Santa Trinidad es humanamente incomprensible, nosotros podemos tener un entendimiento satisfactorio de este misterio a través de afirmaciones de la Biblia y con la inspiración del Espíritu Santo. Las tres identidades son de la misma substancia - Espíritu, y funcionan juntas en unidad.

E indiscutiblemente, grande es el misterio de la piedad: Dios fue manifestado en carne, justificado en el Espíritu, visto de los ángeles, predicado a los gentiles, creído en el mundo, recibido arriba en gloria. (I Ti. 3:16)

Y ya no estoy en el mundo; mas éstos están en el mundo, y yo voy a ti. Padre santo, a los que me has dado, guárdalos en tu nombre, para que sean uno, así como nosotros. (Jn. 17:11)

Que sean UNO, así como nosotros. (Jn. 17:11)

En el principio era el Verbo, y el Verbo era con Dios, y el Verbo era Dios. (Jn. 1:1)

13. ¿HAY ALGUIEN, QUÉ HAYA VISTO A DIOS?

No hay hombre que jamás haya visto a Dios, porque Dios es Espíritu e invisible, pero se ha revelado al hombre en varias formas.

A Dios nadie le vio jamás; el unigénito Hijo, que está en el seno del Padre, él le ha dado a conocer. (Jn. 1:18)

14. ¿CUALES SON LAS FORMAS EN LAS QUE DIOS SE HAYA REVELADO AL HOMBRE?

Dios se ha revelado:

A. LA ROCA

Y todos bebieron la misma bebida espíritu al; porque bebían de la roca espíritu al que los seguía, y la roca era Cristo. (I Co. 10:4)

B. LA COLUMNA DE FUEGO Y LA COLUMNA DE NUBE

Y Jehová iba delante de ellos de día en una columna de nube para guiarlos por el camino, y de noche en una columna de fuego para alumbrarles, a fin de que anduviesen de día y de noche. (Ex. 13:21)

Nunca se apartó de delante del pueblo la columna de nube de día, ni de noche la columna de fuego. (Ex. 13:22)

C. UNA IMAGEN DE DIOS - SU GLORIA

El entonces dijo: Te ruego que me muestres tu gloria. Y le respondió: Yo haré pasar todo mi bien delante de tu rostro, y proclamaré él nombre de Jehová delante de ti; y tendré misericordia del que tendré misericordia, y seré clemente para con el que seré clemente. Dijo más: No podrás ver mi rostro; porque no me verá hombre, y vivirá. Y dijo aún Jehová: He aquí un lugar junto a mí, y tú estarás sobre la peña; y cuando pase mi gloria, yo te pondré en una hendidura de la peña, y te cubriré con mi mano hasta que haya pasado. Después apartaré me mano, y verás mis espaldas; mas no se verá mi rostro. (Ex. 33:18-23)

D. EL ÁNGEL DEL SEÑOR

Y se le apareció el Ángel de Jehová en una llama de fuego en medio de una zarza; y él miró, y vio que la zarza ardía en fuego, y la zarza no se consumía. Entonces Moisés dijo: Iré yo ahora y veré esta grande visión, por que causa la zarza no se quema. Viendo Jehová que él iba a ver, lo llamó Dios de en medio de la zarza, y dijo; ¡Moisés, Moisés! Y él respondió: Heme aquí. (Ex. 3:2-4)

E. UN HOMBRE (En la carne como Jesucristo)

E indiscutiblemente, grande es el misterio de la piedad: Dios fue manifestado en carne, justificado en el Espíritu, visto de los ángeles, predicado a los gentiles, creído en el mundo, recibido arriba en gloria. (I Ti. 3:16)

F. EL ESPÍRITU SANTO

Como Dios dijo: habitaré y andaré entre ellos, y seré su Dios, y ellos serán mi pueblo. (II Co. 6:16)

15. ¿CUAL ES EL NOMBRE PARA DIOS EN EL ANTIGUO TESTAMENTO?

El nombre de Dios es "JHVH" que significa "Yo Soy". Moisés era el primer hombre a quien Dios reveló Su Nombre. Antes de esta revelación fue conocido como "El Dios Verdadero" o "Dios Omnipotente".

DIOS Y SU PALBRA

Dijo Moisés a Dios: He aquí que llego yo a los hijos de Israel, y les digo: El Dios de vuestros padres me ha enviado a vosotros. Si ellos me preguntaren: ¿Cuál es su nombre? ¿qué les responderé? Y respondió Dios a Moisés: YO SOY EL QUE SOY. Y dijo: Así dirás a los hijo de Israel: YO SOY me envió a vosotros. (Ex. 3:13-14)

Y aparecí a Abrahán, a Isaac y a Jacob como Dios Omnipotente, mas en mi nombre JEHOVÁ no me di a conocer a ellos. (Ex. 6:3)

NOTA: La palabra hebrea para Dios está compuesta de cuatro letras, "JHVH", así llamada la "Tetragramación" (el nombre de cuatro letras). La "Tetragramación" significa "YO SOY" como traducido en la Santa Biblia.

16. **¿DE DÓNDE VIENE LA PALABRA "JEHOVÁ"?**

En 1520, los traductores de la Biblia combinaron las vocales de "e", "o", y "a" con el JHVH e inventaron la palabra "JeHoVaH". Jehová significa, "Dios revelado."

17. **¿CÓMO LLEGÓ JESÚS A SER LLAMADO,"SEÑOR"?**

Cristo Jesús, el cual, siendo en forma de Dios, no estimó el ser igual a Dios como cosa a que aferrarse, sino que se despojó a sí mismo, tomando forma de siervo, hecho semejante a los hombres; y estando en la condición de hombre, se humilló a sí mismo, haciéndose obediente hasta la muerte, y muerte de cruz.

Por lo cual Dios también le exaltó hasta lo sumo, y le dio un nombre que es sobre todo nombre, para que en el nombre de Jesús se doble toda rodilla de los que están en los cielos, y en la tierra; y toda lengua confiese que Jesucristo es el Señor, para gloria de Dios Padre.
(Flm. 2:2-11)

ENTENDIENDO A DIOS 13

18. ¿CÓMO LLEGÓ JESÚS A SER LLAMADO, "CRISTO"?

Sepa, pues, ciertísimamente toda la casa de Israel, que a este Jesús a quien vosotros crucificasteis, Dios le ha hecho Señor y Cristo. (Hch. 2:36)

19. ¿CUAL ES EL NOMBRE EN EL NUEVO TESTAMENTO PARA EL DIOS TRINIDAD?

SEÑOR Jesucristo. Un nombre de tres identidades para un Dios con tres identidades.

SEÑOR = el JHVH del Antiguo Testamento.

JESÚS = el nombre terrenal, el nombre de su humanidad.

CRISTO = el nombre de Espíritu, la unción, el Mesías.

Por cuanto agradó al Padre que en él habitase toda plenitud. (Col. 1:19)

Porque en él habita corporalmente toda la plenitud de la Deidad, y vosotros estáis completos en él, que es la cabeza de todo principado y potestad. (Col. 2:9-10)

20. ¿CÓMO NOS ACERCAMOS A LA DEIDAD?

Nos podemos acercar a la Deidad a través del nombre del Señor Jesucristo. El es el único mediador entre Dios y el hombre. El poder de la Deidad es invocado a través del nombre del Señor Jesucristo.

El cual quiere que todos los hombres sean salvos y vengan al conocimiento de la verdad. Porque hay un solo Dios, y un solo mediador entre Dios y los hombres, Jesucristo hombre, el cual se dio a sí mismo en rescate por todos, de lo cual se dio testimonio a su debido tiempo. (I Ti. 2:4-6)

Por lo cual Dios también le exaltó hasta lo sumo, y le dio un nombre que es sobre todo nombre, para que en el nombre de Jesús se doble toda rodilla de los que están en los cielos, y en la tierra y debajo de la tierra; y toda lengua confiese que Jesucristo es el Señor, para gloria de Dios Padre. (Flm. 2:9-11)

21. **¿CÓMO PODEMOS APRENDER A ENTENDER Y A CONOCER A DIOS?**

Podemos aprender de Dios en leer la Biblia acompañado con oración. El se revela a nosotros a través de Su Palabra.

Y que desde la niñez has sabido las Sagradas Escrituras, las cuales te queden hacer sabio para la salvación por la fe que es en Cristo Jesús. (II Ti. 3:15)

Y me buscaréis y me hallaréis, porque me buscaréis de todo vuestro corazón. (Jer. 29:13)

LA GUIA CRISTIANA

CAPITULO 2

22. ¿QUÉ ES LA BIBLIA?

La Biblia es un libro escrito bajo la inspiración divina de Dios y aceptado por cristianos como La Palabra de Dios.

Toda la escritura es inspirada por Dios. (II Ti. 3:16)

23. ¿QUIÉN ESCRIBIÓ LA BIBLIA?

Hombres santos de Dios escribieron la Biblia. Los profetas y sacerdotes escribieron los libros del Antiguo Testamento. Los evangelistas y los apóstoles escribieron los libros del Nuevo Testamento.

. . . los santos hombres de Dios hablaron siendo inspirados por el Espíritu Santo. (I P. 1:21)

24. ¿POR QUÉ ES LA BIBLIA LA PALABRA DE DIOS SI FUE ESCRITA POR HOMBRE?

La Biblia es la Palabra de Dios porque fue escrita por la inspiración de Dios.

Toda la Escritura es inspirada por Dios. (II Ti. 3:16)

25. ¿QUÉ SIGNIFICA "INSPIRADA POR DIOS"?

El Espíritu Santo guía las mentes de los hombres santos para que los pensamientos y las palabras que expresaran y escribieran fuesen dirigidas y dictadas por Dios.

Hablamos no con palabras enseñadas por sabiduría humana, sino con las que enseña el Espíritu. (I Co. 2:13)

. . . los santos hombres de Dios hablaron siendo inspirados por el Espíritu Santo. (II P. 1:21)

DIOS Y SU PALABRA

26. ¿POR QUÉ NOS DIO DIOS LA BIBLIA?

Dios nos dio la Biblia para revelarnos a Cristo.

Y que desde la niñez has sabido las Sagradas Escrituras, las cuales te pueden hacer sabio para la salvación por la fe que es en Cristo Jesús. (II Ti. 3:15)

27. ¿CÓMO NOS REVELA CRISTO LA BIBLIA?

En el Antiguo Testamento Dios usaba los profetas para predecir la venida de Jesucristo como el Mesías. En el Nuevo Testamento, a través del Espíritu Santo, reconocemos que Cristo es el cumplimiento de aquellas profecías.

Escudriñad las Escrituras; porque a vosotros os parece en ellas tenéis la vida eterna, y ellas son las que dan testimonio de mí. (Jn. 5:39)

Entonces dije: He aquí, vengo; En el rollo del libro está escrito de mí. (Sal. 40:7)

28. ¿CUAL DEBE SER NUESTRO USO DE LA BIBLIA?

Ya que la renovación de la mente es recibido a través de una revelación de Cristo, deberíamos usar la Biblia como una guía para salvación y para una vida santa para que podamos creer, entender, conocer, amar y seguir a Cristo.

Lámpara es a mis pies tu palabra, y lumbrera a mi camino. (Sal. 119:105)

29. ¿QUÉ OCURRE CUÁNDO LEEMOS LA BIBLIA?

Dios prepara nuestros corazones para que recibamos una revelación de Cristo quien convierte nuestras mentes carnales en mentes espirituales.

Y comenzando desde Moisés, y siguiendo por todos los profetas, les declaraba en todas las Escrituras lo que de el

LA GUIA CRISTIANA

decían . . . entonces les fueron abiertos los ojos, y le reconocieron . . . Y decían el uno al otro. ¿No ardía nuestro corazón en nosotros, mientras nos hablaba en el camino, y cuando nos abría las Escrituras? (Lc. 24:27,31-32)

30. ¿QUÉ ES REVELACIÓN?

Revelación es entendimiento o conocimiento divino que Dios nos da acerca de Sí Mismo o acerca de lo que El está haciendo.

Para que el Dios de nuestro Señor Jesucristo, el Padre de gloria, os de espíritu de sabiduría y de revelación en el conocimiento de él. (Ef. 1:17)

Que por revelación me fue declarado el misterio. (Ef. 3:3)

31. ¿POR QUÉ ES NECESARIO QUE NUESTRAS MENTES SEAN RENOVADAS?

Desde la niñez, hemos sido enseñados (condicionados) a responder a ciertas situaciones en una cierta manera. Muchas veces nuestra manera de responder no le ha agradece a Dios. Tenemos la tendencia de reaccionar a las cosas de Dios como hemos sido enseñados a responder. Esto limita a Dios. No podemos servir de una manera efectiva si no pensamos como El. Nuestros pensamientos tienen que estar de acuerdo con Sus pensamientos si vamos a llegar a ser espíritu ales.

Porque mis pensamientos no son vuestros pensamientos, ni vuestros caminos mis caminos, dijo Jehová. Como son más altos los cielos que la tierra, así son mis caminos son más altos que vuestros caminos, y mis pensamientos más que vuestros pensamientos. (Is. 55:8-9)

Respondiendo él, les dijo: Hipócritas, bien profetizó de vosotros Isaías, como está escrito. Este pueblo de labios me honra, mas su corazón está lejos de mí. Pues en vano me honran, enseñando como doctrinas mandamientos de hombres. (Mr. 7:6-7)

32. ¿POR QUÉ DEBEMOS OCUPARNOS DEL ESPÍRITU?

Hasta que nos ocupemos del Espíritu, no podemos tener vida y paz.

Porque el ocuparse de la carne es muerte, pero el ocuparse del Espíritu es vida y paz. Por cuanto los designios de la carne son enemistad contra Dios; porque no se sujetan a la ley de Dios, ni tampoco pueden; y los que viven según la carne no pueden agradar a Dios. (Ro. 8:6-8)

33. ¿CÓMO LLEGAMOS A OCUPARNOS DEL ESPÍRITU?

En leer la Biblia bajo la dirección y guianza del Espíritu Santo.

El espíritu es el que da vida; la carne para nada aprovecha; las palabras que yo os he hablado son espíritu y son vida. (Jn. 6:63)

34. ¿CÓMO RECIBIMOS LA DIRECCIÓN DEL ESPÍRITU SANTO?

El Espíritu Santo nos da un deseo o un anhelo para conocimiento. Somos inspirados a pedir al Espíritu Santo que nos revele a través de las Escrituras, lo que Dios está haciendo o lo que Dios quiere que nosotros sepamos.

Aún tengo muchas cosas que deciros, pero ahora no las podéis sobrellevar. Pero cuando venga el Espíritu de verdad, él os guiará a toda la verdad; porque no hablará todo lo que oyere, y os hará saber las cosas que habrán de venir. (Jn. 16:12-13)

LA GUIA CRISTIANA

35. ¿CUALES SON LAS DOS GRANDES ENSEÑANZAS DE LA BIBLIA?

El Antiguo Pacto incluye: las bendiciones y promesas dadas a Abrám y la ley . . . Los Diez Mandamientos, juicios, y ordenanzas dados a Moisés por Dios para instruir al pueblo de Israel para motivarles a obedecer a Dios y hacerles conscientes de pecado.

. . . porque por medio de la ley es el conocimiento del pecado. (Ro. 3:20)

Y conoces su voluntad, e instruido por la ley apruebas lo mejor. (Ro. 2:18)

El Nuevo Pacto: (El Evangelio) es las buenas nuevas de nuestra salvación.

En esto se mostró el amor de Dios para con nosotros, en que Dios envió a su Hijo unigénito al mundo, para que vivamos por él. (I Jn. 4:9)

36. ¿CON CUANTA FRECUENCIA DEBEMOS LEER LA BIBLIA?

Debemos leer la Biblia con oración todos los días. Leyendo la Biblia fortalece nuestra fe y también nos da ayuda, fuerzas, guianza, consuelo, esperanza, y amor.

Así que la fe es por el oír, y el oír por la palabra de Dios. (Ro. 10:17)

Y que desde la niñez has sabido las Sagradas Escrituras, las cuales te pueden hacer sabio para la salvación por la fe que es en Cristo Jesús. (II Ti. 3:15)

Toda la Escritura es inspirada por Dios, y útil para enseñar, para redargüir, para corregir, para instruir en justicia, a fin de que el hombre de Dios sea perfecto, enteramente

20   DIOS Y SU PALABRA

preparado para toda buena obra. (II Ti.3:16-17)

37. ¿POR QUÉ DEBEMOS MEMORIZAR LOS NOMBRES DE LOS LIBROS DE LA BIBLIA?

Sabiendo los nombres de los libros en su orden nos capacitará a encontrar versículos más rápido y con más facilidad. En estudiarlos en grupos, podemos aprenderlos más rápido.

EL ANTIGUO TESTAMENTO (39 Libros)

LIBROS HISTÓRICOS (17)

Génesis	Josué	I,II Crónicas
Exodo	Jueces	Esdras
Levítico	Rut	Nehemías
Numeros	I,II Samuel	Ester
Deuteronomio	I,II Reyes	

LIBROS POÉTICOS (5)

Job	Eclesiastés
Salmos	Cantares
Proverbios	

LIBROS PROFETICOS (17)
PROFETAS MAYORES

| Isaías | Ezequiel |
| Jeremías | Daniel |

Lamentaciones (también poético)

PROFETAS MENORES

Oseas	Jonás	Sofonías
Joel	Miqueas	Hageo
Amos	Nahum	Zacarías
Abdías	Habacuc	Malaquías

EL NUEVO TESTAMENTO (27 Libros)

LIBROS HISTÓRICOS

San Mateo   San Juan
San Marcos   Hechos
San Lucas

LIBROS DOCTRINALES (21)

A. Las epístolas de San Pablo (13)

Romanos   Colosenses
I,II Corintios   I,II Tesalonicenses
Gálatas   I,II Timoteo
Efesios   Tito
Filipenses   Filemón

B. La Epístola a las Hebreos

C. Las Siete Epístolas Generales

Santiago   I,II,III Juan
I,II Pedro   San Judas

LIBRO PROFETICO

APOCALIPSIS - por San Juan

NOTA: La palabra "Biblia" procede de una palabra griega que significa "libros", para que sepamos que no es solamente un libro sino una combinación de libros. Dios es el autor, pero la Biblia fue escrita por cuarenta y cuatro personas sobre un período de muchos siglos. Está compuesto de sesenta y seis libros.

LOS PRINCIPIOS

EL MUNDO ESPIRITUAL

CAPITULO 3

38. ¿QUÉ ES EL MUNDO ESPIRITUAL?

El mundo espíritu al es el mundo invisible que rodea el universo e influye a las naciones y al hombre.

Porque no tenemos lucha contra sangre y carne, sino contra principados, contra potestades, contra los gobernadores de las tinieblas de este siglo, contra huestes espirituales de maldad en las regiones celestes. (Ef. 6:12)

Porque en él fueron creadas todas las cosas, las que hay en los cielos y las que hay en la tierra, visibles e invisibles; sean tronos, sean dominios, sean principados, sean potestades; todo fue creado por medio de él y para él. Y él es antes de todas las cosas, y todas las cosas en él subsisten. (Col. 1:16-17)

39. ¿CÓMO SE LLAMAN LOS HABITANTES DEL MUNDO ESPIRITUAL?

Los habitantes del mundo espiritual son llamados ángeles.

Bendecid a Jehová, vosotros sus ángeles, poderosos en fortaleza, que ejecutáis su palabra, obedeciendo a la voz de su precepto. (Sal. 103:20)

40. ¿QUÉ SON ÁNGELES?

Ángeles son seres espirituales quienes fueron creados por Dios con una voluntad libre. Su poder e inteligencia es más grande que el del hombre natural.

Pero alguien testificó en cierto lugar, diciendo ¿Qué es el

EL MUNDO ESPIRITUAL

hombre, para que te acuerdes de él? ¿O el hijo del hombre, para que le visites? Le hiciste un poco menor que los ángeles, le coronaste de gloria y de honra, y le pusiste sobre las obras de tus manos. (He. 2:7-8)

41. ¿POR QUÉ CREO DIOS A LOS ÁNGELES?

Dios creó a los ángeles para alabarle y servirle.

Bendecid a Jehová, vosotros sus ángeles, poderosos en fortaleza, que ejecutáis su palabra, obedeciendo a la voz de su precepto. Bendecid a Jehová, todos sus ejércitos, ministros suyos, que hacéis su voluntad. (Sal. 103:20-21)

42. ¿SON TODOS LOS ÁNGELES IGUALES EN PODER Y FUERZA?

No. Están divididos en rangos u órdenes de poder celestial. Parece seguir este órden: arcángeles, ángeles, serafines querubines, principados, autoridades, poderes, tronos, dominios.

Porque en él fueron creadas todas las cosas, las que hay en los cielos y las que hay en la tierra, visibles, e invisibles; sean tronos, sean dominios, sean principados, sean potestades, todo fue creado por medio de él, y para él. (Col. 1:16)

43. ¿HAY DIGNATARIOS ANGÈLICOS EN EL MUNDO ESPIRITUAL?

Sí. MIGUEL, cuyo nombre significa, "¿Quién es como Dios?." El era el arcángel guerrero quien aparecía cuando había una guerra o cuando una batalla fuera inminente.

Después hubo una gran batalla en el cielo: Miguel y sus ángeles luchaban contra el dragón; y luchaban el dragón y sus ángeles. (Ap. 12:7)

GABRIEL, cuyo nombre significa, "Dios el todopoderoso." Era

el mensajero de Dios que llevaba comunicaciones divinas a los hombres.

Aún estaba hablando en oración, cuando el varón Gabriel, a quien había visto en la visión al principio, volando con presteza, vino a mí como a la hora del sacrificio de la tarde. (Dn. 9:21)

LUCERO, cuyo nombre significa, "estrella de la mañana." Después de su caída fue llamado, Satanás o el Diablo.

¡Como caíste del cielo, o Lucero, hijo de la mañana! Cortado fuiste por tierra, tú que debilitabas a las naciones. (Is. 14:12)

44. **¿TIENEN LOS ÁNGELES EL PODER PARA HACERSE VISIBLES AL HOMBRE?**

    Sí. Hay numerosas instancias en la Biblia donde ángeles han aparecido al hombre.

    NARRATIVOS BÍBLICOS - Un ángel luchó con Jacob, (Gn. 32:24); un ángel liberó a Pedro, (Hch. 12:5-11); Un ángel salvó a Daniel de los leones, (Dn. 6:21-27); A María fue dicho por un ángel que sería la madre de Jesús, (Lc. 1:26-38); Un ángel se apareció en el sepulcro de Cristo, (Lc. 24:1-10); Ángeles llevaron a Lázaro a Abrahán, (Lc. 16:16-22).

45. **¿QUÉ INFORMACIÓN NOS DA LA BIBLIA ACERCA DE LOS SANTOS ÁNGELES?**

    A. Son muchos en número y grandes en poder.

    Y repentinamente apreció con el ángel una multitud de las huestes celestiales, que alababan a Dios, y decían . . (Lc. 2:13)

    Bendecid a Jehová, vosotros sus ángeles, poderosos en fortaleza, que ejecutáis su palabra. (Sal. 103:20)

EL MUNDO ESPIRITUAL 25

Un río de fuego procedía y salía de delante de él; millares de millares le servían, y millones de millones asistían delante de él; el Juez se sentó, y los libros fueron abiertos. (Dn. 7:10)

B. Alaban a Dios, cumplen sus mandamientos, y sirven a su pueblo, sobre todo a los niños.

Alabadle, vosotros todos sus ángeles; alabadle, vosotros todos sus ejércitos . . . Alaben el nombre de Jehová, porque el mandó, y fueron creados. (Sal. 148:2,5)

Bendecid a Jehová, vosotros sus ángeles, poderosos en fortaleza, que ejecutáis su palabra, obedeciendo a la voz de su precepto. Bendecid a Jehová, vosotros todos sus ejércitos, ministros suyos, que hacéis su voluntad. (Sal. 103:20-21)

No son todos espíritus ministradores, enviados para servicio a favor de los que serán herederos de la salvación? (He. 1:14)

Pues a sus ángeles mandará acerca de ti, que te guarden en todos tus caminos. En las manos te llevarán, para que tu pié no tropiece en piedra. (Sal. 91:11-12)

Mirad que no menospreciéis a uno de estos pequeños; porque os digo que sus ángeles en los cielos ven siempre el rostro de mi Padre que está en los cielos. (Mt. 18:10)

C. Los ángeles rodean al universo.

Porque en él fueron creadas todas las cosas, las que hay en los cielos y las que hay en la tierra, visibles e invisibles; sean tronos, sean dominios, sean principados, sean potestades; todo fue creado por medio de él y para él. Y él es antes de todas las cosas, y todas las cosas en él subsisten. (Col. 1:16-17)

NARRATIVOS BÍBLICOS - Un ángel mató a 185,000 del ejército de Senaquerib. (II R. 19:35); Eliseo y su criado fueron protegidos por un ejército de ángeles. (II R. 6:15-17); En el nacimiento de Cristo, multitudes de ángeles labraron a Dios. (Lc. 2:13-14); Un ángel cerro' las bocas de los leones para Daniel. (Dn. 6); Ángeles cargaron Lázaro al seno de Abrahán. (Lc. 16:22).

46. ¿CUÁNDO CREO DIOS EL UNIVERSO?

En el principio. Los científicos creen que el universo tiene alrededor de 2000 millones de años.

En el principio creó Dios los cielos y la tierra. (Gn. 1:1)

Por la fe entendemos haber sido constituido el universo por la palabra de Dios, de modo que lo que se ve fue hecho de lo que no se veía. (He. 11:3)

47. ¿EXISTA VIDA EN LA TIERRA?

Muchos científicos creen que hace un millón de años existía vida en la tierra. Han hallado fósiles de otra vida e indicaciones de una forma baja de vida que creen que tiene millones de años. También hay indicaciones de civilizaciones existiendo antes de la Caída.

48. ¿QUÉ OCURRIÓ A LUCERO?

Lucero era uno de los ángeles más altos en el cielo. Era una criatura hermosa, perfecto en hermosura y sabiduría. Se levantó con soberbia y empezó a desear la alabanza y adoración que pertenecían solamente a Dios.

El inició una insurrección en el cielo intentando destronar a Dios y tomar control de Su reino. Un tercio de los ángeles en el cielo se juntaron con él en la revolución. Hubo una guerra en el cielo y Dios lanzó a Lucero y sus seguidores a la tierra. Lucero, ahora el enemigo de Dios, llegó a ser conocido como

EL MUNDO ESPIRITUAL

Satanás o el Diablo y sus rebeldes seguidores, Demonios.

Se enalteció tu corazón a causa de tu hermosura, corrompiste tu sabiduría a causa de tu esplendor; yo te arrojaré por tierra; delante de los reyes te pondré para que miren en ti. (Ez. 28:17)

¡Como caíste del cielo, oh Lucero, hijo de la mañana! Cortado fuiste por tierra, tú que debilitabas a las naciones. Tú que decías en tu corazón: Subiré al cielo; en lo alto, junto a las estrellas de Dios, levantaré mi trono, y en el monte del testimonio me sentaré, a los lados del norte; sobre las alturas de las nubes subiré, y seré semejante al Altísimo. (Is. 14:12-14)

NARRATIVO BÍBLICO: la caída de Lucero. (Ez. 28:13-17)

49. **¿QUÉ EFECTO TUVO LA CAÍDA DE LUCERO SOBRE LA TIERRA?**

Esta guerra espiritual causó un terrible trastorno. El mundo fue derribado de arriba y abajo y quedó vacío y sin forma.

En el principio creó Dios los cielos y la tierra. Y la tierra estaba desordenada y vacía, y las tinieblas estaban sobre la faz del abismo, y el Espíritu de Dios se movía sobre la faz de las aguas. (Gn. 1:1-2)

He aquí que Jehová vacía la tierra y la desnuda, y trastorna su faz, y hace esparcir a sus moradores. (Is. 24:1)

Miré a la tierra, y he aquí que estaba asolada y vacía; y a los cielos, y no había en ellos luz. Miré a los montes, y he aquí que temblaban, y todos los collados fueron destruidos. Miré, y no había hombre, y todas las aves del cielo se habían ido. Miré, y he aquí el campo fértil era un desierto, y todas sus ciudades eran asoladas delante de Jehová, delante del ardor de su ira. (Jer. 4:23-24)

LOS PRINCIPIOS

50. ¿DÓNDE ESTÁN LUCERO Y SUS ÁNGELES SEGUIDORES AHORA?

Lucero y sus demonios habitan la tierra y su atmósfera. Están constantemente en un amargo conflicto con los santos y con los fieles ángeles de Dios.

Y Jehová dijo a Satanás, ¿De dónde vienes? Respondiendo Satanás a Jehová, dijo, De rodear la tierra y andar por ella. (Job 1:7)

Sed sobrios, y velad, porque vuestro adversario el diablo, como leon rugiente, anda alrededor buscando a quien devorar. (I P. 5:8-9)

Y el mundo entero está bajo el maligno. (I Jn. 5:19)

51. ¿QUÉ NOS DICE LA BIBLIA ACERCA DE ÁNGELES MALIGNOS, O DEMONIOS?

A. Los demonios son ángeles que fueron creados santos, pero se rebelaron contra Dios y para siempre han sido rechazados por él.

Porque si Dios no perdonó a los ángeles que pecaron, sino que arrojándolos al infierno los entregó a prisiones de oscuridad, para ser reservados al juicio. (II P. 2:4)

Y a los ángeles que no guardaron su dignidad, sino que abandonaron su propia morada, los ha guardado bajo oscuridad, en prisiones eternas, para el juicio del gran día. (Jud. 6)

B. Son astutos, poderosos, y grandes en número.

Porque no tenemos lucha contra sangre y carne, sino contra principados, contra potestades, contra los gobernadores de las tinieblas de este siglo, contra huestes espirituales de maldad en las regiones celestes. (Ef. 6:12)

EL MUNDO ESPIRITUAL

Y le preguntó ¿Cómo te llamas? Y respondió diciendo, Legión me llamó; porque somos muchos. (Mr. 5:9)

Y no es maravilla, porque el mismo Satanás se disfraza como ángel de luz. (II Co. 11:14)

C. Son enemigos de Dios y del hombre, y procuran destruir las obras de Dios.

Vosotros sois de vuestro padre el diablo, y los deseos de vuestro padre queréis hacer. El ha sido homicida desde el principio, y no ha permanecido en la verdad, porque no hay verdad en él. Cuando habla mentira, de suyo habla; porque es mentiroso, y padre de mentira. (Jn. 8:44)

Sed sobrios, y velad; porque vuestro adversario el diablo, como león rugiente, anda alrededor buscando a quien devorar; al cual resistid firmes en la fe, sabiendo que los mismos padecimientos se van cumpliendo en vuestros hermanos en todo el mundo. (I P. 5:8-9)

NARRATIVOS BÍBLICOS: El serpiente engañó a Eva para pecar, (Gn. 3:1-3); Satanás intentó a destruir a Job, (Job 2); El tentador intentó desviar a Jesús, (Mt. 4:1-11).

52. ¿TIENEN LOS DEMONIOS LA CAPACIDAD DE HACERSE VISIBLES?

Sí. Aunque son espíritus sin cuerpos, tienen la capacidad de hacer sentir su poder en poseer un cuerpo de un hombre o animal, o con una aparición.

Vestios de toda la armadura de Dios, para que podáis estar firmes contra las asechanzas del diablo. Porque no tenemos lucha contra sangre y carne, sino contra principados, contra potestades, contra los gobernadores de las tinieblas de este siglo, contra huestes espirituales de maldad en las regiones celestes. (Ef. 6:11-12)

LOS PRINCIPIOS

53. ¿ESTÁN PROTEGIDOS LOS CRISTIANOS CONTRA SATANÁS Y SUS DEMONIOS?

Sí, si andan en obediencia a Dios, y a Su palabra. A través del Espíritu Santo, morando en nosotros, tenemos poder sobre Satanás y sobre sus estratagemas.

El que habita al abrigo del Altísimo morará bajo la sombra del Omnipotente . . . Pues a sus ángeles mandará acerca de ti, que te guarden en todos tus caminos. (Sal. 91:1,11)

He aquí os doy potestad de hollar serpientes y escorpiones, y sobre toda fuerza del enemigo, y nada os dañará. (Lc. 10:19)

54. ¿DEBEMOS ADORAR A LOS ÁNGELES?

No. Estamos prohíbidos a adorar a ángeles. Nuestra alabanza pertenece solamente a Dios.

Nadie os prive de vuestro premio, afectando humildad y culto a los ángeles, entremetiéndose en los que no ha visto, vanamente hinchado por su propia mente carnal. (Col. 2:18)

Yo Juan soy el que oyó y vió estas cosas. Y después que las hube oído yo visto, me postré para adorar a los pies del ángel que me mostraba estas cosas. Pero él me dijo: Mira, no lo hagas; porque y soy consiervo tuyo, de tus hermanos los profetas, y de los que guardan las palabras de este libro. Adora a Dios. (Ap. 22:8-9)

55. ¿ES PELIGROSO SER DEMASIADO CONSCIENTES DE LOS ÁNGELES?

Sí. Aún un ángel celestial puede llevarnos fuera del camino. Nuestro guía es la Biblia. Cualquier cosa que esté en conflicto con las Escrituras tiene que ser rechazado.

Mas si aun nosotros, o un ángel del cielo, os anunciare

otro evangelio diferente del que os hemos anunciado, sea anatema. (Gá. 1:8)

56. ¿CUAL ES EL MINISTERIO DE LOS SANTOS ÁNGELES HOY DIA?

A. Los ángeles nos protegen y nos libran.

Porque ésta noche ha estado conmigo el ángel del Dios de quien soy y a quien sirvo, diciendo: Pablo, no temas; es necesario que comparezcas ante César; y aquí, Dios te ha concedido todos los que navegan contigo. (Hch. 27:23-24)

B. Los ángeles son los agentes de Dios que ejecutan juicio.

Mas yo os digo que de toda palabra ociosa que hablen los hombres, de ella darán cuenta en el día del juicio. Porque por tus palabras serás justificado, y por tus palabras serás condenado. (Mt. 12:36-37)

Porque nada hay encubierto, que no haya de descubrirse; ni oculto, que no haya de saberse. Por tanto, todo lo que habéis dicho en tinieblas, a la luz se oirá; y lo que habéis hablado al oído en los aposentos, se proclamará en las azoteas. (Lc. 12:2-3)

Enviará el Hijo del Hombre a sus ángeles, y recogerán de su reino a todos los que sirven de tropiezo, y a los que hacen iniquidad, y los echarán en el horno de fuego; allí será el lloro y el crujir de dientes. (Mt. 13:41-42)

C. Los ángeles se regocijan durante la salvación de pecadores.

Os digo que así habrá más gozo en el cielo por un pecador que se arrepiente, que por noventa y nueve justos que no necesitan de arrepentimiento. (Lc. 15:7)

> *Así os digo que hay gozo delante de los ángeles de Dios por un pecador que se arrepiente. (Lc. 15:10)*

D. Los ángeles son espectadores.

> *Por tanto, nosotros también, teniendo en derredor nuestro tan grande nube de testigos, despojémonos de todo peso y del pecado que nos asedia, y corramos con paciencia la carrera que tenemos por delante. (He. 12:1)*

> *Te encarezco delante de Dios y del Señor Jesucristo, y de sus ángeles escogidos, que guarden estas cosas sin prejuicios, no haciendo nada con parcialidad. (I Ti. 5:21)*

E. Los ángeles nos consuelan y nos llevan al cielo cuando nos morimos.

> *Aconteció que murió el mendigo; y fue llevado por los ángeles al seno de Abrahán; y murió también el rico, y fué sepultado. (Lc. 16:22)*

> *El diablo entonces le dejó; y he aquí vinieron ángeles y le servían. (Mt. 4:11)*

> *¿No son todos espíritus ministradores, enviados para servicio a favor de los que serán herederos de la salvación. (He. 1:14)*

F. Los ángeles erradicarán a Satanás y a sus demonios totalmente del universo.

> *Después hubo una gran batalla en el cielo: Miguel y sus ángeles luchaban contra el dragón; y luchaban el dragón y sus ángeles; pero no prevalecieron, ni se halló ya lugar para ellos en el cielo. Y fue lanzado fuera el gran dragón, la serpiente antigua, que se llama diablo y Satanás, el cual engaña al mundo entero; fue arrojado a la tierra, y sus ángeles fueron arrojados con él. (Ap. 12:7-9)*

EL MUNDO ESPIRITUAL

57. ¿CUAL SERA EL FINAL DE LUCERO?

En principio, Lucero es un enemigo derrotado. Es obvio que Dios no le ha eliminado de la escena mundial todavía. A veces él gana batallas importantes y parece que va ganando la guerra, pero su fin es cierto. Un día será completamente derrotado y despojado eternamente de su poder. Dios destrozará su reino y le echará al infierno con sus ángeles.

Y el diablo que les engañaba fue lanzado en el lago de fuego y azufre, donde estaban la bestia y el falso profeta, y serán tormentados día y noche por los siglos de los siglos. (Ap. 20:10)

58. ¿POR QUÉ CREÓ DIOS EL INFIERNO?

El infierno fue creado para el diablo y sus ángeles. El infierno no fue creado para el hombre. Solo los hombres que no aceptasen a Cristo van al infierno, porque no hay otro lugar donde puedan ir.

Entonces dirá también a los de la izquierda: Apartaos de mí, malditos, al fuego eterno preparado para el diablo y sus ángeles. (Mt. 25:41)

59. ¿QUIÉN TIENE PODER SOBRE SATANÁS Y SUS DEMONIOS?

Dios y la Iglesia.

Y esta señales seguirán a los que creen: En mi nombre echarán fuera demonios. (Mr.16:17)

Volvieron los setenta con gozo, diciendo: Señor, aun los demonios se nos sujetan en tu nombre. Y les dijo: Yo veía a Satanás caer del cielo como un rayo. He aquí os doy potestad de hollar serpiente y escorpiones, y sobre toda fuerza del enemigo, y nada os dañará. Pero no os regocijéis de que los espíritus se os sujetan, sino regocijaos de que vuestros nombres están escritos en los cielos. (Lc. 10:17-20)

La cual operó en Cristo, resucitándole de los muertos y sentándole a su diestra en los lugares celestiales, sobre todo principado y autoridad y poder y señorío, y sobre todo nombre que se nombra, no solo en este siglo, sino también en el venidero. (Ef. 1:20-21)

EL MUNDO ESPIRITUAL

LA RESTAURACIÓN DE LA TIERRA Y DE LA CREACIÓN DEL HOMBRE

CAPITULO 4

60. ¿CUANTO TIEMPO ESTUVO LA TIERRA SIN FORMA, O SEA, UNA MASA CAÓTICA?

En realidad nadie lo sabe. Pero seguramente por mucho tiempo. El carbón y los diamantes que tenemos en el mundo hoy fueron fomentados de vegetación descompuesta de otra edad.

Y la tierra estaba desordenada y vacía, y las tinieblas estaban sobre la faz del abismo, y el Espíritu de Dios se movía sobre la faz de las aguas. (Gn. 1:2)

61. ¿CUÁNDO RESTAURÓ DIOS AL MUNDO?

Alrededor de 4,000 A.C. Nada menos de 6,000 años.

62. ¿CREO DIOS LA LUZ, LA OSCURIDAD, EL SOL, LA LUNA, LAS ESTRELLAS, LA TIERRA, Y EL MAR, O LOS RESTAURO?

Dios los restauró mandándolos a funcionar de nuevo. El mandó que el agua que cubría la tierra se juntase en un lugar para que se descubriese la tierra seca.

Y dijo Dios: sea la luz; y fue la luz. (Gn. 1:3)

Luego dijo Dios: Haya expansión en medio de las aguas, y separe las aguas de las aguas. (Gn. 1:6)

Dijo también Dios: Júntense las aguas que están debajo de los cielos en un lugar, y descúbrase lo seco. Y fue así. (Gn. 1:9)

63. ¿CREO DIOS LAS BESTIAS Y LAS AVES?

Sí. Dios formó cada bestia y cada ave del polvo de la tierra.

Jehová Dios formó, pues, de la tierra toda bestia del campo, y toda ave de los cielos; . . . (Gn. 2:19)

64. ¿QUIÉN NOMBRO LAS CRIATURAS QUE DIOS HIZO?

Dios trajo todas las criaturas a Adán, el hombre que creó Dios, y Adán nombró todas.

Y puso Adán nombre a toda bestia y ave de los cielos y a todo ganado del campo; . . . (Gn. 2:20)

65. ¿CUANTO TIEMPO TARDÓ DIOS EN RESTAURAR LA TIERRA?

Tardó seis días para restaurar la tierra. Cada día fue veinticuatro (24) horas de tiempo, exactamente como nosotros los conocemos.

Y vio Dios todo lo que había hecho, y he aquí que era bueno en gran manera. Fue la tarde y la mañana el día sexto. Fueron, pues, acabados los cielos y la tierra, y todo el ejército de ellos. Y acabó Dios en el día séptimo la obra que hizo; y reposó el día séptimo de toda la obra que hizo. (Gn. 1:31; 2:1-2)

66. ¿CUAL ERA LA SIGUIENTE OBRA DE CREACIÓN?

Dios creó el hombre en su propia imagen y semejanza.

Entonces Jehová Dios formó al hombre del polvo de la tierra, y sopló en su nariz aliento de vida, y fue el hombre un ser viviente. (Gn. 2:7)

Entonces dijo Dios: Hagamos al hombre a nuestra imagen, conforme a nuestra semejanza; y señoree en los peces del mar, en las aves de los cielos, en las bestias, en toda la tierra, y en todo animal que se arrastra sobre la tierra. (Gn. 1:26)

67. **¿QUÉ ES EL HOMBRE?**

El hombre es la criatura de más importancia en la tierra. Fue creado en la imagen y la semejanza de Dios. Dios formó su cuerpo del polvo de la tierra, le dio un alma razonable, y le hizo gobernador sobre la tierra.

Entonces Jehová Dios formó al hombre del polvo de la tierra, y sopló en su nariz aliento de vida, y fue el hombre un ser viviente. (Gn. 2:7)

Entonces dijo Dios: Hagamos al hombre a nuestra imagen, conforme a nuestra semejanza; y señoree en los peces del mar, en las aves de los cielos, en las bestias, en toda la tierra, y en todo animal que se arrastra sobre la tierra. Y creó Dios al hombre a su imagen, a imagen de Dios lo creó; varón y hembra los creó. (Gn. 1:26-27)

68. **¿QUÉ SIGNIFICA, "A IMAGEN Y SEMEJANZA DE DIOS"?**

Significa ser como Dios en acción, apariencia, pensamiento, y carácter. El hombre fue capacitado de disfrutar la perfección espiritual de Dios, y para poseerla era una decisión de su libre voluntad.

Y creó Dios al hombre a su imagen, a imagen de Dios lo creó; varón y hembra los creó. (Gn. 1:27)

. . . ¿Qué es el hombre, para que te acuerdes de él, O el hijo del hombre, para que le visites? Le hiciste un poco menor que los ángeles; Le coronaste de gloria y de honra, y le pusiste sobre las obras de tus manos; todo lo sujetaste bajo sus pies . . . (He. 2:6-8)

69. ¿AUN LLEVA EL HOMBRE LA IMAGEN DE DIOS?

No. El hombre perdió la imagen de Dios cuando cayó en pecado. Esta imagen se está restaurando en creyentes a través de la obra del Espíritu Santo. La restauración total será completa en la resurrección.

> *En un momento, en un abrir y cerrar de ojos, a la final trompeta; porque se tocará la trompeta, y los muertos serán resucitados incorruptibles, y nosotros seremos transformados. (I Co. 15:52)*

> *En cuanto a mí, veré tu rostro en justicia; estaré satisfecho cuando despierte a tu semejanza. (Sal. 17:15)*

70. ¿ES EL HOMBRE UN SER ESPIRITUAL?

El hombre es más un ser espiritual que un ser físico. Hay un espíritu en el hombre, respirado dentro de él por Dios, por lo cual le da una capacidad más grande para las cosas eternas y para el reino espiritual que para las cosas materiales y el reino material.

> *Entonces dijo Dios: Hagamos al hombre a nuestra semejanza. (Gn. 1:26)*

> *... Y el mismo Dios de paz os santifique por completo; y todo vuestro ser, espíritu, alma y cuerpo, sea guardado irreprensible para la venida de nuestro Señor Jesucristo. (I Ts. 5:23)*

> *... (Dios) ha puesto eternidad en el corazón de ellos. (Ec. 3:11)*

71. ¿CUÁNTAS PARTES COMPONEN AL HOMBRE?

El hombre tiene tres partes. El hombre es trino, como Dios es trino. El hombre está compuesto de un cuerpo, un alma, y un espíritu.

RESTAURACIÓN Y CREACIÓN

... Y el mismo Dios de paz os santifique por completo; y todo vuestro ser, espíritu, alma y cuerpo, sea guardado irreprensible para la venida de nuestro Señor Jesucristo. (I Ts. 5:23)

72. **¿CUAL ES LA DIFERENCIA ENTRE EL CUERPO, EL ALMA, Y EL ESPÍRITU?**

    El **cuerpo** está alimentado por comida natural. Los cinco sentidos del cuerpo nos hacen conscientes del mundo.

    El **alma** está alimentada por amor. La personalidad de nuestra alma nos hace auto-consciente (nuestro ego).

    El **espíritu** está alimentado por la Palabra de Dios. El espíritu nos hace conscientes de Dios y nos capacita para comunicar con Dios.

73. **¿CÓMO FUE CREADA LA MUJER?**

    La mujer fue creada de la costilla que Dios tomó de Adán.

    Entonces Jehová Dios hizo caer sueño profundo sobre Adán, y mientras éste dormía, tomó una de sus costillas, y cerró la carne en su lugar. Y de la costilla que Jehová Dios tomó del hombre, hizo una mujer, y la trajo al hombre. (Gn. 2:21-22)

74. **¿POR QUÉ FUE CREADA LA MUJER?**

    Adán estaba solo. De todas las criaturas que Dios creó no había un compañero apropiado para el hombre. La mujer fue creada de uno de los huesos del hombre para que verdaderamente pudieran ser uno.

    Y dijo Jehová Dios: No es bueno que el hombre esté solo; le haré ayuda idónea para él. (Gn. 2:18)

    Dijo entonces Adán: Esto es ahora hueso de mis huesos y

carne de mi carne; ésta será llamada Varona, porque del varón fue tomada. Por tanto, dejará el hombre a su padre y a su madre, y se unirá a su mujer, y serán una sola carne. (Gn. 2:23-24)

75. ¿POR QUÉ CREÓ DIOS A ADÁN Y EVA?

Fueron creados para tener comunión con Dios y darle placer, para tener dominio sobre todo lo que Dios había hecho, para tener hijos y poblar la tierra, y para ser los mayordomos del huerto del Edén.

76. ¿CUAL IBA A SER LA RELACIÓN ESPECIAL ENTRE ADÁN Y EVA?

Dios quería que tuvieran un amor fuerte el uno para el otro, poniendo un ejemplo para esposos y esposas del futuro. Como resultado de su amor tendrían el poder de procrear.

Y los bendijo Dios, y les dijo, fructificad y multiplicaos, llenad la tierra... (Gn. 1:28)

LOS PACTOS DE DIOS

EL PACTO CON ADÁN

CAPITULO 5

77. **¿QUÉ ES UN PACTO?**

    Un pacto es un acuerdo o contrato entre dos o más personas o entre grupos.

78. **¿CÓMO SE DIFERENCIAN LOS PACTOS HECHOS POR DIOS DE LOS PACTOS HECHOS POR EL HOMBRE?**

    En un pacto hecho entre seres humanos, los dos lados tienen una parte en decidir las reglas para el acuerdo.

    Ejemplo: Un pacto de matrimonio tiene reglas para que guarden las dos personas. Un contrato laboral está resuelto entre la empresa y el sindicato de obreros.

    En los pactos hechos por Dios, es Él quien resuelve todos los detalles y pone las reglas. Dios es el poder superior; el hombre tiene que ponerse de acuerdo con las reglas de Dios.

    NARRATIVOS BÍBLICOS: El pueblo del Rey Sedequías hizo un pacto pasando entre las partes de un becerro. (Jer. 34:8-10); Faraón extendió su mano cuando hizo una promesa. (Ex. 17:18-19); El reino de David fue hecho seguro bajo un pacto de sal. (II Cr. 13:5); El criado de Abrahán puso su mano debajo del muslo de Abrahán. (Gn. 24:1-9)

    ### LOS PACTOS DE DIOS

    1. El Pacto con Adán
    2. El Pacto con Noé
    3. El Pacto con Abrahán - El Antiguo Pacto
    4. El Pacto con Moisés

5. El Pacto con David
6. El Nuevo Pacto

79. ¿CUAL ES EL PACTO CON ADÁN?

El Pacto con Adán era un acuerdo que Dios hizo con Adán para asegurar su bienestar en el huerto de Edén. La promesa incluía fertilidad, poder para subyugar la tierra, dominio sobre los peces, las aves, y toda criatura viviente que se movía sobre la tierra. En cambio de estas bendiciones, Adán no comería del árbol de la ciencia del bien y del mal. Si desobedecía, no solamente perdería sus bendiciones, sino también moriría.

Y mandó Jehová Dios al hombre, diciendo: De todo árbol del huerto podrás comer; mas del árbol de la ciencia del bien y del mal no comerás; porque el día que de él comieres, ciertamente morirás. (Gn. 2:16-17)

80. ¿QUÉ ERA EL ÁRBOL DE LA CIENCIA DEL BIEN Y DEL MAL?

El árbol de la ciencia del bien y del mal fue una prueba para el hombre. El hombre fue probado para averiguar si dependería de Dios para su conocimiento o si lo buscaría en el árbol prohibido y ganar independencia de Dios. También él tenía la oportunidad para elegir entre Dios y Satanás. El hombre tiene que usar su voluntad libre . . . tiene que elegir.

81. ¿POR QUÉ LES PROHIBIA DIOS COMER DE ESTE ÁRBOL?

Dios quería ser la única fuente de sabiduría para el hombre. El hombre fue creación de Dios, sostenido por Su vida e instruído por Su sabiduría. Era Dios quien le dio la sabiduría de dominio y el poder de vida. Fue Su intención que el hombre continuara esta relación con el gobierno de su vida en las manos de Dios.

Porque en él vivimos, y nos movemos, y somos; como algunos de vuestros propios poetas también ha dicho . . .

EL PACTO CON ADÁN

Porque linaje suyo somos. (Hch. 17:28)

Le hiciste señorear sobre las obras de tus manos; todo lo pusiste debajo de sus pies. (Sal. 8:6)

82. ¿CÓMO ENTRÓ EL PECADO EN EL MUNDO?

El pecado entró en el mundo a través de Lucero. Su pecado fue el **pecado de rebelión** contra Dios Todopoderoso. No se sometía al reino y a la autoridad de Dios.

83. ¿CUMPLIÓ ADÁN SU PACTO CON DIOS?

No. La serpiente tentó a Eva para comer el fruto prohibido. El le dijo que ella y Adán serían como Dios, sabiendo el bien y el mal... no necesitarían a Dios. Ella tomó del fruto y se lo dio a Adán para que él pudiera comerlo con ella. Adán y Eva voluntariamente rompieron su pacto con Dios. El pecado entró al mundo por su desobediencia, separándose el hombre de Dios.

Entonces la serpiente dijo a la mujer: No moriréis: sino que sabe Dios que el día que comáis de él, serán abiertos vuestros ojos, y seréis como Dios, sabiendo el bien y el mal. Y vio la mujer que el árbol era bueno para comer, y que era agradable a los ojos, y árbol codiciable para alcanzar la sabiduría; y tomó de su fruto, y comió; y dio también a su marido, el cual comió así como ella. (Gn. 3:4-6)

84. ¿POR QUÉ TENTÓ LA SERPIENTE A ADÁN Y EVA?

Satanás usó la serpiente para tentar a Eva porque el estaba celoso de Adán, porque Dios le dio poder y dominio sobre la tierra. Satanás sabía que desobediencia les causaría perder su poder y dominio sobre la tierra y su reinado sería seguro.

Otra vez le llevó el diablo a un monte muy alto, y le mostró todos los reinos del mundo y la gloria de ellos y le

dijo: *Todo esto te daré, si postrado me adorares.
(Mt. 4:8-9)*

No hablaré ya mucho con vosotros; porque viene el príncipe de éste mundo, y él nada tiene en mí. (Jn. 14:30)

85. **¿QUÉ CLASE DE CONOCIMIENTO RECIBIERON ADÁN Y EVA?**

Recibieron un conocimiento experimental que se manifestaba en sentimientos de culpabilidad y vergüenza. El manto de justicia que les cubría fue quitado y sabían que estaban desnudos.

Entonces fueron abiertos los ojos de ambos, y conocieron que estaban desnudos; entonces cosieron hojas de higuera, y se hicieron delantales. Y oyeron la voz de Jehová Dios que se paseaba en el huerto, al aire del día; y el hombre y su mujer se escondieron de la presencia de Jehová Dios entre los árboles del huerto. Mas Jehová Dios llamó al hombre, y le dijo: ¿Dónde estás tú? Y él respondió: Oí tu voz en el huerto, y tuve miedo, porque estaba desnudo; y me escondí. (Gn. 3:7-10)

86. **¿CUAL FUÉ SU CASTIGO?**

El castigo para quebrantar el pacto con Dios fue muy severo:

A. El pecado de desobediencia rompió su comunión con Dios y les separó de El.

B. Adán fue condenado a ganar su pan por el sudor de su rostro y su cuerpo volvería al polvo por lo cual fue creado.

C. Eva, quien antes de la caída era igual que el hombre, ahora sería gobernada por él, y el parto traería muchos dolores.

D. La tierra fue maldecida por Dios y ahora produciría vegetación que lo haría difícil para que el hombre se

EL PACTO CON ADÁN

ganase la vida . . . espinos, cardos y cizaña.

E. La serpiente, por haber sido un instrumento de Satanás, fue maldita entre todas las criaturas. Por todos sus días andaría sobre su pecho y comería el polvo de la tierra.

F. Fueron echados del huerto de Edén para que no pudieran comer del árbol de Vida. Si hubieran comido de su fruto, entonces hubieran sido condenados a vivir para siempre en su estado pecaminoso. Dios puso querubines con una espada que se volvía por todos lados para guardar el camino del árbol de la vida.

87. ¿SE ARREPENTIERON ADÁN Y EVA DE SU DESOBEDIENCIA?

No. Adán no se arrepentió. El culpó a Dios por haberle dado a Eva su compañera. Eva rápidamente reconoció que había sido engañada y acusó a la serpiente de su astucia. Ninguno admitió su pecado o la enemistad (hostilidad) que sentían contra Dios y Su control.

Y el hombre respondió: La mujer que me diste por compañera me dió del árbol, y yo comí. Entonces Jehová Dios dijo a la mujer: ¿Qué es lo que has hecho? Y dijo la mujer: La serpiente me engañó, y comí. (Gn. 3:12-13)

88. ¿POR QUÉ ESTUVO DIOS TAN ENOJADO?

Dios había creado al hombre para tener comunión con El. El hombre fue la creación de Dios y solamente podía estar contento y sentir cumplido como fue sostenido por la vida de Dios e instruído por Su sabiduría. El hombre no fue creado para conocer su propio camino o dirigir sus propios pasos. El hecho que él no permitió que Dios fuera su Guía solamente podría llevarle a destrucción y muerte.

Hay camino que al hombre le parece derecho; Pero su fin es camino de muerte. (Pr. 14:12)

Conozco, oh Jehová, que el hombre no es señor de su camino, ni del hombre que camina es el ordenar sus pasos. (Jer. 10:23)

De Jehová son los pasos del hombre; ¿Cómo, pues, entenderá el hombre su camino? (Pr. 20:24)

89. **¿ABANDONÓ DIOS AL HOMBRE DESPUÉS DE SU CAÍDA?**

No. Aunque el hombre había pecado Dios no le abandonó. El prometió al hombre que enviaría a un Redentor al mundo, nacido de mujer, que lo libraría de pecado y muerte eterna y abría de nuevo el camino al árbol de vida.

Y pondré enemistad entre ti y la mujer, y entre tu simiente y la simiente suya; ésta te herirá en la cabeza, y tú le herirás en el calcañar. (Gn. 3:15)

Porque de tal manera amó Dios al mundo, que ha dado a su Hijo unigénito, para que todo aquel que en el cree, no se pierda, mas tenga vida eterna. (Jn. 3:16)

EL PACTO CON NOÉ

CAPITULO 6

90. ¿QUÉ ERA EL PACTO CON NOÉ?

Dios hizo un pacto con un hombre llamado Noé. Le dijo que iba a destruir la Tierra con un diluvio de agua. Prometió seguridad a Noé y a su familia si Noé construía un arca según las medidas que Dios iba a darle, y si obedecía sus ordenes. Noé se puso de acuerdo y el "Pacto con Noé" fue confirmado.

Dijo, pues, Dios a Noé: He decidido el fin de todo ser, porque la tierra está llena de violencia a causa de ellos; y he aquí que yo los destruiré con la tierra. Hazte un arca de madera de gofer; harás aposentos en el arca, y la calafatearás con brea por dentro y por fuera. Y de esta manera la harás . . . Y he aquí que yo traigo un diluvio de aguas sobre la tierra, para destruir toda carne en que haya espíritu de vida debajo del cielo; todo lo que hay en la tierra morirá.

Mas estableceré mi pacto contigo, y entrarás en el arca tu, tus hijos, tu mujer, y las mujeres de tus hijos contigo. (Gn. 6:13-15;17-18)

91. ¿CUAL ERA EL ESTADO ESPIRITUAL DEL MUNDO EN EL TIEMPO DE NOÉ?

El deseo del hombre para ser libre de Dios le hizo un rebelde satánico. Fue determinado a probar que su camino era mejor que el camino de Dios, y él creía las palabras de la Serpiente "seréis como Dios". El hombre se corrumpió físicamente y espiritualmente.

El odio y la rebelión del hombre contra Dios se intensificaba hasta que llegó a contaminar el mundo entero. Los pensamientos del hombre y las imaginaciones de su corazón eran de continuo en mal. El rápido crecimiento de la rebelión pecaminosa llegó a ser tan malo que Dios no podía soportarlo más.

> *Y vio Jehová que la maldad de los hombres era mucha en la tierra, y que todo designio de los pensamientos del corazón de ellos era de continuo solamente el mal. Y se arrepintió Jehová de haber hecho hombre en la tierra, y le dolió en su corazón. (Gn. 6:5-6)*

92. **¿QUIÉN ERA NOÉ?**

Noé era un hombre justo que colaboraba con Dios y encontró gracia (favor) con El. Era el tataranieto de Enoc, un hombre quien fue trasladado al cielo sin experimentar la muerte, y el nieto de Matusalén, quien vivió a ser el hombre más viejo en la tierra. Vivió 969 años.

> *Pero Noé halló gracia ante los ojos de Jehová. (Gn. 6:8)*

93. **¿CUANTOS HIJOS TUVO NOÉ?**

Noé tuvo tres hijos, Sem, Cam, y Jafet.

> *Y engendró Noé tres hijos: a Sem a Cam, y a Jafet. (Gn. 6:10)*

94. **¿QUÉ LE MANDO DIOS A NOÉ QUE HICIERA?**

Dios le dijo a Noé que construyera un arca (un barco grande - del tamaño de un crucero) para salvar de destrucción a sí mismo, su familia, las aves, y los animales. Noé recibió las instrucciones para las medidas del arca y para los materiales que Dios quiso que usara en la construcción.

> *Hazte un arca de madera de gofer; harás aposentos en el arca, y la calatearás con brea por dentro y por fuera. Y de esta manera la harás: de trescientos codos la longitud del arca, de cincuenta codos su anchura, y de treinta codos su altura. Una ventana harás al arca, y la acabarás a un codo*

EL PACTO CON NOÉ

de elevación por la parte de arriba; y pondrás la puerta del arca a su lado; y le harás piso bajo, segundo, y tercero. (Gn. 6:14-16)

95. ¿CUÁNTO TIEMPO TARDARON NOÉ Y SUS HIJOS PARA CONSTRUIR EL ARCA?

La Biblia no nos dice el tiempo que tardó en construir el arca. Dios le dió al hombre 120 años para arrepentirse de su pecado. Era durante este período que el arca fue construida. Noé predicó, mientras que construía el arca, avisando del diluvio venidero.

Y dijo Jehová: No contenderá mi espíritu con el hombre para siempre, porque ciertamente él es carne; mas serán sus días ciento veinte anos. (Gn. 6:3)

Y si no perdonó al mundo antiguo, sino que guardó a Noé, pregonero de justicia, con otras siete personas, trayendo el diluvio sobre el mundo de los impíos; (II P. 2:5)

Por la fe Noé, cuando fue advertido por Dios acerca de cosas que aún no se veían, con temor preparó el arca en que su casa se salvase; y por esa fe condenó al mundo, y fue hecho heredero de la justicia que viene por la fe. (He. 11:7)

96. ¿CUÁNDO DIJO DIOS A NOÉ QUE ENTRASE AL ARCA CON SU FAMILIA?

Después de que Noé hubiera puesto todos los animales, las aves, y todo lo que arrastraba sobre la tierra (en parejas - hembra y macho) en el arca, Dios instruyó a Noé y a su familia que entrasen al arca.

Dijo luego Jehová a Noé: Entra tú y toda tu casa en el arca; porque a ti he visto justo delante de mí en esta generación. De todo animal limpio tomarás siete parejas, macho y su hembra; mas de las animales que no son limpios, una pareja, el macho y su hembra. También de las aves de los cielos, siete parejas, macho y hembra, para conservar viva la especie sobre la faz de la tierra. E hizo Noé conforme a todo lo que le mandó Jehová. Y por causa de las aguas del diluvio entró Noé al arca, y con el sus hijos, su mujer, y las mujeres de sus hijos. (Gn. 7:1-3,5,7)

97. **¿CUÁNTO TIEMPO ESTUVIERON NOÉ, SU FAMILIA, Y LOS ANIMALES EN EL ARCA ANTES DE QUE EMPEZARA A LLOVER?**

Noé y su familia estuvieron en el arca, con los animales, siete días antes de que empezara a llover. Dios cerró la puerta después de que hubieran entrado. Es posible que las mofas de la gente, afuera del arca, probaran la fe de Noé y de su familia mientras esperaban la promesa del diluvio.

98. **¿CUÁNTO TIEMPO LLOVIÓ SOBRE LA TIERRA?**

Llovió cuarenta días y noches. El agua cayó en gran torrentes desde el cielo, y las aguas subterráneas se reventaron sobre la tierra. Por cuarenta días el diluvio continuó, cubriendo la tierra y alzando el arca sobre la superficie de la tierra, y el arca flotaba sana y segura en la tormenta.

Y fue el diluvio cuarenta días sobre la tierra; y las aguas crecieron, y alzaron el arca, y se elevó sobre la tierra. Y subieron las aguas y crecieron en gran manera sobre la superficie de las aguas. (Gn. 7:17-18)

99. **¿CUÁNTO TIEMPO SE QUEDO NOÉ EN EL ARCA?**

Noé y su familia se quedaron en el arca un año solar, 365 días. En el décimo mes, Noé abrió la puerta del arca y encontró que las aguas fueron decreciendo. Ocho semanas después la tierra fue seca y Dios le dijo a Noé que podían salir del arca.

EL PACTO CON NOÉ

100. ¿QUÉ FUÉ LA PRIMERA COSA QUE HIZO NOÉ AL SALIR DEL ARCA?

Edificó un altar al Señor para agradecerle por haber salvado a su familia del diluvio. El sacrificio le agradó a Dios y prometió que no volvería a maldecir la tierra con un diluvio. Dios prometió: Mientras la tierra permanezca, no cesarán la sementera y la siega, el frio y el calor, el verano y el invierno, y el día y la noche.

Y edificó Noé un altar a Jehová . . . Y percibió Jehová olor grato; y dijo Jehová en su corazón: No volveré más a maldecir la tierra por causa del hombre . . . Mientras la tierra permanezca, no cesarán la sementera y la siega, el frío y el calor, el verano y el invierno, y el día y la noche. (Gn. 8:20-22)

101. ¿CÓMO ESTABLECIÓ DIOS UN PACTO DE PROMESA - NO VOLVER A DESTRUIR LA TIERRA CON UN DILUVIO?

Dios puso un arco iris en el cielo como señal del pacto que estableció con el hombre y con todo ser vivo.

Estableceré mi pacto con vosotros, y no exterminaré ya más toda carne con aguas de diluvio, ni habrá más diluvio para destruir la tierra. Y dijo Dios: Esta es la señal del pacto que yo establezco entre mí y vosotros y todo ser viviente que está con vosotros, por siglos perpetuo: Mi arco he puesto en las nubes, el cual será por señal del pacto entre mí y la tierra. (Gn. 9:11-13)

102. ¿SIRVIERON LA NUEVA GENERACIÓN A DIOS?

No. La naturaleza del pecado, transmitida de Adán, estaba en el hombre todavía. Las cosas no iban bien. Nimrod, un descendiente del hijo de Noé, Cus, llegó a ser un vigoroso cazador, constructor, y gobernador. Era dotado con sabiduría y fuerza y empezó a edificar la civilización de Babilonia, que incluía una gran ciudad con una torre, cuya cúspide llegó al cielo. Fue conocido como la "Torre de Babel".

Así como Nimrod, vigoroso cazador delante de Jehová.. Y fue el comienzo de su reino Babel... (Gn. 10:9-10)

Y dijeron: Vamos, edifiquémonos una ciudad y una torre, cuya cúspide llegue al cielo; y hagámonos un nombre, por si fuéremos esparcidos sobre la faz de toda la tierra. (Gn. 11:4)

103. ¿POR QUÉ EDIFICARON LA CIUDAD Y LA TORRE?

A. Se organizaron para guardar su identidad y para edificar un gran imperio que glorificaría al hombre y a su independencia de Dios.

B. La Torre de Babel fue edificada para desafiar a Dios, por si acaso retiraba su promesa a Noé.

C. Su Torre iba a llegar al cielo. Como Satanás había deseado ascender al trono de Dios, en esta manera el hombre demostró su rebelión.

Y dijeron: Vamos, edifiquémonos una ciudad y una torre, cuya cúspide llegue al cielo; y hagámonos un hombre, por si fuéremos esparcidos sobre la faz de toda la tierra. (Gn. 11:4)

104. ¿CÓMO PARO DIOS LA CONSTRUCCIÓN DE LA CIUDAD Y LA TORRE?

Dios tenía miedo de lo que el hombre podría hacer. Odía el espíritu independiente del hombre, que dice que puede vivir sin Dios. El sabía que si este espíritu no fuese frenado, se extendería como un germen a otros. Dios paró la construcción cuando dio a todos una lengua (idioma) distinta, y así los esparció.

EL PACTO CON NOÉ

Y descendió Jehová para ver la ciudad y la torre que edificaban los hijos de los hombres. Y dijo Jehová: He aquí el pueblo es uno, y todos estos tienen un solo lenguaje; y han comenzado la obra, y nada les hará desistir ahora de lo que han pensado hacer. Ahora, pues, descendamos, y confundamos allí su lengua, para que ninguno entienda el habla de su compañero. Así los esparció Jehová desde allí sobre la faz de toda la tierra, y dejaron de edificar la ciudad. Por esto fue llamado el nombre de ella Babel, porque allí confundió Jehová el lenguaje de toda la tierra, y desde allí los esparció sobre la faz de toda la tierra. (Gen 11:5-9)

NOTA: La palabra "Babilonia" significaba "Puerta de Dios,. La ciudad y la torre fueron su camino a Dios.

EL PACTO CON ABRAHÁN

CAPITULO 7

105. ¿QUIÉN ERA ABRAHÁN?

Abrahán era un hombre escogido por Dios a ser el padre de una nueva nación llamada ISRAEL. Sus familiares fueron idólatras que vivían en la ciudad de Ur de los caldeos. El Señor de Gloria apareció a Abrahán y la revelación de Dios transformó su vida. Abrahán obedeció los mandamientos de Dios y sin pensarlo seguió a Dios a una nueva tierra.

> ... *El Dios de la gloria apareció a nuestro padre Abrahán, estando en Mesopotamia, antes que morase en Harán, y le dijo: Sal de tu tierra y de tu parentela, y ven a la tierra que yo te mostraré. (Hch. 7:2-3)*

> *Y le dijo: Yo soy Jehová, que te saqué de Ur de los caldeos, para darte a heredar esta tierra. (Gn. 15:7)*

> *Y dijo Josué a todo el pueblo: Así dice Jehová, Dios de Israel: Vuestros padres habitaron antiguamente al otro lado del río, esto es, Taré, padre de Abrahán y de Nacor; y servían a dioses extraños. (Jos. 24:2)*

106. ¿QUIÉN ERA SARA?

Sara era la esposa de Abrahán. Ella dejó a su familia y su casa para acompañar a su esposo en un viaje de fe a una tierra desconocida. Dios cambió el nombre de "Sarai" a "Sara" (Princesa), y cambió el nombre de Abrám a Abrahán cuando estableció circuncisión como la señal del pacto de promesa.

> *Por la fe también la misma Sara, siendo estéril, recibió fuerza para concebir; y dio a luz aun fuera del tiempo de la edad, porque creyó que era fiel quien lo había prometido. (He. 11:11)*

EL PACTO CON ABRAHÁN

Dijo también Dios a Abrahán: A Sarai tu mujer no la llamarás Sarai, mas Sara será su nombre. Y la bendeciré, y también te daré de ella hijo; sí, la bendeciré, y vendrá a ser madre de naciones; reyes de pueblos vendrán de ella. (Gn. 17:15-16)

Y aconteció que cuando estaba para entrar en Egipto, dijo a Sarai su mujer: He aquí, ahora conozco que eres mujer de hermoso aspecto; y cuando te vean los egipcios, dirán: Su mujer es; y me matarán a mí, y a ti te reservarán la vida. Ahora, pues, di que eres mi hermana, para que me vaya bien por causa tuya, y viva mi alma por causa de ti. Y aconteció que cuando entró Abram en Egipto, los egipcios vieron que la mujer era hermosa en gran manera. También la vieron los príncipes de Faraón, y la alabaron delante de él; y fue llevada la mujer a casa de Faraón. (Gn. 12:11-15)

107. ¿QUÉ ES EL PACTO DE ABRAHÁN?

Dios prometió bendecir a Abrahán y a sus descendientes si creía en Sus promesas y obedecía Sus mandamientos. Abrahán no tenía hijos, pero hizo un pacto eterno con Dios, creyendo que recibiría un hijo.

108. ¿CUANTOS AÑOS TENIA ABRAHÁN CUANDO EL SEÑOR LE APARECIÓ?

Los teólogos de la Biblia creen que tenía como 50 años cuando el Señor le apareció por primera vez en Ur. Abrahán viajó a Harán con su padre Taré y se quedó allí hasta la muerte de su padre. Tenía setenta y cinco años cuando salió de Harán para ir a Canaán.

Y tomó Taré a Abram su hijo, y a Lot hijo de Harán, hijo de su hijo, y a Sarai su nuera, mujer de Abram su hijo, y salió con ellos de Ur de los caldeos, para ir a la tierra de Canaán; y vinieron hasta Harán, y se quedaron allí. Y fueron los días de Taré doscientos cinco años; y murió

Taré en Harán. (Gn. 11:31-32)

Y se fue Abram como Jehová le dijo; y Lot fue con él. Y era Abram de edad de setenta y cinco años cuando salió de Harán. (Gn. 12:4)

109. ¿QUÉ PROMESAS DIOS DIO A ABRAHÁN?

Dios dijo:

1. Haré de ti una nación grande.

2. Te bendeciré.

3. Engrandeceré tu nombre.

4. Serás bendición.

5. Bendeciré a los que te bendijeren.

6. A los que te maldijeren maldeciré.

7. Serán benditas en ti todas las familias de la tierra.

8. A tu descendencia daré esta tierra.

9. Haré tu descendencia como el polvo de la tierra.

10. Serás padre de naciones.

11. Reyes de pueblos vendrán de ti.

12. Tu descendencia vencerá sus enemigos.

Pero Jehová había dicho a Abram: Vete de tu tierra y de tu parentela, y de la casa de tu padre, a la tierra que te mostraré. Y haré de ti una nación grande, y te bendeciré, y engrandeceré tu nombre, y serás bendición. Bendeciré a los que te bendijeren, y a los que te maldijeren maldeciré;

EL PACTO CON ABRAHÁN

y serán benditas en ti todas las familias de la tierra. (Gn. 12:1-3)

Y aparecía Jehová a Abram, y le dijo: A tu descendencia daré esta tierra. Y edificó allí un altar a Jehová, quien se le había aparecido. (Gn. 12:7)

Y Jehová dijo a Abrám, después que Lot se apartó de él: Alza ahora tus ojos, y mira desde el lugar donde estás hacia el norte y el sur, y al oriente y al occidente. Porque toda la tierra que ves, la daré a ti y a tu descendencia para siempre. Y haré tu descendencia como el polvo de la tierra; que si alguno puede contar el polvo de la tierra, también tu descendencia será contada. Levántate, ve por la tierra a lo largo de ella y a su ancho; porque a ti la daré. (Gn. 13:14-17)

Y la bendeciré, y también te daré de ella, hijo; sí, la bendeciré, y vendrá a ser madre de naciones, y reyes de pueblos vendrán de ella. (Gn. 17:16)

110. ¿QUÉ TUVO QUE HACER ABRAHÁN ANTES DE QUE PUDIERA RECIBIR LAS PROMESAS DE DIOS?

Abrahán tuvo que ponerse de acuerdo con Dios . . . creer en El, obedecer todos Sus mandamientos, y andar delante del Señor con justicia y sinceridad de corazón.

Era Abrám de edad de noventa y nueve años, cuando se le apareció Jehová y le dijo: Yo soy el Dios Todopoderoso; anda delante de mí y sé perfecto. (Gn. 17:1)

Pero Jehová había dicho a Abrám: Vete de tu tierra y de tu parentela, y de la casa de tu padre, a la tierra que te mostraré. (Gn. 12:1)

111. ¿CREYÓ Y OBEDECIÓ ABRAHÁN A DIOS?

Sí. Abrahán creyó en todas las promesas que hizo Dios. A

veces confiaba en su propio juicio y fallaba Dios en esta manera, pero cuando la Palabra de Dios le vino claramente, él siempre obedecía.

Tampoco dudó, por incredulidad, de la promesa de Dios, sino que se fortaleció en fe, dando gloria a Dios. (Ro. 4:20)

Así Abrahán creyó a Dios, y le fue contado por justicia. (Gá. 3:6)

112. ¿QUÉ HIZO DIOS PARA CONFIRMAR SU PACTO CON ABRAHÁN?

Dios hizo un pacto de sangre con Abrahán. Derramó la sangre de un animal. Este hecho selló las promesas de Su pacto.

NARRATIVO BÍBLICO - Dios y Abrahán (Gn. 15:7-21)

113. ¿QUÉ SEÑAL DEMANDO DIOS DE ABRAHÁN COMO UN RESULTADO DE SU PACTO DE SANGRE?

Dios demandó la **señal** del Pacto, llamado Circuncisión, estar en la carne de Abrahán y de todos los varones nacidos en su familia, de todos de sus criados y de todos los hombres que querían trabajar para Abrahán.

Dijo de nuevo Dios a Abrahán: En cuanto a ti, guardarás mi pacto, tú y tu descendencia después de ti por sus generaciones. Este es mi pacto, que guardaréis entre mí y vosotros y tu descendencia después de ti: Será circuncidado todo varón de entre vosotros. Circuncidaréis, pues, la carne de vuestro prepucio, y será por señal del pacto entre mi y vosotros. Y de edad de ocho días será circuncidado todo varón entre vosotros por vuestras generaciones; el nacido en casa, y el comprado por dinero o cualquier extranjero, que fuere de tu linaje. Debe ser circuncidado el nacido en tu casa, y el comprado por tu dinero; y estará mi pacto en vuestra carne por pacto

EL PACTO CON ABRAHÁN

perpetuo. (Gn. 17:9-13)

114. ¿CUAL FUÉ EL CASTIGO PARA EL HOMBRE QUE RECHAZABA LA SEÑAL DEL PACTO DE CIRCUNCISIÓN?

Dios no permitió negligencia o rebelión contra Su mandamiento. El hombre que no fue circuncidado estaba cortado de la nueva nación de Israel.

Y el varón incircunciso, el que no hubiere circuncidado la carne de su prepucio, aquella persona será cortada de su pueblo; ha violado mi pacto.(Gn. 17:14)

115. ¿OBEDECIÓ ABRAHÁN LA PALABRA DE DIOS?

Sí. Abrahán obedeció el mandamiento de la señal del Pacto de Circuncisión.

Entonces tomó Abrahán a Ismael su hijo, y a todos los comprados por su dinero, a todo varón entre los domésticos de la casa de Abrahán, y circuncidó la carne del prepucio de ellos en aquel mismo día, como Dios le había dicho. (Gn. 17:23)

116. ¿PROBÓ DIOS LA FIDELIDAD DE ABRAHÁN EN OTRAS MANERAS?

Sí. Dios le pidió que sacrificara su hijo, Isaac, cuando era un joven. Abrahán luchó con el mandamiento de Dios, pero obedeció. Exibio una gran fé. Creía que Dios resucitaría a Isaac, y cumpliría con sus promesas.

Por la fe Abrahán, cuando fue probado, ofreció a Isaac; y el que había recibido las promesas ofrecía su unigénito, habiéndosele dicho: En Isaac te será llamada descendencia; pensando que Dios es poderso para levantar aun de entre los muertos . . . (He.11:17-19)

LOS PACTOS DE DIOS

117. ¿ESTUVO CONTENTO DIOS CON ABRAHÁN?

Sí. Dios estuvo muy contento con Abrahán. Abrahán fue llamado "Amigo de Dios". Llegó a ser el padre espiritual de todos los que creían y obedecían a Dios.

> *Porque yo sé que mandará a sus hijos y a su casa después de sí, que guarden el camino de Jehová, haciendo justicia y juicio, para que haga venir Jehová sobre Abrahán lo que ha hablado acerca de él. (Gn. 18:19)*

> *Y se cumplió la Escritura que dice: Abrahán creyó a Dios, y le fue contado por justicia, y fue llamado amigo de Dios. (Stg. 2:23)*

> *. . . para que fuese padre de todos los creyentes . . . (Ro. 4:11)*

NARRATIVOS BÍBLICOS: Abrahán y Lot (Gn. 13); El nacimiento de Isaac (Gn. 21:1-8); El cambio del nombre de Abram a Abrahán (Gn. 17:5).

118. ¿POR QUÉ FUÉ LLAMADO ISAAC "EL HIJO MILAGROSO?

Cuando Abrahán y Sara eran demasiado viejos para tener hijos, Dios les prometió uno. Abrahán esperó veinte y cinco años a la promesa del niño. Nació cuando Abrahán tenía 100 años y su esposa, Sara, tenía 90 anos. Le nombraron, Isaac, cuyo nombre significaba, (Risa), porque Dios les hizo reir, y cualquiera que lo oyese, se reiría con ellos.

> *Visitó Jehová a Sara, como había dicho, e hizo Jehová con Sara como había hablado. Y Sara concibió y dio a luz Sara, Isaac. Entonces dijo Sara: Dios me ha hecho reir, y cual quiera que lo oyere, se reirá conmigo. (Gn. 21:1-3,6)*

EL PACTO CON ABRAHÁN

119. ¿DESCANSO LA BENDICIÓN DEL PACTO DE ABRAHÁN SOBRE ISAAC?

Sí. Isaac fue circuncidado cuando tenía ocho días. En esta manera la señal del Pacto fue puesto sobre su vida. Luego, Dios le apareció y confirmó la bendición del Pacto.

Y circuncidó Abrahán a su hijo Isaac de ocho días, como Dios le había mandado. (Gn. 21:4)

Y se le apareció Jehová aquella noche, y le dijo: Yo soy el Dios de Abrahán tu padre; no temas, porque yo estoy contigo, y te bendeciré, y multiplicaré tu descendencia por amor de Abrahán mi siervo. (Gn. 26:24)

120. ¿EXTENDIÓ EL PACTO CON ABRAHÁN A LOS HIJOS DE ISAAC?

Sí. Dios escogió al hijo menor de Isaac, Jacob, para ser heredero de las bendiciones de su abuelo, Abrahán.

Y el Dios omnipotente te bendiga, y te haga fructificar y te multiplique, hasta llegar a ser multitud de pueblos; y te de la bendición de Abrahán, y a tu descendencia contigo, para que heredes la tierra en que moras, que Dios dio a Abrahán. (Gn. 28:3-4)

NARRATIVOS BÍBLICOS: El nacimiento de Esaú y Jacob. (Gn. 25:19-26); Esaú pierde su primogenitura. (Gn. 25:24-34; 26:34,35)

121. ¿CÓMO LLEGÓ A SER EL NOMBRE "ISRAEL"?

Este nombre fue dado a Jacob después de que él tuviera un encuentro con Dios en un lugar llamado Peniel. El nombre Jacob significa "el que suplanta" o "el que toma el lugar de otro con astucia". El nombre Israel significa Príncipe, (el que ha luchado con Dios y con los hombres, y ha vencido).

> *Así se quedó Jacob solo; y luchó con el un varón hasta que rayaba el alba. Y el varón le dijo: ¿Cuál es tu nombre? Y el respondió: Jacob. Y el varón le dijo: No se dirá más tu nombre Jacob, sino Israel; porque has luchado con Dios y con los hombres, y has vencido. Y llamó Jacob el nombre de aquel lugar, Peniel; porque dijo: Vi a Dios cara a cara, y fue librada mi alma. (Gn. 32:24,27-30)*

122. ¿CÓMO LLEGÓ A EXISTIR EL PUEBLO DE ISRAEL?

El pueblo de Israel originó con los doce hijos de Jacob después de que su nombre fuera cambiado a Israel. La Biblia llama los descendientes, los "hijos de Israel". Los "Hijos de Israel" crecieron a ser una nación poderosa - la nación de Israel.

NARRATIVO BÍBLICO: Los Hijos de Israel. (Gn. 48 y 49)

123. ¿CÓMO SE DESARROLLÓ LA NACIÓN DE ISRAEL?

La nación de Israel fue fomentado durante los 400 años que los hijos de Jacob vivieron como esclavos en la tierra de Egipto.

> *Entonces Jehová dijo a Abram: Ten por cierto que tu descendencia morará en tierra ajena, y será esclava allí, y será oprimida cuatrocientos años. Mas también a la nación a la cual servirán, juzgaré yo; y después de esto saldrán con gran riqueza. (Gn. 15:13-14)*

124. ¿QUÉ CLASE DE GENTE QUERÍA DIOS QUE FUESEN LOS ISRAELITAS?

La nación de Israel iba a ser una nación modelo. Dios quería que todo el mundo viese como El bendeciría, prosperaría, y protegería a los que trabajaran de acuerdo con El.

EL PACTO CON MOISÉS

CAPITULO 8

125. **¿QUIÉN ERA MOISÉS?**

Moisés era el hombre que Dios escogió para librar al pueblo de Israel de la esclavitud en Egipto.

126. **¿CUAL ERA SU TRASFONDO?**

Moisés nació en Egipto durante la época en que existía el decreto de matar a todos los bebés varones. Su madre le escondió por tres meses. Cuando fue imposible esconderle más, ella le colocó en una arquilla de juncos, y lo puso en un carrizal a la orilla del Río Nilo.

Cuando la hija de Faraón llegaba al río para bañarse, vio la arquilla, y mandó que se le trajeran. Cuando la abrió, el niño lloró y esto conmovió a la Princesa a tener mucha compasión. Ella decidió criar este niño, quien ella lamaba Moisés, como si fuera su propio hijo. La hermana de Moisés, Miriam, estaba allí y recomendó que una hebrea fuese la nodriza. La Princesa contrató a la madre verdadera de Moisés.

Moisés fue adoptado por la hija de Faraón, y por muchos años era considerado como egipcio. Fue educado en toda la sabiduría de los egipcios y decían que era poderoso en palabras y en acciones.

127. **¿CUÁNDO FUÉ LA PRIMERA VEZ QUE MOISÉS SE DIÓ CUENTA DE SU DESTINO?**

Cuando tenía cuarenta años decidió juntarse con sus hermanos, creyendo que podría ser su libertador. Vio un egipcio golpeando a un israelita y pensando que estaban solos, mató al egipcio y lo escondió en la arena. Al día siguiente intentó ser el conciliador entre dos israelitas, pero le rechazaron. Le asustó saber que fué bien conocido que él mató al egipcio. Entonces fué evidente a Moisés que esto no fué el momento de la liberación de su pueblo y que tenía que huir para salvar su vida.

Por la fe Moisés, hecho ya grande, rehusó llamarse hijo de la hija de Faraón, escogiendo antes ser maltratado con el pueblo de Dios, que gozar de los deleites temporales del pecado. (He.11:24-25)

128. ¿DÓNDE RECIBIÓ MOISÉS SU MANDATO COMO LIBERTADOR?

Moisés huyó a Madián donde conoció a Jetro, el sacerdote. Llegó a ser amigo de Jetro y su familia, y le encargaron de sus ovejas. Más tarde se casó con Ziporah, la hija de Jetro, y ella tuvo dos hijos. En la reclusión como pastor de ovejas en Monte Sinaí, Moisés tuvo un encuentro con Dios cuando tenía 80 años. Durante este encuentro recibió su llamada como profeta y libertador.

NARRATIVO BÍBLICO - la historia de Moisés. (Ex. 2-4)

129. ¿CÓMO LLAMO DIOS A MOISÉS?

El Ángel de Jehová se le apareció en una llama de fuego en medio de una zarza que ardía en fuego. Moisés miró, y vió que la zarza ardía en fuego, y la zarza no se consumía. Y el Señor le llamó: Moisés, Moisés: no te acerques, porque el lugar en que tú estás es tierra santa. He visto la aflicción de mi pueblo y como los egipcios los oprimen. Ven, por tanto, ahora, y te enviaré al Faraón, para que saques de Egipto a mi pueblo, los hijos de Israel.

NARRATIVO BÍBLICO - La llamada de Moisés.
(Ex. 3:1-10)

130. ¿QUÉ ERA LA DOBLE REVELACIÓN DADA A MOISÉS?

(1) La eterna, auto-existencia de un verdadero Dios.

EL PACTO CON MOISÉS

Y respondió Dios a Moisés: YO SOY EL QUE SOY. Y dijo: Así dirás a los hijos de Israel: YO SOY me envió a vosotros. (Ex. 3:14)

(2) Su misión para liberar su pueblo.

Ven, por tanto, ahora, y te enviaré a Faraón, para que saques de Egipto a mi pueblo, los hijos de Israel. (Ex. 3:10)

131. ¿CÓMO PREPARÓ DIOS A MOISÉS PARA SER UN LIBERTADOR?

Como un joven príncipe egipcio, Moisés era poderoso en palabras y en acciones. Pero cuando se encontró con Dios en el Monte Sinaí había perdido mucho de sus talentos a través de negligencia, también era tardo en el habla y le faltaba autoconfianza. Su único talento era su capacidad de sobrevencer en el desierto. Con 80 años su fuerza y sus habilidades fueron limitados. El Señor sabía que Moisés estaba preparado para recibir su fuerza de El y aceptar Sus instrucciones para librar a los hijos de Israel de la esclavitud en Egipto.

Entonces Moisés respondió diciendo: He aquí que ellos no me creerán, ni oirán mi voz; porque dirán: No te ha aparecido Jehová. Entonces dijo Moisés a Jehová: ¡Ay, Señor! nunca he sido hombre de fácil palabra, ni antes, ni desde que tú hablas a tu siervo; porque soy tardo en el habla y torpe de lengua. Y él dijo: ¡Ay, Señor! envía te ruego, por medio del que debes enviar. (Ex. 4:1,10,13)

132. ¿CÓMO LIBRÓ DIOS SU PUEBLO DE LA ESCLAVITUD EN EGIPTO?

Dios dió a Moisés el poder para infligir diez plagas sobre Egipto. La última plaga fue la muerte de todos los primogénitos del hombre y de los animales. Por fin Faraón decidió que los hebreos podrían salir de Egipto. Dios cumplió la promesa que hizo a Abrahán de que los israelitas fueron permitidos a llevar todo lo que pedían de los egípcios y dejaron a Egipto en quiebra.

Mas también a la nación a la cual servirán, juzgaré yo; y después de esto saldrán con gran riqueza. (Gn. 15:14)

E hicieron los hijos de Israel conforme al mandamiento de Moisés, pidiendo de los egipcios alhajas de plata, y de oro, y vestidos. Y Jehová dio gracia al pueblo delante de los egipcios, y les dieron cuanto pedían; así despojaron a los egipcios. (Ex.12:35-36)

133. ¿CUANTOS ISRAELITAS SIGUIERON A MOISÉS DE EGIPTO?

Ha sido estimado que más de dos millones de personas salieron de la tierra de Egipto para seguir a Moisés a la Tierra Prometida.

Partieron los hijos de Israel de Rameses a Sucot, como seiscientos mil hombres de a pié, sin contar los niños. (Ex.12:37)

134. ¿QUÉ INSTRUCCIONES DIO DIOS A MOISÉS?

Dios les instruyó que pasaran por el camino más largo a través del desierto al Mar Rojo. Cuando el Faraón y sus ejércitos les perseguían, Dios hizo un milagro y retiró las aguas del Mar Rojo y los israelitas cruzaron sobre tierra seca. Los ejércitos de Faraón les siguieron y murieron en el agua.

NARRATIVO BÍBLICO: El Milagro del Mar Rojo. (Ex.14)

135. ¿POR QUÉ LLEVO MOISÉS A LOS ISRAELITAS AL MONTE SINAI?

Dios prometió que le habilitaría llevar a los hijos de Israel a Monte Sinaí y allí servirían al Señor. Tardaron tres meses para llegar a la montaña. Moisés subió a Monte Sinaí para hablar

EL PACTO CON MOISÉS

con Dios, y Dios le dio las condiciones para el Pacto para que Moisés pudiere dárselos a los hijos de Israel.

Y él respondió: Ve, porque yo estaré contigo, y esto te será por señal de que yo te he enviado: cuando hayas sacado de Egipto al pueblo, serviréis a Dios sobre este monte. (Ex. 3:12)

En el mes tercero de la salida de los hijos de Israel de la tierra de Egipto, en el mismo día llegaron al desierto de Sinaí... y acampó allí Israel delante del monte. Y Moisés subió a Dios; y Jehová lo llamó desde el monte, diciendo: Así dirás a la casa de Jacob, y anunciarás a los hijos de Israel. (Ex. 19:1-3)

NARRATIVO BÍBLICOS: Maná por pan y codorniz por carne. (Ex. 16); Agua de 1 piedra. (Ex. 17)

136. ¿QUÉ ES EL PACTO CON MOISÉS?

Fué el Pacto que Dios hizo con los hijos de Israel a través de Moisés en el Monte Sinaí: Los Diez Mandamientos, las leyes levíticas, y los planos para el Tabernáculo.

137. ¿QUÉ FUERON LOS TÉRMINOS DEL PACTO CON MOISÉS?

Si los hijos de Israel guardaban su pacto (obedecer las leyes de Dios) serían el tesoro especial de Dios, sobre todos los pueblos en la tierra.

... si diereis oído a mi voz, y guardaréis mi pacto, vosotros seréis mi especial tesoro sobre todos los pueblos ... (Ex. 19:5)

138. ¿CÓMO LES DIÓ DIOS SUS LEYES?

El Señor escribió los Diez Mandamientos sobre dos tablas de piedra con Su dedo. Las leyes levíticas y el plano para el

Tabernáculo fueron dados verbalmente a Moisés por Dios.

139. ¿FUERON LOS DIEZ MANDAMIENTOS ALGO NUEVO PARA ISRAEL?

No. Las leyes morales, encontradas en los Diez Mandamientos están escritas en el corazón de cada hombre, para que su propia conciencia pueda acusarle o excusarle. Dios escribió Sus leyes con Su dedo en las tablas de piedra para enfatizar su importancia. Durante su esclavitud en Egipto, la conciencia de Israel había llegado a ser endurecido. Dios instruyó a Moisés que les enseñara Sus leyes.

Entonces Jehová dijo a Moisés: Sube a mí al monte, y espera allá, y te daré tablas de piedra, y la ley, y mandamientos que he escrito para enseñarles. (Ex. 24:12)

Porque cuando los gentiles que no tienen ley, hacen por naturaleza lo que es de la ley, éstos, aunque no tengan ley, son ley para sí mismos, mostrando la obra de la ley escrita en sus corazones, dando testimonio su conciencia, y acusándoles o defendiéndoles sus razonamientos.
(Ro. 2:14-15)

NARRATIVO BÍBLICO: Moisés recibió la ley.(Ex. 19:20)

140. ¿CUAL FUÉ EL PROPÓSITO DE LA LEY?

La Ley les enseñó el conocimiento del pecado. Era el ayo para llevarles a Cristo. Fue diseñado para ser el agente en separarles de las naciones paganas.

Ya que por las obras de la ley ningún ser humano será justificado delante de él; porque por medio de la ley es el conocimiento del pecado. (Ro. 3:20)

De manera que la ley ha sido nuestro ayo, para llevarnos a Cristo, a fin de que fuésemos justificados por la fe.
(Gá. 3:24)

. . . Salid de en medio de ellos, y apartáos, dice el Señor, y no toquéis lo inmundo; y yo os recibiré. (II Co. 6:17)

EL MISTERIO DE LA INIQUIDAD

CAPITULO 9

141. ¿QUÉ ES EL MISTERIO DE LA INIQUIDAD?

El término, "misterio" se refiere a una operación o a un plan de Dios que hasta ahora no ha sido revelado. El misterio de iniquidad (los pecados de los padres visitados sobre sus hijos) es el método que Dios usa para hacer cumplir Sus leyes morales-Los Diez Mandamientos.

> ... *porque yo soy Jehová tu Dios, fuerte, celoso, que visito la maldad de los padres sobre los hijos hasta la tercera y cuarta generación de los que me aborrecen. (Ex. 20:5)*
>
> *Porque ya está en acción el misterio de la iniquidad; solo que hay quien al presente lo detiene, hasta que él a su vez sea quitado de en medio. Y entonces se manifestará aquel inicuo, a quien el Señor matará con el espíritu de su boca, y destruirá con el resplandor de su venida. (II Ts. 2:7-8)*

142. ¿POR QUÉ ES IMPORTANTE QUE HOY EN DIA ESTUDIEMOS LOS DIEZ MANDAMIENTOS?

Porque las leyes morales de Dios son eternas. Nosotros vivimos en una sociedad inmoral que se ha olvidado de que Dios nunca cambia. La paga del pecado es la muerte. No solamente la muerte física, sino también, la muerte de nuestro auto-estima y de nuestra confianza para acercarnos a Dios. Algunos cristianos creen que las leyes de Dios fueron abrogadas cuando Jesucristo vino para morir por nuestros pecados. Jesucristo no vino para abrogar la ley, sino para cumplirla, y El enseñó Los Diez Mandamientos a sus seguidores con la interpretación más detallada que jamás habían oído. El les dijo: Si me amáis, guardaréis mis mandamientos.

EL MISTERIO DE LA INIQUIDAD 71

143. ¿POR QUÉ ES IMPORTANTE QUE HOY EN DIA SEPAMOS LOS DIEZ MANDAMIENTOS?

Antes de que podamos ser obedientes a los mandamientos, tenemos que saber lo que son. Cuando nos los sepamos, podremos demostrar nuestro amor hacia Dios en guardarlos.

Si me amáis, guardad mis mandamientos. (Jn. 14:15)

144. ¿QUÉ DICE DIOS ACERCA DE LOS MANDAMIENTOS?

Dice: Yo soy Jehová tu Dios, fuerte, celoso, que visito la maldad de los padres sobre los hijos hasta la tercera y cuarta generación de los que me aborrecen, y hago misericordia a millares, **a los que me aman, y guardan mis mandamientos.** (Ex. 20:5-6)

145. ¿QUÉ SIGNIFICA ESTO?

Significa que Dios castigará a todo aquel que rompe Sus mandamientos. Promete gracia y bendición a todo aquel que le ama y guarda Sus mandamientos.

146. ¿CÓMO CASTIGA DIOS AL QUE NO GUARDA SUS MANDAMIENTOS?

Dios pone una maldición de iniquidad sobre todo aquel que rompe Sus mandamientos y, sigue infligiendo la maldición sobre sus niños hasta la tercera y cuarta generación.

. . . porque yo soy Jehová tu Dios, fuerte, celoso, que visito la maldad de los padres sobre los hijos hasta la tercera y cuarta generación de los que me aborrecen, y hago misericordia a millares, a los que me aman y guardad mis mandamientos. (Ex. 20:5-6)

147. ¿QUÉ ES LA INIQUIDAD?

La iniquidad es una debilidad en una cierta área de nuestra

naturaleza que fué nacida en nosotros como un resultado de los pecados de nuestros antepasados.

Entre los cuales también todos nosotros vivimos en otro tiempo en los deseos de nuestra carne, haciendo la voluntad de la carne y de los pensamientos, y éramos por naturaleza hijos de ira, lo mismo que los demás. (Ef. 2:3)

Por tanto, como el pecado entró en el mundo por un hombre, y por el pecado la muerte, así la muerte pasó a todos los hombres, por cuanto todos pecaron. (Ro. 5:12)

148. ¿CÓMO NACE LA INIQUIDAD EN NOSOTROS?

La iniquidad nace en nosotros a través de nuestros padres. Si no reconocemos y confesamos nuestras iniquidades a Jesucristo, llegamos a ser vulnerables a las debilidades encontradas en nuestros antepasados, y como resultado, en nuestros hijos, nietos, etc. se manifestarán las mismas debilidades.

He aquí, en maldad he sido formado, y en pecado me concibió mi madre. (Sal. 51:5)

Jehová, tardó para la ira y grande en misericordia, que perdona la iniquidad y la rebelión, aunque de ningún modo tendrá por inocente al culpable; que visita la maldad de los padres sobre los hijos hasta los terceros y hasta los cuartos. (Nm. 14:18)

149. ¿CÓMO SE DESARROLLAN LOS RASGOS Y LOS HÁBITOS DE INIQUIDAD EN NOSOTROS?

Los rasgos inicuos y los hábitos se desarrollan en nosotros cuando, conscientemente, seguimos rompiendo cualquier mandamiento.
Por ejemplo:

EL MISTERIO DE LA INIQUIDAD

EL MANDAMIENTO	LA INIQUIDAD
1. No tendrás dioses ajenos.	Rebelión
2. No tendrás imágenes.	Avaricia y testarudez.
3. Tomando Su nombre en vano.	Inmundicia - conversación abusiva.
4. Guardador del sábado.	Ningún descanso - no hay paz.
5. Honrando a tus padres.	Ningún respeto - resistir la autoridad.
6. No matarás.	Propenso a la violencia.
7. No cometerás adulterio.	Propenso a la perversión sexual.
8. No robarás.	Irresistible impulso para robar.
9. No mentirás.	Engaño, deshonestía.
10. No codiciarás.	Celos, envidia, avaricia.

150. ¿POR QUÉ AMENAZA DIOS INIQUIDAD SOBRE NUESTROS HIJOS?

Dios hace esto para que temamos su ira y no rompamos Sus mandamientos.

... convertíos, y apartáos de todas vuestras transgresiones, y no os será la iniquidad causa de ruina. (Ez. 18:30)

151. ¿CÓMO SE DIFERENCIA LA INIQUIDAD DEL PECADO?

La iniquidad es la debilidad en nosotros que es como una tierra fértil para el pecado, y es en ésta área donde Satanás intenta tentarnos al pecado. El pecado es la actitud y actual transgresión de las leyes de Dios.

He aquí, en maldad he sido formado, y en pecado me concibió mi madre. (Sal. 51:5)

Todo aquel que comete pecado, infringe también la ley; pues el pecado es infracción de la ley. (I Jn. 3:4)

152. **SI LA INIQUIDAD ES SOLAMENTE TIERRA FÉRTIL PARA EL PECADO, ¿POR QUÉ TENEMOS QUE SER PERDONADOS DE PECADOS QUE NUNCA HEMOS COMETIDO?**

Porque Dios mira al corazón. El sabe nuestros más profundos pensamientos y nuestros deseos secretos. Nuestro corazón tiene que ser **puro** delante de Dios, porque es el corazón lo que nos condena.

Si en mi corazón hubiese yo mirado a la iniquidad, El Señor no me habría escuchado. (Sal. 66:18)

... porque Jehová no mira lo que mira el hombre; pues el hombre mira lo que está delante de sus ojos, pero Jehová mira el corazón. (I S. 16:7)

Pero yo os digo que cualquiera que mira a una mujer para codiciarla, ya adulteró con ella en su corazón. (Mt. 5:28)

Pues si nuestro corazón nos reprende, mayor que nuestro corazón es Dios, y el sabe todas las cosas. Amados, si nuestro corazón no nos reprende, confianza tenemos en Dios. (I Jn. 3:20-21)

153. **¿CÓMO SE DIFERENCIA LA INIQUIDAD DEL PECADO ORIGINAL?**

La iniquidad es la debilidad en una cierta área de nuestra vida como resultado de los pecados de nuestros antepasados. El pecado original es la corrupción total de nuestra naturaleza que está causado por la enemistad (hostilidad contra Dios) por lo cual es resultado del pecado de Adán.

Entonces dije: ¡Ay de mí! que soy muerto; porque siendo hombre inmundo de labios, y habitando en medio de

EL MISTERIO DE LA INIQUIDAD

pueblo que tiene labios inmundos han visto mis ojos al Rey, Jehová de los ejércitos. (Is. 6:5)

Porque lo que hago, no lo entiendo; pues no hago lo que quiero, sino lo que aborrezco, eso hago. Y si lo que no quiero, esto hago, aprueba que la ley es buena. De manera que ya no soy yo quien hace aquello, sino el pecado que mora en mí. (Ro. 7:15-17)

154. ¿PODEMOS SER LIBRADOS DE LA MALDICIÓN DE INIQUIDAD?

Sí. Jesucristo dió Su cuerpo para ser herido en Calvario para librarnos de la maldición de iniquidad. Es uno de los beneficios divinos que El compró para nosotros en Su cruz.

... molido por nuestros pecados ... (Is. 53:5)

El es quien perdona todas tus iniquidades, El que sana todas tus dolencias. (Sal. 103:3)

Bienaventurado el hombre a quien Jehová no culpa de iniquidad. (Sal. 32:2)

Hablad al corazón de Jerusalén; decidle a voces que su tiempo es ya cumplido, que su pecado es perdonado; que doble ha recibido de la mano de Jehová por todos sus pecados. (Is. 40:2)

155. ¿CÓMO PODEMOS SER LIBRADOS DE LA MALDICIÓN DE INIQUIDAD?

La iniquidad está purgada cuando reconocemos los pecados inherentes y pedimos misericordia de Dios.

Que con mansedumbre corrija a los que se oponen, por si quizá Dios les conceda que se arrepientan para conocer la verdad. (II Ti. 2:25)

Por tanto, yo os juzgaré a cada uno según sus caminos, oh casa de Israel, dice Jehová el Señor. Convertíos, y apartáos de todas vuestras transgresiones, y no os será la iniquidad causa de ruina. (Ez. 18:30)

156. ¿QUÉ SEGURIDAD TENEMOS DE QUE NUESTRAS INIQUIDADES SERÁN QUITADAS?

La liberación de iniquidad es una parte de la redención que Jesucristo compró, para nosotros, en Calvario. Si pedimos liberación de iniquidad y creemos que Dios nos la dará, entonces, la liberación es nuestra.

Si algo pidiereis en mi nombre, yo lo haré. (Jn. 14:14)

Si confesamos nuestros pecados, y limpiarnos de toda maldad. (I Jn. 1:9)

Verá el fruto de la aflicción de su alma, y quedará satisfecho; por su conocimiento justificará mi siervo justo a muchos, y llevará las iniquidades de ellos. (Is. 53:11)

157. ¿SERÁN VISITADOS NUESTRAS INIQUIDADES SOBRE NUESTROS HIJOS DESPUÉS DE QUE HAYAMOS SIDO LIBRADOS DE ELLAS?

No. Cuando Dios perdona nuestra iniquidad, la echa al fondo del mar para jamás recordarla contra nuestra semilla.

¿Qué Dios como tú, que perdona la maldad, y olvida el pecado del remanente de su heredad? No retuvo para siempre su enojo, porque se deleita en misericordia. El volverá a tener misericordia de nosotros; sepultará nuestras iniquidades, y echará en lo profundo del mar todos nuestros pecados. (Mi. 7:18-19)

En aquellos días y en aquel tiempo, dice Jehová, la maldad de Israel será buscada, y no aparecerá; y los pecados de Judá, y no se hallarán; porque perdonaré a los que yo

EL MISTERIO DE LA INIQUIDAD

hubiere dejado. (Jer. 50:20)

... porque yo soy Jehová tu Dios, fuerte, celoso, que visito la maldad de los padres sobre los hijos hasta la tercera y cuarta generación de los que me aborrecen, y hago misericordia a millares, a los que me aman y guardan mis mandamientos. (Ex. 20:5-6)

158. ¿ES EL HOMBRE CAPAZ DE GUARDAR PERFECTAMENTE LOS MANDAMIENTOS?

Sí. Los cristianos pueden guardar los mandamientos si andan en el Espíritu. Sin la ayuda del Espíritu el hombre natural no es capaz de guardarlos perfectamente.

Porque lo que era imposible para la ley, por cuanto era débil por la carne, Dios, enviando a su Hijo en semejanza de carne de pecado y a causa del pecado, condenó al pecado en la carne; para que la justicia de la ley se cumpliese en nosotros, que no andamos conforme a la carne, sino conforme al Espíritu. (Ro. 8:3-4)

Todos se desviaron, a una se han corrompido; No hay quien haga lo bueno, no hay ni siquiera uno. (Sal. 14:3)

Ciertamente no hay hombre justo en la tierra, que haga el bien y nunca peque. (Ec.7:20)

Si bien todos nosotros somos como suciedad, y todas nuestras justicias como trapo de inmundicia... (Is. 64:6)

159. ¿PODEMOS SER SALVOS EN GUARDAR LOS MANDAMIENTOS?

No. El hombre no puede ser salvo en guardar solamente los mandamientos.

... ninguno se justifica para con Dios... (Gá. 3:11)

160. ENTONCES, ¿CUAL ES EL PROPÓSITO DE LOS DIEZ MANDAMIENTOS?

Los Diez Mandamientos (La Ley) tiene tres propósitos:

1. Actúa como una valla en contener, hasta un punto, las explosiones del pecado.

2. Actúa como un espejo enseñándonos nuestros pecados.

3. Actúa como una regla para enseñar a los cristianos las obras que agradan a Dios.

. . . la Ley no fué dada para el justo, sino para los transgresores y desobedientes, para los impíos y pecadores, para los irreverentes y profanos, para los parricidas y matricidas, para los homicidas. (I Ti. 1:19)

. . . por medio de la ley es el conocimiento del pecado. (Ro. 3:20)

¿Con qué limpiará el joven su camino? Con guardar tu palabra. (Sal. 119:9)

NOTA: Los Diez Mandamientos fueron escritos sobre dos tablas de piedra. La **primera** tabla trata de la relación del hombre con Dios.

Jesús le dijo: Amarás al Señor tu Dios con todo tu corazón, y con toda tu alma, y con toda tu mente. Este es el primero y grande mandamiento. (Mt. 22:37-38)

La **segunda** tabla de la Ley trata de la relación del hombre con otros hombres.

Y el segundo es semejante: Amarás a tu prójimo como a ti mismo. (Mt. 22:39)

A PRIMERA TABLA DE LA LEY
[LA RELACIÓN ENTRE EL HOMBRE Y DIOS]

EL PRIMER MANDAMIENTO

CAPITULO 10

161. ¿CUAL ES EL PRIMER MANDAMIENTO?

No tendrás dioses ajenos delante de mí. (Ex. 20:3)

162. ¿QUÉ NOS MANDA A HACER EL PRIMER MANDAMIENTO?

Nos manda ofrecer solamente a Dios la suprema alabanza que le merece.

... Al Señor tu Dios adorarás, y a él solo servirás. (Mt. 4:10)

Yo Jehová; este es mi nombre; y a otro no daré mi gloria, ni mi alabanza a esculturas. (Is. 42:8)

163. ¿QUÉ ESTA PROHIBIDO POR EL PRIMER MANDAMIENTO?

A. Estamos prohibido a reverenciar a cualquier criatura u objeto como el objeto principal de nuestra adoración, la fuente principal de nuestra felicidad, o el maestro principal de la verdad. Esto es lo que significa hacer un dios de algo creado.

Nuestro Dios está en los cielos; Todo lo que quiso ha hecho. Los ídolos de ellos son plata y oro, obra de manos de hombres. (Sal. 115:3-4)

NARRATIVOS BÍBLICOS: Israel adoró el becerro de fundición. (Ex. 32); El pueblo adoró a Baal. (I R. 18:18-29); Los filisteos hicieron Dagón su dios. (Jue. 16:23-24)

B. Estamos prohibidos creer en un dios que no es el Dios Trino.

Para que todos honren al Hijo como honran al Padre. El que no honra al Hijo, no honra al Padre que le envió. (Lc. 5:23)

C. Estamos prohibidos temer, amar, o confiar en cualquiera persona o cosa más que a Dios. Es un pecado atribuir a una criatura o una cosa un poder que pertenece solamente a Dios, como por ejemplo un amuleto o consultar con un adivino o espiritista.

Y no temáis a los que matan el cuerpo, mas el alma no pueden matar; temed más bien a aquel que puede destruir el alma y el cuerpo en el infierno. (Mt. 10:28)

El que ama a padre o madre mas que a mí, no es digno de mí; el que ama a hijo o hija mas que a mí, no es digno de mí. (Mt. 10:37)

Fíate de Jehová de todo tu corazón, y no te apoyes en tu propia prudencia. (Pr.3:5)

. . . cuyo dios es el vientre, y cuya gloria es su vergüenza; que solo piensan el lo terrenal. (Flm. 3:19)

NARRATIVOS BÍBLICOS: El hombre rico que estimaba más la ropa costosa y la buena comida que a Dios. (Lc.16:19) El joven rico que amaba sus posesiones mas que a Cristo. (Mt. 19:22)

164. ¿CUÁNDO AMAMOS A DIOS SOBRE TODAS COSAS?

Cuando entregamos con gozo nuestras vidas a Su servicio, creemos firmemente en lo que Dios ha revelado, y proclamamos abiertamente estas creencias cuando es necesario.

. . . Amarás al Señor tu Dios con todo tu corazón, y con

EL PRIMER MANDAMIENTO

toda tu alma, y con toda tu mente. (Mt. 22:37)

165. ¿CUÁNDO CONFIAMOS EN DIOS SOBRE TODAS COSAS?

Cuando totalmente cometemos nuestras vidas a Su cargo, dependiendo en El para todas nuestra necesidades, y creemos en la fidelidad de Dios para cumplir Sus promesas.

Mejor es confiar en Jehová que confiar en príncipes. (Sal. 118:8)

Fíate de Jehová de todo tu corazón . . . (Pr. 3:5)

EL SEGUNDO MANDAMIENTO

CAPITULO 11

166. ¿CUAL ES EL SEGUNDO MANDAMIENTO?

No te harás imagen. (Ex. 20:4)

167. ¿QUÉ PROHIBE EL SEGUNDO MANDAMIENTO?

Nos prohibe hacer una semejanza de lo que esté arriba en el cielo, ni abajo en la tierra, ni en las aguas debajo de la tierra. Estamos prohibidos inclinarnos a ídolos y servirles. También estamos prohibidos amar o adorar las buenas cosas de esta vida más que amamos a Dios.

Porque sabéis esto, que ningún fornicario, o inmundo, o ávaro, que es idólatra, tiene herencia en el reino de Cristo y de Dios. (Ef. 5:5)

168. ¿POR QUÉ PROHIBE DIOS IDOLATRÍA?

Porque es un Dios celoso y no compartiría Su gloria o su alabanza con nadie y ni con otras cosas.

. . . yo soy Jehová tu Dios, fuerte, celoso . . . (Ex. 20:5)

Yo Jehová; este es mi nombre; y a otro no daré mi gloria, ni mi alabanza a esculturas. (Is. 42:8)

169. ¿CÓMO VE DIOS LA IDOLATRÍA?

Como algo degradante, la costumbre de necios, y para El es una abominación.

Siendo, pues, linaje de Dios, no debemos pensar que la Divinidad sea semejante a oro, o plata, o piedra, escultura de arte y de imaginación de hombres. (Hch. 17:29)

EL SEGUNDO MANDAMIENTO

Profesando ser sabios, se hicieron necios, y cambiaron la gloria del Dios incorruptible en semejanza de imagen de hombre corruptible, de aves, de cuadrúpedos y de reptiles. (Ro. 1:22-23)

170. ¿QUÉ ES UNA ABOMINACIÓN?

Una abominación es un pecado idolátrico que incita la ira de Dios sobre el hombre.

Cuando entres a la tierra que Jehová tu Dios te da, no aprenderás a hacer según las abominaciones de aquellas naciones. No sea hallado en ti quien haga pasar a su hijo o a su hija por el fuego, ni quien practique adivinación, ni agorero, ni sortílego, ni hechicero, ni encantador, ni adivino, ni mago, ni quien consulte a los muertos. Porque es abominación para con Jehová cualquiera que hace estas cosas, y por estas abominaciones Jehová tu Dios echa naciones de delante de ti. (Dt. 18:9-12)

Las esculturas de sus dioses quemarás en el fuego; no codiciarás plata ni oro de ellas para tomarlo para ti, para que no tropieces en ello, pues es abominación a Jehová tu Dios. (Dt. 7:25)

171. ¿CÓMO PODEMOS AGRADAR A DIOS Y RECIBIR SUS BENDICIONES?

Con servir al único Dios verdadero, y solamente a El.

Y hago misericordia a millares, a los que me aman y guardan mis mandamientos. (Ex. 20:6)

EL TERCER MANDAMIENTO

CAPITULO 12

172. ¿CUAL ES EL TERCER MANDAMIENTO?

No tomarás el nombre de Jehová tu Dios en vano. (Ex. 20:7)

173. ¿QUÉ SIGNIFICA TOMAR EL NOMBRE DE DIOS EN VANO?

El nombre de Dios o Jesucristo es usado para atribuir un hecho o una declaración a Dios que no es de Dios. También es un pecado usar un Nombre Divino descuidadamente en asuntos sin importancia o para expresar sorpresa o enojo.

... porque no dará por inocente Jehová al que tomare su nombre en vano. (Ex. 20:7)

174. ¿QUÉ NOS MANDA HACER EL TERCER MANDAMIENTO?

Nos manda hablar siempre con reverencia de Dios y ser honestos cuando prestamos juramentos o hacemos votos. Deberíamos ser conocidos por nuestra buena conversación que refleja la obra de gracia que está en nuestros corazones.

Ni palabras deshonestas, ni necesidades, ni truhanerías, que no convienen, sino antes bien acciones de gracias. (Ef. 5:4)

175. ¿QUÉ NOS PROHIBE HACER EL TERCER MANDAMIENTO?

Nos prohibe hablar irreverentemente de Dios, tomar el nombre de Dios como testigo sin necesidad, prestar juramento a algo falso o quebrantar un voto lícito. Nos prohibe tomar un voto deshonestamente o romper un voto sagrado. También está prohibido la blasfemia, las maldiciones, la hechicería, decir mentiras, o engaño en el nombre de Dios.

EL TERCER MANDAMIENTO

... habéis oído que fue dicho a los antiguos: No perjurarás, sino cumplirás al Señor tus juramentos. Pero yo os digo: No juréis en ninguna manera; ni por el cielo, porque es el trono de Dios; ni por la tierra, porque es el estrado de sus pies; no por Jerusalén, porque es la ciudad del gran Rey. Ni por tu cabeza jurarás, porque no puedes hacer blanco o negro un solo cabello. Pero será vuestro hablar: Sí.Sí; no, no; porque lo que es más de esto, de mal procede. (Mt. 5:33-37)

176. ¿QUÉ NOS PROHIBE HACER EL TERCER MANDAMIENTO?

Es llamar a Dios para ser un testigo a lo que decimos que es la verdad.

... yo invoco a Dios por testigo sobre mi alma...
(II Co. 1:23)

Y no juraréis falsamente por mi nombre... (Lv. 19:12)

177. ¿CUÁNDO ESTAMOS PERMITIDOS Y AUN REQUERIDOS PRESTAR UN VOTO?

Nos es permitido prestar voto cuando:

A. El gobierno nos requiere; por ejemplo, cuando testigos están requeridos a testificar en una corte de ley.

Sométase toda persona a las autoridades superiores..
(Ro. 13:1)

B. Cuando un juramento es necesario para la gloria de Dios o para el bienestar de nuestro vecino.

A Jehová tu Dios temerás, y a él solo servirás, y por su nombre jurarás. (Dt. 6:13)

... los hombres ciertamente juran por uno mayor que

ellos, y para ellos el de toda controversia es el juramento para confirmación. (He. 6:16)

NARRATIVOS BÍBLICOS: Abrahán puso su criado bajo juramento, (Gn. 24:3); Pablo prestó juramento, (II Co 1:23)

178. **¿CUALES SON LAS TRES COSAS NECESARIAS PARA HACER UN JURAMENTO LICITO?**

Hay que tener buena razón para prestar juramento. No puede caber duda de lo que decimos bajo juramento es verdadero. Nunca puede prestar juramento para hacer lo que es incorrecto.

179. **¿CUÁNDO ES PECADO HACER UN JURAMENTO?**

Un juramento es pecado cuando lo presta falsamente o descuidadamente también en asuntos pecaminosos, inciertos, o sin importancia.

NARRATIVOS BÍBLICOS: Pedro juró falsamente, (Mt. 26:72); Ciertos judíos juraron a cometer asesinato, (Hch. 23:12); Herodes juró en un asunto incierto y sin importancia, (Mr. 6:23).

180. **¿QUÉ ES UN VOTO?**

Un voto es una promesa solemne hecha a Dios en la cual nos comprometemos a un acto, servicio, o una cierta manera de vivir. Ejemplo: Un voto matrimonial.

Mas e invoco a Dios por testigo sobre mi alma, que por ser indulgente con vosotros no he pasado todavía a Corinto. (II Co. 1:23)

181. **¿CUÁNDO ES UN PECADO HACER UN VOTO?**

Es un pecado hacer un voto cuando lo hace falsamente o descuidadamente.

No te des prisa con tu boca, ni tu corazón se apresure a proferir palabra delante de Dios; porque Dios está en el cielo, y tú sobre la tierra; por tanto, sean pocas tus palabras. Cuando a Dios haces promesa, no tardes en cumplirla; porque él no se complace en los insensatos. Cumple lo que prometes. Mejor es que no prometas, y no que prometas y no cumplas. No dejes que tu boca te haga pecar, ni digas delante del ángel, que fue ignorancia. ¿Por qué harás que Dios se enoje a causa de tu voz, y que destruya la obra de tus manos? (Ec. 5:2,4-6)

NARRATIVOS BÍBLICOS: El voto necio de Jefté, (Jue. 11:30); La ira de Dios hacia los votos rotos de matrimonio, (Ml. 2:14-16).

182. ¿QUÉ ES UNA MALDICIÓN?

Una maldición es envocar maldad sobre una persona, lugar, o cosa. También desear alguien daño físico está en contra del amor que debemos a nuestro prójimo.

Con ella (lengua) bendecimos al Dios y Padre, y con ella maldecimos a los hombres, que están hechos a la semejanza de Dios. De una misma boca proceden bendición y maldición. Hermanos míos, esto no debe ser así. (Stg.3:9-10)

NARRATIVOS BÍBLICOS: Los judíos maldijeron a sí mismos y sus hijos, (Mt. 27:25); Goliat maldijo a David, (I S. 17:43); Pedro maldijo, (Mt. 26:74).

183. ¿QUÉ ES BLASFEMIA?

Blasfemia es lenguaje insultante que expresa desprecio contra Dios. Blasfemia contra el Espíritu Santo es cuando una persona enterada atribuye al diablo aquellas obras que solamente Dios puede hacer. Blasfemia contra el Espíritu Santo es el pecado inperdonable.

> *De cierto os digo que todos los pecados serán perdonados a los hijos de los hombres, y las blasfemias cualesquiera que sean; pero cualquiera que blasfeme contra el Espíritu Santo, no tiene jamás perdón, sino que es reo de juicio eterno. Porque ellos habían dicho: Tiene espíritu inmundo. (Mr. 3:28-30)*

NARRATIVOS BÍBLICOS: Los judíos injuriaron a Jesús cuando estaba en la cruz, (Mt. 27:39-43); Rabsaces blasfemó el Dios de Israel, (II R. 18:25-35; 19:21-22)

184. **¿QUÉ ES PRACTICAR BRUJERÍA EN EL NOMBRE DE DIOS?**

Es el uso del nombre de Dios para hacer algo sobrenatural con la ayuda del diablo; (por ejemplo, magia, hechicería, etc. adivinación o consultar a los muertos).

> *No sea hallado en ti quien haga pasar a su hijo o a su hija por el fuego, ni quien practique adivinación, ni agorero, ni sortílego, ni hechicero, ni encantador, ni adivino, ni mago, ni quien consulte a los muertos. Porque es abominación para con Jehová cualquiera que hace estas cosas, y por estas abominaciones Jehová tu Dios echa estas naciones de delante de ti. (Dt. 18:10-12)*

NARRATIVO BÍBLICO: Los hechiceros egipcios hicieron actos sobrenaturales con la ayuda del diablo, (Ex. 7 y 8)

185. **¿QUÉ SIGNIFICA MENTIR Y ENGAÑAR EN EL NOMBRE DE DIOS?**

Significa.

A. Enseñar una falsa doctrina y decir que es una palabra o revelación de Dios. (Falso profetas)

B. Profetizar o dar un mensaje en lenguas con una interpretación, pero sin la unción y el poder del Espíritu

EL TERCER MANDAMIENTO

Santo.

C. Cubrir un corazón incrédulo o una vida pecaminosa con una apariencia de piedad. (hipocresía)

Dice Jehová: He aquí que yo estoy contra los profetas que endulzan sus lenguas y dicen: El ha dicho. (Jer. 23:31)

Cuidarás de hacer todo lo que yo te mando; no añadirás a ello, ni de ello quitarás. (Dt. 12:32)

186. ¿CÓMO ES LA MEJOR MANERA PARA GUARDAR EL TERCER MANDAMIENTO?

En llamar al nombre de Dios en cada necesidad con oración, alabanza, y gratitud.

EL CUARTO MANDAMIENTO

CAPITULO 13

187. ¿CUAL ES EL CUARTO MANDAMIENTO?

Acuérdate del día de reposo para sanctificarlo. (Dt. 12:32)

188. ¿QUÉ ES EL SÁBADO?

El sábado es el séptimo día. La palabra hebrea por "sábado" quiere decir "descanso". Dios descansó y consagró el séptimo día. Según la ley dada en Sinaí, el séptimo día era un día de descanso, consagrado a Dios en lo cual fué prohibido hacer trabajo secular.

189. ¿CÓMO OBSERVABA JESÚS EL SÁBADO?

Jesucristo cumplía la ley del sábado en dejar de hacer sus propias labores y en descansar completamente en la voluntad de Dios. En cumplir la voluntad y los propósitos de Dios en la tierra y en permitir que el Espíritu Santo le dirija, Jesús llegó a ser el Maestro del Sábado.

Porque el Hijo del Hombre es Señor del día de reposo. (Mt. 12:8)

190. ¿SON REQUERIDOS LOS CRISTIANOS A OBSERVAR EL SÁBADO Y OTROS DÍAS SANTOS?

No. El verdadero significado para el sábado y para muchos de los días santos de los judíos fueron cumplidos en Jesucristo. Venimos a Dios a través de la redención proveída por Jesucristo. El precio por esta redención es la sangre preciosa de Jesucristo y ya ha pagado por nuestras almas. No hay nada más que podamos hacer para hacernos aceptables a Dios. Ahora podemos reposar de nuestras propias labores. Jesucristo es nuestro sábado. Cuando le aceptamos como nuestra salvación, y podemos descansar en Su gracia, el sábado deja de ser un día

EL CUARTO MANDAMIENTO

y llega a ser una experiencia espiritual.

> *Venid a mí todos los que estáis trabajados y cargados, y yo os haré descansar. (Mt. 11:28)*

> *Porque por gracia sois salvos por medio de la fe; y esto no de vosotros, pues es don de Dios; no por obras, para que nadie se glorie. (Ef. 2:8-9)*

> *Por tanto, nadie os juzgue en comida o en bebida, o en cuanto a días de fiesta, luna nueva o días de reposo, todo lo cual es sombra de lo que ha de venir; pero el cuerpo es de Cristo. (Col. 2:16-17)*

191. **¿POR QUÉ SE REFIERE AL SÁBADO COMO LA "SOMBRA DE COSAS POR VENIR"?**

Porque nos anima entrar al "reposo" del sábado y en dejar que el Espíritu de Dios, que mora dentro de nosotros, nos dirija para hacer la voluntad de Dios en la tierra.

> *Porque lo que era imposible para la ley, por cuanto era débil por la carne, Dios, enviando a su Hijo en semejanza de carne de pecado y a causa del pecado, condenó al pecado en la carne; para que la justicia de la ley se cumpliese en nosotros, que no andamos conforme a la carne, sino conforme al Espíritu. (Ro. 8:3-4)*

> *Por tanto, queda un reposo para el pueblo de Dios. Porque el que ha entrado en su reposo, también ha reposado de sus obras, como Dios de las suyas. (He. 4:9-10)*

192. **¿MANDÓ DIOS A LOS CRISTIANOS QUE OBSERVARAN ALGÚN DIA?**

No. Los cristianos no son mandados a observar ningún día.

> *Uno hace diferencia entre día y día; otra juzga iguales todos los días. Cada uno esté plenamente convencido en su*

propia mente. El que hace caso del día, lo hace para el Señor; y él que no hace caso del día, para el Señor no lo hace. El que come, para el Señor come, porque da gracias a Dios; y el que no come, para el Señor no come, y da gracias a Dios. (Ro. 14:5-6)

Guardáis los días, los meses, los tiempos y los años. Me temo de vosotros, que haya trabajado en vano con vosotros. (Gá. 4:10-11)

193. ¿OBSERVAMOS EL DOMINGO U OTROS DÍAS FESTIVOS COMO DÍAS SANTOS?

No. Observamos estos días para que tengamos tiempo y una oportunidad para adoración pública y para tener comunión el uno con el otro.

No dejando de congregarnos, como algunos tienen por costumbre... (He. 10:25)

Y perseveraban en la doctrina de los apóstoles, en la comunión unos con otros, en el partimiento del pan y en las oraciones. (Hch. 2:42)

194. ¿POR QUÉ ADORAMOS JUNTOS LOS DOMINGOS?

Adoramos juntos los domingos porque es el día más conviente para reunirnos y adorar juntos. En muchas partes del mundo el domingo ha sido elegido para este propósito. Domingo, el primer día de la semana, era celebrado por la iglesia primitiva en memoria de la resurrección de Cristo.

El primer día de la semana, reunidos los discípulos para partir el pan, Pablo les enseñaba, habiendo de salir al día siguiente; y alargó el discurso hasta la medianoche. (Hch. 20:7)

Cada primer día de la semana cada uno de vosotros ponga aparte algo, según haya prosperado, guardándolo, para que

*cuando y llegue no se recojan entonces ofrendas.
(I Co. 16:2)*

195. ¿CUÁNDO PECAMOS CONTRA EL CUARTO MANDAMIENTO?

Pecamos contra el cuarto mandamiento cuando hay incredulidad. Nosotros fallamos en entrar en el descanso encontrado en el Señor Jesucristo.

Temamos, pues, no sea que permaneciendo aun la promesa de entrar en su reposo, alguno de vosotros parezca no haberlo alcanzado . . . Procuremos, pues, entrar en aquel reposo, para que ninguno caiga en semejante ejemplo de desobediencia. (He. 4:1,11)

LA SEGUNDA TABLA DE LA LEY
(Las leyes de Dios que se tratan de las relaciones entre hombres)

EL QUINTO MANDAMIENTO

CAPITULO 14

196. ¿CUAL ES EL QUINTO MANDAMIENTO?

Honra a tu padre y a tu madre, para que tus días se alarguen en la tierra que Jehová tu Dios te da. (Ex. 20:12)

197. ¿POR QUÉ AÑADE DIOS LA PROMESA, "PARA QUE TUS DÍAS SE ALARGUEN EN LA TIERRA QUE JEHOVÁ TU DIOS TE DA"?

Con esta promesa Dios nos impresiona la importancia y el beneficio de honrar a nuestros padres y superiores y nos anima de obedecer este mandamiento con buena voluntad.

198. ¿QUÉ NOS REQUIERE HACER EL QUINTO MANDAMIENTO?

Dios nos requiere:

A. Honrar a nuestros padres a través de amor y respeto y estimarles como representantes de Dios.

Honra a tu padre y a tu madre, pues es el primer mandamiento con promesa; para que te vaya bien, y seas de larga vida sobre la tierra. (Ef. 6:2-3)

Delante de las canas te levantarás, y honrarás el rostro del anciano, y de tu Dios tendrás temor ... (Lv. 19:32)

NARRATIVOS BÍBLICOS: José honró a su padre, (Gn. 46:29); Rey Salomón honró a su madre, (I R. 2:19); Eliseo honró a su maestro, (II R. 2:12)

EL QUINTO MANDAMIENTO

B. Servir a nuestros padres con hacer lo que podemos para ellos y ayudarles cuando tienen necesidad.

Pero si alguna viuda tiene hijos, o nietos, aprendan éstos primero a ser piadosos para con su propia familia, y a recompensar a sus padres; porque esto es lo bueno y agradable delante de Dios. (I Ti. 5:4)

NARRATIVOS BÍBLICOS: José proveyó para su padre, (Gn. 47:11-12); Jesús proveyó para su madre, (Jn. 19:26)

C. Obedecer a nuestros padres en todas cosas que no son pecaminosas.

Hijos, obedeced en el Señor a vuestros padres, porque esto es justo. (Ef. 6:1)

Oye a tu padre, a aquel que te engendró; Y cuando tu madre envejeciere, no la menosprecies. (Pr. 23:22)

NARRATIVOS BÍBLICOS: Jesús era sujetado a María y a José, (Lc. 2:41); Jonatán desobedeció a su padre para salvar la vida de David, y así que obedeció a Dios en vez del hombre, (I S. 20:31-33)

D. Respetar y obedecer todos nuestros superiores lícitos. Toda autoridad viene de Dios. Cuando Dios pone personas en autoridad sobre nosotros, El espera que les obedezcamos. Si negamos obedecer nuestros superiores lícitos como nuestros padres, maestros, oficiales del gobierno etc, entonces negamos obedecer a Dios.

Por causa del Señor sometéos a toda institución humana, ya sea al rey, como a superior, ya a los gobernadores, como por el enviados para castigo de los malhechores y alabanza de los que hacen bien. (I P. 2:13-14)

Criados, estad sujetos con todo respeto a vuestros amos; no solamente a los buenos y afables, sino también a los difíciles de soportar. (I P. 2:18)

199. ¿CUÁNDO NO ESTAMOS REQUERIDOS OBEDECER A NUESTROS PADRES O SUPERIORES?

Cuando alguien en autoridad intenta usar aquella autoridad para obligarnos hacer algo pecaminoso, o nos prohibe seguir Dios.

... Es necesario obedecer a Dios antes que a los hombres. (Hch. 5:29)

200. ¿CUALES SON NUESTROS DEBERES DE PADRES HACIA SUS HIJOS?

Los padres están requeridos cuidar especialmente para las necesidades espirituales de sus niños, ya que son las más importantes. Deberían enseñarles orar, alabar a Dios, y desarrollar en sus niños las virtudes de obediencia, honestidad, respeto, aseo, etc. También están requeridos cuidar para sus necesidades físicas, mentales, y emocionales de sus niños.

Y vosotros, padres, no provoquéis a ira a vuestros hijos, sino criadlos en disciplina y amonestación del Señor. (Ef. 6:4)

No rehúses corregir al muchacho; Porque si lo castigas con vara, no morirá. Lo castigarás con vara, y librarás su alma del Seol. (Pr. 23:13-14)

201. ¿CUALES SON NUESTROS DEBERES EN CUANTO A NUESTRO PAÍS?

Debemos amar a nuestro país, estar sinceramente interesado en su bienestar, y obedecer sus leyes.

EL QUINTO MANDAMIENTO

202. ¿POR QUÉ DEBEMOS OBEDECER LAS LEYES DE NUESTRO PAÍS?

La autoridad lícita de nuestro país viene de Dios, la fuente de toda autoridad, y nosotros debemos obedecerle a El. Si ciertas leyes están en contra a la Palabra de Dios, entonces es nuestro deber a desobedecerlas.

NARRATIVOS BÍBLICOS: Los niños hebreos, (Dn. 3); Daniel en el foso de los leones. (Dn. 6)

203. ¿QUÉ NOS PROHIBE HACER DIOS EN EL QUINTO MANDAMIENTO?

Dios prohibe desobediencia, irreverencia, y falta de cariño a nuestros padres y superiores.

El ojo que escarnece a su padre y menosprecia la enseñanza de la madre, los cuervos de la canadá lo saquen, y lo devoren los hijos del águila. (Pr. 30:17)

NARRATIVOS BÍBLICOS: Los hijos de Elí entristecían o su padre por su maldad, (I S. 2:12,23,25); Absalóm rebeló contra su padre, el Rey David, (II S. 15)

EL SEXTO MANDAMIENTO

CAPITULO 15

204. **¿CUAL ES EL SEXTO MANDAMIENTO?**

No matarás. (Ex. 20:13)

205. **¿QUÉ NOS MANDA HACER EL SEXTO MANDAMIENTO?**

Nos manda cuidarnos espiritualmente y físicamente, y también demostrar amor para nuestro prójimo en respetar a su persona y en no hacerle daño en ninguna manera.

206. **¿QUÉ NOS PROHIBE HACER EL SEXTO MANDAMIENTO?**

A. Dios nos prohibe matar o hacer daño a nuestro prójimo por asesinar, pelear, etc; tomar la vida por suicidio o por negligencia a nuestra salud.

El que derramare sangre de hombre, por el hombre su sangre será derramada; porque a imagen de Dios es hecho el hombre. (Gn. 9:6)

. . . porque todos los que tomen espada, a espada perecerán. (Mt. 26:52)

NOTA: El gobierno tiene el derecho de imponer la pena de muerte y para hacer guerras justas.

. . . porque no en vano lleva la espada, pues es servidor de Dios, vengador para castigar al que hace lo malo.
(Ro. 13:4)

B. Dios nos prohibe hacer o decir algo que puede destruir, acortar, o amargar la vida de nuestro prójimo.

No os venguéis vosotros mismos, amados míos, sino dejad

EL SEXTO MANDAMIENTO

lugar a la ira de Dios; porque escrito está: Mía es la venganza, yo pagaré, dice el Señor. (Ro.12:19)

C. Dios prohibe enojo, odio, venganza, comportamiento descuidos, y mal ejemplo.

. . . yo os digo que cualquiera que se enoje contra su hermano, será culpable de juicio . . . (Mt. 5:22)

Todo aquel que aborrece a su hermano es homicida; y sabéis que ningún homicida tiene vida eterna permanente en él. (I Jn. 3:15)

Porque del corazón salen los malos pensamientos, los homicidios, los adulterios, las fornicaciones, los hurtos, los falsos testimonios, las blasfemias. (Mt. 15:19)

Airáos, pero no pequéis; no se ponga el sol sobre vuestro enojo. (Ef. 4:26)

207. **¿QUÉ REQUIERE DIOS DE NOSOTROS EN EL SEXTO MANDAMIENTO?**

A. Debemos ser misericordiosos, amables y perdonables con nuestro prójimo.

Bienaventurados los misericordiosos, porque ellos alcanzarán misericordia. Bienaventurados los pacificadores, porque ellos serán llamados hijos de Dios. (Mt. 5:7,9)

Mas si no perdonáis a los hombres sus ofensas, tampoco vuestro Padre os perdonará vuestras ofensas. (Mt. 6:15)

Antes sed benignos unos con otros, misericordiosos, perdonándoos unos a otros, como Dios también os perdonó a vosotros en Cristo. (Ef. 4:32)

B. Debemos ayudar y ser un amigo a nuestro prójimo cuando podamos.

Pero un samaritano, que iba de camino, vino cerca de él, y viéndole, fue movido a misericordia; y acercándose, vendó sus heridas, echándoles aceite y vino; y poniéndole en su cabalgadura, lo llevó al mesón, y cuidó de él. Otro día al partir, sacó dos denarios, y los dió al mesonero, y le dijo: Cuídamele; y todo lo que gastes de más, yo te lo pagaré cuando regrese. ¿Quién, pues, de estos tres te parece que fue el prójimo del que cayó en manos de los ladrones? (Lc.10:33-36)

NARRATIVOS BÍBLICOS: Abrahán rescató a Lot de sus enemigos, (Gn. 14:12-16); David protegió la vida de Saúl. (I S. 26:1-12)

EL SÉPTIMO MANDAMIENTO

CAPITULO 16

208. ¿CUAL ES EL SÉPTIMO MANDAMIENTO?

No cometerás adulterio. (Ex. 20:14)

209. ¿QUÉ ES ADULTERIO?

Adulterio significa tener relaciones sexuales con alguien que no está unido en matrimonio.

210. ¿QUÉ ES MATRIMONIO?

Matrimonio es una unión de toda la vida entre un hombre y una mujer.

Porque el matrimonio fue instituido por Dios, las parejas están requeridos a amar y honrar el uno al otro sin egoísmo, para ser fiel el uno al otro, proveer para el bienestar de sus niños y para rendirse al servicio de Dios. Con seguir el plan de Dios en el matrimonio, el amor entre esposo y esposa debe llegar a ser un reflejo del amor que Jesucristo tiene para su novia, la Iglesia.

. . . como la iglesia está sujeta a Cristo, así también las casadas lo estén a sus maridos en todo. Maridos, amad a vuestras mujeres, así como Cristo amó a la iglesia, y se entregó a sí mismo por ella. (Ef. 5:24-25)

. . . no son ya más dos, sino una sola carne; por tanto, lo que Dios juntó, no lo separe el hombre. (Mt. 19:6)

211. ¿POR QUÉ ES EL ADULTERIO UN PECADO?

Adulterio es quebrantar la ley de Dios, tanto como violar el voto matrimonial (compromiso). Matrimonio es la base de la sociedad y lleva la responsabilidad de criar niños. El sexo casual fuera del matrimonio no solamente pone en peligro el matrimonio, sino puede trastornar y destruir los sentimientos paternales y maternales de los niños que proceden del matrimonio. Las líneas de herencia y relaciones familiares pueden llegar a ser tan confundidas que los niños sientan que no tienen identidad.

212. ¿QUÉ ES FORNICACIÓN?

La palabra **fornicación** tiene dos definiciones: (una específica y otra general).

1. Relaciones sexuales entre dos personas que no están casadas.
2. La palabra "fornicación" es traducida de la palabra griega, "**porneia**", que significa todo acto sexual fuera del matrimonio como adulterio, fornicación, homosexualidad, incesto, y bestialidad.

213. ¿POR QUÉ SON MALAS LAS RELACIONES SEXUALES ANTES DEL MATRIMONIO?

El sexo fuera del matrimonio es un pecado contra su propio cuerpo. La Biblia manda que los cristianos huyan de fornicación como un pecado contra sí mismo y contra Dios, porque el cuerpo del creyente es el templo del Espíritu Santo.

El apóstol Pablo dice que si un creyente une su cuerpo con una ramera (o alguien inmoral), él está actualmente uniendo a Cristo con aquella persona. La Biblia claramente enseña que fornicadores ni adúlteros entrarán al reino del cielo.

Hoy día en el mundo casi no se usa la palabra fornicación. También inmoralidad entre dos personas no casadas es aceptada como un estilo de vida normal. Pero inmoralidad es un pecado sin importar que sea común o aceptable. Millones de personas van a quedarse fuera del reino de Dios si no se arrepienten y piden perdón por este pecado.

Y manifiestas son las obras de la carne, que son: adulterio, fornicación, inmundicia, lascivia . . . acerca de las cuales os amonesto, como ya os lo he dicho antes, que los que practican tales cosas no heredarán el reino de Dios. (Gá. 5:19,21)

214. ¿QUÉ ES HOMOSEXUALIDAD Y POR QUE ES UN PECADO?

Homosexualidad es una relación sexual entre un hombre y otro hombre o entre una mujer y otra mujer. Los hombres que arden con lascivia para otros hombres son llamados homosexuales. Las mujeres que arden con lascivia para otras mujeres son llamadas lesbianas.

La Biblia llama a la homosexualidad una abominación (demasiado perverso para hablar acerca de ella). En el Antiguo Testamento este pecado fue castigado por la muerte. El Nuevo Testamento nos dice que los que practican homosexualidad no entrarán al reino de Dios.

No te echarás con varón como con mujer; es abominación. (Lv. 18:22)

Si alguno se ayuntare con varón como con mujer, abominación hicieron; ambos han de ser muertos; sobre ellos será su sangre. (Lv. 20:13)

Por lo cual también Dios los entregó a la inmundicia, en las concupiscencias de sus corazones, de modo que deshonraron entre sí sus propios cuerpos, ya que cambiaron la verdad de Dios por la mentira, honrando y dando culto a las criaturas antes que al Creador, el cual es bendito por los siglos. Amén. Por esto Dios los entregó a pasiones vergonzosas; pués aún sus mujeres cambiaron el uso natural por el que es contra naturaleza, y de igual modo también los hombres, dejando el uso natural de la mujer, se encendieron en su lascivia unos con otros, cometiendo hechos vergonzosos hombres con hombres, y recibiendo en sí mismos la retribución debida a su extraño. (Ro. 1:24-27)

No sabéis que los injustos no heredarán el reino de Dios? No erréis; ni los fornicarios, ni los idólatras, ni los adúlteros, ni los afeminados, ni los que se echan con varones, ni los ladrones, ni los ávaros, ni los borrachos, ni los maldicientes, ni los estafadores, heredarán el reino de Dios. (I Co. 6:9-10)

215. ¿QUÉ ES INCESTO Y POR QUE ES UN PECADO?

Incesto es una relación sexual entre dos miembros de la misma familia: padres con sus niños, hermanos con hermanos, y parientes con otros miembros de la familia. Es un pecado moral. Algunos padres actualmente sienten justificados en usar a sus niños para gratificación sexual, simplemente porque les pertenecen a ellos.

Dios odia esta maldad. Aquellos padres faltan de amor paternal o son ignorantes de las profundas cicatrices emocionales que infligen sobre sus niños. Muchos de estas víctimas inocentes son tormentadas con culpabilidad y con sentidos de desprecio, haciéndoles emocionalmente incapaces de soportar la vida.

El amor no hace mal al prójimo; así que el cumplimiento de la ley es el amor. (Ro. 6:10)

NOTA: Lea también - Lv. 18:6-14

216. ¿QUÉ ES BESTIALIDAD Y POR QUE ES UN PECADO?

Bestialidad es una relación sexual entre una persona y un animal. Es un pecado abominable de perversión.

Ni con ningún animal tendrás ayuntamiento amancillándote con él, ni mujer alguna se pondrá delante de animal para ayuntarse con él; es perversión. (Lv. 18:23)

217. ¿QUÉ PROHIBE DIOS EN EL SÉPTIMO MANDAMIENTO?

A. Dios prohibe el quebrantamiento de los rotos matrimoniales

EL SÉPTIMO MANDAMIENTO

por infidelidad o deserción. Permite que la persona inocente obtenga un divorcio cuando el cónyuge sea culpable de fornicación (porneia) y no se arrepiente.

... que cualquiera que repudia a su mujer, salvo por causa de fornicación, y se casa con otra, adúltera. (Mt. 19:9)

... a los fornicarios y a los adúlteros los juzgará Dios. (He. 13:4)

NARRATIVOS BÍBLICOS: David cometió adulterio con la esposa de Urías, (II S. 11); Herodes tomó la esposa de su hermano (Mar. 6:18)

B. Dios prohibe toda clase de perversión e inmoralidad. El nos avisa a ser modestos, en palabra, en acción, y en nuestro aspecto sin importar que estemos solos o con otros.

Ejemplos de esto sería pensamientos y deseos pecaminosos, inmodestia en la manera de comportarnos y vestirnos, acciones sugestivas, conversaciones inmundas, pornografía, y películas o teatros en donde excitan el deseo de fornicación o adúltero.

Porque del corazón salen los malos pensamientos, los homicidios, los adulterios, las fornicaciones, los hurtos, los falsos testimonios, las blasfemias. (Mt. 15:19)

... que cualquiera que mira a una mujer para codiciarla, ya adúltero con ella en su corazón. (Mt. 5:28)

Pero fornicación y toda inmundicia, o avaricia, ni aun se nombre entre vosotros, como conviene a santos; ni palabras deshonestas, ni necedades, ni truhanerías, que no convienen, sino antes bien acciones de gracias (Ef. 5:3-4)

Porque vergonzoso es aun hablar de lo que ellos hacen en secreto. (Ef. 5:12)

NARRATIVOS BÍBLICOS: La esposa de Potifar, con concupiscencia en su corazón, miró a José, (Gn. 39:7-12); Sansón cometió fornicación, (Ju. 16:12)

218. **¿QUÉ REQUIERE DIOS DE TODOS EN EL SÉPTIMO MANDAMIENTO?**

Nos requiere vivir una vida cristiana que significa estar sin reproche y ser puros en nuestros pensamientos, deseos, palabras, y acciones.

Si caemos en **cualquier** clase de pecado sexual necesitamos arrepentirnos confesando nuestro pecado y pedirle a Dios perdón. Dios no solamente nos perdonará y nos limpiará de nuestros pecados, sino que nos liberará de las concupiscencias que nos causa rendir a la tentación. Liberación de **todo pecado** e iniquidad es disponible para todos los que verdaderamente le buscan con su corazón.

. . . que os abstengáis de los deseos carnales que batallan contra el alma. (I P. 2:11)

Por lo demás, hermanos, todo lo que es verdadero, todo lo honesto, todo lo justo, todo lo puro, todo lo amable, todo lo que es de buen nombre; si hay virtud alguna, si algo digno de alabanza, en esto pensad. (Flm. 4:8)

Ninguna palabra corrompida salga de vuestra boca, sino la que sea buena para la necesaria edificación, a fin de dar gracia a los oyentes. (Ef. 4:29)

219. **¿POR QUÉ NOS MANDA DIOS SER PUROS Y MODESTOS EN TODAS NUESTRAS ACCIONES?**

Dios nos manda ser puros y modestos porque como cristianos nuestros cuerpos son los templos del Espíritu Santo.

¿O ignoráis que vuestro cuerpo es templo del Espíritu Santo, el cual está en vosotros, el cual tenéis de Dios, y

EL SÉPTIMO MANDAMIENTO 107

que no sois vuestros? Porque habéis sido comprados por precio; glorificad, pues, a Dios en vuestro cuerpo y en vuestro espíritu, los cuales son de Dios. (I Co. 6:19-20)

220. **¿CUALES SON ALGUNAS DE LAS TRAMPAS QUE DEBERÍAMOS EVITAR?**

Hay que evitar estas trampas: ociosidad, malos compañeros, vestido inmodesto, alcohol, narcóticos, y deversiones pornográficas: películas, televisión, teatro, libros, y música.

221. **¿QUÉ DEBEMOS HACER PARA VIVIR UNA VIDA CRISTIANA VICTORIOSA?**

Para vivir una vida cristiana victoriosa debemos:

A. Luchar para sobrevencer todos los pensamientos y deseos impuros: Hacemos ésto buscando la ayuda de Dios a través de oración y en estudiar la Palabra de Dios. También tenemos que ocuparnos y practicar auto-control.

Como, pues, haría yo este grande mal, y pecaría contra Dios? (Gn. 39:9)

Crea en mí, oh Dios, un corazón limpio . . . (Sal. 51:10)

No mires al vino cuando rojea, cuando resplandece su color en la copa. Se entra suavemente; Mas al fin como serpiente morderá, y como áspid dará dolor. Tus ojos mirarán cosas extrañas, y tu corazón hablará perversidades. (Pr. 23:31-33)

B. Hay que huir y evitar toda tentación. Muchos se caen porque no evitan las trampas y peligros. La naturaleza humana es muy débil, especialmente cuando tiene que ver con pureza. Tenemos que evitar todas las ocasiones que pueden llevarnos a pecado.

Huid de la fornicación . . . (I Co. 6:18)

Huye también de las pasiones juveniles . . . (II Ti. 2:22)

Hijo mío, si los pecadores te quisieran engañar, no consientas. (Pr. 1:10)

EL OCTAVO MANDAMIENTO

CAPITULO 17

222. ¿CUAL ES EL OCTAVO MANDAMIENTO?

No hurtarás. (Ex. 20:15)

223. ¿QUÉ NOS MANDA EL OCTAVO MANDAMIENTO?

Nos manda respetar la propiedad de otros, pagar nuestras deudas, cumplir nuestros acuerdos en negocios, y ser honestos en todo lo que hacemos.

224. ¿QUÉ PROHIBE EL OCTAVO MANDAMIENTO?

A. Cada clase de robo, fraude y también el anhelo pecaminoso para cualquier cosa que pertenece a nuestro prójimo.

El que hurtaba, no hurte más, sino trabaje, haciendo con sus manos lo que es bueno, para que tenga que compartir con el que padece necesidad. (Ef. 4:28)

¡Ay del que edifica su casa sin justicia, y sus salas sin equidad, sirviéndose de su prójimo de balde, y no dándole el salario de su trabajo! (Jer. 22:13)

... si alguno no quiere trabajar, tampoco coma. (II Ts. 3:10)

B. También el octavo mandamiento nos prohibe hacer trampas,
presentar una declaración falsa a la Hacienda, hacer daño a la propiedad de otros, aceptar sobornos, y aceptar o comprar propiedad robada.

No hagáis injusticia en juicio, en medida de tierra, en peso ni en otra medida. (Lv. 19:35)

El impío toma prestado, y no paga... (Sal. 37:22)

El cómplice del ladrón aborrece su propia alma... (Pr. 29:24)

225. **¿QUÉ NOS REQUIERE HACER DIOS EN EL OCTAVO MANDAMIENTO?**

Dios nos requiere:

A. Respetar la propiedad de nuestro prójimo.

Si encontrares el buey de tu enemigo o su asno extraviado, vuelve a llevárselo. (Ex. 23:4)

Así que, todas las cosas que queráis que los hombres hagan con vosotros, así también haced vosotros con ellos ... (Mt. 7:12)

B. Ayudar a nuestro prójimo cuando podamos.

Al que te pida, dale; y al que quiera tomar de ti prestado, no se lo rehúses. (Mt. 5:42)

A Jehová presta el que da al pobre, y el bien que ha hecho, se lo volverá a pagar. (Pr. 19:17)

Y de hacer bien y de la ayuda mutua no os olvidéis; porque de tales sacrificios se agrada Dios. (He. 13:16)

C. Regocijarnos cuando veamos a nuestro prójimo prosperando.

... el amor no tiene envidia... no busca lo suyo ... (I Co. 13:4,5)

EL NOVENO MANDAMIENTO

CAPITULO 18

226. ¿CUAL ES EL NOVENO MANDAMIENTO?

No hablarás contra tu prójimo falso testimonio. (Ex.20:16)

227. ¿QUÉ NOS MANDA EL NOVENO MANDAMIENTO?

Nos manda ser veraces en todas las cosas, pero especialmente en asuntos que tienen que ver con el buen nombre o honor de nuestro prójimo.

228. ¿QUÉ NOS PROHIBE EL NOVENO MANDAMIENTO?

Dios nos prohibe juzgar a otros, mentir, hacer juicios imprudentes, calumniar, detractar, perjurar, o revelar secretos que hemos prometido guardar.

229. ¿QUÉ ES EL PECADO DE HACER JUICIOS IMPRUDENTES?

Cometimos el pecado de hacer juicios imprudentes cuando nosotros deliberadamente, y sin razón suficiente, creemos algo dañino acerca del carácter de otra persona.

Y ninguno de vosotros piense mal en su corazón contra su prójimo . . . (Zac.8:17)

. . . si tu hermano peca contra ti, ve y repréndele estando tú y él solos . . . (Mt. 18:15)

230. ¿QUÉ ES EL PECADO DE DETRACCIÓN?

El pecado de detracción es hacer conocido las faltas ocultas de otra persona sin tener una buena razón.

El que anda en chismes descubre el secreto; mas el de

espíritu fiel lo aguarda todo. (Pr.11:13)

231. ¿QUÉ ES EL PECADO DE CALUMNIA?

El pecado de calumnia es mentir deliberadamente para hacer daño al buen nombre de otra persona.

Hermanos, no murmuréis los unos de los otros . . . (Stg.4:14)

(Al impío, Dios dice:) Tu boca metías en mal, y tu lengua componía engaño. Tomabas asiento, y hablabas contra tu hermano; contra el hijo de tu madre ponías infamia. Estas cosas hiciste, y yo he callado; pensabas que de cierto sería yo como tú; pero te reprenderé, y las pondré delante de tus ojos. Entended ahora esto, los que os olvidáis de Dios, no sea que os despedace, y no haya quien os libre. (Sal. 50:19-22)

232. ¿QUÉ ES PERJURIO?

Perjurio es cuando conocidamente mentimos contra nuestro prójimo en una corte de ley.

El testigo falso no quedará sin castigo . . . (Pr. 19:5)

NARRATIVOS BÍBLICOS: Testigos falsos atestiguaron contra Jesús, (Mt. 26:59-61); Testigos falsos atestiguaron contra Nabot, (I R. 21:13)

233. ¿QUÉ CLASE DE MENTIRA ES ESPECIALMENTE PROHIBIDA POR EL NOVENO MANDAMIENTO?

Jesús dijo: Soy . . . la verdad, y en el noveno mandamiento Dios nos dice que amemos a la verdad y que demostremos amor para otros con respetar sus reputaciones. Nos prohibe especialmente mentir a nuestro prójimo y mentir acerca de nuestro prójimo.

EL NOVENO MANDAMIENTO 113

... y el que habla mentiras no escapará. (Pr. 19:5)

... desechando la mentira, hablad verdad cada uno con su prójimo; porque somos miembros los unos de los otros. (Ef. 4:25)

234. **¿CUÁNDO ESTAMOS OBLIGADOS A GUARDAR ALGO SECRETO?**

Cuando hemos prometido guardar un secreto, cuando alguien nos dice algo en confianza, o cuando el bienestar de una persona está en cuestión.

235. **¿POR QUÉ ESTAMOS PROHIBIDOS JUZGAR A OTROS?**

Estamos prohibidos juzgar a otros porque Dios lo ha mandado y El nos perdonará solamente como nosotros perdonamos a los que nos han ofendido.

No juzguéis, no seréis juzgados; no condenéis, y no seréis condenados ... (Lc. 6:37)

236. **¿QUÉ REQUIERE DIOS DE NOSOTROS EN EL NOVENO MANDAMIENTO?**

Dios nos requiere:

A. Defender a nuestro prójimo, o sea, tomar su lado y protegerle contra acusaciones falsas.

Abre tu boca por el mudo en el juicio de todos los desvalidos. Abre tu boca, juzga con justicia, y defiende la causa del pobre y del menesteroso. (Pr. 31:8-9)

B. Hablar bien de nuestro prójimo, o sea alabar sus buenas cualidades y buenos hechos sin exagerar.

C. Cubrir las faltas de nuestro prójimo, y explicar en su favor todo lo que puede ser explicado.

... *el amor cubrirá multitud de pecados. (I P. 4:8)*

El amor cree todo, todo lo espera, todo lo soporta. (I Co. 13:7)

EL DÉCIMO MANDAMIENTO

CAPITULO 19

237. ¿CUAL ES EL DÉCIMO MANDAMIENTO?

No codiciarás la casa de tu prójimo, no codiciarás la mujer de tu prójimo, ni su siervo, ni su criada, ni su buey, ni su asno, ni cosa alguna de tu prójimo. (Ex. 20:17)

238. ¿QUÉ SIGNIFICA CODICIAR?

Codiciar significa desear o tener anhelo para algo tanto que un sentimiento de descontento nos sobrevence. Normalmente es acompañado con rencor al ver las ventajas de éxito o la superioridad de otros. Es una extrema forma de egoísmo y es muy ofensivo a Dios.

Y les dijo: Mirad, y guardados de toda avaricia; porque la vida del hombre no consiste en la abundancia de los bienes que posee. También les refirió una parábola, diciendo: La heredad de un hombre rico había producido mucho. Y él pensaba dentro de sí, diciendo: ¿Qué haré, porque no tengo donde guardar mis frutos? Y dijo: Esto haré: derribaré mis graneros, y los edificaré mayores, y allí guardaré todos mis frutos y mis bienes; y diré a mi alma: Alma, muchos bienes tienes guardados para muchos años; repósate, come, bebe, regocíjate. Pero Dios le dijo: Necio, esta noche vienen a pedirte tu alma; y lo que has provisto, ¿de quién será? Así es el que hace para sí tesoro, y no es rico para con Dios. (Lc.12:15-21)

NARRATIVO BÍBLICO: Acab codició la viña de Nabot y la obtuvo a través de engaño, (I R. 21:1-16)

239. ¿QUÉ NOS MANDA EL DÉCIMO MANDAMIENTO?

Nos manda a confiar en Dios y a dirigir nuestras vidas según Su dirección.

Fíate de Jehová de todo tu corazón, y no te apoyes en tu propia prudencia. Reconócelo en todos tus caminos, y él enderezará tus veredas. (Pr.3:5-6)

240. **¿QUÉ NOS PROHIBE HACER EL DÉCIMO MANDAMIENTO?**

Nos prohibe desear a tomar o guardar injustamente cualquier cosa que pertenece a otra persona.

¡Ay de los que juntan casa a casa, y añaden heredad a heredad hasta ocuparlo todo! ¿Habitaréis vosotros solos en medio de la tierra? (Is. 5:8)

¡Ay de vosotros, escribas y fariseos, hipócritas! porque devoráis las casas de las viudas, y como pretexto hacéis largas oraciones; por esto recibiréis mayor condenación. (Mt. 23:14)

Así que, teniendo sustento y abrigo, estemos contentos con esto. Porque los que quieren enriquecerse caen en tentación y lazo, y en muchas codicias necias y dañosas, que hunden a los hombres en destrucción y perdición; porque raíz de todos los males es el amor al dinero, el cual codiciando algunos, se extraviaron de la fe, y fueron traspasados de muchos dolores. (I Ti. 6:8-10)

NARRATIVOS BÍBLICOS: David codició la esposa de Urías y la tomó, (II S 11:2-4); Absalón robó los corazones de los israelitas de David, (II S. 15:1-6); Porque Judás codiciaba dinero, el traicionó a Jesús, (Mr.14:10-11).

241. **¿POR QUÉ PROHIBE DIOS LA CODICIA EN LOS LIDERES DE LA IGLESIA?**

Personas codiciosas no trabajarán dentro de los límites de su llamada y como resultado, traerán división dentro de la Iglesia e impedirán el fluir de la bendición de Dios.

EL DÉCIMO MANDAMIENTO

Porque sabéis esto, que ningún fornicario, o inmundo, o avaro, que es idólatra, tiene herencia en el reino de Cristo y de Dios. (Ef. 5:5)

Pero es necesario que el obispo sea irreprensible, marido de una sola mujer, sobrio, prudente, decoroso, hospedador, apto para enseñar; no dado al vino, no pendenciero, no condicioso de ganancias deshonestas, sino amable, apacible, no avaro. (Ti. 3:2-3)

Buscad, pues, hermanos, de entre vosotros a siete varones de buen testimonio, llenos del Espíritu Santo y de sabiduría, a quienes encarguemos de este trabajo. (Hch. 6:3)

Cada uno en el estado en que fue llamado, en él se quede. (I Co. 7:20)

NARRATIVOS BÍBLICOS: La intrusión de Uzías en el templo para hacer lo que correspondía al sacerdote: y su castigo, (II Cr. 26); El pecado Coré, (Nm.16).

242. ¿QUÉ REQUIERE DIOS DE NOSOTROS EN EL DÉCIMO MANDAMIENTO?

Dios requiere que busquemos el reino de Dios y Su justicia.

Mas buscad primeramente el reino de Dios y su justicia, y todas estas cosas os serán añadidas. (Mt. 6:33)

Pero gran ganancia es la piedad acompañada de contentamiento. (I Ti. 6:6)

243. ¿CUALES SON LOS BENEFICIOS DE EVITAR LA CODICIA?

Tendremos una paz interior y una seguridad sabiendo que nuestro Padre celestial está atento de nuestras necesidades y que nos cuidará.

LA SEGUNDA TABLA DE LA LEY

Por tanto os digo: No os afanéis por vuestra vida, que habéis de comer o que habéis de beber; ni por vuestro cuerpo, que habéis de vestir. ¿No es la vida más que el alimento, y el cuerpo más que el vestido? Mirad las aves del cielo, que no siembran, ni siegan, ni recogen en graneros; y vuestro Padre celestial las alimenta. ¿No valéis vosotros mucho más que ellas? ¿Y quién de vosotros podrá, por mucho que se afane, añadir a su estatura un codo? Y por el vestido, ¿por qué os afanáis? Considerad los lirios del campo, como crecen: no trabajan ni hilan; pero os digo, que ni aun Salomón con toda su gloria se vistió así como uno de ellos. Y si la hierba del campo que hoy es, y mañana se echa en el horno, Dios la viste así, ¿no hará mucho más a vosotros, hombres de poca fe? No os afanéis, pues, diciendo: ¿Qué comeremos, o qué beberemos, o qué vestiremos? Porque los gentiles buscan todas estas cosas; pero vuestro Padre celestial sabe que tenéis necesidad de todas estas cosas. (Mt. 6:25-32)

244. **¿CUALES SON ALGUNOS EJEMPLOS DE CODICIA?**

Ejemplos de codicia son jugar por dinero (avaricia) celos, envidia, concupiscencia, y egoísmo.

245. **¿POR QUÉ QUEBRANTAMOS EL DÉCIMO MANDAMIENTO CUÁNDO JUGAMOS POR DINERO?**

Quebrantamos el décimo mandamiento cuando codiciamos los bienes de otra persona y los adquiremos con medios ilícitos, y no con trabajo honesto.

246. **¿POR QUÉ DICE DIOS, QUE "NO DEBERÁS" EN TODOS DE LOS MANDAMIENTOS?**

Nuestro Padre celestial desea nuestro bienestar y con cariño ha alistado las *diez* trampas más peligrosas que Satanás ha colocado a nuestros pies. El nos exhortó que *no hiciéramos* estas cosas si quisiéramos ser bendecidos con amor, paz, y felicidad.

EL PACTO CON DAVID

CAPITULO 20

247. ¿QUIÉN ERA DAVID?

David era el menor de ocho hijos nacidos a Isaí, un miembro de la tribu de Judah. Nació en Belén de Judea y pasó su niñez como un pastor de ovejas. Fue muy dotado y tenía un talento especial para tocar el arpa. David tenía también mucho denuedo y valentía. Una vez mató un leon y un oso defendiendo el rebaño de su padre. Como un humilde joven pastor de ovejas, él fue ungido como el sucesor del Rey Saúl por el profeta Samuel.

Entonces uno de los criados respondió diciendo: He aquí yo he visto a un hijo de Isaí de Belén, que sabe tocar, y es valiente y vigoroso y hombre de guerra, prudente en sus palabras, y hermoso, y Jehová está con él. (I S. 16:18)

David respondió a Saúl: Tu siervo era pastor de las ovejas de su padre; y cuando venía un león, o un oso, y tomaba algún cordero de la manada, salía tras él, y lo hería, y lo libraba de su boca; y si se levantaba contra mí, yo le echaba mano de la quijada, lo hería y lo mataba. Fuese león, fuese oso, tu siervo lo mataba; y este filisteo incircunciso será como uno de ellos, porque ha provocado al ejército del Dios viviente. (I S. 17:34-36)

248. ¿CUAL ERA LA RELACIÓN ENTRE DAVID Y SAÚL?

Como resultado de desobediencia de un mandamiento directo de Dios, Saúl fue rechazado como rey y afligido con tremendo melancolía, envidia, y odio. David fue llamado cuando un espíritu maligno, o demonio, (con el permiso de Dios) venía sobre Saúl. David tocaba tan bien que Saúl se aliviaba y el espíritu malo se apartaba de él. Cuando la condición de Saúl parecía mejorar, David regresaba a su trabajo como pastor de ovejas en Belén.

El Espíritu de Jehová se apartó de Saúl, y le atormentaba un espíritu malo de parte de Jehová. Y los criados de Saúl le dijeron: He aquí ahora, un espíritu malo de parte de Dios te atormenta. Diga, pues, nuestro señor a tus siervos que están delante de ti, que busquen a alguno que sepa tocar el arpa, para que cuando esté sobre ti el espíritu malo de parte de Dios, él toque con su mano, y tengas alivio. Y Saúl envió mensajeros a Isaí, diciendo: Envíame a David tu hijo, el que está con las ovejas. Y viniendo David a Saúl, estuvo delante de él; y él le amó mucho, y le hizo su paje de armas. Y cuando el espíritu malo de parte de Dios venía sobre Saúl, David tomaba el arpa y tocaba con su mano; y Saúl tenía alivio y estaba mejor, y el espíritu malo se apartaba de él. (I S. 16:14-16,19,21,23)

249. ¿CUÁNDO PELEÓ DAVID CONTRA EL GIGANTE, GOLIAT?

David había sido enviado por su padre a visitar sus hermanos, quienes luchaban en el ejército de Saúl contra los filisteos. El joven pastor, cuyo espíritu valiente fue nutrido por comunión con Dios, se enojó al ver la cobardía del ejército de Saúl, cuando fue desafiado por el campeón-gigante de los filisteos, Goliat. Con la ayuda de Dios, David mató a Goliat con una sencilla honda de un pastor y cinco piedras lisas de un arroyo. Su gran victoria le ganó fama nacional. Fue en este instante que Saúl preguntó por la familia de David y David fué adoptado en su corte. Como un guerrero-cortesano David ganó la leal amistad del hijo de Saúl, Jonatán.

Y cuando Saúl vio a David que salía a encontrarse con el filisteo, dijo a Abner general del ejército: Abner, ¿de quién es hijo ese joven? Y Abner respondió: Vive tu alma, oh rey, que no lo sé. Y el rey dijo: Pregunta de quién es hijo ese joven. Y cuando David volvía de matar al filisteo, Abner lo tomó y lo llevó delante de Saúl, teniendo David la cabeza del filisteo en su mano. Y le dijo Saúl: Muchacho, ¿de quién eres hijo? Y David respondió: Yo soy hijo de tu siervo Isaí de Belén. (I S. 17:55-58)

EL PACTO CON DAVID 121

Y Saúl le tomó aquel día, y no le dejó volver a casa de su padre. E hicieron pacto Jonatán y David, porque él le amaba como a sí mismo. (I S. 18:2,3)

NARRATIVO BÍBLICO: David mata a Goliat. (I S. 17)

250. ¿QUÉ SUCESOS OCURRIERON PARA HACER A DAVID EL ENEMIGO DE SAÚL?

La reputación de David fue engrandecida después de otras batallas contra los filisteos. Los insanos celos de Saúl y su odio para David fueron levantados cuando las mujeres de Israel saludaron a los soldados volviendo de guerra cantando: Saúl hirió a sus miles, y David a sus diez miles. Desde aquél momento David estaba en constante peligro. Pero David se portaba tan sabiamente que atrajo mucho respeto y amor de todos. Saúl intentó deshacerse de él cuando exigió que matara a cien filisteos y que supliera pruebas de su hazaña. David lo hizo y en cambio recibió a Mical, la hija de Saúl, como su esposa. Como consecuencia Mical y su hermano Jonatán llegaron a ser amigos con David y le avisaron cuando su padre, el Rey Saúl, buscaba a matarle.

Y salía David a dondequiera que Saúl le enviaba, y se portaba prudentemente. Y lo puso Saúl sobre gente de guerra, y era acepto a los ojos de todo el pueblo, y a los ojos de los siervos de Saúl. Aconteció que cuando volvían ellos, cuando David volvió de matar al filisteo, salieron las mujeres de todas las ciudades de Israel cantando y danzando, para recibir al rey Saúl, con panderos, con cánticos de alegría y con instrumentos de música. Y cantaban las mujeres que danzaban, y decían: Saúl hirió a sus miles, y David a sus diez miles. Y se enojó Saúl en gran manera, y le desagradó este dicho, y dijo: A David dieron diez miles, y a mí miles; no le falta más que el reino. Y desde aquel día Saúl no miró con buenos ojos a David. (I S. 18:5-9)

LA SEGUNDA TABLA DE LA LEY

251. ¿POR QUÉ LLEGÓ A SER DAVID UN FUGITIVO Y UN DESTERRADO?

En los años siguientes, David los pasaba huyendo de la ira de Saúl. Su esposa, Mical, fue dada en matrimonio a otro y no fué restaurada a David hasta la muerte de Saúl. Veía a Jonatán solamente a escondidas. Como un fugitivo David era el jefe de un grupo de seguidores cuyos sede era la cueva de Adulam. En esta salvaje y montañosa región David fue cazado como un animal por Saúl. En muchas ocasiones Saúl estuvo a la misericordia de David, pero David no le mató. Cansado de su vida de fugitivo, cruzó la frontera filistea con 600 hombres. El rey le dio la cuidad de Siclag en la frontera filistea. David aprendió mucho acerca de asuntos militares de los filisteos. Una vez cuando estaba fuera de Siclag, los amalecitas quemaron la ciudad y se llevaron a las mujeres y los niños como cautivos. David les persiguió y recuperó todo lo que había sido llevado. Dos días después David se enteró de la muerte de Saúl.

NARRATIVO BÍBLICOS: David se finge locura para evitar la muerte, (I S. 21:10-15); El sede de David, (I S. 22:1,2)

252. ¿QUÉ BENEFICIOS RECIBIÓ DAVID DE SUS DÍAS COMO FUGITIVO?

David aprendió a depender en Dios para su seguridad, provisiones, dirección, fuerza, y sabiduría durante sus días como fugitivo. Su fe en Dios crecía tal como aprendía depender totalmente en El. David aprendió la lección más valiosa en la vida: Fíate de Jehová de todo tu corazón, y no te apoyes en tu propia prudencia. (Pr. 3:5)

253. ¿CÓMO LLEGÓ DAVID A SER REY DE ISRAEL?

La muerte de Saúl causó una crisis en la historia política de Israel y lo siguió un período de guerra civil. David se residió en Hebrón, 30 kilómetros de Jerusalén. Aquí fue ungido rey sobre la casa de Judá y reinó por siete años y medio sobre

EL PACTO CON DAVID

aquella tribu. La larga guerra civil entre la casa de Saúl y la casa de David terminó con la aniquilacíon total de Saúl y David fue ungido rey sobre todo Israel. Un poco después conquistó a Jerusalén de los jebusitas y la hizo la "Ciudad de David", la capital de su reino.

NARRATIVOS BÍBLICOS: David fue ungido rey sobre Judá, (II S. 2:1-11); David fue ungido rey sobre Israel, (II S.5); David hace Jerusalén su capital, (II S. 5:7).

254. ¿QUÉ HIZO DAVID PARA AGRADAR AL SEÑOR?

David llevó el arca de Jehová a Jerusalén, y la puso en su lugar en medio de una tienda que David le había levantado. David sacrificó holocaustos y ofrendas de paz delante de Jehová. Hizo a Jerusalén el centro de adoración para todo Israel.

Metieron, pues, el arca de Jehová, y la pusieron en su lugar en medio de una tienda que David le había levantado; y sacrificó David holocaustos y ofrendas de paz delante de Jehová. (II S. 6:17)

255. ¿CUAL ERA LA CARACTERÍSTICA PRINCIPAL DE DAVID?

David era un hombre tras el corazón de Dios. Esto significa que tenía un espíritu sensible que anhelaba hacer la voluntad de Dios. Era un adorador sincero. Le encantaba alabar y adorar a Dios siempre, aun en los tiempos difíciles.

256. ¿FALLÓ DAVID AL SEÑOR?

Sí. David cometió adulterio y asesinato durante su reino como Rey de Israel, pero sinceramente se arrepentió delante del Señor, y El le perdonó. Sin embargo pagó por sus pecados cuando perdió a un hijo, nacido de Betsabé. También Dios envió "La Espada" a su casa para quitar la paz y la unidad.

Entonces dijo David a Natán: Pequé contra Jehová. Y Natán dijo a David: También Jehová ha remitido tu pecado; no morirás. (II S. 12:13)

NARRATIVOS BÍBLICOS: David y Batsebé, (II S. 11); Natán reprende a David, (II S. 12); David se arrepiente, (Sal. 51).

257. ¿QUÉ ES EL PACTO CON DAVID?

David dijo a Natán, un profeta de Dios, que quería edificar una casa permanente para el arca del Señor en vez de la tienda de acampar. Natán le dijo que eso estaría bien. Aquella noche el Señor habló a Natán y le dijo que dijese a David que no podía edificar una casa para Dios porque sus manos habían derramado sangre. Sin embargo, su hijo Salomón, edificaría una casa para el Señor. Fué entonces que Dios estableció su pacto con David, promediándole estas bendiciones.

1. Te daré un nombre grande.

2. Fijaré lugar a mi pueblo, Israel, y lo plantaré para que habite en su lugar y nunca más sea removido.

3. Te daré descanso de todos tus enemigos.

4. Jehová te hará casa.

5. Uno del linaje de David (Salomón) edificaría una casa en el nombre de Dios "Yo afirmaré para siempre el trono de su reino."

6. Yo seré su (Salomón) padre, y él será mi hijo. Mi misericordia no se apartará de él.

7. La casa de David tendría su trono afirmado eternamente y tendría dominio.

NARRATIVO BÍBLICO: Natán cuenta a David de las promesas de Dios. (II S. 7)

EL PACTO CON DAVID

258. ¿CUALES FUERON LAS CONDICIONES DEL PACTO CON DAVID?

Dios hizo un Pacto con David por su obediencia y fidelidad. Prometió a David que sería un Padre a su hijo, y si Salomón pecara, Dios le castigaría, pero no quebrantaría Su pacto. El trono de David sería afirmado para siempre.

NARRATIVO BÍBLICO: El Pacto con David, (II S. 7).

259. ¿GUARDARON LOS FUTUROS REYES DE JUDÁ É ISRAEL EL PACTO CON DIOS?

No. Quebrantaron el pacto con Dios y adoraron ídolos.

Y desecharon sus estatuos, y el pacto que él había hecho con sus padres, y los testimonios que él había prescrito a ellos; y siguieron la vanidad, y se hicieron vanos, y fueron en pos de las naciones que estaban alrededor de ellos, de las cuales Jehová les había mandado que no hiciesen a la manera de ellas. Dejaron todos los mandamientos de Jehová su Dios, y se hicieron imágenes fundidas de dos becerros, y también imágenes de Asera, y adoraron a todo el ejército de los cielos, y sirvieron a Baal. (II R. 17:15-16)

260. ¿CÓMO AVISO DIOS A JUDÁ Y A ISRAEL DEL JUICIO INMINENTE?

Dios envió profetas a los israelitas para hacerles desistir de su idolatría y pecado. Los profetas les recordaron de sus responsabilidades a Dios y de su obligaciones al Pacto.

Y envió Jehová a vosotros todos sus siervos los profetas, enviándoles desde temprano y sin cesar; pero no oísteis, ni inclinasteis vuestro oído para escuchar cuando decían: Volveos ahora de vuestro mal camino y de la maldad de vuestras obras, y moraréis en la tierra que os dio Jehová a vosotros y a vuestros padres para siempre; y no vayáis en pos de dioses ajenos, sirviéndoles y adorándoles, ni me provoquéis a ira con la obra de vuestras manos; y no os haré mal. (Jer. 25:4-6)

261. **¿QUÉ JUICIOS TRAJO DIOS SOBRE ELLOS?**

Después de avisar a la nación de Israel y Judá por Sus siervos y profetas, Dios envió naciones paganas para llevarles cautivos a su tierra.

Y desechó Jehová a toda la descendencia de Israel, y los afligió, y los entregó en manos de saqueadores, hasta echarlos de su presencia. (II R. 17:20)

Y dijo Jehová: También quitaré de mi presencia a Judá, como quite a Israel, y desecharé a esta ciudad que había escogido, a Jerusalén, y a la casa de la cual había yo dicho: Mi nombre estará allí. (II R. 23:27)

262. **¿CÓMO FUÉ CUMPLIDA LA PROMESA QUE DIOS HIZO A DAVID?**

Aunque los descendientes naturales de David fallaron a Dios en quebrantar Su pacto, e Israel nunca cumplió esta promesa como una nación completa, la promesa fue cumplida través de la persona de Jesucristo. El era el remanente de Dios y el "Hijo" de David.

Este será grande, y será llamado Hijo del Altísimo y el Señor Dios le dará el trono de David su padre. (Lc. 1:32)

Y José subió de Galilea, de la ciudad de Nazaret, a Judea, a la ciudad de David, que se llama Belén, por cuanto era de la casa y familia de David. (Lc. 2:4)

JESUCRISTO Y EL NUEVO PACTO

ENTENDIENDO A JESUCRISTO

CAPITULO 21

263. ¿QUIÉN ES JESUCRISTO?

Jesucristo es el fundador de la religión cristiana. Su nacimiento, vida, muerte, y resurrección hicieron la historia. Su vida sin pecado y sus enseñanzas morales impactaron al mundo entero en una manera que el tiempo en la tierra está marcado (a.c.) antes de Cristo y (d.c.) después de Cristo.

264. ¿DÓNDE Y CUÁNDO NACIÓ CRISTO?

Jesucristo nació en la ciudad de Belén en Judea. Historiadores creen que nació alrededor de 4 a.c. (Hace casi dos mil años).

265. ¿QUÉ SUCESOS INUSUALES MARCARON SU NACIMIENTO?

A. Su nacimiento fue anunciado por un ángel antes de concepción.

Al sexto mes el ángel Gabriel fue enviado por Dios a una ciudad de Galilea, llamada Nazaret, a una virgen desposada con un varón que se llamaba José, de la casa de David; y el nombre de la virgen era María. Y entrando el ángel en donde ella estaba, dijo; ¡Salve, muy favorecida! El Señor es contigo; bendita tú entre las mujeres. Mas ella, cuando le vio, se turbó por sus palabras, y pensaba que salutación sería esta. Entonces el ángel le dijo: María, no temas, porque has hallado gracia delante de Dios. Y ahora, concebirás en tu vientre, y darás a luz un hijo, y llamarás su nombre JESÚS. Este será grande, y será llamado Hijo del Altísimo; y el Señor Dios le dará el trono de David su padre; y reinará sobre la casa de Jacob para siempre, y su reino no tendrá fin. Entonces María dijo al ángel: ¿Cómo será esto? pues no conozco varón. Respondiendo el ángel, le dijo: El Espíritu Santo vendrá sobre ti, y el poder del Altísimo te cubrirá con su sombra; por lo cual también el Santo Ser que nacerá, será llamado Hijo de Dios. Y he aquí tu parienta Elisabet, ella también ha concebido hijo en su vejez; y este es el sexto mes para ella, la que llamaban estéril; porque nada hay imposible para Dios. Entonces María dijo: He aquí la sierva del Señor; hágase conmigo conforme a tu palabra. Y el ángel se fue de su presencia. (Lc. 1:26-38)

NARRATIVOS BÍBLICOS: María visitó a su tía Elisabet, (Lc. 1:39-56); El nacimiento de Juan el Bautista, (Lc. 1:57-80)

B. Nació en un establo en Belén y fue puesto en un pesebre.

Aconteció aquellos días., que se promulgó un edicto de parte de Augusto César, que todo el mundo fuese empadronado. Este primer censo se hizo siendo Cirenio gobernador de Siria. Y José subió de Galilea, de la ciudad de Nazaret, a Judea, a la ciudad de David, que se llama Belén, por cuanto era de la casa y familia de David; para ser empadronado con María su mujer, desposada con él, la cual estaba encinta. Y aconteció que estando ellos allí, se cumplieron los días de su alumbramiento. Y dio a luz a su hijo primogénito, y lo envolvió en pañales, y lo acostó en un pesebre, porque no había lugar para ellos en el mesón. (Lc. 2:1-7)

C. Ángeles anunciaron su nacimiento a pastores.

Había pastores en la misma región, que velaban y guardaban las vigilias de la noche sobre su rebaño. Y he aquí, se les presentó un ángel del Señor, y la gloria del Señor los rodeó de resplandor; y tuvieron gran temor. Pero el ángel les dijo: No temáis; porque he aquí os doy nuevas de gran gozo, que será para todo el pueblo: que os ha nacido hoy, en la ciudad de David, un Salvador, que es CRISTO el Señor. Esto os servirá de señal: Hallaréis al niño envuelto en pañales, acostado en un pesebre. Y repentinamente apareció con el ángel una multitud de las huestes celestiales, que alababan a Dios, y decían: ¡Gloria a Dios en las alturas, y en la tierra paz, buena voluntad para con los hombres! Sucedió que cuando los ángeles se fueron de ellos al cielo, los pastores se dijeron unos a otros: Pasemos, pues, hasta Belén, y veamos esto que ha sucedido, y que el Señor nos ha manifestado. Vinieron, pues, apresuradamente y hallaron a María y a José, y al niño acostado en el pesebre. Y al verlo, dieron a conocer lo que se les había dicho acerca del niño. Y todos los que oyeron, se maravillaron de lo que los pastores les decían. Pero María guardaba todas estas cosas, meditándolas en su corazón. Y volvieron los pastores glorificando y alabando a Dios por todas las cosas que habían oído y visto, como se les había dicho. (Lc. 2:8-20)

D. Simeón y Ana le reconocieron como el Mesías prometido.

Cumplidos los ocho días para circuncidar al niño, le pusieron por nombre, JESÚS, el cual le había sido puesto por el ángel antes que fuese concebido. Y cuando se cumplieron los días de la purificación de ellos, conforme a la ley de Moisés, le trajeron a Jerusalén para presentarle al Señor (como está escrito en la ley del Señor: Todo varón que abriere la matriz será llamado santo al Señor), y para ofrecer conforme a lo que se dice en la ley del Señor: Un par de tórtolas o dos palominos. Y he aquí había en Jerusalén un hombre llamado Simeón, y este hombre, justo y piadoso, esperaba la consolación de Israel; y el Espíritu Santo estaba sobre él. Y le había sido revelado por el Espíritu Santo, que no vería la muerte antes que viese al Ungido del Señor. Y movido por el Espíritu, vino al templo. Y cuando los padres del niño Jesús lo trajeron al templo, para hacer por él conforme al rito de la ley, él le tomó en sus brazos, y bendijo a Dios, diciendo: Ahora, Señor, despides a tu siervo en paz, conforme tu palabra; porque han visto mis ojos tu salvación, la cual has preparado en presencia de todos los pueblos; luz para revelación los gentiles, y gloria de tu pueblo Israel. Y José y su madre estaban maravillados de todo lo que se decía de él. Y los bendijo Simeón, y dijo a su madre María: He aquí, este está puesto para caída y para señal que será contradicha (y una espada traspasará tu misma alma), para que sean revelados los pensamientos de muchos corazones. Estaba también allí Ana, profetisa, hija de Fanuel, de la tribu de Aser, de edad muy avanzada, pues había vivido con su marido siete años desde su virginidad, y era viuda hacía ochenta y cuatro años; y no se apartaba del templo, sirviendo de noche y de día con ayunos y oraciones. Esta, presentándose en la misma hora, daba gracias a Dios, y hablaba del niño a todos los que esperaban la redención en Jerusalén. (Lc. 2:21-38)

E. Los magos del Oriente fueron a adorar al Rey infante.

Cuando Jesús nació en Belén de Judea en días. del rey Herodes, vinieron del oriente a Jerusalén unos magos diciendo: ¿Dónde está el rey de los judíos, que ha nacido? Porque su estrella hemos visto en el oriente, y venimos a adorarle. Oyendo esto, el rey Herodes se turbó, y toda Jerusalén con él. Y convocados todos los escribas del pueblo, les preguntó donde había de nacer el Cristo. Ellos dijeron: En Belén de Judea; porque así está escrito por el profeta: Y tú Belén de la tierra de Judá, no eres la más pequeña entre los príncipes de Judá; Porque de ti saldrá un guiador, que apacentará a mi pueblo Israel. Entonces Herodes, llamando en secreto a los magos, indagó de ellos diligentemente el tiempo de la aparición de la estrella; Y enviándolos a Belén, dijo; Id allá y averiguad con diligencia acerca del niño; y cuando le halléis, hacédmelo Saber, para que yo también vaya y le adore. Ellos, habiendo oído al rey, se fueron; y he aquí la estrella que habían visto en el oriente iba delante de ellos, hasta llegando, se detuvo donde estaba el niño. Y al ver la estrella, se regocijaron con muy grande gozo. Y al entrar en la casa, vieron al niño con su madre María, y postrándose le adoraron; y abriendo sus tesoros, le ofrecieron presentes: Oro, incienso y mirra. Pero siendo avisados por revelación en sueños que no volviesen a Herodes, regresaron a su tierra por otro camino. (Mt 2:1-12)

F. Rey Herodes intenta matar al Rey Infante Jesús.

Después que partieron ellos, he aquí un ángel del Señor apreció en sueños a José y dijo: Levántate, y toma al niño y a su madre, y huye Egipto, y permanece allá hasta que yo te diga; porque acontecerá que Herodes buscará al niño para matarlo. Y él, despertando, tomó de noche al niño y su madre, y se fue a Egipto, y estuvo allá hasta la muerte de Herodes; para que se cumpliese lo que dijo el Señor por medio del profeta, cuando dijo: De Egipto llamé a mi Hijo. Herodes entonces, cuando se vio burlado por los magos, se enojó mucho, y mandó matar a todos los niños menores de dos años que había en Belén y en todos sus alrededores, conforme al tiempo que había inquirido de los magos. Entonces se cumplió lo que fue dicho por el profeta Jeremías, cuando dijo: Voz fue oída en Ramá, grande lamentación, lloro y gemido; Raquel que llora a sus hijos, y no quiso ser consolada, porque perecieron. (Mt. 2:13-18)

266. ¿ERA JESUCRISTO UN REY VERDADERO?

Sí. Jesús era la prometida "semilla de David", el Rey de los judíos, que ocuparía el trono de David para siempre.

Este será grande, y ser llamado Hijo del Altísimo; y el Señor Dios le dará el trono de David su padre. (Lc.1:32)

Le dijo entonces Pilato: ¿Luego, eres tú rey? Respondió Jesús: Tú dices que yo soy rey. Yo para esto he nacido, y para esto he venido al mundo, para dar testimonio a la verdad. Todo aquel que es de la verdad, oye mi voz. Le dijo Pilato: ¿Qué es la verdad? Y cuando hubo dicho esto, salió otra vez a los judíos, y les dijo: Yo no hallo en él ningún delito. (Jn.18:37-38)

Te mando delante de Dios ... y de Jesucristo ... el bienaventurado y solo Soberano, Rey de reyes, y Señor de señores. (I Ti. 6:13,15)

NARRATIVOS BÍBLICOS: Jesucristo cumplió profecía acerca del Rey de Israel cuando hizo su entrada triunfante a Jerusalén, (Jn. 12:15)

267. **¿POR QUÉ VINO JESUCRISTO A LA TIERRA?**

Jesucristo vino a la tierra para introducir el Reino de Dios, redimir el ser humano de damnación eterna, y restaurar la comunión entre el hombre y Dios.

... Jesús vino a Galilea predicando el evangelio del reino de Dios, diciendo: El tiempo se ha cumplido, y el reino de Dios, se ha acercado; arrepentíos, y creed en el evangelio. (Mr.1:14-15)

Palabra fiel y digno de ser recibida por todos: que Cristo Jesús vino al mundo para salvar a los pecadores, de los cuales yo soy el primero. (I Ti. 1:15)

268. **¿QUÉ ES EL REINO DE DIOS?**

Es la soberanía espiritual de Dios. Existe dondequiera Dios reina como el rey en las vidas de sus sujetos. En esta época presente, es un reino invisible para nosotros. Jesús dijo, " ... el reino de Dios está dentro." Algún día este reino eterno será establecido aquí en la tierra y Jesucristo reinará como Rey. Será el último hogar para todos los cristianos.

Vosotros, pues, oraréis así: Padre nuestro que estás en los cielos, santificado sea tu nombre. Venga tu reino. Hágase tu voluntad, como el cielo, así también en la tierra. (Mt. 6:9-10)

ENTENDIEND A JESUCRISTO 133

269. ¿NOS CUENTA LA BIBLIA DEL REINO DE DIOS?

Sí. Los hombres santos y profetas que escribieron el Antiguo Testamento hablaron de la gloria del Reino de Dios.

Jehová estableció en los cielos su trono, y su reino domina sobre todos. (Sal. 103:19)

Y en los días de estos reyes el Dios del cielo levantará un reino que no será jamás destruido, ni será el reino dejado a otro pueblo; desmenuzará y consumirá a todos estos reino, pero él permanecerá para siempre. (Dn. 2:44)

Y que el reino, y el dominio y la majestad de los reinos debajo de todo el cielo, sea dado al pueblo de los santos del Altísimo, cuyo reino es reino eterno, y todos los dominios le servirán y obedecerán. (Dt. 7:27)

270. ¿HABLA EL NUEVO TESTAMENTO DEL REINO DE DIOS?

Sí. Juan el Bautista anunció, "El Reino de Dios está cerca. Dios está preparándonos para visitar a su pueblo".

En aquellos días vino Juan el Bautista predicando en el desierto de Judea, y diciendo: Arrepentíos, porque el reino de los cielos se ha acercado. (Mt. 3:1-2)

271. ¿CÓMO INTRODUJO JESÚS SU REINO?

Jesús empezó su ministerio predicando el Evangelio del Reino. Demostró el poder del reino perdonando pecados, sanando a los enfermos, levantando a los muertos, y echando fuera demonios.

Y se le dio el libro del profeta Isaías; y habiendo abierto el libro, halló el lugar donde estaba escrito: El Espíritu del Señor está sobre mí, por cuanto me ha ungido para dar buenas nuevas a los pobres; me ha enviado a sanar a los quebrantados de corazón; a pregonar libertad a los cautivos, y vista a los ciegos; a poner en libertad a los oprimidos; a predicar el año agradable del Señor . . . y comenzó a decirles: Hoy se ha cumplido esta escritura delante de vosotros. (Lc.4:17-19,21)

Respondiendo Jesús, les dijo: Id, y haced saber a Juan las cosas que oís y veis. Los ciegos ven, los cojos andan, los leprosos son limpiados, los sordos oyen, los muertos son resucitados, y a los pobres es anunciado el evangelio. (Mt. 11:4-5)

Pero él les dijo: Es necesario que también a otras ciudades anuncie el evangelio del reino de Dios; porque para esto he sido enviado. (Lc. 4:43)

272. **¿POR QUÉ ES IMPORTANTE AL REINO DE DIOS EL ECHAR FUERA DEMONIOS?**

Cuando demonios están en control, trabajan en contra de la autoridad de Dios. La habilidad de echarles fuera demuestra el poder y la presencia del Reino de Dios sobre ellos.

Pero si yo por el Espíritu de Dios echo fuera los demonios, ciertamente ha llegado a vosotros el reino de Dios. (Mt. 12:28)

Mas si por el dedo de Dios echo yo fuera los demonios, ciertamente el reino de Dios ha llegado a vosotros. Cuando el hombre fuerte armado guarda su palacio, en paz está lo que posee. Pero cuando viene otro más fuerte que él y le vence, le quita todas sus armas en que confiaba, y reparte el botín. (Lc. 11:20-22)

273. **¿CÓMO RESPONDIÓ LA GENTE A LAS ENSEÑANZAS DE JESÚS?**

Enormes multitudes le siguieron adonde fuera. Reportajes de sus milagros alcanzaban mucho más lejos de las fronteras de

Galilea, y enfermos le venían para sanidad tan lejos como Siria. Fue imposible que Jesús se escapara de las multitudes que le pedían llorando que les ayudase.

Y recorrió Jesús toda Galilea, enseñando en las sinagogas de ellos, y predicando el evangelio del reino, y sanando toda enfermedad y toda dolencia en el pueblo. Y se difundió su fama por toda Siria; y le trajeron todos los que tenían dolencias, los afligidos por diversas enfermedades y tormentos, los endemoniados, lunáticos y paralíticos; y los sanó. Y le siguió mucha gente de Galilea, de Decápolis, de Jerusalén, de Judea y del otro lado de Jordán. (Mt. 4:23-25)

274. ¿CÓMO ENSEÑO JESÚS A LAS MULTITUDES QUE LE SEGUÍAN?

Les enseñaba con parábolas e ilustraba su doctrina con muchas señales y maravillas:

A. El Sermón del Monte fue dirigido a los ciudadanos del Reino para enseñar las Leyes del Reino de Dios.

NOTA: El Sermón del Monte es al Nuevo Pacto lo que la Ley y los Mandamientos eran al Antiguo Pacto. Jesús enseñó su autoridad como Rey cuando declaraba, "fue dicho a los antiguos (por otros), pero yo os digo."

B. Sus parábolas ilustraban importantes verdades acerca del Reino de Dios.

Les refirió otra parábola, diciendo: El reino de los cielos es semejante a un hombre que sembró buena semilla en su campo. (Mt. 13:24)

Decía además: Así es el reino de Dios, como cuando un hombre echa semilla en la tierra. (Mr. 4:26)

NARRATIVOS BÍBLICOS: El tesoro escondido en un campo,

(Mt. 13:44); La gran red, (Mt. 13:47-50) Obreros en la viña, (Mt. 19:27-30); La cena de la boda, (Lc. 14:15-24)

C. Sus milagros enseñaban la naturaleza y el carácter del Reino.

Con sus milagros Jesús reveló su poder sobre la naturaleza, demostró su habilidad de suplir las necesidades del hombre, y abiertamente derrotó el reino de Satanás.

Si no hago las obras de mi Padre, no me creáis. Mas si las hago, aunque no me creáis a mí, creed a las obras, para que conozcáis y creáis que el Padre está en mí, y yo en el Padre. (Jn. 10:37-38)

NARRATIVOS BÍBLICOS: Cambió agua a vino, (Jn. 2:1-11); Jesús calma la tormenta, (Mt. 8:23-27), Alimentación de los 5000, (Mt. 14:15-21); Anda sobre el agua, (Mt. 14:22,23); La pesca milagrosa, (Lc. 5:1-11)

275. **¿CÓMO ENTRAMOS AL REINO DE DIOS?**

Podemos entrar al Reino solamente si hemos sido "Nacido de Nuevo". El Nuevo Nacimiento ocurre cuando un individuo voluntariamente entrega su vida a Dios. Ocurre cuando un individuo recibe la muerte sacrificadora de Jesús como una limpieza del pecado, hace el Señor de su espíritu humano, y recibe la morada del Espíritu Santo. Este nuevo nacimiento recrea el espíritu del hombre y le junta con el Espíritu de Dios, capacitando al individuo tener la necesaria visión espiritual para ver y para entrar al reino de Dios.

Respondió Jesús y le dijo: De cierto, de cierto te digo, que el que no naciere de nuevo, no puede ver el reino de Dios . . . que el que no naciere de agua y del Espíritu, no puede entrar en el reino de Dios. (Jn. 3:3,5)

276. ¿CUAL ES LA DIFERENCIA ENTRE JESUCRISTO Y MAHOMA, BUDA, Y CONFUCIO?

Jesucristo proclamaba ser Dios y permitía que le adoraran como Dios. Aunque era judío, no pensaba que fuese blasfemia hacer estas afirmaciones, sino audazmente declaraba a Sí Mismo como el Hijo Unigénito de Dios.

Mahoma creía que era un profeta. Buda se llamaba uno buscando la verdad. Confucio nunca proclamó ser nada más que un maestro sabio. Solo Jesús proclamó ser Dios.

. . . ¿Crees tú en el Hijo de Dios? Respondió él y dijo: ¿Quién es, Señor, para que crea en él? Le dijo Jesús: Pues le has visto, y el que habla contigo, él es. Y el dijo: Creo, Señor; y le adoró. (Jn. 9:35-38)

277. ¿POR QUÉ DEMANDARON LOS JUDÍOS QUE JESÚS FUESE CRUCIFICADO?

Porque él proclamaba ser el Hijo de Dios y permitía que le adorasen como Dios. La ley de Moisés condenaba a los hombres a la muerte si proclamaban ser deidad. Fue considerado blasfemia contra Dios.

Los judíos le respondieron: Nosotros tenemos una ley, y según nuestra ley debe morir, porque se hizo a sí mismo Hijo de Dios. Cuando Pilato oyó decir esto, tuvo más miedo. Y entró otra vez en el pretorio, y dijo a Jesús: ¿De dónde eres tú: Mas Jesús no le dio respuesta. (Jn. 19:7-9)

Y él que blasfemare el nombre de Jehová, ha de ser muerto . . . (Lv. 24:16)

NARRATIVO BÍBLICO: La crucificción de Jesucristo, (Jn. 19).

278. **¿ERA JESUCRISTO VERDADERAMENTE EL HIJO DE DIOS?**

Sí. Jesucristo probó su identidad divina por su resurrección de la muerte. Fue matado por crucificción cuando tenía 33 años y fue sepultado por tres días, pero resucitó del sepulcro y fue visto por más de 500 a la vez. Fue visto por sus discípulos y amigos y comió con ellos. El fue verdaderamente levantado de la muerte y hoy día está vivo.

. . . declarado Hijo de Dios con poder, según el Espíritu de santidad, por la resurrección de entre los muertos. (Ro. 1:4)

NARRATIVO BÍBLICO: La historia de la Resurrección, (Jn. 20).

LA ENCARNACIÓN

CAPITULO 22

279. ¿POR QUÉ CREEMOS QUE JESUCRISTO ES VERDADERAMENTE DIOS?

Creemos que Jesucristo es verdaderamente Dios porque las Escrituras le atribuyen:

A. Nombres Divinos:

> ... *Este es el verdadero Dios, y la vida eterna. (I Jn. 5:20)*
>
> *Entonces Tomás respondió y le dijo: ¡Señor mío, y Dios mío! (Jn. 20:28)*
>
> ... *he aquí una voz desde la nube, que decía: Este es mi Hijo amado, en quien tengo complacencia; a él oíd. (Mt. 17:5)*
>
> ... *vino Cristo, el cual es Dios sobre todas las cosas, bendito por los siglos. (Ro. 9:5)*

B. Atributos Divinos

> *En el principio era el Verbo, y el Verbo era con Dios, y el Verbo era Dios. Este era en el principio con Dios. (Jn. 1:1-2)* **Eterno**
>
> *Jesucristo es el mismo ayer, y hoy, y por los siglos. (He. 13:8)* **Invariable**
>
> ... *he aquí yo estoy con vosotros todos los días, hasta el fin del mundo. Amén. (Mt. 28:20)* **Omnipresente (Presente en todas partes)**
>
> ... *Señor, tú lo sabes todo ... (Jn. 21:17)* **Omnisciente (Sabe todo)**

. . . Toda potestad me es dada en el cielo y en la tierra. (Mt. 28:18) **Omnipotente (Todopoderoso)**

C. Obras Divinas:

Todas las cosas por él fueron hechas, y sin él nada de lo que ha sido hecho, fue hecho.(Jn. 1:3) Creación

. . . quien sustenta todas las cosas con la palabra de su poder. (He. 1:3) Preservación

. . . el Hijo del Hombre tiene potestad en la tierra para **perdonar pecados.** *(Mt. 9:6)*

. . . le dio autoridad de **hacer juicio** *(Jn. 5:27)*

D. Honor Divino y Gloria Divina

Para que todos honren al Hijo como honran al Padre. El que no honra al Hijo, no honra al Padre que le envió. (Jn. 5:23)

. . . Adórenle todos los ángeles de Dios. (He. 1:6)

280. **¿POR QUÉ CREEMOS QUE JESUCRISTO TAMBIÉN ERA REALMENTE HOMBRE?**

Creemos que Jesucristo era realmente un hombre porque es el hijo de una mujer, y mientras estuvo en la tierra, tenía un cuerpo y un alma como las nuestras. Las Escrituras -

A. Expresivamente le llaman hombre.

Porque hay un solo Dios, un solo mediador entre Dios y los hombres, Jesucristo hombre. (I Ti. 2:5)

B. Le atribuyen un cuerpo y un alma.

Mirad mis manos y mis pies que yo mismo soy; palpad, y

LA ENCARNACIÓN

ved; porque un espíritu no tiene carne ni huesos, como veis que yo tengo. (Lc. 24:39)

C. Le atribuyen sentimientos y acciones humanas.

NARRATIVOS BÍBLICOS: Jesús durmió, (Mr. 4:38); Jesús tuvo hambre, (Mt. 4:2); Jesús tuvo sed, (Juan 19:28); Jesús lloró, (Juan 11:35); Jesús sufrió y murió, (Mt. 26 y 27).

281. ¿ERA JESÚS EL CRISTO SIEMPRE UN HOMBRE?

No. Se hizo hombre en el momento de la Encarnación.

282. ¿QUÉ SIGNIFICA LA ENCARNACIÓN?

La Encarnación significa que Jesús, el Hijo de Dios, mientras que conservaba Su naturaleza divina, tomó sobre Sí Mismo la naturaleza del hombre.

Y aquel Verbo (Hijo de Dios) fue hecho carne, y habitó entre nosotros (la palabra griega para "habitar" significa "acampar"), (y vimos su gloria, gloria como del unigénito del Padre), lleno de gracia y de verdad. (Jn. 1:14)

283. ¿CÓMO SE HIZO JESÚS UN HOMBRE?

Jesús fue concebido y hecho hombre por el poder del Espíritu Santo en el vientre de una virgen llamada, María.

Respondiendo el ángel, le dijo: El Espíritu Santo vendrá sobre ti, y el poder del Altísimo te cubrirá con su sombra; por lo cual también el Santo Ser que nacerá, será llamado Hijo de Dios. (Lc. 1:35)

Pero cuando vino el cumplimiento del tiempo, Dios envió a su Hijo, nacido de mujer y nacido bajo la ley. (Gá. 4:4)

284. ¿ERA JOSÉ EL PADRE DE JESÚS?

No. Jesús no tenía padre humano. José era su padrastro.

El ángel Gabriel fue enviado por Dios a una virgen desposada con un varón que se llamaba José. El ángel le dijo: María, concebirás en tu vientre, y darás a luz un hijo, y llamarás su nombre JESÚS. (Lc. 1:26-32)

Estando desposada María con José, antes que se juntasen, se halló que había concebido del Espíritu Santo. José su marido, como era justo, y no quería infamarla, quiso dejarla secretamente. Y pensando el en esto, he aquí un ángel del Señor le apareció en sueños y le dijo: José, hijo de David, no temas recibir a María tu mujer, porque lo que en ella es engendrado, del Espíritu Santo es. Y dará a luz un hijo, y llamarás su nombre JESÚS, porque él salvará a su pueblo de sus pecados. (Mt. 1:18-21).

Jesús creció en Nazaret con hermanos y hermanas. Trabajaba con José como carpintero hasta que empezó su ministerio público a los 30 años.

¿No es este el hijo del carpintero? ¿No se llama su madre María, y sus hermanos, Jacobo, José, Simón, y Judas? ¿No están todas sus hermanas con nosotros? ¿De dónde, pues, tiene este todas estas cosas? (Mt. 13:55-56)

¿No es este el carpintero, hijo de María, hermano de Jacobo, de José, de Judas y de Simón? ¿No están también aquí con nosotros sus hermanas? Y se escandalizaban de él. (Mr. 6:3)

NARRATIVO BÍBLICO: El Ángel visita a José, (Mt. 1:18-25); José lleva a María y a Jesús a Egipto, (Mt. 2:13-23); José lleva a Jesús a Jerusalén cuando tenía 12 años y asombra los doctores de la ley, (Lc. 2:40-52).

LA ENCARNACIÓN

285. ¿ES ESTA LA QUE ES CONOCIDO COMO "LA INMACULADA CONCEPCIÓN?

Sí. Dios entró a la humanidad para efectuar una segunda creación, el segundo hombre, sin el pecado original de la línea del varón Adán. El Espíritu Santo efectuó la inmaculada concepción de una virgen joven, llamada María, sin la intervención del ciclo reproductivo normal del hombre.

286. ¿CUANTAS NATURALEZAS ESTÁN UNIDAS EN CRISTO?

Hay dos naturalezas unidas en Cristo, la divina y la humana.

Porque un niño nos es nacido, hijo nos es dado, y el principado sobre su hombro; y se llamará su nombre Admirable, Consejero, Dios Fuerte, Padre Eterno, Príncipe de Paz. (Is. 9:6)

Y Jesús se acercó y les habló diciendo: Toda potestad me es dada en el cielo y en la tierra. (Mt. 28:18)

Porque en el habita corporalmente toda la plenitud de la Deidad. (Col. 2:9)

Pero si andamos en luz, como él está en luz, tenemos comunión unos con otros, y la sangre de Jesucristo su Hijo nos limpia de todo pecado. (I Jn. 1:7)

287. ¿CÓMO FUÉ POSIBLE QUE JESÚS FUERA HOMBRE Y DIOS A LA VEZ?

Parece imposible que Jesús pudiera ser ambos Dios y hombre. Sin embargo cuando Dios creó el hombre en su imagen y semejanza, posiblemente nos creyere más como El de lo que nos hemos dado cuenta. Nos imaginamos una brecha muy grande entre Dios y el hombre pecaminoso. Pero la Biblia dice - "seremos semejantes a El, porque le veremos tal como El es." (Jn. 3:2)

Según las Escrituras, Jesucristo es la esencia de Dios . . . ¡Su imagen exacta! Aunque es cierto, Jesús se vació de majestad celestial y esplendor, pero no se vació de Su deidad, Su amor, Su bondad, Su compasión, o Su mansedumbre. Su naturaleza divina no fue disminuida durante la Encarnación.

Haya, pues, en vosotros este sentir que hubo también en Cristo Jesús, el cual, siendo en forma de Dios, no estimó el ser igual a Dios como cosa a que aferrarse, sino que se despojó a sí mismo, tomando forma de siervo, hecho semejante a los hombres; y estando en la condición de hombre, se humilló a sí mismo, haciéndose obediente hasta la muerte, y muerte de cruz. (Flm. 2:5-8)

288. ¿POR QUÉ FUÉ NECESARIO QUE NUESTRO SALVADOR FUESE HOMBRE VERDADERO?

Fue necesario que nuestro Salvador fuese hombre verdadero para que -

A. Pudiera tomar nuestro lugar bajo la ley.

Pero cuando vino el cumplimiento del tiempo, Dios envió a su Hijo, nacido de mujer y nacido bajo la ley, para que redimiese a los que estaban bajo la ley, a fin de que recibiésemos la adopción de hijos. (Gá. 4:4-5)

B. Pudiera sufrir y morir en nuestro lugar.

Así que, por cuanto los hijos participaron de carne y sangre, él también participó de lo mismo, para destruir por medio de la muerte al que tenía el imperio de la muerte, esto es, al diablo. (He.2:14)

289. ¿POR QUÉ FUÉ NECESARIO QUE NUESTRO SALVADOR FUESE DIOS VERDADERO?

A. Para que pudiera cumplir la Ley y esta sería suficiente para todos los hombres.

LA ENCARNACIÓN

Ninguno de ellos podrá en manera alguna redimir al hermano, ni dar a Dios su rescate porque la redención de su vida es de gran precio.. (Sal. 49:7-8)

... por la obediencia de uno, los muchos serán constituidos justos. (Ro. 5:19)

B. Para que su **vida** y **muerte** pudiera ser rescate suficiente para nuestra redención.

... el Hijo del Hombre no vino para ser servido, sino para servir, y para dar su vida en rescate por muchos. (Mr. 10:45)

C. Para que pudiera vencer la muerte y el diablo para nosotros.

... Jesucristo, él cual quitó la muerte ... (II Ti.1:10)

Así que, por cuanto los hijos participaron de carne y sangre, él también participó de lo mismo, para destruir por medio de la muerte al que tenía el imperio de la muerte, esto es, al diablo. (He. 2:14)

Mas gracias sean dadas a Dios, que nos da la victoria por medio de nuestro Señor Jesucristo. (I Co. 15:57)

290. ¿PARA QUE TRIPLE PROPÓSITO FUÉ UNGIDO CRISTO?

Cristo fue ungido (consagrado) para ser Profeta, Sacerdote, y Rey.

A. Como mi Profeta, Jesús se revela por palabra y acciones, y con la predicación del evangelio aun revela como el Hijo de Dios y el Redentor del mundo.

Profeta de en medio de ti, de tus hermanos, como yo, te levantará Jehová tu Dios; a él oiréis. (Dt. 18:15)

. . . Este es mi Hijo amado, en quien tengo complacencia; a él oíd. (Mt. 17:5)

Pues la ley por medio de Moisés fue dada, pero la gracia y la verdad vinieron por medio de Jesucristo. A Dios nadie le vio jamás; el unigénito Hijo, que está en el seno del Padre, él le ha dado a conocer. (Jn. 1:17-18)

El que a vosotros oye, a mí me oye; y el que a vosotros desecha, a mi me desecha; y el que me desecha al que me envió. (Lc. 10:16)

B. Como mi Sacerdote, Cristo en mi lugar perfectamente cumplió la Ley, sacrificó a Sí Mismo por mí, y aun intercede por mí con Su Padre celestial.

. . . Cristo murió por nuestros pecados, conforme a las Escrituras. (I Co. 15:3)

Porque tal sumo sacerdote nos convenía: santo, inocente, sin mancha, apartado de los pecadores, y hecho más sublime que los cielos; que no tiene necesidad cada día, como aquellos sumos sacerdotes, de ofrecer primero sacrificios por sus propios pecados, y luego por los del pueblo; porque esto lo hizo una vez para siempre, ofreciéndose a sí mismo. (He. 7:26-27)

. . . si alguno hubiere pecado, abogado tenemos para con el Padre, a Jesucristo el justo. Y él es la propiciación por nuestros pecados; y no solamente por los nuestros, sino también por los de todo el mundo. (I Jn. 2:1-2)

C. Como mi Rey, Cristo todopoderoso reina sobre toda la creación, gobierna y protege Su Iglesia, y últimamente la llevará a gloria.

. . . Toda potestad me es dada en el cielo y en la tierra. (Mt. 28:18)

LA ENCARNACIÓN

Respondió Jesús: Mi reino no es de este mundo; si mi reino fuera de este mundo, mis servidores pelearían para que yo no fuera entregado a los judíos; pero mi reino no es de aquí. Le dijo entonces Pilato: ¿Luego, eres tú rey? Respondió Jesús: Tú dices que yo soy rey. Yo para esto he nacido, y para esto he venido al mundo, para dar testimonio a la verdad. Todo aquel que es de la verdad, oye mi voz. (Jn. 18:36-37)

Y el Señor me librará de toda obra mala, y me preservará para su reino de los siglos. Amén. (II Ti. 14:18)

ESTABLECIENDO EL NUEVO PACTO

CAPITULO 23

291. ¿CUAL ES EL NUEVO PACTO QUE JESUCRISTO PROCURÓ PARA EL HOMBRE?

Por lo cual, este es el nuevo pacto (acuerdo) que haré con la casa de Israel, dice el Señor:

1. Pondré mis leyes en la mente de ellos para que ellos sepan lo que yo quiero que hagan sin tenérselo que decir.

2. Sobre su corazón las escribiré para que quieran obedecerlas.

3. Seré a ellos por Dios, y ellos me serán a mí por pueblo.

4. Ninguno enseñará a su prójimo, y ninguno a su hermano, diciendo, ¿Conoce al Señor?; porque todos me conocerán, desde el menor hasta el mayor de ellos.

5. Seré propicio a sus injusticias y nunca me acordaré de sus pecados y de sus iniquidades. (He. 8:10-12)

292. ¿CÓMO REALIZÓ CRISTO ESTO?

Se hizo Mediador de un nuevo pacto entre Dios y los hijos de Israel y de Judá, para que pudiera reconciliarles con Dios, porque ellos habían quebrantado su pacto con El.

He aquí que vienen días, dice Jehová, en los cuales haré nuevo pacto con la casa de Israel y con la casa de Judá. No como el pacto que hice con sus padres el día que tuve su mano para sacar los de la tierra de Egipto; porque ellos invalidaron mi pacto, aunque fui yo un marido para ellos, dice Jehová. Pero este es el pacto que haré con la casa de Israel después de aquellos días, dice Jehová: Daré mi ley en su mente, y la escribiré en su corazón; y yo seré a ellos por Dios, y ellos me serán por pueblo. (Jer. 31:31-33)

Pero ahora tanto mejor ministerio es el suyo, cuanto es mediador de un mejor pacto, establecido sobre mejores promesas. (He. 8:6)

Así que, por eso es mediador de un nuevo pacto, para que interviniendo muerte para la remisión de las transgresiones que había bajo el primer pacto, los llamados reciban la promesa de la herencia eterna. (He. 9:15)

Sino que os habéis acercado al monte de Sion . . . a la congregación de los primógenitos . . . a Jesús el Mediador del nuevo pacto . . . (He. 12:22-24)

293. **¿CÓMO ILUSTRA LA BIBLIA LA ANULACIÓN DEL ANTIGUO PACTO?**

La Biblia compara el Antiguo Pacto a las leyes matrimoniales que pueden ser anuladas solamente con la muerte o infidelidad. La relación del Antiguo Pacto entre Dios y Su pueblo (los hijos de Israel y Judá) murió con Cristo en la cruz.

¿Acaso ignoráis, hermanos (pues hablo con los que conocen la ley), que la ley se enseñorea del hombre entre tanto que éste vive? Porque la mujer casada está sujeta por la ley al marido mientras esté vivo; pero si el marido muere, ella queda libre de la ley del marido. Así que, si en vida del marido se uniere a otro varón, será llamada adúltera; pero si su marido muriere, es libre de esa ley, de tal manera que si se uniere a otro marido, no será adúltera. Así también vosotros, hermanos míos, habéis muerto a la ley mediante el cuerpo de Cristo, para que seáis de otro, del que resucitó de los muertos, a fin de que llevemos fruto para Dios. (Ro. 7:1-4)

294. **¿CÓMO ILUSTRA LA BIBLIA EL NUEVO PACTO?**

El Nuevo Pacto es el nuevo matrimonio; Jesucristo es el

desposado y la Iglesia es la novia. La relación del Antiguo Testamento entre Dios y Su pueblo ha muerto. Ahora, el pueblo de Dios es libre para unirse a un nuevo esposo y pacto. También la Biblia compara el Nuevo Pacto a un testamento de herencia. Lo mismo que un testamento se pone en marcha cuando su hacedor muere, así el Nuevo Pacto se puso en marcha cuando murió Cristo, su hacedor.

Porque donde hay testamento, es necesario que intervenga muerte del testador. Porque el testamento con la muerte se confirma; pues no es valido entre tanto que el testador vive. (He. 9:16-17)

295. ¿SE UNIÓ LA NACIÓN DE ISRAEL CON ESTE NUEVO PACTO?

En el tiempo de la iglesia primitiva, muchos israelitas se unieron al Nuevo Pacto pero la nación en general lo rechazó. Por su rechazo a Cristo, ha acontecido a Israel endurecimiento en parte, hasta que haya entrado la plenitud de los gentiles.

Así que, los que recibieron su palabra fueron bautizados; y se añadieron aquel día como tres mil personas. (Hch. 2:41)

Porque no quiero, hermanos, que ignoréis este misterio, para que no seáis arrogantes en cuanto a vosotros mismos: que ha acontecido a Israel endurecimiento en parte, hasta que haya entrado la plenitud de los gentiles. (Ro. 11:25)

296. ¿ES EL NUEVO PACTO SOLAMENTE PARA LA NACIÓN DE ISRAEL?

No. Jesucristo fue a la nación de Israel primero con su oferta de una relación de un nuevo pacto con Dios, pero la mayoría le rechazó. Por eso fué a los gentiles. Jesús abrió el camino para que el judío y también el gentil pudieran entrar en el nuevo pacto por medio de su sangre derramada, y participar de sus bendiciones y beneficios.

Por tanto, acordáos de que en otro tiempo vosotros, los gentiles en cuanto a la carne, erais llamados incircuncisión por la llamada circuncisión hecha con mano en la carne. En aquel tiempo estabais sin Cristo, alejados de la ciudadanía de Israel y ajenos a los pactos de la promesa, sin esperanza y sin Dios en el mundo. Pero ahora en Cristo Jesús, vosotros que en otro tiempo estabais lejos, habéis sido hechos cercanos por la sangre de Cristo. Porque él es nuestra paz, que de ambos pueblos hizo uno, derribando la pared intermedia de separación, aboliendo en su carne las enemistades, la ley de los mandamientos expresados en ordenanzas, para crear en sí mismo de los dos un solo y nuevo hombre, haciendo la paz, y mediante la cruz reconciliar con Dios a ambos en un solo cuerpo, matando en ella las enemistades. Y vino y anunció las buenas nuevas de paz a vosotros que estabais lejos, y a los que estaban cerca. (Ef. 2:11-17)

297. **¿HAY UNA DIFERENCIA ENTRE UN PACTO Y UN TESTAMENTO?**

No. Un pacto y un testamento son la misma cosa. El Nuevo Pacto o el Nuevo Testamento esta descrito en las últimas veinte y siete libros de la Biblia.

298. **¿CUAL ERA LA GARANTÍA QUE HIZO ESTE PACTO VÁLIDO?**

La preciosa sangre de Jesucristo hace que este pacto sea válido. Jesucristo fue dispuesto a derramar Su sangre para garantizar el Nuevo Pacto.

Porque yo recibí del Señor lo que también os he enseñado: Que el Señor Jesús, la noche que fue entregado, tomó pan; y habiendo dado gracias, lo partió, y dijo: Tomad, comed; esto es mi cuerpo que por vosotros es partido; haced esto en memoria de mí. Asimismo tomó también la copa, después de haber cenado, diciendo: Esta copa es el nuevo pacto en mi sangre; haced esto todas las veces que la

152 JESUCRISTO Y EL NUEVO PACTO

bebiereis, en memoria de mí. (I Co.11:23-25)

Pero Cristo . . . por su propia sangre, entró una vez para siempre en el Lugar Santísimo, habiendo obtenido eterna redención. ¿Cuánto más la sangre de Cristo, el cual mediante el Espíritu eterno se ofreció a sí mismo sin mancha a Dios, limpiará vuestras conciencias de obras muertas para que sirváis al Dios vivo? (He. 9:11-12,14)

299. **¿QUÉ PASÓ AL ANTIGUO PACTO?**

El Antiguo Pacto de Moisés fue quebrantado y abolido:

A. Porque Israel fracasó en guardar su parte del acuerdo del Pacto.

Porque si aquel primero hubiera sido sin defecto, ciertamente no se hubiera procurado lugar para el segundo. Porque reprendiéndolos dice: he aquí vienen días, dice el Señor, en que estableceré con la casa de Israel y la casa de Judá un nuevo pacto. (He. 8:7-8)

B. Porque la sangre de los animales sacrificados del Antiguo Pacto no tenía poder para quitar los pecados de la gente.

Porque la sangre de los toros y de los machos cabríos no puede quitar los pecados. (He. 10:4)

C. Porque el Nuevo Pacto cumple completamente el propósito de Dios - quita los pecados de la gente.

¿Cuánto más la sangre de Cristo . . . limpiará vuestras conciencias de obras muertas para que sirváis al Dios vivo? Así que, por eso es mediador de un nuevo pacto . . . pero ahora, en la consumación de los siglos, se presentó una vez para siempre por el sacrificio de sí mismo para quitar de medio el pecado. (He. 9:14-15,26)

ESTABLECIENDO EL NUEVO PACTO

300. ¿CÓMO ENTRAMOS EN ESTE NUEVO PACTO CON CRISTO?

Cualquiera que cree en el Evangelio de Jesucristo, se arrepiente de sus pecados y está bautizado en Cristo recibirá el don del Espíritu Santo y será permitido al Nuevo Pacto.

> *... Arrepentíos, y bautícese cada uno de vosotros en el nombre de Jesucristo para perdón de los pecados; y recibiréis el don del Espíritu Santo. (Hch. 2:38)*

301. ¿CUAL ES LA DIFERENCIA ENTRE LA SEÑAL DEL NUEVO PACTO Y LA SEÑAL DEL ANTIGUO PACTO?

La señal en el Antiguo Pacto era la circuncisión de la carne. La señal del Nuevo Pacto es un nuevo corazón y un nuevo espíritu. En las Escrituras es referido como un corazón circuncidado.

> *Y haré con ellos pacto de paz, pacto perpetuo será con ellos; y los estableceré y los multiplicaré, y pondré mi santuario entre ellos para siempre. Estará en medio de ellos mi tabernáculo, y seré a ellos por Dios, y ellos me serán por pueblo. (Ez. 37:26-27)*

> *Pues no es judío el que lo es exteriormente, ni es la circuncisión la que se hace exteriormente en la carne; sino que es judío el que lo es en lo interior, y la circuncisión es la del corazón, en espíritu, no en letra; la alabanza del cual no viene de los hombres, sino de Dios. (Ro. 2:28-29)*

302. ¿QUÉ HIZO ESTE NUEVO PACTO POSIBLE?

Para nosotros es posible entrar en el Nuevo Pacto por medio de la obra de redención de Jesucristo. La Redención nos ha hecho justos y dignos para recibir Su gracia.

303. ¿QUÉ SIGNIFICA REDENCIÓN?

Redención significa que Cristo murió por nuestros pecados. Como Redentor de la humanidad, Jesús ofreció a Dios su vida, sufrimientos, y muerte como un sacrificio por nosotros. Como resultado, El nos recuperó el derecho de ser llamados los hijos de Dios y herederos del Reino de Dios.

304. ¿QUÉ ENSEÑAN LAS ESCRITURAS ACERCA DE LOS SUFRIMIENTOS Y LA MUERTE DE CRISTO?

Las Escrituras enseñan que:

A. En su juventud Cristo sufrió pobreza, desprecio, y persecución.

... que por amor a vosotros se hizo pobre, siendo rico, para que vosotros con su pobreza fuéseis enriquecidos. (II Co. 8:9)

... Las zorras tienen guaridas y las aves del cielo nidos; mas el Hijo del Hombre no tiene dónde recostar su cabeza. (Mt.8:20)

Despreciado y desechado entre los hombres, varón de dolores, experimentado en quebranto; y como que escondimos de él el rostro, fue menospreciado, y no lo estimamos. (Is. 53:3)

... procuráis matarme a mí, hombre que os he hablado la verdad, la cual he oído de Dios... (Jn. 8:40)

NARRATIVOS BÍBLICOS: Inmediatamente después de su nacimiento Jesús tuvo solamente pañales y un pesebre, (Lc. 2:7); Herodes buscó a Jesús para matarlo, (Mt. 2:13); En Nazarét, los judíos intentaron echarle de la cumbre desde un monte, (Lc. 4:29); En el templo, los judíos tomaron piedras para arrojárselas, (Jn. 8:59)

ESTABLECIENDO EL NUEVO PACTO

B. Bajo Pilato, Cristo padeció severa agonía de cuerpo y alma, un azote cruel, fue coronado con espinas, la crucificción, y finalmente, la muerte en la cruz.

Quien llevó él mismo nuestros pecados en su cuerpo sobre el madero, para que nosotros, estando muertos a los pecados, vivamos a la justicia; y por cuya herida fuisteis sanados. (I P. 2:24)

Así que, entonces tomó Pilato a Jesús, y le azotó. Y los soldados entretejieron una corona de espinas, y la pusieron sobre su cabeza, y le visitaron con un manto de púrpura; y le decían: ¡Salve, Rey de los judíos! y le daban de bofetadas. (Jn. 19:1-3)

Así que entonces lo entregó a ellos para que fuese crucificado. Tomaron, pues, a Jesús, y le llevaron. Y él, cargando su cruz, salió al lugar llamado de la Calavera, y en hebreo, Gólgota; y allí le crucificaron . . .
(Jn. 19:16-18)

C. Cristo murió sobre el madero maldito de la cruz.

. . . porque está escrito: Maldito todo el que es colgado en un madero. (Gá. 3:13)

305. ¿QUÉ ENSEÑAN LAS ESCRITURAS ACERCA DEL ENTIERRO DE CRISTO?

El cuerpo de Cristo fue puesto en una sepultura y se quedó allí por tres días sin ver corrupción.

Mas aquel a quien Dios levantó, no vio corrupción.
(Hch. 13:37)

Porque no dejarás mi alma en el Seol, ni permitirás que tu santo vea corrupción. (Sal.16:10)

NARRATIVOS BÍBLICOS: La historia de la resurrección, (Mt.

28; Mr..16:1-14; Lc. 24:1-49; Jn. 20:1-23)

306. ¿CUAL ERA UNA HUMILLACIÓN PARA CRISTO?

Jesucristo, en su vida cotidiana, no usaba su poder divino que le fue dado por Su Padre, sino se sujetó a las debilidades y limitaciones del hombre.

Haya, pues en vosotros este sentir que hubo también en Cristo Jesús, el cual, siendo en forma de Dios, no estimó el ser igual a Dios como cosa a que aferrarse, sino que se despojó a sí mismo, tomando forma de siervo, hecho semejante a los hombres; y estando en la condición de hombre, se humilló a sí mismo, haciéndose obediente hasta la muerte, y muerte de cruz. (Flm.2:5-8)

307. ¿CUAL ERA EL PLENO EXTENTO DE LA HUMILLACIÓN DE CRISTO?

Fue concebido (Dios se hizo hombre) por el Espíritu Santo.

Nació (de una mujer) de la Virgen María.

Sufrió bajo Pilato.

Fue crucificado.

Murió

Fué sepultado.

308. ¿CON QUÉ PROPÓSITO SE HUMILLÓ CRISTO TANTO?

Cristo se humilló para redimirnos, a nosotros los perdidos y condenadas criaturas.

Porque de tal manera amó Dios al mundo, que ha dado a su Hijo unigénito, para que todo aquel que en él cree, no se pierda, mas tenga vida eterna. Porque no envió Dios a su Hijo al mundo para condenar al mundo, sino para que el mundo sea salvo por él. (Jn. 3:16-17)

309. ¿DE QUE NOS HA REDIMIDO CRISTO?

Cristo nos redimió de todos nuestros pecados, de la muerte, y del poder del diablo.

310. ¿CÓMO NOS REDIMIÓ CRISTO DE NUESTROS PECADOS?

A través de obediencia al Padre, hasta el extremo punto de morir en la cruz, Cristo expresó Su gran amor por nosotros con entregarse por nuestros pecados.

A. Cristo ha quitado nuestra culpabilidad y sufrió nuestro castigo.

... he aquí el Cordero de Dios, que quita el pecado del mundo. (Jn. 1:29)

... por la obediencia de uno, los muchos serán constituidos justos. (Ro. 5:19)

Al que no conoció pecado, por nosotros lo hizo pecado, para que nosotros fuésemos hechos justicia de Dios en él. (II Co. 5:21)

Cristo nos redimió de la maldición de la ley, hecho por nosotros maldición (porque está escrito: Maldito todo él que es colgado en un madero). (Gá. 3:13)

B. Nos ha librado de la esclavitud de pecado.

Quien llevó él mismo nuestros pecados en su cuerpo sobre el madero, para que nosotros, estando muertos a los pecados, vivamos a la justicia; y por cuya herida fuisteis sanados. (I P. 2:24)

> ... *De cierto, de cierto os digo, que todo aquel que hace pecado, esclavo es del pecado. Así que, si el Hijo os libertare, seréis verdaderamente libres. (Jn. 8:34,36)*

311. ¿CÓMO NOS REDIMIÓ DE LA MUERTE?

A través de su propia muerte en la cruz, Cristo abolió la muerte eterna. No debemos temer la muerte física.

> *Así que, por cuanto los hijos participaron de carne y sangre, él también participó de lo mismo, para destruir por medio de la muerte al que tenía el imperio de la muerte, esto es, al diablo, y librar a todos los que por el temor de la muerte estaban durante toda la vida sujetos a servidumbre. (He. 2:14-15)*

> *¿Dónde está, oh muerte, tu aguijón? ¿Dónde, oh sepulcro, tu victoria? ya que el aguijón de la muerte es el pecado, y poder del pecado, la ley. Mas gracias sean dadas a Dios, que nos da la victoria por medio de nuestro Señor Jesucristo. (I Co. 15:55-57)*

> ... *nuestro Salvador Jesucristo, el cual quitó la muerte y sacó a luz la vida y la inmortalidad por el evangelio. (II Ti. 1:10)*

312. ¿CÓMO NOS HA REDIMIDO CRISTO DEL PODER DEL DIABLO?

Cuando Cristo descendió al infierno, venció y conquistó al diablo. Quitó su poder para esclavizar al hombre y condenarle delante del Señor. A la vez, Cristo dió poder al hombre para resistir las tentaciones del diablo.

NARRATIVO BÍBLICO: Cristo decendió l infierno (seol), (Ef. 4:9-10; Ro. 10:6; Sal. 16:10; Mt. 12:40; Hch. 2:27; I P. 3:10-21).

> ... *Para esto apareció el Hijo de Dios, para deshacer las*

obras del diablo. (I Jn. 3:8)

Ahora, pues, ninguna condenación hay para los que están en Cristo Jesús, los que no andan conforme a la carne, sino conforme al Espíritu. (Ro. 8:1)

Entonces oí una gran voz en el cielo, que decía: Ahora ha venido la salvación, el poder, y el reino de nuestro Dios, y la autoridad de su Cristo; porque ha sido lanzado fuera el acusador de nuestros hermanos, el que los acusaba delante de nuestro Dios día y noche. (Ap. 12:10)

. . . resistid al diablo, y huirá de vosotros. (Stg. 4:7)

313. **¿CON QUÉ NOS HA REDIMIDO CRISTO?**

Cristo no nos ha redimido con plata u oro sino con su santa, preciosa sangre y con Su inocente padecimientos y muerte.

. . . la sangre de Jesucristo su Hijo nos limpia de todo pecado. (I Jn. 1:7)

Sabiendo que fuisteis rescatados de vuestra vana manera de vivir, la cual recibisteis de vuestros padres, no con cosas corruptibles, como oro o plata, sino con la sangre preciosa de Cristo, como de un cordero sin mancha y sin contaminación. (Is. 53:5)

. . . y por su llaga fuimos nosotros curados. (Is. 53:5)

314. **¿CÓMO TE BENEFICIA A TI ESTA OBRA DE REDENCIÓN?**

Como mi substituto, Cristo ha hecho restitución por mis pecados en pagar por mi culpabilidad.

Al que no conoció pecado, por nosotros lo hizo pecado, para que nosotros fuésemos hechos justicia de Dios en él. (II Co. 5:21)

Ciertamente llevó el nuestras enfermedades, y sufrió nuestros dolores; y nosotros le tuvimos por azotado, por herido de Dios y abatido. Mas el herido fue por nuestras rebeliones, molido por nuestros pecados; el castigo de nuestra paz fue sobre él, y por su llaga fuimos nosotros curados.(Is. 53:4-5)

315. **¿HA REDIMIÓ, COMPRADO, Y GANADO CRISTO SOLO A USTED?**

No. Cristo me ha redimido a mí tanto como a toda la humanidad.

Porque el Hijo del Hombre ha venido para salvar lo que se había perdido. (Mt. 18:11)

He aquí el Cordero de Dios, que quita el pecado del mundo. (Jn. 1:29)

... por todos murió.... (II Co. 5:15)

Palabra fiel y digna de ser recibida por todos: que Cristo Jesús vino al mundo para salvar a los pecadores, de los cuales yo soy el primero. (I Ti. 1:15)

... aun negarán al Señor que los rescató, atrayendo sobre sí mismo destrucción repentina. (II P.2:1)

Y él es la propiciación por nuestros pecados; y no solamente por los nuestros, sino también por los de todo el mundo. (I Jn. 2:2)

LA RESURRECCIÓN Y LA ASCENCIÓN

CAPITULO 24

316. ¿QUÉ ENSEÑAN LAS ESCRITURAS ACERCA DE LA RESURRECCIÓN DE CRISTO?

Las Escrituras enseñan que después de tres días en el sepulcro, Cristo resucitó victoriosamente de la muerte.

Porque como estuvo Jonás en el vientre del gran pez tres días y tres noches así estará el Hijo del Hombre en el corazón de la tierra tres días y tres noches. (Mt. 14:20)

A éste levantó Dios al tercer día, e hizo que se manifestase; no a todo el pueblo, sino a los testigos que Dios había ordenado de antemano, a nosotros que comimos y bebimos con él después que resucitó de los muertos. (Hch. 10:40-41)

NARRATIVOS BÍBLICOS: La Resurrección de Cristo, (Mt. 27:62-66)

317. ¿DÓNDE ESTUVIERON EL ALMA Y EL ESPÍRITU DE CRISTO DURANTE LOS TRES DÍAS QUE SU CUERPO ESTUVO EN EL SEPULCRO?

El alma y el espíritu de Cristo descendieron al infierno (Seol) que era una morada temporal para los muertos.

... no dejarás mi alma en el Hades, ni permitirás que tu Santo vea corrupción. (Hch. 2:27)

... (Cristo) siendo a la verdad muerto en la carne, pero vivificado en espíritu; en el cual también fue y predicó a los espíritus encarcelados. (I P. 3:18-19)

El que descendió, es el mismo que también subió por encima de todos los cielos ... (Ef. 4:10)

318. ¿POR QUÉ DESCENDIÓ CRISTO AL INFIERNO?

Cristo descendió al infierno (Seol) para realizar dos cosas:

1. Liberó las almas de los muertos justos para que pudieran entrar en la presencia de Dios.

   Por lo cual dice: Subiendo a lo alto, llevó cautivo la cautividad, y dio dones a los hombres. Y eso de que subió, ¿qué es, sino que también había descendido primero a las partes más bajas de la tierra? (Ef. 4:8-10)

2. Proclamó la derrota perpetua a los ángeles que pecaron en los días de Noé y les enseñó que El, como simiente de la mujer, había estropeado el plan de Satanás y venció el poder de la muerte del infierno, y del sepulcro. (Véase el Narrativo Bíblico.)

Y pondré enemistad entre ti y la mujer, y entre tu simiente y la simiente suya; ésta te herirá en la cabeza, y tú le herirás en el calcañar.(Gn. 3:15)

Porque también Cristo padeció una sola vez por los pecados, el justo por los injustos, para llevarnos a Dios, siendo a la verdad muerto en la carne, pero vivificado en espíritu; en el cual también fue y predicó a los espíritus encarcelados, los que en otro tiempo desobedecieron, cuando una vez esperaba la paciencia de Dios en los días de Noé, mientras se preparaba el arca, en la cual pocas personas, es decir, ocho, fueron salvadas por agua. (I P. 3:18-20)

Porque si Dios no perdonó a los ángeles que pecaron, sino que arrojándolos al infierno los entregó a prisiones de oscuridad, para ser reservados al juicio. (II P. 2:4)

Así que, por cuanto los hijos participaron de carne y sangre, él también participó de lo mismo, para destruir por medio de la muerte al que tenía el imperio de la muerte,

LA RESURECCIÓN Y LA ASCENCIÓN

esto es, al diablo. (He. 2:14)

NARRATIVO BÍBLICO: Maldad espiritual en los días de Noé, (Gn.6).

319. ¿CUÁNTO TIEMPO SE QUEDÓ CRISTO EN LA TIERRA DESPUÉS DE SU RESURRECCIÓN?

Cristo se quedó en la tierra por cuarenta días.

A quienes también, después de haber padecido, se presentó vivo con muchas pruebas indubitables, apareciéndoseles durante cuarenta días y hablándoles acerca del reino de Dios. (Hch. 1:3)

320. ¿CÓMO SABEMOS QUE CRISTO ESTUVO VERDADERAMENTE VIVO?

Sabemos que Cristo estaba vivo porque se enseñó en cuerpo a Sus discípulos y también a otros.

Mientras ellos aún hablaban de estas cosas, Jesús se puso en medio de ellos, y les dijo: Paz a vosotros. Entonces, espantados y atemorizados, pensaban que veían espíritu. Pero él les dijo: ¿Por qué estáis turbados, y vienen a vuestro corazón estos pensamientos? Mirad mis manos y mis pies, que yo mismo soy; palpad, y ved; porque un espíritu no tiene carne ni huesos, como veis que yo tengo. Y diciendo esto, les mostró las manos y los pies. Y como todavía ellos, de gozo, no lo creían, y estaban maravillados, les dijo: ¿Tenéis aquí algo de comer? Entonces le dieron parte de un pez asado, y un panal de miel. Y él lo tomó, y comió delante de ellos.
(Lc. 24:36-43)

Cuando llegó la noche de aquel mismo día, el primero de la semana, estando las puertas cerradas en el lugar donde los discípulos estaban reunidos por medio de los judíos, vino Jesús, y puesto en medio, les dijo: Paz a vosotros. Y cuando les hubo dicho esto, les mostró las manos y el costado. Y los discípulos se regocijaron viendo al Señor. (Jn. 20:19-20)

Ocho días después, estaban otra vez sus discípulos dentro, y con ellos Tomás. Llegó Jesús, estando las puertas cerradas, y se puso en medio y les dijo: Paz a vosotros. Luego dijo a Tomás: pon aquí tu dedo, y mira mis manos; y acerca tu mano, y métela en mi costado; y no seas incrédulo, sino creyente. Entonces Tomás respondió y le dijo: ¡Señor mío, y Dios mío! Jesús le dijo: Porque me has visto, Tomás, creíste; bienaventurados los que no vieron, y creyeron. (Jn. 20:26-29)

Y que apareció a Cefas, y después a los doce. Después apareció a más de quinientos hermanos a la vez, de los cuales muchos viven aún, y otros ya duermen. Después apareció a Jacobo; después a todos los apóstoles; y al último de todos, como a un abortivo, me apareció a mí. (I Co.15:5-8)

321. ¿QUÉ CLASE DE CUERPO TENIA CRISTO?

Apareció a María y a Sus discípulos con un cuerpo resucitado.

Jesús le dijo: No me toques, porque aún no he subido a mi Padre; mas ve a mis hermanos, y diles: Subo a mi Padre y a vuestro Padre, a mi Dios y a vuestro Dios. (Jn. 20:17)

Mirad mis manos y mis pies, que yo mismo soy; palpad, y ved; porque un espíritu no tiene carne ni huesos, como veis que yo tengo. (Lc. 24:39)

322. ¿ERA EL CUERPO RESUCITADO EL MISMO QUE TENIA ANTES DE SU MUERTE?

No, en Su cuerpo resucitado, Cristo podía aparecer donde quisiera y cuando quisiera, y fue libre de limitaciones materiales.

LA RESURECCIÓN Y LA ASCENCIÓN

Ocho días después, estaban otra vez sus discípulos dentro, y con ellos Tomás. Llegó Jesús, estando las puertas cerradas, y se puso en medio y les dijo: Paz a vosotros. (Jn. 20:26)

323. ¿POR QUÉ APARECIÓ JESÚS EN VARIAS FORMAS?

Jesús apareció en varias formas para que los hombres no le recordaran como un hombre, sino como el Cristo glorificado - un nuevo hombre.

Pero después apareció en otra forma a dos de ellos que iban de camino, yendo al campo. (Mr. 16:12)

Dios es Espíritu; y los que le adoran, en espíritu y en verdad es necesario que adoren. (Jn. 4:24)

Les dijo Jesús: Venid, comed. Y ninguno de los discípulos se atrevía a preguntarle: ¿Tú, quién eres? sabiendo que era el Señor. Vino, pues, Jesús, y tomó el pan y les dio, y asimismo del pescado. Esta era ya la tercera vez que Jesús se manifestaba a sus discípulos, después de haber resucitado de los muertos. (Jn. 21:12-14)

Y por todos murió, para que los que viven, y a no vivan para sí, sino para aquel que murió y resucitó por ellos. (II Co. 5:15)

No te harás imagen, ni ninguna semejanza de lo que esté arriba en el cielo, ni abajo en la tierra, ni en las aguas debajo de la tierra. (Ex. 20:4)

324. ¿POR QUÉ ES LA RESURRECCIÓN DE CRISTO DE TANTA IMPORTANCIA Y CONSUELO PARA NOSOTROS?

La resurrección de Cristo definitivamente prueba -

A. Que Cristo es el Hijo de Dios.

> *Que fue declarado Hijo de Dios con poder, según el Espíritu de santidad, por la resurrección de entre los muertos. (Ro. 1:4)*

B. Que Su doctrina es verdad.

> *... Destruid este templo, y en tres días lo levantaré. (Jn. 2:19)*

C. Que Dios el Padre ha aceptado el sacrificio de Su Hijo por la reconciliación del mundo.

> *Y si Cristo no resucitó, vuestra fe es vana; aún estáis en vuestros pecados. (I Co. 15:17)*

> *El cual fue entregado por nuestras transgresiones, y resucitado para nuestra justificación. (Ro. 4:25)*

D. Que todos los creyentes se resucitaron a una vida eterna.

> *... porque yo vivo, vosotros también viviréis. (Jn. 14:19)*

> *... Yo soy la resurrección y la vida; el que cree en mí, aunque esté muerto, vivirá. Y todo aquel que vive y cree en mí, no morirá eternamente ... (Jn. 11:25-26)*

325. ¿QUÉ ENSEÑAN LAS ESCRITURAS ACERCA DE LA ASCENCIÓN DE CRISTO?

Las Escrituras enseñan que cuarenta días después de Su resurrección de la muerte, Cristo visiblemente ascendió al cielo y entró en la gloria de Su Padre. La prueba de que Cristo fue aceptado a la presencia de Dios es el derramamiento sobre toda la tierra, del don del Espíritu Santo.

> *A este Jesús resucitó Dios, de lo cual todos nosotros somos testigos. Así que, exaltado por la diestra de Dios, y habiendo recibido del Padre la promesa del Espíritu Santo, ha derramado esto que vosotros veis y oís. (Hch. 2:32-33)*

LA RESURECCIÓN Y LA ASCENCIÓN

326. ¿DÓNDE ESTÁ CRISTO AHORA?

Está sentado a la diestra de Dios el Padre Todopoderoso.

. . . operó en Cristo, resucitándole de los muertos y sentándole a su diestra en los lugares celestiales, sobre todo principado y autoridad y poder y señorío, y sobre todo nombre que se nombra, no solo en este siglo, sino también en el venidero; y sometió todas las cosas bajo sus pies, y lo dio por cabeza sobre todas las cosas a la iglesia, la cual es su cuerpo, la plenitud de Aquel que todo lo llena en todo. (Ef. 1:20-23)

327. ¿QUÉ SIGNIFICA LA EXPRESIÓN, "SENTADO A LA DIESTRA DE DIOS"?

Significa que ocupa el trono de toda autoridad y poder. La autoridad y el poder que tienen los gobernadores de la tierra viene de El.

Sométase toda persona a las autoridades superiores; porque no hay autoridad sino de parte de Dios, y las que hay, por Dios han sido establecidas. De modo que quien se opone a la autoridad, a lo establecido por Dios resiste; y los que resisten, acarrean condenación para sí mismo. (Ro. 13:1-2)

328. ¿QUÉ CONSUELO PODEMOS RECIBIR DE LA POSICIÓN DE AUTORIDAD DE CRISTO?

Somos consolados sabiendo que es el Cristo exaltado quien -

A. Como nuestro Profeta, envía hombres para predicar el Evangelio de Redención.

. . . descendió, es él mismo que también subió por encima de todos los cielos para llenarlo todo. Y él mismo constituyó a unos, apóstoles; a otros, profetas; a otros, evangelistas; a otros, pastores y maestros, a fin de perfeccionar a los santos para la obra del ministerio, para

la edificación del cuerpo de Cristo. (Ef. 4:10-12)

El que a vosotros oye, a mí me oye; y él que a vosotros desecha, a mí me desecha; y el que me desecha a mí, desecha al que me envió. (Lc.10:16)

B. Como nuestro Sacerdote, intercede por nosotros delante de Dios.

... si alguno hubiere pecado, abogado tenemos para con el Padre, a Jesucristo el justo. (I Jn. 2:1)

... Cristo el que además está a la diestra de Dios, el que también intercede por nosotros. (Ro. 8:34)

C. Como nuestro Rey, controla todas las circunstancias, es la Fuente de toda autoridad, la Cabeza de la Iglesia, y cumplirá todos Sus propósitos eternos.

Y sabemos que a los que aman a Dios, todas las cosas les ayudan a bien, esto es, a los que conforme a su propósito son llamados. Porque a los que antes conoció, también los predestinó para que fuesen hechos conformes a la imagen de su Hijo, para que él sea el primogénito entre muchos hermanos. Y a los que predestinó, a estos también llamó; y a los que llamó, a estos también justificó; y a los que justificó, a estos también glorificó. (Ro.8:28-30)

... transformará el cuerpo de la humillación nuestra, para que sea semejante al cuerpo de la gloria suya, por el poder con el cual puede también sujetar a sí mismo todas las cosas. (Flm. 3:21)

Dándonos a conocer el misterio de su voluntad, según su beneplácito, el cual se había propuesto en sí mismo, de reunir todas las cosas en Cristo, en la dispensación del cumplimiento de los tiempos, así las que están en los cielos, como las que están en la tierra. (Ef. 1:9-10)

LA RESURECCIÓN Y LA ASCENCIÓN

. . . Los reinos del mundo han venido a ser de nuestro Señor y de su Cristo; y él reinará por los siglos de los siglos. (Ap. 11:15)

Dijo el Señor a mi Señor: siéntate a mi derecha, hasta que ponga a tus enemigos por estrado de tus pies. (Mt. 22:44)

329. ¿QUÉ ENSEÑAN LAS ESCRITURAS ACERCA DE LA SEGUNDA VENIDA DE CRISTO?

Las Escrituras enseñan que -

A. Cristo visiblemente volverá en gloria con Sus ángeles.

. . . Este mismo Jesús, que ha sido tomado de vosotros al cielo, así vendrá como le habéis visto ir al cielo. (Hch. 1:11)

He aquí que viene con las nubes, y todo ojo le verá, y los que le traspasaron . . . (Ap. 1:7)

Cuando el Hijo del Hombre venga en su gloria, y todos los santos ángeles con él, entonces se sentará en su trono de gloria. (Mt. 25:31)

B. Cristo juzgará a los vivos y a los muertos.

. . . es el que Dios ha puesto por Juez de vivos y muertos. (Hch. 10:42)

Porque es necesario que todos nosotros comparezcamos ante el tribunal de Cristo, para que cada uno reciba según lo que haya hecho mientras estaba en el cuerpo, sea bueno o sea malo. (II Co. 5:10)

. . . ha establecido un día en el cual juzgará al mundo . . . (Hch. 17:31)

El que me rechaza, y no recibe mis palabras, tiene quien

le juzgue; la palabra que he hablado, ella le juzgará en el día postrero. (Jn. 12:48)

C. Cristo vendrá en el Último Día por lo cual ha sido establecido por Dios, y desconocido al hombre.

... ha establecido un día en el cual juzgará al mundo.. (Hch. 17:31)

Pero de aquel día y de la hora nadie sabe, ni aún los ángeles que están en el cielo, ni el Hijo, sino el Padre. (Mr. 13:32)

Pero el día del Señor vendrá como ladrón en la noche; en el cual los cielos pasarán con grande estruendo, y los elementos ardiendo serán deshechos, y la tierra y las obras que en ella hay serán quemadas. (II P. 3:10)

Porque como el relámpago que sale del oriente y se muestra hasta el occidente, así será también la venida del Hijo del Hombre. (Mt. 24:27)

Mas el fin de todas cosas se acerca... (I P.4:7)

NARRATIVOS BÍBLICOS: El juicio final, (Mt. 25:31-46); Señales precediendo la venida de Cristo, (Mt. 24 y II Ts. 2).

330. **¿QUÉ ES EL PROPÓSITO ENTERO DE LA MUERTE, EL ENTIERRO, Y LA RESURRECCIÓN DE CRISTO?**

El propósito entero de la obra de Redención es para -

A. Que podamos pertenecer a Cristo y ser justos e irreprensibles delante de Dios.

... tú fuiste inmolado, y con su sangre nos has redimido para Dios... (Ap. 5:9)

... ¿y qué no sois vuestros? (I Co. 6:19)

LA RESURECCIÓN Y LA ASCENCIÓN

Al que no conoció pecado, por nosotros lo hizo pecado, para que nosotros fuésemos hechos justicia de Dios en él. (II Co.5:21)

B. Que podamos vivir en sujeción a El en Su reino y servirle en perpetua justicia, inocencia, y bendición. Nosotros le servimos de corazón con una vida cristiana activa y disfrutamos Sus bendiciones, ahora en la tierra, y luego, en el cielo.

Con Cristo estoy juntamente crucificado, y ya no vivo yo, mas vive Cristo en mí; y lo que ahora vivo en la carne, lo vivo en la fe del Hijo de Dios, el cual me amó y se entregó a sí mismo por mí. (Gá. 2:20)

... librados de nuestros enemigos, sin temor le serviríamos en santidad y en justicia delante de él, todos nuestros días. (Lc. 1:74-75)

... por todos murió, para que los que viven, ya no vivan para sí, sino para aquel que murió y resucitó por ellos. (II Co. 5:15)

Porque somos hechura suya, creados en Cristo Jesús para buenas obras, las cuales Dios preparó de antemano para que anduviésemos en ellas. (Ef. 2:10)

EL CREDO DE LOS APÓSTOLES

CAPITULO 25

331. ¿QUÉ ES EL CREDO DE LOS APÓSTOLES?

Yo creo en Dios, el Padre Todopoderoso, Creador del cielo y de la tierra, y en Jesucristo, Su Hijo Unigénito, nuestro Señor; que fue concebido por el Espíritu Santo, nacido de la Virgen María, sufrió bajo Pontio Pilato, fue crucificado, murió, y fue sepultado. Descendió al infierno, el tercer día se resucitó de la muerte; ascendió al cielo, se sienta a la diestra de Dios, el Padre Todopoderoso, desde ahí vendrá para juzgar los vivos y muertos. Yo creo en el Espíritu Santo, y la santa Iglesia Cristiana,* la comunión de los santos, el perdón de pecados, la resurrección del cuerpo, y la vida eterna. Amén.

* En el original, "la santa iglesia católica", fue usado. Porque la palabra "católica" (que significa universal) es confundida con la Iglesia Católica Romana, hemos substituido, "la santa Iglesia cristiana", por lo cual es su verdadero significado.

332. ¿QUÉ ES UN CREDO?

Un credo es una afirmación de lo que creemos y enseñamos.

NARRATIVO BÍBLICO: La afirmación de Pedro de lo que creían los discípulos, (Mt. 16:13-16)

333. ¿POR QUÉ ES LA AFIRMACIÓN DE LAS CREENCIAS DE LOS APÓSTOLES LLAMADA, "EL CREDO DE LOS APÓSTOLES"?

Es llamado el Credo de los Apóstoles porque es una afirmación de las doctrinas, o enseñanzas de los apóstoles como las encontramos en la Biblia.

334. ¿POR QUÉ DEBO MEMORIZAR EL CREDO DE LOS APÓSTOLES?

Porque si alguien preguntara, debería saber por memoria lo que creo.

Sino santificad a Dios el Señor en vuestros corazones, y estad siempre preparados para presentar defensa con mansedumbre y reverencia ante todo el que os demande razón de la esperanza que hay en vosotros. (I P. 3:15)

LAS BENDICIONES DEL NUEVO PACTO

CAPITULO 26

335. ¿CUALES SON LAS BENDICIONES DEL NUEVO PACTO?

Las bendiciones del Nuevo Pacto son estas:

1. Dios escribirá Sus leyes en mi mente. No tendré que preguntarme o contemplar lo que es correcto o incorrecto, porque Sus leyes me serán tan claras que yo sabré lo que debería de hacer y lo que debería de evitar.

2. Yo tendré una relación personal con Jesucristo y el Padre, que se expresará en devoción y en amor verdadero. Obedecer Sus leyes será un deleite para mí, y no tendré que luchar con obediencia.

3. El Espíritu Santo será mi guía y maestro para instruirme en los caminos del Señor. No tendré que inquirir de otros lo que es Su voluntad. Yo sabré lo que El quiere que haga por los impulsos interiores que vienen de Su presencia morando en mí.

4. Auto-condenación no me molestará porque sabré que Dios ha perdonado todos mis pecados e iniquidades y nunca los usará contra mí. Nuestra relación desarrollará confianza, capacitándome para pedir perdón si hago un error o fallo en algo.

336. ¿CÓMO RECIBIMOS LAS BENDICIONES DEL NUEVO PACTO?

Recibimos todas las bendiciones del Nuevo Pacto si comprometemos nuestras vidas totalmente a Jesucristo.

337. ¿QUÉ SIGNIFICA COMPROMETERSE TOTALMENTE A CRISTO?

Un compromiso total a Cristo exige que Ud. rinda todo

derecho que tiene sobre su propia vida. Llega a ser Su siervo. Hace a Cristo Señor de su vida.

338. ¿QUÉ ESTÁ INCLUIDO EN UN COMPROMISO TOTAL A JESÚS?

El gobierno de su vida tiene que estar puesto en las manos de Dios. El tiene que ser la única fuente de sabiduría y poder en su vida. El hombre no fue creado para saber su propio camino o dirigir sus propios pasos. El hombre solamente puede conocer felicidad y cumplimiento como está sostenido por la vida de Dios e instruido en Su sabiduría.

Porque en él vivimos, y nos movemos, y somos . . . porque linaje suyo somos. (Hch. 17:28)

Conozco, oh Jehová, que el hombre no es señor de su camino, ni del hombre que camina es el ordenar sus pasos. (Jer. 10:23)

De Jehová son los pasos del hombre; ¿cómo, pues, entenderá el hombre su camino? (Pr. 20:24)

339. ¿POR QUÉ ES TAL COMPROMISO NECESARIO?

Vivimos en una sociedad que quiere todos los beneficios de matrimonio, tener hijos, nuestras libertades americanas, amor paternal, etc, sin comprometerse a nada - es el espíritu de esta edad. De algún modo, muchos cristianos han llegado a pensar en la misma manera, que pueden vivir como les dé la gana, pero a la vez piensan que el deber de Dios es bendecirles, y llevarles al cielo cuando mueran. Sin embargo, no funciona así.

340. ¿CÓMO HACEMOS ESTE COMPROMISO?

Hay que empezar su compromiso con echar el propio fundamento espiritual de verdad para que Ud. pueda edificar y desarrollar su estilo de vida cristiana en una manera que agrada a su Señor y Amo, Jesucristo.

Si alguno quiere venir en pos de mí, niéguese a sí mismo, y tome su cruz, y sígame, Porque todo el que quiera salvar su vida, la perderá; y todo el que pierda su vida por causa de mí, la hallará. Porque ¿qué aprovechará al hombre, si ganare todo el mundo, y perdiere su alma? ¿O qué recompensa dará el hombre por su alma? Porque el Hijo del Hombre vendrá en la gloria de su Padre con sus ángeles, y entonces pagará a cada una conforme a sus obras. (Mt. 16:24-27)

341. **¿CÓMO ECHAMOS EL PROPIO FUNDAMENTO ESPIRITUAL DE VERDAD?**

Las doctrinas de Cristo consisten de seis principios básicos por las cuales se puede edificar nuestra fe cristiana. Son:

1. Arrepentimiento de obras muertas.

2. Fe en Dios.

3. Bautismos . . . Agua, Espíritu, y Fuego.

4. La Imposición de Manos.

5. Resurrección de los muertos.

6. El juicio final.

Edificados sobre el fundamento de los apóstoles y profetas, siendo la principal piedra del ángulo Jesucristo mismo. (Ef. 2:20)

Por tanto, dejando y a los rudimentos de la doctrina de Cristo, vamos adelante a la perfección; no echando otra vez el fundamento del arrepentimiento de obras muertas, de la fe en Dios, de la doctrina de bautismos, de la imposición de manos, de la resurrección de los muertos y del juicio eterno. (He. 6:1-2)

LAS BENDICIONES DEL NUEVO PACTO

342. ¿CÓMO ECHAMOS EL FUNDAMENTO?

Echamos los fundamentos cuando en obediencia establecemos los principios en nuestras vidas como son revelados y experimentados por nosotros.

Y perseveraban en la doctrina de los apóstoles, en la comunión unos con otros, en el partimiento del pan y en las oraciones. (Hch. 2:42)

343. ¿POR QUÉ TENEMOS QUE ASEGURARNOS DE QUE LAS DOCTRINAS DE CRISTO ESTÁN CUIDOSAMENTE ESTABLECIDAS EN NUESTRAS VIDAS?

Si el fundamento de un edificio no es fuerte, el edificio caerá bajo presión. Igualmente, si nuestro fundamento es débil, entonces no podemos añadir más verdad y experiencia sin causar la caída de todo el edificio. Estamos permitidos continuar a la madurez (o perfección) después de que estas doctrinas hayan llegado a ser parte de nuestras vidas.

Cualquiera, pues, que me oye estas palabras, y las hace, le compararé a un hombre prudente, que edificó su casa sobre la roca. Descendió lluvia, y vinieron ríos, y soplaron vientos, y golpearon contra aquella casa y no cayó, porque estaba fundada sobre la roca. Pero cualquiera que me oye estas palabras y no las hace, le compararé a un hombre insensato, que edificó su casa sobre la arena; y descendió lluvia, y vinieron ríos, y soplaron vientos, y dieron con ímpetu contra aquella casa; y cayó, y fue grande su ruina. (Mt. 7:24-27)

PREPARÁNDONOS PARA EL PACTO

CAPITULO 27

344. ¿QUÉ ES LA DOCTRINA DE ARREPENTIMIENTO DE OBRAS MUERTAS?

Arrepentimiento de obras muertas es alejarse de las leyes hechas por el hombre y sus costumbres (tradiciones) a los mandamientos de Dios.

Por tanto, dejando ya los rudimentos de la doctrina de Cristo, vamos adelante a la perfección; no echando otra vez el fundamento del arrepentimiento de obras muertas, de la fe en Dios. (He. 6:1)

345. ¿CUALES SON LAS LEYES HECHAS POR EL HOMBRE Y SUS COSTUMBRES?

Las leyes hechas por el hombre y sus costumbres son los ritos o ceremonias basadas sobre tradición. Parecen tener gran significado espiritual, si no, no hay vida espiritual en ellas.

Que tendrán apariencia de piedad, pero negarán la eficacia de ella; a estos evita. (II Ti. 3:5)

346. ¿CUALES SON, "OBRAS MUERTAS"?

Obras muertas son los ritos, costumbres, creencias hechas por el hombre, y buenas obras que hacemos, creyendo que nos ganarán el favor de Dios y una entrada a Su Reino. Están basadas sobre las tradiciones de los ancianos en vez de las Escrituras y son intentos inútiles de trabajar por nuestra salvación esperando que Dios las apruebe.

Mirad que nadie os engañe por medio de filosofías y huecas sutilezas, según las tradiciones de los hombres, conforme a los rudimentos del mundo, y no según Cristo. (Col. 2:8)

PREPARÁNDONOS PARA EL PACTO 179

Nos salvó, no por obras de justicia que nosotros hubiéramos hecho, sino por su misericordia, por el lavamiento de la regeneración y por la renovación en el Espíritu Santo. (Tit. 3:5)

347. ¿QUÉ SIGNIFICA, "TRADICIONES DE LOS ANCIANOS"?

"Tradiciones de los ancianos" son una mezcla de mandamientos de Dios y los mandamientos del hombre pasados de una generación a otra.

Pues en vano me honran, enseñando como doctrinas mandamientos de hombres. Porque dejando el mandamiento de Dios, os aferráis a la tradición de los hombres . . . Bien invalidáis el mandamiento de Dios para guardar vuestra tradición. (Mr. 7:7-9)

348. ¿POR QUÉ DEBEMOS ALEJARNOS DE OBRAS MUERTAS?

Si no nos alejamos de obras muertas nuestra adoración a Dios es en vano. Dios quiere que seamos totalmente dependientes de El. Cuando enfatizamos nuestras obras, estamos intentado hacernos más aceptables y presentables a Dios. La única cosa que nos hace digno para entrar en la presencia de Dios es la sangre de Jesucristo.

. . . ¿Por qué también vosotros quebrantáis el mandamiento de Dios por vuestra tradición? . . . . Así habéis invalidado el mandamiento de Dios por vuestra tradición. (Mt. 15:3,6)

Si bien todos nosotros somos como suciedad, y todas nuestras justicias como trapo de inmundicia; y caímos todos nosotros como la hoja, y nuestras maldades nos llevaron con viento. (Is. 64:6)

Sabiendo que fuisteis rescatados de vuestra vana manera de vivir, la cual recibísteis de vuestros padres, no con cosas corruptibles, como oro o plata, sino con la sangre preciosa de Cristo, como de un cordero sin mancha y sin contaminación. (I P. 1:18-19)

349. ¿CÓMO RECIBIMOS ARREPENTIMIENTO DE OBRAS MUERTAS?

Recibimos arrepentimiento de obras muertas cuando el Espíritu Santo nos causa:

1. Estar desatisfecho con nuestra vida espiritual (no sabemos porqué).

2. Preguntarnos si nuestros propios esfuerzos para ganar salvación a través de obras verdaderamente nos justifican en los ojos de Dios.

3. Oír o escuchar la Palabra de Dios que nos revela que obras muertas están en contra de los mandamientos de Dios.

4. Arrepentirnos . . . alejarnos de las leyes del hombre y acercarnos a Dios.

350. ¿POR QUÉ ES EL ARREPENTIMIENTO DE OBRAS MUERTAS TAN IMPORTANTE?

Antes de que podamos edificar un fundamento seguro en la fe cristiana, tenemos que derribar todo lo que hemos edificado que es contrario a las enseñanzas de Cristo.

Conforme a la gracia de Dios que me ha sido dada, yo como perito arquitecto puse el fundamento, y otro edifica encima; pero cada uno mire como sobreedifica. Porque nadie puede poner otro fundamento que el que está puesto, el cual es Jesucristo. (I Co. 3:10-11)

LA DOCTRINA DE JUSTIFICACIÓN O FE EN DIOS

CAPITULO 28

351. ¿QUÉ ES LA DOCTRINA DE FE EN DIOS?

Fe en Dios es la enseñanza de los apóstoles en donde la fe es un don de Dios que nos capacita para creer en El y así, tener la justificación y los otros beneficios del Nuevo Pacto.

Porque por gracia sois salvos por medio de la fe; y esto no de vosotros, pues es don de Dios. (Ef. 2:8)

352. ¿QUÉ ES JUSTIFICACIÓN?

La justificación es un acto de Dios que libra a los creyentes de la culpabilidad y castigo de pecado. Dios transfiere nuestra culpabilidad y nuestro castigo a Cristo, y a la vez transfiere la justicia de Jesús a los que creen en El. En los ojos de Dios somos justificados (como si nunca hubieramos pecado).

Justificados, pues, por la fe, tenemos paz para con Dios por medio de nuestro Señor Jesucristo; por quien también tenemos entrada por la fe a esta gracia en la cual estamos firmes, y nos gloriamos en la esperanza de la gloria de Dios. (Ro. 5:1-2)

Si confesamos nuestros pecados, él es fiel y justo para perdonar nuestros pecados, y limpiarnos de toda maldad. (I Jn. 1:9)

353. ¿QUÉ ES EL PECADO?

El pecado es el quebrantamiento intencionado de la Ley de Dios, (Los Diez Mandamientos).

Todo aquel que comete pecado, infringe también la ley; pues el pecado es infracción de la ley. (I Jn. 3:4)

354. ¿CUÁNTAS CLASES HAY DE PECADO?

Hay dos clases de pecado. El pecado original y el pecado actual.

355. ¿QUÉ ES EL PECADO ORIGINAL?

El pecado original es la corrupción total de nuestra naturaleza por razón de la enemistad que está en nosotros como resultado del pecado de Adán y Eva.

Por tanto, como el pecado entró en el mundo por un hombre, y por el pecado la muerte, así la muerte paso a todos los hombres, por cuanto todos pecaron. (Ro. 5:12)

356. ¿QUÉ ES EL PECADO ACTUAL?

El pecado actual es cada acción cometido contra el mandamiento de Dios en pensamiento, deseo, palabra, o hecho. Esto incluye el quebrantamiento de las leyes de Dios, dejando de hacer lo correcto, o haciendo lo contrario de lo que nos dice nuestra conciencia.

Pero el que duda sobre lo que come, es condenado, porque no lo hace con fe; y todo lo que no proviene de fe, es pecado. (Ro. 14:23)

Todo aquel que comete pecado, infringe también la ley; pues el pecado es infracción de la ley. (I Jn. 3:4)

Porque del corazón salen los malos pensamientos, los homicidios, los adulterios, las fornicaciones, los hurtos, los falsos testimonios, las blasfemias. (Mt. 15:19)

Entonces la concupiscencia, después que ha concebido, da a luz el pecado . . . (Stg. 1:15)

Y al que sabe hacer lo bueno, y no lo hace le es pecado. (Stg. 4:17)

LA DOCTRINA DE JUSTIFICACIÓN

357. ¿QUÉ CASTIGO HAY PARA EL PECADO ACTUAL?

El pecado actual nos separa de Dios.

Pero vuestras iniquidades han hecho división entre vosotros y vuestro Dios, y vuestros pecados han hecho ocultar de vosotros su rostro para no oír. (Is. 59:2)

358. ¿CÓMO PODEMOS SER REUNIDOS CON DIOS?

Nos reunimos con Dios cuando la sangre de Jesucristo nos limpia de todo pecado e injusticia.

Para alabanza de la gloria de su gracia, con la cual nos hizo aceptos en el Amado, en quien tenemos redención por su sangre, el perdón de pecados según las riquezas de su gracia (Ef. 1:6-7)

Pero ahora en Cristo Jesús, vosotros que en otro tiempo estabais lejos, habéis sido hechos cercanos por la sangre de Cristo. (Ef. 2:13)

Al que no conoció pecado, por nosotros lo hizo pecado, para que nosotros fuésemos hechos justicia de Dios en él. (II Co. 5:21)

359. ¿CÓMO OBTENEMOS JUSTIFICACIÓN?

Obtenemos justificación a través de arrepentimiento del pecado y fe en Dios. Para ser justificados tenemos que:

A. Arrepentirnos de nuestros pecados admitiendo que hemos pecado contra Dios, pidiéndole perdón, y renunciando nuestros pecados.

Si confesamos nuestros pecados, él es fiel y justo para perdonar nuestros pecado, y limpiarnos de toda maldad. (I Jn. 19:9)

> *Contra ti, contra ti solo he pecado, y he hecho lo malo delante de tus ojos; para que seas reconocido justo en tu palabra, y tenido por puro en tu juicio. He aquí, en maldad he sido formado, y en pecado me concibió mi madre. (Sal 51:4-5)*
>
> *El que encubre sus pecados no prosperará; mas él que los confiesa y se aparta alcanzará misericordia. (Pr. 28:13)*

B. Aceptar a Jesucristo como nuestro sacrificio por pecado, para que a través de Su sangre seamos limpiados de todo pecado.

> *A quien Dios puso como propiciación por medio de la fe en su sangre, para manifestar su justicia, a causa de haber pasados por alto, en su paciencia, los pecados pasados, con la mira de manifestar en este tiempo su justicia, a fin de que él sea el justo, y el que justifica al que es de la fe de Jesús. (Ro. 3:25-26)*
>
> *Pues mucho más, estando ya justificados en su sangre, por el seremos salvos de la ira. (Ro. 5:9)*

C. Creer que Dios ha aceptado nuestro arrepentimiento y nuestra fe en Cristo Jesús, y nos ha hecho Su hijo.

> *Pues todos sois hijos de Dios por la fe en Cristo Jesús. (Gá. 3:26)*
>
> *Y esta es la confianza que tenemos en él, que si pedimos alguna cosa conforme a su voluntad, él nos oye. Y si sabemos que él nos oye en cualquiera cosa que pidamos, sabemos que tenemos las peticiones que le hayamos hecho. (I Jn. 14-15)*

360. ¿POR QUÉ NECESITAMOS SER JUSTIFICADOS?

Todos somos pecadores bajo la condenación de un Dios santo. No hay nada bueno en ninguno de nosotros.

LA DOCTRINA DE JUSTIFICACIÓN

Por cuanto todos pecaron, y están destituidos de la gloria de Dios. (Ro. 3:23)

361. ¿CÓMO PUEDE UN DIOS JUSTO Y SANTO JUSTIFICAR A PECADORES?

Dios ha proporcionado que Jesucristo como nuestro substituto, lleve todos nuestros pecados y sufra el castigo por nosotros.

Siendo justificados gratuitamente por su gracia, mediante la redención que es en Cristo Jesús, a quien Dios puso como propiciación por medio de la fe en su sangre, para manifestar su justicia, a causa de haber pasado por alto, en su paciencia, los pecados pasados, con la mira de manifestar en este tiempo su justicia, a fin de que él sea el justo, y el que justifica al que es de la fe de Jesús. (Ro. 3:24-26)

362. ¿QUÉ SIGNIFICA SER JUSTIFICADO POR GRACIA?

Significa que no somos justificados por obras. Es un don inmerecido de Dios para todos los que creen en Cristo.

Porque por gracia sois salvos por medio de la fe; y esto no de vosotros, pues es don de Dios; no por obras, para que nadie se glorie. (Ef. 2:8-9)

Siendo justificados gratuitamente por su gracia, mediante la redención que es en Cristo Jesús. (Ro. 3:24)

363. ¿QUÉ TENEMOS QUE HACER PARA RECIBIR ESTA GRACIA?

Tenemos que creer que la oferta de Dios para justificación por medio de Cristo es real, y entonces admitir nuestra necesidad y pedir arrepentimiento.

Porque de tal manera amó Dios al mundo, que ha dado a su Hijo unigénito, para que todo aquel que en él cree, no se pierda, mas tenga vida eterna. (Jn. 3:16)

364. ¿QUÉ ES ARREPENTIMIENTO?

Arrepentimiento, un don de Dios, es tristeza genuina por nuestros pecados. Admitimos que hemos pecado contra Dios, le pedimos perdón y también que nos limpie, y finalmente le pedimos que nos ayude a cambiar.

Que con mansedumbre corrija a los que se oponen, por si quizá Dios les conceda que se arrepientan para conocer la verdad, y escapen del lazo del diablo, en que están cautivos a voluntad de él. (II Ti. 2:25-26)

Entonces, oídas estas cosas, callaron, y glorificaron a Dios, diciendo: ¡De manera que también a los gentiles ha dado Dios arrepentimiento para vida! (Hch. 11:18)

365. ¿CÓMO RECIBIMOS ARREPENTIMIENTO?

Recibimos arrepentimiento con:

A. Decir a Dios que sentimos que hayamos pecado contra El.

Contra ti, contra ti solo he pecado, y he hecho lo malo delante de tus ojos; para que seas reconocido justo en tu palabra, y tenido por puro en tu juicio. (Sal. 54:1)

B. Decir a Dios que no podemos mejorar sin Su ayuda, porque somos pecadores por naturaleza.

He aquí, en maldad he sido formado, y en pecado me concibió mi madre. (Sal. 51:5)

... Dios, se propicio a mí, pecador. (Lc. 18:13)

C. Ser específicos en los pecados que confesamos.

El que encubre sus pecados no prosperará; mas el que los

LA DOCTRINA DE JUSTIFICACIÓN

confiesa y se aparta alcanzará misericordia. (Pr.28:13)

Si confesamos nuestros pecados, él es fiel y justo para perdonar nuestros pecados, y limpiarnos de toda maldad. (I Jn. 1:9)

D. Decir a Dios que le necesitamos y que queremos que El, en Su misericordia, nos salve de nuestros pecados por medio de Jesucristo, y creer que lo ha hecho.

... Cerca de ti está la palabra, en tu boca y en tu corazón. Esta es la palabra de fe que predicamos: que si confesares con tu boca que Jesús es el Señor, y creyeres en tu corazón que Dios le levantó de los muertos, serás salvo. Porque con el corazón se cree para justicia, pero con la boca se confiesa para salvación. ... todo aquel que invocare el nombre del Señor, será salvo. (Ro. 10:8-10,13)

366. **¿CÓMO SABEMOS CUANDO VERDADERAMENTE NOS HEMOS ARREPENTIDO?**

Arrepentimiento verdadero viene de Dios y es demostrado por el fruto de cambio en nuestras vidas. Tenemos que sentir sinceramente que hayamos ofendido a Dios y no simplemente estar triste porque nuestros pecados hayan sido descubiertos. Nos hemos apartado del pecado y lo enseñamos por nuestra obediencia a El con bautizarnos en agua, el siguiente paso después de venir a Cristo.

Haced, pues, frutos dignos de arrepentimiento. (Ro. 3:8)

El que en cubre sus pecados no prosperará; mas él que los confiesa y se aparta alcanzará misericordia. (Pr. 28:13)

367. **¿CÓMO RECIBIMOS PERDÓN DE NUESTROS PECADOS?**

Nuestros pecados son perdonados y jamás recordados en nuestra contra cuando los confesamos a Jesucristo y le pedimos que los perdone.

> *Si confesamos nuestros pecados, él es fiel y justo para perdonar nuestros pecados, y limpiarnos de toda maldad. (I Jn. 1:9)*
>
> *Venid luego, dice Jehová, y estemos a cuenta: si vuestros pecados fueron como la grana, como la nieve serán emblanquecidos; si fueron rojos como el carmesí, vendrán a ser como blanca lana. (Is. 1:18)*
>
> *Cuanto está lejos el oriente del occidente, hizo alejar de nosotros nuestras rebeliones. (Sal. 103:12)*

368. ¿CÓMO PODEMOS SABER QUE NUESTROS PECADOS SON PERDONADOS?

A. La Palabra de Dios nos dice.

> *Si confesamos nuestros pecados, él es fiel y justo para perdonar nuestros pecados, y limpiarnos de toda maldad. (I Jn. 1:9)*

B. Tenemos el testimonio del Espíritu de que hemos sido perdonados.

> *El Espíritu mismo da testimonio a nuestro espíritu, de que somos hijos de Dios. (Ro. 8:16)*

369. ¿QUÉ ES EL TESTIMONIO DEL ESPÍRITU?

El testimonio del Espíritu es la seguridad interior de que somos los hijos de Dios y no sus enemigos.

> *El Espíritu mismo da testimonio a nuestro espíritu, de que somos hijos de Dios. Y si hijos, también herederos; herederos de Dios y coherederos con Cristo, si es que padecemos juntamente con él, para que juntamente con él seamos glorificados. (Ro. 8:16-17)*

LA DOCTRINA DE JUSTIFICACIÓN

370. ¿ES NECESARIO QUE TENGAMOS FE PARA ACEPTAR JUSTIFICACIÓN?

Sí. Tenemos que creer que la muerte, el entierro, y la resurrección de Jesús fueron suficiente para pagar por nuestros pecados.

... Que Cristo murió por nuestros pecados, conforme a las Escrituras; y que fue sepultado, y que resucitó al tercer día, conforme a las Escrituras. (I Co. 15:3-4)

El cual fue entregado por nuestras transgresiones, y resucitado para nuestra justificación. (Ro. 4:25)

Y si Cristo no resucitó, vuestra fe es vana; aún estáis en vuestros pecados. (I Co. 15:17)

371. ¿CÓMO RECIBIMOS FE?

Recibimos fe oyendo la inspirada Palabra de Dios.

Así que la fe es por el oír, y el oír, por la palabra de Dios. (Ro. 10:17)

372. ¿QUÉ SIGNIFICA LA INSPIRADA PALABRA DE DIOS?

La inspirada Palabra de Dios es la palabra que el Espíritu Santo usa para iluminarnos en una cosa particular. Siempre podemos confirmar esta palabra por las Escrituras.

Toda la Escritura es inspirada por Dios, y útil para enseñar, para redargüir, para corregir, para instruir en justicia. (II Ti. 3:16)

... Por boca de dos o de tres testigos se decidirá todo asunto. (II Co. 13:1)

JESUCRISTO Y EL NUEVO PACTO

373. ¿EN QUÉ MANERAS NOS VIENE LA INSPIRADA PALABRA DE DIOS?

La inspirada Palabra de Dios nos puede venir a través de:

1. La predicación del Evangelio.

   (Dios)... a su debido tiempo manifestó su palabra por medio de la predicación que me fue encomendada por mandato de Dios nuestro Salvador. (Tit. 1:3)

2. El estudio de las Escrituras.

   Porque las cosas que se escribieron antes, para nuestra enseñanza se escribieron, a fin de que por la paciencia y la consolación de las Escrituras, tengamos esperanza. (Ro. 15:4)

3. En una visión o sueño.

   Y en los postreros días, dice Dios, derramaré de mi Espíritu sobre toda carne, y vuestros hijos y vuestras hijas profetizarán; vuestros jóvenes verán visiones, y vuestros ancianos soñarán sueños. (Hch. 2:17)

4. En tiempos de oración.

   ... el que tiene misericordia se apiadará de ti; al oír la voz de tu clamor te responderá... Entonces tus oídos oirán a tus espaldas palabra que diga: Este es el camino, andad por él; y no echéis a la mano derecha, ni tampoco torzáis a la mano izquierda. (Is. 30:19,21)

374. ¿CÓMO PODEMOS SABER QUE SOMOS "SALVOS" Y TENEMOS VIDA ETERNA?

A. Para tener una seguridad de salvación y vida eterna, tenemos que **creer** en Jesucristo, el Hijo de Dios.

LA DOCTRINA DE JUSTIFICACIÓN

De cierto, de cierto os digo: El que cree en mí, tiene vida eterna. Vuestros padres comieron el maná en el desierto, y murieron. El que come mi carne y bebe mi sangre, tiene vida eterna; y yo le resucitaré en el día postrero. (Jn. 6:47,49,54)

B. Obtenemos la seguridad de vida eterna a través de lo que está escrito en la Palabra de Dios. Así pues, deberíamos de estudiar las Escrituras.

El que cree en el Hijo de Dios, tiene el testimonio en sí mismo; el que no cree a Dios, le ha hecho mentiroso, porque no ha creído en el testimonio que Dios ha dado acerca de su Hijo. Y este es el testimonio: que Dios ha dado vida eterna; y esta vida está en su Hijo. El que tiene al Hijo, tiene la vida; es que no tiene al Hijo de Dios no tiene la vida. (I Jn. 5:10-12)

C. Obtenemos seguridad con amar a nuestros hermanos.

Nosotros sabemos que hemos pasado de muerte a vida, en que amamos a los hermanos. El que no ama a su hermano, permanece en muerte. Todo aquel que aborrece a su hermano es homicida; y sabéis que ningún homicida tiene vida eterna permanente en él. En esto hemos conocido el amor, en que él puso su vid por nosotros; también nosotros debemos poner nuestras vidas por los hermanos. Pero el que tiene bienes de este mundo y ve a su hermano tener necesidad, y cierra contra el su corazón, ¿cómo mora el amor de Dios en él? Hijitos míos, no amemos de palabra ni de lengua, sino de hecho y en verdad. Y en esto conocemos que somos de la verdad, y aseguraremos nuestros corazones delante de él. (I Jn. 3:14-19)

D. Permitimos ser guiados por el Espíritu de Dios.

Porque todos los que son guiados por el Espíritu de Dios, éstos son hijos de Dios. (Ro. 8:14)

E. Dejamos las tinieblas para entrar a la luz.

Otra vez Jesús les habló, diciendo: Yo soy la luz del mundo; el que me sigue, no andará en tinieblas, sino que tendrá la luz de la vida. (Jn. 8:12)

375. ¿POR QUÉ DEBEMOS MANTENER FIRMAMENTE LA DOCTRINA DE JUSTIFICACIÓN POR FE?

Debemos mantener firmamente esta doctrina:

A. Porque es la doctrina principal de la religión cristiana.

B. Porque destaca la religión cristiana de las religiones falsas, todas las demás enseñan salvación por obras.

C. Porque da consuelo perpetuo a los pecadores arrepentidos.

D. Porque da todo la gloria a Dios.

E. Porque es el medio por lo cual somos guiados al pleno conocimiento de redención a través de Jesucristo.

De Cristo os desligasteis, los que por la ley os frustificáis; de la gracia habéis caído. Pues nosotros por el Espíritu aguardamos por fe la esperanza de la justicia. (Gá. 5:4-5)

376. ¿CÓMO PODEMOS SEGUIR QUEDANDO BIEN EN OJOS DE DIOS?

Confesando nuestros pecados y pidiendo que nos limpie con Su sangre preciosa.

Si decimos que no tenemos pecado, nos engañamos a nosotros mismos, y la verdad no está en nosotros. Si confesamos nuestros pecados, él es fiel y justo para perdonar nuestros pecados, y limpiarnos de toda maldad. (I Jn. 1:8-9)

ENTRANDO POR LA ENTRADA DEL NUEVO PACTO

CAPITULO 29

377. ¿QUÉ ES LA DOCTRINA DE BAUTISMOS?

Es la enseñanza de los apóstoles de que todos los creyentes tienen que experimentar tres bautismos distintos, pero relacionados, como una entrada al nuevo pacto.

> *Por tanto, dejando ya los rudimentos de la doctrina de Cristo, vamos adelante a la perfección; no echando otra vez el fundamento del arrepentimiento de obras muertas, de la fe en Dios, de la doctrina de bautismos . . .*
> *(He. 6:1-2)*

378. ¿CÓMO ENTRAMOS AL NUEVO PACTO?

Entramos al Nuevo Pacto con Dios cuando llegamos a ser partícipes de la muerte (arrepentimiento), sepultura (bautismo en agua), y resurrección (bautismo del Espíritu Santo) de Su hijo, el Señor Jesucristo.

379. ¿CUALES SON LOS TRES BAUTISMOS?

Son el bautismo en agua, el bautismo del Espíritu Santo, y el bautismo de fuego.

380. ¿QUÉ ES EL PROPÓSITO PARA TRES BAUTISMOS?

Cuando entramos en cada bautismo por fe, el Espíritu Santo produce un cambio distinto espiritual en nosotros.

> *. . . el que no naciere de agua y del Espíritu, no puede entrar en el reino de Dios. (Jn. 3:5)*

381. ¿CUAL ES EL PRIMER BAUTISMO QUE DEBEMOS DE EXPERIMENTAR?

Debemos de ser bautizados en Cristo a través del bautismo en agua después de que nos hayamos arrepentido de nuestros pecados.

Pedro les dijo: Arrepentíos, y bautícese cada uno de vosotros en el nombre de Jesucristo para perdón de los pecados; y recibiréis el don del Espíritu Santo. (Hch. 2:38)

¿O no sabéis que todos los que hemos sido bautizados en Cristo Jesús, hemos sido bautizados en su muerte? Porque somos sepultados juntamente con él para muerte por el bautismo, a fin de que como Cristo resucitó de los muertos por la gloria del Padre, así también nosotros andemos en vida nueva. (Ro. 6:3-4)

Respondió Juan, diciendo a todos: Yo a la verdad os bauticé en agua; pero viene uno más poderoso que yo, de quien no soy digno de desatar la correa de su calzado; él os bautizará en Espíritu Santo y fuego. Su aventador está en su mano, y limpiará su era, y recogerá el trigo en su granero, y quemará la paja en fuego que nunca se apagará. (Lc. 3:16-17)

382. ¿QUÉ ES EL BAUTISMO EN AGUA?

El bautismo en agua es un sagrado acto instituido por Jesucristo, por lo cual somos bautizados en Cristo y en Su muerte.

Y Jesús se acercó y les habló diciendo: Toda potestad me es dada en el cielo y en la tierra. Por tanto, id, y haced discípulos a todas las naciones, bautizándolos en el nombre del Padre, y del Hijo, y del Espíritu Santo; enseñándoles que guarden todas las cosas que os he mandado; y he aquí yo estoy con vosotros todos los días, hasta el fin del mundo. Amén. (Mt. 28:18-20)

LA ENTRADA DEL NUEVO PACTO

¿O no sabéis que todos los que hemos sido bautizados en Cristo Jesús, hemos sido bautizados en su muerte? Porque somos sepultados juntamente con él para muerte por el bautismo, a fin de que como Cristo resucitó de los muertos por la gloria del Padre, así también nosotros andemos en vida nueva. (Ro. 6:3-4)

383. ¿CÓMO SOMOS BAUTIZADOS EN CRISTO?

Las Escrituras nos enseñan que a través del bautismo en agua el Espíritu Santo nos sumerge en Cristo y esto nos causa tener Su naturaleza y hacernos miembros de Su cuerpo, la Iglesia.

Porque por un solo Espíritu fuimos todos bautizados en el cuerpo, sean judíos o griegos, sean esclavos o libres; y a todos se nos dio a beber de un mismo Espíritu. (I Co. 12:13)

¿O no sabéis que todos los que hemos sido bautizados en Cristo Jesús, hemos sido bautizados en su muerte? (Ro. 6:3)

Porque todos los que habéis sido bautizados en Cristo, de Cristo estáis revestidos. (Gá. 3:27)

384. ¿QUÉ SIGNIFICA LA NATURALEZA DE CRISTO?

La naturaleza de Cristo era divina, la imagen exacta de Su Padre. Cristo fue totalmente sujeto y obediente al plan y a la voluntad de Su Padre. A causa de pecado, hemos tomado una naturaleza terrenal, sensual, y diabólica. El plan de Dios es quitar esta naturaleza y hacernos partícipes de la naturaleza divina, o sea regresarnos a la imagen de Dios.

Gracia y paz os sean multiplicados, en el conocimiento de Dios y de nuestro Señor Jesús. Como todas las cosas que pertenecen a la vida y a la piedad nos han sido dadas por su divino poder, mediante el conocimiento de aquel que nos llamó por su gloria y excelencia, por medio de las cuales nos ha dado preciosas y grandísimas promesas, para que por ellas llegaseis a ser participantes de la naturaleza divina, habiendo huido de la corrupción que hay en el mundo a causa de la concupiscencia. (II P. 1:2-4)

Haya, pues, en vosotros este sentir que hubo también en Cristo Jesús, el cual, siendo en forma de Dios, no estimó el ser igual a Dios como cosa a que aferrarse, sino que se despojó a sí mismo, tomando forma de siervo, hecho semejante a los hombres; y estando en la condición de hombre, se humilló a sí mismo, haciéndose obediente hasta la muerte, y muerte de cruz. Por lo cual Dios también le exaltó hasta lo sumo, y le dio un nombre que es sobre todo nombre. (Flm. 2:5-9)

385. ¿POR QUÉ ES NECESARIO EL BAUTISMO?

El bautismo es necesario porque es un mandamiento de Cristo y no podemos entrar al reino de Dios si:

1. No nos hemos identificado con la muerte, el entierro, y la resurrección de Jesucristo por los cuales El experimentó en nuestro lugar.

2. La enemistad (hostilidad) que está dentro de nosotros por medio del pecado original está quitado.

Porque si fuimos plantados juntamente con él en la semejanza de su muerte, así también lo seremos en la de su resurrección. (Ro. 6:5)

. . . De cierto, de cierto te digo, que el que no naciere de agua y del Espíritu, no puede entrar en el reino de Dios. (Jn. 3:5)

El que creyere y fuere bautizado, será salvo; mas el que no creyere, será condenado. (Mr. 16:16)

LA ENTRADA DEL NUEVO PACTO 197

386. ¿QUÉ ES EL PECADO ORIGINAL?

Pecado original (pecado heredado) es la corrupción total de nuestra naturaleza humana entera. El hombre, por naturaleza no tiene verdadero temor o amor de Dios y es imposible que confíe en El. Tampoco es el hombre justo, solamente es dado a la maldad. También es espiritualmente ciego y muerto, y es un enemigo de Dios.

387. ¿QUÉ SIGNIFICA ENEMISTAD CONTRA DIOS?

Enemistad es el sentido o condición de hostilidad. Cuando Adán y Eva no se sometieron al plan de Dios para sus vidas, su acto de independencia trajo enemistad entre ellos y Dios. El deseo para independencia del control de Dios ha sido una maldición para la raza de Adán - se llama "hijos de ira".

> . . . éramos por naturaleza hijos de ira, lo mismo que los demás. (Ef. 2:3)

> . . . los designios de la carne son enemistad contra Dios. (Ro. 8:7)

> De Jehová son los pasos del hombre; ¿Cómo, pues, entenderá el hombre su camino? (Pr. 20:24)

388. ¿HAY PALABRAS EN LA BIBLIA PARA PECADO ORIGINAL?

Sí. La Biblia hace referencia a, "el viejo hombre" o "el cuerpo de pecado".

> En cuanto a la pasada manera de vivir, despojaos del viejo hombre, que está viciado conforme a los deseos engañosos. (Ef. 4:22)

389. ¿CUAL ES LA CONDENA PARA EL PECADO ORIGINAL?

La condena para el pecado original es la muerte espiritual y físico. La muerte espiritual es la separación del hombre de Dios. La muerte física es la separación del alma y el espíritu del cuerpo del hombre.

> *Y mandó Jehová Dios al hombre, diciendo: De todo árbol del huerto podrás comer; mas del árbol de la ciencia del bien y del mal no comerás; porque el día que de él comieres, ciertamente morirás. (Gn. 2:16-17)*

390. ¿CÓMO PODEMOS TENER LA CONDENA DEL PECADO ANULADO?

Tenemos que ser partícipes en la muerte de Cristo con arrepentimiento y fe, y sepultarnos con El en el bautismo de agua para que la condena esté cumplida para nosotros a través del derramiento de Su sangre.

> *... sin derramamiento de sangre no se hace remisión. (He. 9:22)*

> *Porque esto es mi sangre del nuevo pacto, que por muchos es derramada para remisión de los pecados. (Mt. 26:28)*

> *¿O no sabéis que todos los que hemos sido bautizados en Cristo Jesús, hemos sido bautizados en su muerte? Porque somos sepultados juntamente con él para muerte por el bautismo, a fin de que como Cristo resucitó de los muertos por la gloria del Padre, así también nosotros andemos en vida nueva. (Ro. 6:3-4)*

> *Porque si siendo enemigos, fuimos reconciliados con Dios por la muerte de su Hijo, mucho más, estando reconciliados, seremos salvos por su vida. (Ro. 5:10)*

391. CUANDO NOS BAUTIZAMOS ¿QUÉ PASA CON LA ENEMISTAD DENTRO DE NOSOTROS?

La enemistad está cortada, y la guerra entre Dios y el hombre termina. Amor para Dios empieza a crecer porque su voluntad

LA ENTRADA DEL NUEVO PACTO

ha sido liberado y ahora está libre para elegir la voluntad de Dios y el plan que Dios tiene para su vida.

Porque si siendo enemigos, fuimos reconciliados con Dios por la muerte de su Hijo, mucho más, estando reconciliados, seremos salvos por su vida. (Ro. 5:10)

¿No sabéis que si os sometéis a alguien como esclavos para obedecerle, sois esclavos de aquel a quien obedeces, sea de pecado para muerte, o sea de la obediencia para justicia? (Ro. 6:16)

392. **¿CÓMO ES CORTADO LA ENEMISTAD?**

El Espíritu Santo hace una operación espiritual en el corazón para quitar nuestra vieja y corrupta naturaleza con sus pasiones y concupiscencias.

En él también fuisteis circuncidados con circuncisión no hecha a mano, al echar de vosotros el cuerpo pecaminoso carnal, en la circuncisión de Cristo. (Col. 2:11)

393. **¿CÓMO SE LLAMA ESTA OPERACIÓN ESPIRITUAL?**

La Biblia la llama una circuncisión del corazón.

En el también fuisteis circuncidados con circuncisión no hecha a mano, al echar de vosotros el cuerpo pecaminoso carnal, en la circuncisión de Cristo. (Col. 2:11)

394. **¿POR QUÉ SE LLAMA CIRCUNCISIÓN DEL CORAZÓN?**

Es llamada circuncisión del corazón para enseñar su relación con el Antiguo Pacto, cuyo sello de justicia era la circuncisión de la carne del hombre. La circuncisión del corazón, por la cual toma lugar de la circuncisión natural, es el sello del Nuevo Pacto. Es puesto en el corazón durante el bautismo de agua.

Este es mi pacto, que guardaréis entre mí y vosotros y tu descendencia después de ti: Será circuncidado todo varón de entre vosotros. Circuncidaréis, pues, la carne de vuestro prepucio, y será por señal del pacto entre mi y vosotros. (Gn. 17:10-11)

Sepultados con él en el bautismo, en el cual fuisteis también resucitados con él, mediante la fe en el poder de Dios que le levantó de los muertos. (Col 1:12)

395. ¿QUÉ HACE PARA NOSOTROS ESTE SELLO DEL NUEVO PACTO?

1. Cuando el corazón está circuncidado, Dios pone Su sello de justicia sobre nosotros. Esto nos hace herederos a todas las promesas hechas a Abrahán.

Y recibió la circuncisión como señal, como sello de la justicia de la fe que tuvo estando aún incircunciso; para que fuese padre de todos los creyentes no circuncidados, a fin de que también a ellos la fe les sea contada por justicia.(Ro. 4:11)

2. Cuando la enemistad (hostilidad) está cortada, un amor verdadero para Dios empieza a desarrollarse en el corazón. Esto hace posible amar al Señor con toda la mente, con toda el alma, y con todo el corazón.

Y circuncidará Jehová tu Dios tu corazón, y el corazón de tu descendencia, para que ames a Jehová tu Dios con todo tu corazón y con toda tu alma, a fin de que vivas. (Dt. 30:6)

3. Cuando la conciencia está limpia, nos acercamos a Dios en confianza porque ya no sentimos culpabilidad en su presencia. (o en su vista)

El bautismo que corresponde a esto ahora nos salva (no quitando las inmundicias de la carne, sino como la

LA ENTRADA DEL NUEVO PACTO

aspiración de una buena conciencia hacia Dios) por la resurrección de Jesucristo. (I P. 3:21)

NARRATIVO BÍBLICO: Los creyentes en Cristo tienen las provisiones del pacto que Dios hizo con Abrahán. (Gá. 3:15-29)

396. ¿QUÉ SIGNIFICA "NACER DE NUEVO"?

Nacemos desde arriba, por el Espíritu de Dios, y por agua, (bautismo en agua). Hay una transformación por el Espíritu de Dios en nuestro espíritu humano que es igual a un segundo nacimiento. Cuando ocurre esto, la vieja naturaleza adámica es quitada y substituido por la naturaleza de Jesús.

Respondió Jesús: De cierto, de cierto te digo, que el que no naciere de agua y del Espíritu, no puede estar en el reino de Dios. Lo que es nacido de la carne, carne es; y lo que es nacido del Espíritu, espíritu es. No te maravilles de que te dije: Os es necesario nacer de nuevo. (Jn. 3:5-7)

Gracia y paz os sean multiplicadas, en el conocimiento de Dios y de nuestro Señor Jesús. Como todas las cosas que pertenecen a la vida y a la piedad nos han sido dadas por su divino poder, mediante el conocimiento de aquel que nos llamó por su gloria y excelencia, por medio de las cuales nos ha dado preciosas y grandísimas promesas, para que por ellas llegaseis a ser participantes de la naturaleza divina, habiendo huido de la corrupción que hay en el mundo a causa de la concupiscencia. (II P. 1:2-4)

397. ¿QUIÉN PUEDE SER BAUTIZADO?

Solamente los que creen y confiesan que Jesús es el Cristo han de ser bautizados. Candidatos para bautismo deben de demostrar evidencia creíble de haber recibido arrepentimiento verdadero de sus pecados y la fe para entrar en comunión de la muerte y la resurrección de Cristo.

Y yendo por el camino, llegaron a cierta agua, y dijo el eunuco: Aquí hay agua; ¿qué impide que yo sea bautizado? Felipe dijo: Si crees de todo corazón, bien puedes. Y respondiendo, dijo: Creo que Jesucristo es el Hijo de Dios. (Hch. 8:36-37)

398. ¿DEBERÍAN DE SER BAUTIZADOS LOS NIÑOS?

Niños deben de ser bautizados solamente cuando reciban la revelación de que Jesús es el Cristo (por el Espíritu Santo) y cuando entiendan completamente el significado de bautismo.

El que creyere y fuere bautizado, será salvo... (Mr. 16:16)

399. ¿DEBERÍAN DE SER BAUTIZADOS BEBES?

No. El bautismo en agua es solamente para creyentes quienes se han arrepentido de sus pecados y han reconocido la enemistad en ellos contra la autoridad de Dios sobre sus vidas y desean de ser nuevas criaturas en Cristo Jesús.

El que creyere y fuere bautizado, será salvo... (Mr. 16:16)

400. ¿POR QUÉ NO PUEDEN SER BAUTIZADOS LOS NIÑOS QUE TIENEN PADRES O GUARDIANES QUE CUIDAN SU NUTRIMIENTO CRISTIANO? NIÑOS FUERON ADMITIDOS AL ANTIGUO PACTO CUANDO TENÍAN OCHO DÍAS.

Es cierto que los niños fueron admitidos al Antiguo Pacto con cumplir el "rito de circuncisión" cuando tenían ocho días. También es cierto que el bautismo ha tomado el lugar de este rito de circuncisión, pero la revisión del pecado original y la anulación de la enemistad del corazón es solo posible cuando un creyente prepara su corazón a través de fe y de arrepentimiento verdadero.

LA ENTRADA DEL NUEVO PACTO

Y circuncidará Jehová tu Dios tu corazón, y el corazón de tu descendencia, para que ames a Jehová tu Dios con todo tu corazón y con toda tu alma, a fin de que vivas.
(Dt. 30:6)

Y les daré un corazón, y un espíritu nuevo pondré dentro de ellos; y quitaré el corazón de piedra de en medio de su carne, y les daré un corazón de carne, para que anden en mis ordenanzas, y guarden mis decretos y los cumplan, y me sean por pueblo, y yo sea a ellos por Dios.
(Ez. 11:19-20)

401. ¿CÓMO DEBEMOS DE SER BAUTIZADOS?

Para recibir la vida y la experiencia que el Espíritu Santo nos da en el bautismo en agua, debemos de bautizarnos según el ejemplo del bautismo exactamente como es descrito en las Escrituras.

1. **Arrepentirnos** de pecados y de enemistad, que está en nosotros, contra Dios.

2. **Creer** para una operación en nuestro corazón (circuncisión) que totalmente quitará la vieja naturaleza de pecado.

3. **Ser bautizados** (una inmersión total) en Jesucristo para que podamos compartir en Su muerte, entierro, y resurrección.

402. ¿QUIÉN PUEDE ADMINISTRAR EL BAUTISMO EN AGUA?

La administración de bautismo es el trabajo de un ministro que ha tenido una revelación de la identidad de Jesucristo por el Espíritu Santo y que tiene la autoridad para usar Su nombre.

El les dijo: Y vosotros, ¿quién decís que soy yo? Respondiendo Simón Pedro, dijo: Tú eres el Cristo, el Hijo del Dios viviente. Entonces le respondió Jesús: Bienaventurado eres, Simón, hijo de Jonás, porque no te lo reveló carne ni sangre, sino mi Padre que está en los cielos. Y yo también te dije, que tú eres Pedro, y sobre esta roca edificaré mi iglesia; y las puertas del Hades no prevalecerán contra ella. Y a ti te daré las llaves del reino de los cielos; y todo lo que atares en la tierra será atado en los cielos; y todo lo que desatares en la tierra será desatado en los cielos. Entonces mandó a sus discípulos que a nadie dijesen que el era Jesús el Cristo. (Mt. 16:15-20)

403. JESUCRISTO INSTRUYÓ A SUS DISCÍPULOS QUÉ BAUTIZARAN "EN EL NOMBRE DEL PADRE, Y DEL HIJO, Y DEL ESPÍRITU SANTO" ¿POR QUÉ BAUTIZARON EN EL NOMBRE DE JESUCRISTO?

Cumplieron el mandamiento de Jesucristo para bautizar en el nombre del Padre, y del Hijo, y del Espíritu Santo cuando bautizaron a los creyentes en el nombre del Nuevo Testamento para el Dios Trino -Señor Jesucristo. Un nombre trino para un Dios de trinidad. SEÑOR, el JHVH del Antiguo Testamento. JESÚS, el nombre terrenal, el nombre de Su humanidad. CRISTO, el nombre del Espíritu, la unción, el Mesías.

Al oir esto, se compungieron de corazón, dijeron a Pedro y a los otros apóstoles: Varones hermanos, ¿qué haremos? Pedro les dijo: Arrepentíos, y bautícese cada uno de vosotros en el nombre de Jesucristo para perdón de los pecados; y recibiréis el don del Espíritu Santo.
(Hch. 2:37-38)

NOTA: Véase Capítulo Uno, "Entendiendo a Dios".

404. ¿CUAL ES LA DIFERENCIA ENTRE EL BAUTISMO DE JUAN Y EL BAUTISMO DE JESUCRISTO?

El bautismo de Juan el Bautista era el bautismo de arrepentimiento y de preparación para el Mesías. Era para demostrar que aquellos que fueron bautizados por él se habían arrepentido de sus pecados y estaban esperando al Mesías. Fue un hecho exterior para declarar su arrepentimiento. El bautismo

LA ENTRADA DEL NUEVO PACTO

de Cristo, también fue un bautismo de arrepentimiento, es una obra interior para la circuncisión del corazón y para entrar en Cristo y el Nuevo Pacto.

Entonces dijo: ¿En qué, pues, fuisteis bautizados? Ellos dijeron: En el bautismo de Juan. Dijo Pablo: Juan bautizó con bautismo de arrepentimiento, diciendo al pueblo que creyesen en aquel que vendría después de él, esto es, en Jesús el Cristo. (Hch. 19:3-4)

405. ¿QUÉ HICIERON AQUELLOS QUE RECIBIERON EL BAUTISMO DE JUAN?

Cuando oyeron del bautismo de Jesucristo, fueron bautizados de nuevo en el nombre del Señor Jesucristo.

Cuando oyeron esto, fueron bautizados en el nombre del Señor Jesús. (Hch. 19:5)

406. ¿ES POSIBLE SER BAUTIZADO Y NO RECIBIR UN CORAZÓN CIRCUNCIDADO?

¡Sí! Para recibir un corazón circuncidado, el Espíritu Santo tiene que preparar el corazón dándonos el deseo y la fe para ser nacidos de nuevo. Cuando el bautismo no es precedido con preparación de corazón, llega a ser meramente un rito y no una experiencia.

Porque también a nosotros se nos ha anunciado la buena nueva como a ellos; pero no les aprovechó el oír la palabra, por no ir acompañada de fe en los que la oyeron. (He. 4:2)

. . . porque la letra mata, mas el espíritu vivifica. (II Co. 3:6)

407. ¿QUÉ DEBERÍAMOS HACER SI NUESTRO BAUTISMO HA SIDO SOLAMENTE UN RITO?

Si nuestro bautismo ha sido solamente un rito, deberíamos de orar pidiendo que el Espíritu Santo nos prepare para la experiencia prometida. Cuando tengamos la seguridad de que el corazón ha sido totalmente preparado, deberíamos de ser bautizados de nuevo.

Porque por un solo Espíritu fuimos todos bautizados en un cuerpo, sean judíos o griegos, sean esclavos o libres; y a todos se nos dio a beber de un mismo Espíritu. (I Co 12:13)

Un cuerpo, y un Espíritu, como fuisteis también llamados en una misma esperanza de vuestra vocación; un Señor, una fe, un bautismo. (Ef. 4:4-5)

SELLANDO EL PACTO

CAPITULO 30

408. ¿CUAL ES EL SEGUNDO BAUTISMO QUE DEBEMOS EXPERIMENTAR?

Debemos ser bautizados en el Espíritu Santo.

Pedro les dijo: Arrepentíos, y bautícese cada uno de vosotros en el nombre de Jesucristo para perdón de los pecados; y recibiréis el don del Espíritu Santo. (Hch. 2:38)

409. ¿QUÉ ES EL BAUTISMO DEL ESPÍRITU SANTO?

El bautismo del Espíritu Santo es una experiencia, siguiendo la salvación, que nos capacita para servir. Capacita al creyente para testificar la salvación del Señor y demostrar uno, o más, de los nueve dones del Espíritu Santo. El Espíritu Santo, morando dentro de nosotros, reproduce la vida de Cristo, el Espíritu derramado sobre nosotros reproduce el ministerio de Jesucristo en la tierra.

Pero recibiréis poder, cuando haya venido sobre vosotros el Espíritu Santo, y me seréis testigos en Jerusalén, en toda Judea, en Saria, y hasta lo último de la tierra. (Hch. 1:8)

410. ¿CÓMO NOS PREPARA EL BAUTISMO DE AGUA PARA EL BAUTISMO DEL ESPÍRITU SANTO?

En el bautismo de agua, el Espíritu Santo prepara nuestros corazones, quitando la enemistad dentro de nosotros y también nos libera para amar a Dios tanto, que queremos recibir la Presencia del Espíritu Santo en nuestras vidas.

Porque somos sepultados juntamente con él para muerte por el bautismo, a fin de que como Cristo resucitó de los muertos por la gloria del Padre, así también nosotros andemos en vida nueva. (Ro. 6:4)

JESUCRISTO Y EL NUEVO PACTO

411. ¿ESTÁN RELACIONADOS ENTRE SI, EL BAUTISMO EN AGUA Y EL BAUTISMO DEL ESPÍRITU SANTO?

Las Escrituras hablan del bautismo en agua y del bautismo del Espíritu Santo con fuego como **una** doctrina. Los cristianos primitivos quienes recibieron la "circuncisión de corazón" a través del bautismo de agua, fueron llenos con el Espíritu Santo. Los que no recibieron el Espíritu Santo fueron cuestionados acerca de como fueron bautizados y en qué nombre.

Aconteció que entre tanto que Apolos estaba en Corinto, Pablo, después de recorrer las regiones superiores, vino a Efeso, y hallando a ciertos discípulos, les dijo: ¿Recibisteis el Espíritu Santo cuando creísteis? Y ellos le dijeron: Ni siquiera hemos oído si hay Espíritu Santo. Entonces dijo: ¿En qué, pues, fuisteis bautizados: Ellos dijeron: En el bautismo de Juan. Dijo Pablo: Juan bautizó con bautismo de arrepentimiento, diciendo al pueblo que creyesen en aquel que vendría después de él, esto es, en Jesús el Cristo. Cuando oyeron esto, fueron bautizados en el nombre del Señor Jesús. Y habiéndoles impuesto Pablo las manos, vino sobre ellos el Espíritu Santo; y hablaban en lenguas, y profetizaban. Eran por todos unos doce hombres.
(Hch. 19:1-7)

412. ¿SIEMPRE PRECEDE EL BAUTISMO EN AGUA AL BAUTISMO DEL ESPÍRITU SANTO?

No. El órden en que los apóstoles enseñaron era primeramente el bautismo en agua y después el bautismo del Espíritu Santo. Sin embargo, Dios en su soberanía bautizó algunos en el Espíritu antes de que hubieran sido bautizados en agua.

. . . Arrepentíos, y bauticese cada uno de vosotros en el nombre de Jesucristo para perdón de los pecados; y recibiréis el don del Espíritu Santo. (Hch. 2:38)

Mientras aún hablaba Pedro estas palabras, el Espíritu

SELLANDO EL PACTO

Santo cayó sobre todos los que oían el discurso. Y los fieles de la circuncisión que habían venido con Pedro se quedaron atónitos de que también sobre los gentiles se derramase el don del Espíritu Santo. Porque los oían que hablaban en lenguas, y que magnificaban a Dios. Entonces respondió Pedro: ¿Puede acaso alguno impedir el agua, para que no sean bautizados estos que han recibido el Espíritu Santo también como nosotros? Y mandó bautizarles en el nombre del Señor Jesús. Entonces le rogaron que se quedase por algunos días. (Hch. 10:44-48)

413. **¿SI UN CREYENTE RECIBE EL BAUTISMO DEL ESPÍRITU SANTO PRIMERO, AUN ES NECESARIO SER BAUTIZADO EN AGUA?**

Sí. En cada ocasión que Dios en su soberanía, bautizó a creyentes en el Espíritu Santo, fueron inmediatamente bautizados en agua. La enemistad en el corazón contra Dios puede ser quitado con tener el corazón circuncidado en el bautismo de agua.

Entonces respondió Pedro: ¿Puede acaso alguno impedir el agua, para que no sean bautizados estos que han recibido el Espíritu Santo también como nosotros? Y mandó bautizarles en el nombre del Señor Jesús. Entonces le rogaron que se quedase por algunos días. (Hch. 10:47-48)

414. **¿CUAL ES LA DOCTRINA DEL BAUTISMO DEL ESPÍRITU?**

Es un bautismo (sumersión) del creyente en el Espíritu Santo, y una entrada al reino del poder sobrenatural espiritual.

Pero recibiréis poder, cuando haya venido sobre vosotros el Espíritu Santo, y me seréis testigos en Jerusalén, en toda Judea, en Saria, y hasta lo último de la tierra. (Hch. 1:8)

415. ¿CUAL ES EL PROPÓSITO DEL BAUTISMO DEL ESPÍRITU SANTO?

El propósito del bautismo del Espíritu Santo es para dotarnos (o vestirnos) con poder.

He aquí, yo enviaré la promesa de mi Padre sobre vosotros; pero quedáos vosotros en la ciudad de Jerusalén, hasta que seáis investidos de poder desde lo alto. (Lc. 24:49)

416. ¿POR QUÉ NOS DA ESTE PODER?

Dios nos da este poder para sellarnos, para darnos entendimiento, y hacernos testigos efectivos de Cristo.

Y con gran poder los apóstoles daban testimonio de la resurrección del Señor Jesús . . . (Hch. 4:33)

Y estas señales seguirán a los que creen: En mi nombre echarán fuera demonios; hablarán nuevas lenguas; tomarán en las manos serpientes, y si bebieren cosa mortífera, no les hará daño; sobre los enfermos pondrán sus manos, y sanarán. (Mr. 16:17-18)

. . . habiendo creído en él, fuisteis sellados con el Espíritu Santo de la promesa. (Ef. 1:13)

417. ¿QUÉ ES UN TESTIGO?

Un testigo es uno que habla y enseña a otros lo que Cristo ha hecho en él..

De cierto, de cierto te digo, que lo que sabemos hablamos, y lo que hemos visto, testificamos; y no recibís nuestro testimonio. (Jn. 3:11)

Porque no podemos dejar de decir lo que hemos visto y oído. (Hch. 4:20)

> *Porque serás testigo suyo a todos los hombres, de lo que has visto y oído. (Hch. 22:15)*

418. ¿ES EL BAUTISMO DEL ESPÍRITU SANTO PARA TODOS?

La Biblia dice:

> *... Derramaré de mi Espíritu sobre toda carne ... (Hch. 2:17)*

> *Porque para vosotros es la promesa, y para vuestros hijos, y para todos los que están lejos; para cuantos el Señor nuestro Dios llamaré. (Hch. 2:39)*

419. ¿TENEMOS EL ESPÍRITU SANTO CON NOSOTROS ANTES DE QUE RECIBAMOS EL BAUTISMO DEL ESPÍRITU SANTO?

Sí. El Espíritu Santo nos atrae a Jesús y nos revela Su identidad. El Espíritu Santo nos convence de pecado y nos guía a toda verdad. El bautismo del Espíritu Santo es el don para Creyentes de ser capaces, de servir y de ser testigos efectivos de lo que es la gracia de Dios.

> *Y cuando él venga, convencerá al mundo de pecado, de justicia y de juicio. (Jn. 16:8)*

> *Ninguno puede venir a mí, si el Padre que me envió no le trajere; y yo le resucitaré en el día postrero. (Jn. 6:44)*

> *Entonces le respondió Jesús: Bienaventurado eres, Simón, hijo de Jonás, porque no te lo reveló carne ni sangre, sino mi Padre que está en los cielos. (Mt. 16:17)*

420. ¿CUALES SON LAS BENDICIONES DEL BAUTISMO DEL ESPÍRITU SANTO?

Las bendiciones del bautismo del Espíritu Santo son:

A. Estamos capacitados para **orar** en el Espíritu.

Y de igual manera el Espíritu no ayuda en nuestra debilidad; pues que hemos de pedir como conviene, no lo sabemos, pero el Espíritu mismo intercede por nosotros con gemidos indecibles. Mas el que escudriña los corazones sabe cual es la intención del Espíritu, porque conforme a la voluntad de Dios intercede por los santos. (Ro. 8:26-27)

B. Estamos capacitados para **alabar** a Dios en el Espíritu.

. . . cantaré con el espíritu, pero cantaré también con el entendimiento. (I Co. 14:15)

Diciendo: Anunciaré a mis hermanos tu nombre, en medio de la congregación te alabaré. (He. 2:12)

C. A través de oídos espirituales, podemos **oír** la voz de Dios.

Ministrando estos al Señor, y ayunando, dijo el Espíritu Santo: Apartadme a Bernabé y a Saulo para la obra a que los he llamado. (Hch. 13:2)

Pero cuando os trajeren para entregaros, no os preocupéis por lo que habéis de decir, ni lo penséis, sino lo que os fuere dado en aquella hora, eso hablad; porque no sois vosotros los que habláis, sino el Espíritu Santo. (Mr. 13:11)

. . . después de haber dado mandamientos por el Espíritu Santo a los apóstoles que había escogido. (Hch. 1:2)

D. Estamos calificados para los **dones** del Espíritu y el poder de Dios.

Seguid el amor; y procurad los dones espirituales . . . (I Co. 14:1)

SELLANDO EL PACTO

Porque en todas las cosas fuisteis enriquecidos en él, en toda palabra y en toda ciencia; así como el testimonio acerca de Cristo ha sido confirmado en vosotros, de tal manera que nada os falta en ningún don, esperando la manifestación de nuestro Señor Jesucristo. (I Co. 1:5-7)

... pero recibiréis poder, cuando haya venido sobre vosotros el Espíritu Santo... (Hch. 1:8)

E. Empezamos a **andar** en el Espíritu, así **produciendo** los **frutos** y la **gracia** del Espíritu.

... Digo, pues: Andad en el Espíritu, y no satisfagáis los deseos de la carne. Porque el deseo de la carne es contra el Espíritu, y del Espíritu es contra la carne; y estos se oponen entre sí, para que no hagáis lo que quisiereis. Pero si sois guiados por el Espíritu, no estáis bajo la ley. Y manifiestas son las obras de la carne, que son: adulterio, fornicación, inmundicia, lascivia, idolatría, hechicerías, enemistades, pleitos, celos, iras, contiendas, disensiones, herejías, envidias, homicidios, borracheras, orgías, y cosas semejantes a estas; acerca de las cuales os amonesto, como ya os lo he dicho antes, que los que practican tales cosas no heredarán el reino de Dios. Mas el fruto del Espíritu es amor, gozo, paz, paciencia, benignidad, bondad, fe, mansedumbre, templanza; contra tales cosas no hay ley. (Gá. 5:16-23)

Si vivimos por el Espíritu, andemos también por el Espíritu. (Gá. 5:25)

421. **¿QUÉ DEBEMOS DE HACER PARA RECIBIR EL BAUTISMO DEL ESPÍRITU SANTO?**

Debemos obedecer el mandamiento de Cristo de arrepentirnos y ser bautizados.

... Arrepentíos, y bautícese cada uno de vosotros en el nombre de Jesucristo para perdón de los pecados; y

recibiréis el don del Espíritu Santo. (Hch. 2:38)

Pues si vosotros, siendo malos, sabéis dar buenas dádivas a vuestros hijos, ¿cuánto mas vuestro Padre celestial dará el Espíritu Santo a los que se lo pidan? (Lc. 11:13)

Y nosotros somos testigos suyos de estas cosas, y también el Espíritu Santo, el cual ha dado Dios a los que le obedecen. (Hch. 5:32)

422. ¿CÓMO RECIBIMOS EL BAUTISMO DEL ESPÍRITU SANTO?

El Señor utiliza dos métodos distintos para bautizar creyentes en el Espíritu Santo.

1. Por un hecho soberano de Dios.

Y de repente vino del cielo un estruendo como de un viento recio que soplaba, el cual llenó toda la casa donde estaban sentados; y se les aparecieron lenguas repartidas, como de fuego, asentándose sobre cada uno de ellos. Y fueron todos llenos del Espíritu Santo, y comenzaron a hablar en otras lenguas, según el Espíritu les daba que hablasen. (Hch. 2:2-4)

Mientras aun hablaba Pedro estas palabras, el Espíritu Santo cayo sobre todos los que oían el discurso. Y los fieles de la circuncisión que habían venido con Pedro se quedaron atónitos de que también sobre los gentiles se derramase el don del Espíritu Santo. (Hch. 10:44-46)

2. Imponiendo manos.

Cuando los apóstoles que estaban en Jerusalén oyeron que Saria había recibido la palabra de Dios, enviaron allá a Pedro y a Juan; los cuales, habiendo venido, oraron por ellos para que recibiesen el Espíritu Santo; porque aún no había descendido sobre ninguno de ellos, sino que

> solamente habían sido bautizados en el nombre de Jesús. Entonces les imponían las manos, y recibían el Espíritu Santo. Cuando vio Simón que por la imposición de las manos de los apóstoles se daba el Espíritu Santo, les ofreció dinero, diciendo: Dadme también a mi este poder, para que cualquiera a quien yo impusiere las manos reciba el Espíritu Santo. (Hch. 8:14-19)

423. ¿HABLAMOS EN LENGUAS CUANDO RECIBIMOS EL BAUTISMO DEL ESPÍRITU SANTO?

Sí. Esta es nuestra experiencia inicial de oír al Espíritu hablar palabras que han sido divinamente inspiradas, y nosotros repitiéndolas.

> Y nosotros no hemos recibido el espíritu del mundo, sino el Espíritu que proviene de Dios, para que sepamos lo que Dios nos ha concedido, lo cual también hablamos, no con palabras enseñadas por sabiduría humana, sino con las que enseña el Espíritu, acomodando lo espiritual a lo espiritual. (I Co. 2:12-13)

424. ¿TIENE QUE HABLAR UNA PERSONA EN LENGUAS PARA SER SALVA?

No. Salvación es la obra del Espíritu Santo morando en nosotros y esto no tiene nada que ver con el hablar en lenguas. El Espíritu Santo apareció como lenguas de fuego en el día de Pentecostés para testificar que la lengua había sido santificada y que Dios la había dado poder para Su uso. Pero el hablar en lenguas no fue necesario para la salvación a aquellas personas.

> Nos salvó, no por obras de justicia que nosotros hubiéramos hecho, sino por su misericordia, por el lavamiento de la regeneración y por la renovación en el Espíritu Santo. (Tit. 3:5)

425. ¿POR QUÉ ES NECESARIO ORAR O HABLAR EN LENGUAS?

Los apóstoles enseñaban que los creyentes están edificados espiritualmente y fortalecidos cuando oran en la lengua desconocida. Enseñaban que sus oraciones místicas eran la intercesión del Espíritu por ellos. Falta de practicar este ejercicio espiritual produce una debilidad para cristianos y también evita que sean bien desarrollados espiritualmente.

El que habla en lengua extraña, a sí mismo se edifica. (I Co.14:4)

Porque el que habla en lenguas no habla a los hombres, sino a Dios; pues nadie le entiende, aunque por el Espíritu habla misterios. (I Co. 14:2)

Y de igual manera el Espíritu nos ayuda en nuestra debilidad; pues que hemos de pedir como conviene, no lo sabemos, pero el Espíritu mismo intercede por nosotros con gemidos indecibles. Mas el que escudriña los corazones sabe cual es la intención del Espíritu, porque conforme a la voluntad de Dios intercede por los santos. (Ro. 8:26-27)

426. ¿HABLAMOS EN LENGUAS SOLAMENTE CUANDO RECIBIMOS EL BAUTISMO DEL ESPÍRITU SANTO?

No, hablamos en lenguas en tiempos de oración como el Espíritu nos dirija.

El que habla en lengua extraña, a sí mismo se edifica; pero el que profetiza, edifica a la iglesia. (I Co. 14:4)

Pero vosotros, amados, edificándoos sobre vuestra santísima fe, orando en el Espíritu Santo. (Jud. 20)

Y de igual manera el Espíritu nos ayuda en nuestra debilidad; pues que hemos de pedir como conviene, no lo sabemos, pero el Espíritu mismo intercede por nosotros con gemidos indecibles. Mas él que escudriña los corazones sabe cual es la intención del Espíritu, porque conforme a la voluntad de Dios intercede por los santos. (Ro. 8:26-27)

427. ¿CON CUANTA FRECUENCIA DEBEMOS DE ORAR EN LENGUAS?

Deberíamos de orar en lenguas diariamente durante nuestros tiempos de devoción, como el Espíritu Santo nos unja. Orando en lenguas, recibimos edificación y fuerza.

Porque si yo oro en lengua desconocida, mi espíritu ora. (I Co. 14:14)

Doy gracias a Dios que hablo en lenguas más que todos vosotros. (I Co. 14:18)

El que habla en lengua extraña, a sí mismo se edifica. (I Co. 14:4)

428. ¿QUÉ ES LA UNCIÓN?

Es la presencia moradora de Dios, el Espíritu Santo.

Pero la unción que vosotros recibisteis de él permanece en vosotros, y no tenéis necesidad de que nadie os enseñe; así como la unción misma os enseña todas las cosas, y es verdadera, y no es mentira, según ella os ha enseñado, permaneced en él. (I Jn. 2:27)

Pero vosotros tenéis la unción del Santo, y conoces todas las cosas. (I Jn. 2:20)

429. ¿HAY UNA UNCIÓN ESPECIAL (FUERA DE LO ORDINARIO) DEL ESPÍRITU SANTO?

Sí. La unción especial es la presencia del Espíritu Santo por lo cual recibimos ayuda para una obra especial. Podemos comparar esto a la reacción física que experimentamos durante momentos de peligro, pesares, etc. Cuando el cuerpo empieza a secretar adrenalina para darnos presteza y fuerzas adicionales. Es igual cuando somos ungidos. Recibimos una oleada extra de energía espiritual cuando la necesitamos.

Mas Pedro dijo: No tengo plata ni oro, pero lo que tengo te doy; en el nombre de Jesucristo de Nazaret, levántate y anda. Y tomándole por la mano derecha le levantó; y al momento se le afirmaron los pies y tobillos; y saltando, se puso en pie y anduvo; y entró con ellos en el templo, andando, y saltando, y alabando a Dios. (Hch. 3:6-8)

Y hacía Dios milagros extraordinarios por mano de Pablo, de tal manera que aun se llevaban a los enfermos los paños o delantales de su cuerpo, y las enfermedades se iban de ellos, y los espíritus malos salían. (Hch. 19:11-12)

430. ¿CUANTA NECESIDAD HAY PARA LA UNCIÓN?

Sin la unción, somos totalmente inefectivos en nuestro servicio a Dios y al hombre.

... el que permanece en mí, y yo en él, éste lleva mucho fruto; porque separados de mí nada podéis hacer. (Jn. 15:5)

431. ¿ES LA UNCIÓN NECESARIA PARA HABLAR EN LENGUAS?

¡Sí! Cuando hablamos u oramos en lenguas sin la unción del Espíritu Santo es infructuoso y completamente sin significado.

Y fueron todos llenos del Espíritu Santo, y comenzaron a hablar en otras lenguas, según el Espíritu les daba que hablasen. (Hch. 2:4)

Pero todas estas cosas las hace uno y el mismo Espíritu,

*repartiendo a cada uno en particular como él quiere.
(I Co. 12:11)*

*El espíritu es el que da vida; la carne para nada aprovecha; las palabras que yo os he hablado son espíritu y son vida.
(Jn. 6:63)*

No que seamos competentes por nosotros mismos para pensar algo como de nosotros mismos, sino que nuestra competencia proviene de Dios, el cual asimismo nos hizo ministros competentes de un nuevo pacto, no de la letra, sino del espíritu; porque la letra mata, mas el espíritu vivifica. (II Co. 3:5-6)

NARRATIVO BÍBLICO: Nadab y Abihu, los hijos de Aarón, fueron matados por el Señor por haber usado "fuego extraño" para quemar incienso delante del Señor. Esto simboliza el medio carnal para prender el fuego de devoción y alabanza. (II Co. 3:5-6)

432. ¿CÓMO MANTENEMOS LA UNCIÓN?

Permaneciendo continuamente en Cristo Jesús.

Yo soy la vid, vosotros los pámpanos; el que permanece en mí, y yo en él, éste lleva mucho fruto; porque separados de mí nada podéis hacer. (Jn. 15:5)

433. ¿CÓMO PUEDO RECIBIR EL BAUTISMO DEL ESPÍRITU SANTO?

Puede seguir estas instrucciones.

A. Oramos al Señor Jesucristo por el perdón de pecados y por una limpieza de la mente y al espíritu para que podamos acercarnos a El con confianza.

¿Quién subirá al monte de Jehová? ¿Y quién estará en su lugar santo? El limpio de manos y puro de corazón; El que

no ha elevado su alma a cosas vanas, ni jurado con engaño. El recibirá bendición de Jehová, y justicia del Dios de salvación. (Sal. 24:3-5)

B. Oramos al Señor Jesucristo pidiéndole por el don del Espíritu Santo.

Pues si vosotros, siendo malos, sabéis dar buenas dádivas a vuestros hijos, ¿cuánto más vuestro Padre celestial dará el Espíritu Santo a los que se lo pidan? (Lc. 11:13)

C. Creyendo que Dios ha oído nuestras oraciones, empezamos a alabar, adorar, y dar gracias a Dios a través de salmos e himnos hasta que un ambiente haya sido creado para la presencia del Espíritu de Dios.

Alzad vuestras manos al santuario, y bendecid a Jehová. (Sal. 134:2)

Entrad por sus puertas con acción de gracias, por sus atrios con alabanza; alabadle, bendecid su nombre. (Sal. 100:4)

D. Cuando nos damos cuenta de la presencia del Espíritu Santo, hay algo que empieza a quebrantarse dentro de nosotros y nuestro espíritu salta para responder al Espíritu de Dios.

Acercaos a Dios, y él se acercará a vosotros . . . (Stg. 4:8)

Anhela mi alma y aun ardientemente desea los atrios de Jehová; mi corazón y mi carne cantan al Dios vivo. (Sal. 84:2)

Cercano está Jehová a los quebrantados de corazón; y salva a los contritos de espíritu. (Sal. 34:18)

Los sacrificios de Dios son el espíritu quebrantado; al corazón contrito y humillado no despreciarás tú, oh Dios. (Sal. 51:17)

SELLANDO EL PACTO

E. Mientras nuestro espíritu es sensible a la presencia del Señor, nos entregamos a Dios... "que presentéis vuestros cuerpos en sacrificio vivo..." (Un siervo ungido de Dios puede imponer sus manos sobre nosotros para impartirnos el Espíritu.)

Así que, hermanos, os ruego por las misericordias de Dios, que presentéis vuestros cuerpos en sacrificio vivo, santo, agradable a Dios, que es vuestro culto racional. (Ro. 12:1)

Entonces les imponían las manos, y recibían el Espíritu Santo. (Hch. 8:17)

Y habiéndoles impuesto Pablo las manos, vino sobre ellos el Espíritu Santo; y hablaban en lenguas, y profetizaban. (Hch. 19:6)

F. Cuando el Espíritu de Dios desciende sobre nosotros, nuestras facultades de hablar están estimulados y empiezan a producir un tartamudeo de lengua que se formará en sílabas o palabras dependiendo de como nos cedamos al movimiento del Espíritu Santo. Las palabras no serán comprensibles a nosotros porque son inspiradas por el Espíritu Santo más que por nuestra mente.

Porque en lengua de tartamudos, y en extraña lengua hablará a este pueblo. (Is. 28:11)

En la ley está escrito: En otras lenguas y con otros labios hablaré a este pueblo... (I Co. 14:21)

G. Mientras que el Espíritu de Dios se mueve sobre nosotros, nuestras propias palabras no son adecuadas para alabar a Dios. Entonces el Espíritu Santo nos dirige, nos anima, y nos inspira a hablar, pero nunca nos obliga. Sin embargo, cuando hemos empezado a hablar, el lenguage es espontáneo y fluente.

Y estás señales seguirán a los que creen... hablarán

nuevas lenguas. (Mr. 16:17)

Porque el que habla en lenguas no habla a los hombres, sino a Dios; pues nadie le entiende, aunque por el Espíritu habla misterios. (I Co. 14:2)

H. Nos cedemos y hablamos en lenguas.

... los santos hombres de Dios hablaron siendo inspirados por el Espíritu Santo. (II P. 1:21)

Y fueron todos llenos del Espíritu Santo, y comenzaron a hablar en otras lenguas, según el Espíritu les daba que hablasen. (Hch. 2:4)

434. ¿CUAL ES EL TERCER BAUTISMO QUE DEBEMOS DE EXPERIMENTAR?

Se llama el bautismo de fuego o de santificación.

Respondió Juan, diciendo a todos: Yo a la verdad os bautizo en agua; pero viene uno más poderoso que yo, de quien no soy digno de desatar la correa de su calzado; el os bautizará en Espíritu Santo y fuego. Su aventador está en su mano, y limpiará su era, y recogerá el trigo en su granero, y quemará la paja en fuego que nunca si apagará. (Lc. 3:16-17)

435. ¿QUÉ ES EL BAUTISMO DE FUEGO?

Es el proceso de separación y santificación usado por Dios para llevarnos a madurez y para consagrarnos para Su servicio.

Pero el fundamento de Dios está firme, teniendo este sello: Conoce el Señor a los que son suyos; y: Apártese de iniquidad todo aquel que invoca el nombre de Cristo. Pero en una casa grande, no solamente hay utensilios de oro y de plata, sino también de madera y de barro; y unos son para usos honrosos y otros para usos viles. Así que, si

SELLANDO EL PACTO

alguno se limpia de estas cosas, será instrumento para honra, santificado, útil al Señor, y dispuesto para toda buena obra. (II Ti. 2:19-21)

436. ¿POR QUÉ SE LLAMA, "EL BAUTISMO DE FUEGO"?

Se llama el Bautismo de Fuego porque a través de él la llama del amor de Dios es aventador dentro del creyente.

Su aventador está en su mano, y limpiará su era, y recogerá el trigo en su granero, y quemará la paja en fuego que nunca se apagará. (Lc. 3:17)

437. ¿CÓMO PUEDO APRENDER MAS ACERCA DEL "BAUTISMO DE FUEGO"?

Ud. puede aprender más acerca del Bautismo de Fuego leyendo el Capítulo 35 de este libro titulado "Santificación".

LA IMPOSICIÓN DE MANOS

CAPITULO 31

438. ¿CUAL ES LA DOCTRINA DE LA IMPOSICIÓN DE MANOS?

Es la creencia de que el poder o las cualidades de Dios pueden ser transferidos de un creyente al otro imponiendo manos sobre la cabeza de un individuo.

> *Entonces les imponían las manos, y recibían el Espíritu Santo. (Hch. 8:17)*

> *Y por la mano de los apóstoles se hacían muchas señales y prodigios en el pueblo; y estaban todos unánimes en el pórtico de Salomón. (Hch. 5:12)*

439. ¿POR QUÉ ESTUDIAMOS EL MINISTERIO DE LA IMPOSICIÓN DE MANOS?

La imposición de manos es presentada en la Biblia como uno de los principios en la Doctrina de Cristo.

> *Por tanto, dejando ya los rudimentos de la doctrina de Cristo, vamos adelante a la perfección; no echando otra vez el fundamento del arrepentimiento de obras muertas, de la fe en Dios, de la doctrina de bautismos, de la resurrección de los muertos y del juicio eterno. (He. 6:1-2)*

440. ¿PRACTICABAN LA IMPOSICIÓN DE MANOS EN EL ANTIGUO TESTAMENTO?

Sí. Practicaban esta doctrina para varias razones:

1. Los sacerdotes ponían las manos sobre la cabeza del macho cabrío para trasladarle los pecados del pueblo.

> *Y pondrá Aarón sus dos manos sobre la cabeza del macho*

LA IMPOSICIÓN DE MANOS

cabrío vivo, y confesará sobre el todas las iniquidades de los hijos de Israel, todas sus rebeliones y todos sus pecados, poniéndolos así sobre la cabeza del macho cabrío, y lo enviará al desierto por mano de un hombre destinado para esto. Y aquel macho cabrío llevará sobre sí todas las iniquidades de ellos a tierra inhabitada; y dejará ir el macho cabrío por el desierto. (Lv. 16:21-22)

2. Jacob puso sus manos sobre los hijos de José para darles su bendición.

   Entonces Israel extendió su mano derecha, y la puso sobre la cabeza de Efraín, que era el menor, y su mano izquierda sobre la cabeza de Manasés . . . (Gn. 48:14)

3. Moisés dio una parte de su dignidad y espíritu a Josué.

   Y Jehová dijo a Moisés: Toma a Josué hijo de Nun, varón en el cual hay espíritu, y pondrás tu mano sobre él; y lo pondrás delante del sacerdote Eleazar, y delante de toda la congregación; y le darás el cargo en presencia de ellos. Y pondrás de tu dignidad sobre él, para que toda la congregación de los hijos de Israel le obedezca. El se pondrá delante del sacerdote Eleazar, y le consultará por el juicio del Urim delante de Jehová; por el dicho de él saldrán, y por el dicho de él entrarán, él y todos los hijos de Israel con él, y toda la congregación. Y Moisés hizo como Jehová le había mandado, pues tomó a Josué y lo puso delante del sacerdote Eleazar, y de toda la congregación; y puso sobre él sus manos, y le dio el cargo, como Jehová había mandado por mano de Moisés. (Nm. 27:18-23)

441. ¿PRACTICABAN LA IMPOSICIÓN DE MANOS EN EL NUEVO TESTAMENTO?

Sí. La imposición de manos fue practicado por Cristo y sus seguidores.

A. Jesús ponía sus manos sobre los enfermos y fueron sanados.

Al ponerse el sol, todos los que tenían enfermos de diversas enfermedades los traían a él; y él, poniendo las manos sobre cada uno de ellos, los sanaba. (Lc. 4:40)

B. Los Apóstoles ponían sus manos sobre los enfermos y fueron sanados.

Y aconteció que el padre de Publio estaba en cama, enfermo de fiebre y de disentería; y entró Pablo a verle y después de haber orado, le impuso las manos, y le sanó. (Hch. 28:8)

C. Los verdaderos cristianos de Jesucristo tienen la autoridad de imponer las manos en los enfermos para sanarlos.

Y estas señales seguirán a los que creen: En mi nombre echarán fuera demonios; manos serpientes, y si bebieren cosa mortífera, no les hará daño; sobre los enfermos pondrán sus manos, y sanarán. (Mr. 16:17-18)

D. Jesús puso sus manos sobre los niños para bendecirles.

Y tomándolos en los brazos, poniendo las manos sobre ellos, los bendecía. (Mr. 10:16)

442. ¿QUÉ ENSEÑA LA BIBLIA EN CUANTO A LA IMPOSICIÓN DE MANOS PARA RECIBIR AL ESPÍRITU SANTO?

El don del Espíritu Santo puede ser impartido por la imposición de manos.

A. Los creyentes en Saria recibieron el Espíritu por la imposición de manos.

Cuando vio Simón que por la imposición de las manos de los apóstoles se daba el Espíritu Santo, les ofreció dinero,

LA IMPOSICIÓN DE MANOS

diciendo: Dadme también a mí este poder, para que cualquiera a quien yo impusiere las manos reciba el Espíritu Santo. (Hch. 8:18-19)

B. Pablo recibió el Espíritu Santo por la imposición de manos.

Fue entonces Ananías y entró en la casa, y poniendo sobre él las manos, dijo: Hermano Saulo, el Señor Jesús, que se te apareció en el camino por donde venías, me ha enviado para que recibas la vista y seas lleno del Espíritu Santo. (Hch. 9:17)

C. Los creyentes en Efeso recibieron el Espíritu Santo por la imposición de manos.

Y habiéndoles impuesto Pablo las manos, vino sobre ellos el Espíritu Santo; y hablaban en lenguas, y profetizaban. (Hch. 19:6)

443. **¿QUÉ ENSEÑA LA BIBLIA ACERCA DE LA IMPOSICIÓN DE MANOS PARA CONFIRMACIÓN?**

Confirmación a través de la imposición de manos es el medio por lo cual los miembros de la iglesia son fortalecidos y establecidos en la fe de Jesucristo. Esto es para todos los creyentes quienes han sido enseñados las doctrinas, ordenanzas, y sacramentos de la iglesia, y los han experimentado.

Y Judas y Silas, como ellos también eran profetas, consolaron y confirmaron a los hermanos con abundancia de palabras. (Hch. 15:32)

444. **¿QUÉ ENSEÑA LA BIBLIA ACERCA DE LA IMPOSICIÓN DE MANOS PARA ORDENACIÓN?**

Ordenación es para las personas que se dedican al ministerio todo el tiempo. Es para impartirles las funciones y autoridades del ministerio con la imposición de manos.

> *Había entonces en la iglesia que estaba en Antioquía, profetas y maestros: Bernabé, Simón el que se llamaba Niger, Lucio de Cirene, Manaén el que se había criado junto con Herodes el tetrarca, y Saulo. Ministrando éstos al Señor, y ayunando, dijo el Espíritu Santo: Apartadme a Bernabé y a Saulo para la obra a que los he llamado. Entonces habiendo ayunado y orado, les impusieron las manos y los despidieron. (Hch. 13:1-3)*

445. ¿QUÉ ENSEÑA LA BIBLIA ACERCA DE LA IMPOSICIÓN DE MANOS CON LA PROFECÍA?

Cuando creyentes están listos para entrenar o empezar un ministerio en la iglesia, puede ser una importación del creativo del Espíritu de Dios por la imposición de manos. Dones espirituales y ministerios son hablados a la existencia por la palabra ungida de profecía.

> *Este mandamiento, hijo Timoteo, te encargo, para que conforme a las profecías que se hicieron antes en cuanto a ti, milites por ellas la buena milicia. (I Ti. 1:18)*

> *No descuides del don que hay en ti, que te fue dado mediante profecía con la imposición de las manos del presbiterio. (I Ti. 4:14)*

> *No apaguéis al Espíritu. No menospreciéis las profecías. Examinadlo todo; retened lo bueno. (I Ts. 5:19-21)*

446. ¿QUÉ BENEFICIOS NOS IMPARTE ESTA DOCTRINA?

A través de la doctrina de la imposición de manos, podemos recibir las bendiciones de fuerza, sanidad, y fe. También podemos ser una fuente de bendición a otros.

EL PROPÓSITO DEL PACTO

CAPITULO 32

447. ¿CUAL ES EL PROPÓSITO DEL NUEVO PACTO?

El propósito del Nuevo Pacto es para prepararnos para la segunda venida de Jesucristo a la tierra.

Y estando ellos con los ojos puestos en el cielo, entre tanto que el se iba, he aquí se pusieron junto a ellos dos varones con vestiduras blancas, los cuales también les dijeron: Varones galileos, ¿por qué estáis mirando al cielo? Este mismo Jesús, que ha sido tomado de vosotros al cielo, así vendrá como le habéis visto ir al cielo. (Hch. 1:10-11)

448. ¿CUAL ES LA DOCTRINA DE LA RESURRECCIÓN DE LOS MUERTOS?

Es la creencia de que Dios levantará los muertos a vida de nuevo.

. . . Yo soy la resurrección y la vida; el que cree en mí, aunque esté muerto vivirá. (Jn. 11:25)

449. ¿QUÉ PASA AL HOMBRE CUANDO SE MUERE?

Cuando un hombre se muere, el alma y el espíritu regresan a Dios y el cuerpo se duerme a la muerte. La carne decae y vuelve al polvo, pero la semilla del cuerpo se queda dormido esperando la resurrección.

Si el hombre muriere, ¿volverá a vivir? Todos los días de mi edad esperaré, hasta que venga mi liberación. (Job 14:14)

Y el polvo vuelva a la tierra, como era, y el espíritu vuelva a Dios que lo dio. (Ec. 12:7)

> Pero dirá alguno: ¿Cómo resucitarán los muertos? ¿Con qué cuerpo vendrán? Necio, lo que tú siembras no se vivifica, si no muere antes. Y lo que siembras no es el cuerpo que ha de salir, sino el grano desnudo, ya sea de trigo o de otro grano; pero Dios le da el cuerpo como él quiso, y a cada semilla su propio cuerpo. Así también es la resurrección de los muertos ... (I Co.15:35-48,42)

450. ¿CUANTAS RESURRECCIONES HABRÁ?

Habrá dos resurrecciones: la resurrección de los muertos en Cristo y la resurrección de los malos.

> He aquí, os digo un misterio: No todos dormiremos; pero todos seremos transformados, en un momento, en un abrir y cerrar de ojos, a la final trompeta; porque se tocará la trompeta, y los muertos serán resucitados incorruptibles, y nosotros seremos transformados. (I Co. 15:51-52)

> Pero los otros muertos no volvieron a vivir hasta que se cumplieron mil años. Esta es la primera resurrección. Bienaventurado y santo el que tiene parte en la primera resurrección; la segunda muerte no tiene potestad sobre estos, sino que serán sacerdotes de Dios y de Cristo, y reinarán con él mil años. (Ap. 20:5-6)

> No os maravilléis de esto; porqué vendrá hora cuando todos los que están en los sepulcros oirán su voz; y los que hicieron lo bueno, saldrán a resurrección de vida; mas los que hicieron lo malo, a resurrección de condenación. (Jn. 5:28-29)

451. ¿ESTÁ EL ALMA CONSCIENTE DESPUÉS DE LA MUERTE?

Sí. Jesús enseñó que Lázaro y el hombre rico estuvieron conscientes, tenían memoria y la capacidad de expresarse.

> En el cual también fue y predicó a los espíritus

EL PROPÓSITO DEL PACTO 231

encarcelados. (I P. 3:19)

452. ¿HAY RECONOCIMIENTO DE SERES QUERIDOS DESPUÉS DE LA MUERTE?

Sí. Los muertos en el paraíso y en Seol-Hades reconocieron los que habían conocido en la tierra.

Y os digo que vendrán muchos del oriente y del occidente, y se sentarán con Abrahán e Isaac y Jacob en el reino de los cielos. (Mt. 8:11)

453. ¿DÓNDE ENVÍA DIOS EL ALMA Y EL ESPÍRITU DE LOS JUSTOS EN SU MUERTE?

Dios envía el alma y el espíritu de los muertos justos al paraíso.

Y dijo a Jesús: Acuérdate de mí cuando vengas en tu reino. (Lc. 23:43)

Así que vivimos confiados siempre, y sabiendo que entre tanto que estamos en el cuerpo, estamos ausentes del Señor, pero confiamos, y más quisiéramos estar ausentes del cuerpo, y presentes al Señor. (II Co. 5:6,8)

454. ¿DÓNDE ESTA EL PARAÍSO?

El paraíso está localizado en el tercer cielo. Antes de la resurrección de Jesucristo, el paraíso estuvo localizado en el centro de la tierra en Seol o Hades; por lo cual fue dividido en dos partes - una para los malos y otra para los justos.

Conozco a un hombre en Cristo, que hace catorce años (si en el cuerpo, no lo se; Dios lo sabe) fue arrebatado hasta el tercer cielo. Y conozco al tal hombre (si en el cuerpo, o fuera del cuerpo, no lo se; Dios lo sabe), que fue arrebatado al paraíso, donde oyó palabras inefables que no le es dado al hombre expresar. (II Co. 12:2-4)

NARRATIVO BÍBLICO: La parábola del hombre rico y el mendigo, Lázaro. (Lc. 16:19-31)

455. ¿POR QUÉ FUE TRASLADADO EL PARAÍSO?

Dios no permite a nadie con pecado no arrepentido en Su santo presencia. Proveía una morada temporal para las almas de los muertos justos en Seol-Hades hasta que Jesucristo pagará por los pecados del mundo por Su muerte en la cruz. La muerte y la resurrección de Jesucristo dieron los justos acceso a la presencia de Dios y el paraíso fue trasladado al tercer cielo.

Muy limpio eres de ojos para ver el mal, ni puedes ver el agravio . . . (Hab. 1:13)

. . . pero ahora, en la consumación de los siglos, se presentó una vez para siempre por el sacrificio de si mismo para quitar de en medio el pecado. (He. 9:26)

Porque la sangre de los toros y de los machos cabríos no puede quitar los pecados. (He. 10;4)

456. ¿DÓNDE ESTÁN LAS ALMAS Y LOS ESPÍRITUS DE LOS MALOS AHORA?

Los muertos malvados están ahora en Seol-Hades.

Como la nube se desvanece y se va, así el que desciende al Seol no subirá; No volverá mas a su casa, ni su lugar le conocerá más. (Job. 7:9-10)

¿Qué hombre vivirá y no verá muerte? ¿Librará su vida del poder del Seol? (Sal. 89:48)

Porque el Seol no te exaltará, ni te alabará la muerte; ni los que descienden al sepulcro esperarán tu verdad. (Is. 38:18)

EL PROPÓSITO DEL PACTO

457. ¿QUÉ ES SEOL-HADES?

Seol-Hades es la morada temporal de las almas de los muertos malvados.

(David) Viéndolo antes, habló de la resurrección de Cristo, que su alma no fue dejada en el Hades, ni su carne vio corrupción. (Hch. 2:31)

Porque no dejarás mi alma en el Seol, ni permitirás que tu santo vea corrupción. (Sal. 16:10)

458. ¿DÓNDE ESTA SEOL-HADES?

Seol-Hades está localizado en las partes más bajas del centro de la tierra.

Por lo cual dice: Sabiendo a lo alto, llevó cautiva la cautividad, y dio dones a los hombres. Y eso de que subió, ¿qué es sino que también había descendido primero a las partes más bajas de la tierra? El que descendió, es él mismo que también subió por encima de todos los cielos para llenarlo todo. (Ef. 4:8-10)

459. ¿QUÉ ENSEÑAN LAS ESCRITURAS ACERCA DE LA RESURRECCIÓN DE LOS MUERTOS EN CRISTO?

Las Escrituras enseñan que los muertos en Cristo serán los primeros resucitados en el regreso de Jesucristo a la tierra.

Por lo cual os decimos esto en palabra del Señor: que nosotros que vivimos, que habremos quedado hasta la venida del Señor, no precederemos a los que durmieron. Porque el Señor mismo con voz de mando, con voz de arcángel, y con trompeta de Dios, descenderá del cielo; y los muertos en Cristo resucitarán primero. (I Ts. 4:15-16)

460. ¿QUÉ SIGNIFICA "ESTAR EN CRISTO"?

Estar "en Cristo" es ser un creyente que ha nacido de nuevo . . . uno que se ha arrepentido de sus pecados, se ha bautizado en agua, y ha sido llenado del Espíritu Santo.

> . . . si alguno está en Cristo, nueva criatura es . . . (II Co. 5:17)

> ¿O no sabéis que todos los que hemos sido bautizados en Cristo Jesús, hemos sido bautizados en su muerte? (Ro. 6:3)

> . . . que el que no naciere de agua y del Espíritu, no puede entrar en el reino de Dios. (Jn. 3:5)

461. ¿QUÉ PASARA EN LA PRIMERA RESURRECCIÓN?

Jesucristo descenderá del cielo a la atmósfera de la tierra. Una voz de mando señalará que los muertos en Cristo resucitarán. Los creyentes en Cristo que viven y los que se han resucitado de los muertos serán arrebatados juntamente en las nubes para recibir al Señor en el aire.

> Porque el Señor mismo con voz de mando, con voz de arcángel, y con trompeta de Dios descenderá del cielo; y los muertos en Cristo resucitarán primero. Luego nosotros los que vivimos, los que hayamos quedado, seremos arrebatados juntamente con ellos en las nubes para recibir al Señor en el aire, y así estaremos siempre con el Señor. (I Ts. 4:16-17)

462. ¿QUÉ CLASE DE CUERPOS RECIBIRÁN LOS CREYENTES EN LA RESURRECCIÓN?

Los creyentes recibirán un cuerpo hecho por Dios. Será como el cuerpo de Jesucristo después de la resurrección . . . inmortal, incorruptible, espiritual, y poderoso.

Pero Dios le da el cuerpo como él quiso, y a cada semilla su propio cuerpo. (I Co. 15:38)

Así también es la resurrección de los muertos. Se siembra en corrupción, resucitará en incorrupción. Se siembra cuerpo animal, resucitará cuerpo espiritual. Hay cuerpo animal, y hay cuerpo espiritual. (I Co 15:42,44)

Mas nuestra ciudadanía está en los cielos, de donde también esperamos al Salvador, al Señor Jesucristo; el cual transformará el cuerpo de la humillación nuestra, para que sea semejante al cuerpo de la gloria suya, por el poder con el cual puede también sujetar a sí mismo todas las cosas. (Flm. 3:20-21)

463. **¿QUÉ ENSEÑAN LAS ESCRITURAS ACERCA DE LA RESURRECCIÓN DE LOS MALOS?**

Las Escrituras enseñan que los malos que han muerto se resucitarán de sus sepulcros después del reinado de Cristo en la tierra. Se presentarán delante de Dios en el gran trono blanco y darán cuentas de su rechazo de Jesucristo y de sus hechos en la tierra.

No os maravilléis de esto; porque vendrá hora cuando todos los que están en los sepulcros oirán su voz; y los que hicieron lo bueno, saldrán a resurrección de vida; mas los que hicieron lo malo, a resurrección de condenación. (Jn. 5:28-29)

Y el mar entregó los muertos que había en él; y la muerte y el Hades entregaron los muertos que había en ellos; y fueron juzgados cada uno según sus obras. (Ap. 20:13)

Pero los otros muertos no volvieron a vivir hasta que se cumplieron mil años . . . (Ap. 20:5)

464. ¿DÓNDE ESTA EL INFIERNO?

La Biblia se refiere al infierno como un lugar de oscuridad por lo cual implica que está muy lejos de Dios o de un sol. La Biblia no nos dice exactamente donde está localizado el infierno.

Y os digo que vendrán muchos del oriente y del occidente, y se sentarán con Abrahán e Isaac y Jacob en el reino de los cielos; mas los hijos del reino serán echados a las tinieblas

de afuera; allí será el lloro y el crujir de dientes. (Mt. 8:11-12)

Estos son fuentes sin agua, y las nubes empujadas por la tormenta; para los cuales la más densa oscuridad está reservada para siempre. (II P. 2:17)

Fieras ondas del mar, que espuman su propia vergüenza; estrellas errantes, para las cuales está reservada eternamente la oscuridad de las tinieblas. (Jud. 13)

465. ¿QUÉ ES EL INFIERNO?

El infierno es un lugar de tormento eterno; un lago de fuego que no se apaga. Será habitado con los espíritus de los hombres malvados, Lucero, y sus demonios. Ya que fuego natural no tiene efecto sobre espíritus, las llamas eternas del infierno tormentarán sus víctimas con memoria, remordimiento, desesperanza, y condenación; produciendo una continua depresión.

Aconteció que murió el mendigo, y fue llevado por los ángeles al seno de Abrahán; y murió también el rico, y fue sepultado. Y en el Hades alzó sus ojos, estando en tormentos, y vio de lejos a Abrahán y a Lázaro en su seno. Entonces él, dando voces, dijo: Padre Abrahán, ten misericordia de mí, y envía a Lázaro para que moje la

EL PROPÓSITO DEL PACTO

punta de su dedo en agua, y refresque mi lengua; porque estoy atormentado en esta llama. (Lc. 16:22-24)

Y el que no se halló inscrito en el libro de la vida fue lanzado al lago de fuego. (Ap. 20:15)

466. ¿HAY ALGUIEN EN EL INFIERNO HOY DIA?

No. El infierno no será habitado hasta el juicio final durante el fin del mundo.

Entonces dirá también a los de la izquierda: Apartaos de mi, malditos, al fuego eterno preparado para el diablo y sus ángeles. (Mt. 25:41)

467. ¿HAY ALGO QUÉ PODAMOS HACER PARA AYUDAR LOS MUERTOS EN SEOL-HADES QUE NO VAYAN AL INFIERNO?

No. La eternidad está determinada en esta vida. Ni oración ni bautismo para los muertos pueden ayudarles escapar del juicio final y el infierno.

Y de la manera que está establecido para los hombres que mueran una sola vez, y después de esto el juicio. (He. 9:27)

Sabe el Señor librar de tentación a los piadosos, y reservar a los injustos para ser castigados en el día del juicio. (II P. 2:9)

468. ¿QUÉ SERÁ EL CASTIGO DE LOS MALOS?

En el juicio del Gran Trono Blanco, serán castigados a la muerte (la segunda muerte). Sus almas y espíritus se quedarán para siempre en el infierno. No hay inmortalidad para los malos. Vida eterna (inmortalidad) está prometida solamente a los creyentes.

> *Bienaventurado y santo el que tiene parte en la primera resurrección; la segunda muerte no tiene potestad sobre éstos, sino que serán sacerdotes de Dios y de Cristo, y reinarán con él mil años. Y el que no se halló inscrito en el libro de la vida fue lanzado al lago de fuego. (Ap. 20:6,15)*
>
> *Porque de tal manera amó Dios al mundo, que ha dado a su Hijo unigénito, para que todo aquel que en el cree, no se pierda, mas tenga vida eterna. (Jn.3:16)*
>
> *Donde el gusano de ellos no muere, y el fuego nunca se apaga. (Mar. 9:44,46,48)*

469. ¿POR QUÉ DEBERÍAMOS CREER EN LA DOCTRINA DE LA RESURRECCIÓN?

Tenemos que creer en la doctrina de la resurrección para que tengamos un propósito de tener temor de Dios y comprometernos a El. Si no hubiera sido una resurrección, entonces no podría ser un juicio, y sin premios y castigos en el futuro, entonces no sería una razón para llevar cruces y mantenernos bajo disciplina.

> *Si como hombre batalle en Efeso contra fieras, ¿qué me aprovecha? . . . comamos y bebamos, porque mañana moriremos. (I Co. 15:32)*
>
> *Y todo aquel que tiene esta esperanza en él, se purifica a sí mismo, así como él es puro. (I Jn.3:3)*

470. ¿POR QUÉ DEBERÍAMOS CREER EN LA RESURRECCIÓN DE JESUCRISTO?

Si no creemos en la resurrección de Jesucristo, entonces no podemos creer que Dios haya aceptado Su muerte en cambio por nuestros pecados.

> *Y si Cristo no resucitó, vuestra fe es vana; aún estáis en*

vuestros pecados. (I Co. 15:17)

471. ¿PODEMOS EXPERIMENTAR EL PODER DIVINO DE LA RESURRECCIÓN DE DIOS EN ESTA VIDA?

Sí. Podemos experimentar una resurrección espiritual y mortal en esta vida.

Y si el Espíritu de aquel que levantó de los muertos a Jesús mora en vosotros, el que levantó de los muertos a Cristo Jesús vivificará también vuestros cuerpos mortales por su Espíritu que mora en vosotros. (Ro. 8:11)

472. ¿CÓMO EXPERIMENTAMOS UNA RESURRECCIÓN ESPIRITUAL Y MORTAL EN ESTA VIDA?

1. Estamos muertos en pecado y El nos perdona y nos da una vida nueva.

   Y el os dio vida a vosotros, cuando estabais muertos en vuestros delitos y pecados . . . aun estando nosotros muertos en pecados, nos dio vida juntamente con Cristo (por gracia sois salvos), y juntamente con él nos resucitó, y asimismo nos hizo sentar en los lugares celestiales con Cristo Jesús. (Ef. 2:1,5-6)

2. Una aflicción física obra muerte en nuestro cuerpo y Dios envía Su palabra y nos sana.

   Pero tuvimos en nosotros mismos sentencia de muerte, para que no confiásemos en nosotros mismos, sino en Dios que resucita a los muertos; el cual nos libró, y nos libra, y en quien esperamos que aún nos librará, de tan gran muerte. (II Co. 1:9-10)

3. Estamos enfrentados con una situación imposible y El manifiesta Su poder de vida. (Ro. 4:18-20)

   El creyó en esperanza contra esperanza, para llegar a ser

padre de muchas gente, conforme a lo que se le había dicho: Así será tu descendencia. Y no se debilitó en la fe al considerar su cuerpo, que estaba ya como muerto (siendo de casi cien años), o la esterilidad de la matriz de Sara. Tampoco dudó, por incredulidad, de la promesa de Dios, sino que se fortaleció en fe, dando gloria a Dios. (Ro. 4:18-20)

4. Acabamos de nuestra fuerza física y averiguamos que Su poder es hecho perfecto en nuestra debilidad.

Por tanto, de buena gana me gloriaré más bien en mis debilidades, para que repose sobre mí el poder de Cristo. (II Co. 12:9)

JUICIO ETERNO

CAPITULO 33

473. ¿CUAL ES LA DOCTRINA DE JUICIO ETERNO?

Es la creencia de que Jesucristo será el juez sobre todo el mundo al final de esta edad.

> *Dios . . . ha establecido un día en el cual juzgará al mundo con justicia, por aquel varón a quien designó . .*
> *(II Co. 12:9)*

474. ¿POR QUÉ ES LLAMADO EL "JUICIO ETERNO"?

Es llamado el "Juicio Eterno" porque los castigos que serán declarados jamás podrán ser cambiados.

475. ¿QUIÉN SERA JUZGADO?

Cada hombre que ha vivido será juzgado.

> *Y de la manera que está establecido para los hombres que mueran una sola vez, y después de esto el juicio.*
> *(He. 9:27)*

476. ¿CUANTOS JUICIOS HABRÁ?

Habrá dos juicios diferentes.

477. ¿CUALES SON?

Son:

1. El tribunal de Cristo - el juicio de creyentes.

> *Porque es necesario que todos nosotros comparezcamos ante el tribunal de Cristo, para que cada uno reciba según lo que haya hecho mientras estaba en el cuerpo, sea bueno*

o sea malo. (II Co. 5:10) (También véase Sal. 135:14)

2. El gran trono blanco - el juicio final de todos los que no tenían parte en la primera resurrección.

Estuve mirando hasta que fueron puestos tronos, y se sentó un Anciano de días, cuyo vestido era blanco como la nieve, y el pelo de su cabeza como lana limpia; su trono llama de fuego, y las ruedas del mismo, fuego ardiente. Un río de fuego procedía y salía de delante de él; millares de millares le servían, y millones de millones asistían delante de él; el Juez se sentó, y los libros fueron abiertos. (Dn. 7:9-10)

Y vi un gran trono blanco y al que estaba sentado en él, de delante del cual huyeron la tierra y el cielo, y ningún lugar se encontró para ellos. (Ap. 20:11)

478. ¿QUÉ ES EL TRIBUNAL DE CRISTO?

El tribunal de Cristo es el trono de Jesucristo en el cielo. Todos los que han sido redimidos por la sangre de Cristo serán recogidos para dar cuentas de sus hechos en la tierra. Cristo determinará sus premios y posiciones en Su Reino.

Porque el Padre a nadie juzga, sino que todo el juicio dio al Hijo. (Jn. 5:22)

479. ¿CUÁNDO OCURRIRÁ EL PRIMER JUICIO?

El primer juicio ocurrirá cuando Jesucristo vuelva a la tierra para los redimidos de todas edades que están en sus sepulcros y para los que están vivos en la tierra. Los ángeles les juntarán y les llevarán al tribunal de Cristo donde serán juzgados.

Entonces aparecerá la señal del Hijo del Hombre en el cielo; y entonces lamentarán todas las tribus de la tierra, y verán al Hijo del Hombre viniendo sobre las nubes del

JUICIO ETERNO

cielo, con poder y gran aforia. Y enviará sus ángeles con gran voz de trompeta, y juntarán a sus escogidos, de los cuatro vientos, desde un extremo del cielo hasta el otro. (Mt. 24:30-31)

480. ¿CÓMO JUZGARA CRISTO A LOS HOMBRES?

Todos los hombres serán juzgados por varios libros que han sido guardados, archivando sus hechos en la tierra.

Porque es necesario que todos nosotros comparezcamos antes el tribunal de Cristo, para que cada uno reciba según lo que haya hecho mientras estaba en el cuerpo, sea bueno o sea malo. (II Co. 5:10)

481. ¿CUALES SON ESTOS LIBROS DE ARCHIVO?

Hay cuatro libros de archivo mencionados en las Escrituras.

Son:

1. El Libro de Consciencia. (Las leyes de Dios escritas en la consciencia de cada hombre nacido en la tierra.)

   Porque cuando los gentiles que no tienen ley, hacen por naturaleza lo que es de la ley, éstos, aunque no tengan ley, son ley para sí mismo, mostrando la obra de la ley escrita en sus corazones, dando testimonio su conciencia, y acusándoles o defiéndoles sus razonamientos. (Ro. 2:14-15)

2. El Libro de Conciencia. (El archivo guardado de la reacción del hombre a la guianza de Dios a través de su presencia, cuidado amoroso, o intervención.)

   ¿O menosprecias las riquezas de su benignidad, paciencia y longanimidad, ignorando que su benignidad te guía al arrepentimiento? Pero por tu dureza y por tu corazón no arrepentido atesoras para ti mismo ira para el día de la ira y de la revelación del justo juicio de Dios, el cual pagará

a cada uno conforme a sus obras. (Ro. 2:4-6)

3. El Libro de la Ley y el Evangelio. (Las leyes y mandamientos de Cristo que nos llevan al la vida eterna.)

Porque todos los que sin ley han pecado, sin ley también perecerán; y todos los que bajo la ley han pecado . . . en el día en que Dios juzgará por Jesucristo los secretos de los hombres, conforme a mi evangelio. (Ro. 2:12,16)

4. El Libro de Vida. (Los nombres de los redimidos de todas las edades están escritos en el Libro de Vida.)

El que venciere será vestido de vestiduras blancas; y no borraré su nombre del libro de la vida, y confesaré su nombre delante de mi Padre, y delante de sus ángeles. (Ap. 3:5)

Y vi a los muertos, grandes y pequeños, de pie ante Dios; y los libros fueron abiertos, y otro libro fue abierto, el cual es el libro de la vida . . . (Ap. 20:12)

482. ¿SERÁN JUZGADOS LOS CREYENTES POR CADA PECADO QUE HAN COMETIDO?

No. Seremos juzgados solamente por los pecados por los cuales no nos hemos arrepentidos.

Los pecados de algunos hombres se hacen patentes antes que ellos vengan a juicio, mas a otros se les descubren después. (I Ti. 5:24)

. . . perdonaré la maldad de ellos, y no me acordaré más de su pecado. (Jer. 31:34)

483. ¿CÓMO DETERMINA DIOS EL DESTINO DEL HOMBRE?

Dios determina el destino del hombre según:

JUICIO ETERNO

1. Su decisión de aceptar o rechazar a Su Hijo, Jesucristo.

El que tiene al Hijo, tiene la vida; el que no tiene al Hijo de Dios no tiene la vida. (I Jn. 5:12)

2. Su obediencia al Evangelio de Jesucristo.

El que creyere y fuere bautizado, será salvo; mas el que no creyere, será condenado. (Mr. 16:16)

3. Su obediencia y fidelidad a las llamadas y al servicio de Dios.

Aquel siervo que conociendo la voluntad de su señor, no se preparó, ni hizo conforme a su voluntad, recibirá muchos azotes. Mas él que sin conocerla hizo cosas dignas de azotes, será azotado poco; porque a todo aquel a quien se haya dado mucho, mucho se le demandará; y al que mucho se le haya confiado, mas se le pedirá. (Lc. 12:47-48)

Y dijo el Señor: ¿Quién es el mayordomo fiel y prudente al cual su señor pondrá sobre su casa... (Lc. 12:42)

4. Su cuidado e interés para los enfermos y los pobres.

Entonces el Rey dirá a los de su derecha: Venid, benditos de mi Padre, heredad el reino preparado para vosotros desde la fundación del mundo. Porque tuve hambre, y me disteis de comer; tuve sed, y me disteis de beber; fui forastero, y me recogisteis; estuve desnudo, y me cubristeis; enfermo, y me visitasteis; en la cárcel, y vinisteis a mí. (Mt. 25:34-36)

5. Sus buenas obras.

La obra de cada uno se hará manifiesta; porque el día la declarará, pues por el fuego será revelada; y la obra de cada uno cuál sea; el fuego la probará. Si permaneciere la

> obra de alguno que sobre edificó, recibirá recompensa. Si la obra de alguno se quemare, él sufrirá pérdida, si bien el mismo será salvo, aunque así como por fuego.
> (I Co. 3:13-15)
>
> Así también la fé, si no tiene obras, es muerta en sí misma.
> (Stg. 2:17)

484. ¿QUÉ OCURRIRÁ EN EL TRIBUNAL DE CRISTO?

Creyentes serán juzgados según los cuatro libros de archivo y serán premiados o castigados según sus hechos.

> Vendrá el señor de aquel siervo en día que este no espera, y a la hora que no sabe, y le castigará duramente, y le pondrá con los infieles. Aquel siervo que conociendo la voluntad de su señor, no se preparó, ni hizo conforme o su voluntad, recibirá muchos azotes. Mas el que sin conocerla hizo cosas dignas de azotes, será azotado poco; porque a todo aquel a quien se haya dado mucho, mucho se le demandará; y al que mucho se le haya confiado, mas se le pedirá. (Lc. 12:46-48)
>
> La obra de cada uno se hará manifiesta; porque el día la declarará, pues por el fuego será revelada; y la obra de cada uno cuál sea, el fuego la probará. Si permaneciere la obra de alguno se quemare, él sufrirá pérdida, si bien él mismo será salvo, aunque así como por fuego.
> (I Co. 3:13-15)
>
> Entonces el Rey dirá a los de su derecha: Venid, benditos de mi Padre, heredad el reino preparado para vosotros desde la fundación del mundo. Porque tuve hambre, y me disteis de comer; tuve sed, y me disteis de beber; fui forastero, y me recogisteis; estuve desnudo, y me cubristeis; enfermo, y me visitasteis; en la cárcel, y vinisteis a mí. (Mt. 25:34-36)

JUICIO ETERNO

NARRATIVOS BÍBLICOS: Parábola de los talentos, (Mt. 25:14-30).

485. ¿CÓMO SERA PREMIADA LA FIDELIDAD DE UN CREYENTE EN EL CIELO?

Según las Escrituras, los creyentes fieles serán premiados con posiciones de autoridad y reinarán sobre la tierra con Cristo Jesús. Lo que hacemos en esta vida con nuestros talentos, dones, y posesiones, determinará la cualidad de vida que tendremos en la eternidad.

Jesús le dijo: Si quieres ser perfecto, anda, vende lo que tienes, y dalo a los pobres, y tendrás tesoro en el cielo; y ven y sígueme. (Mt. 19:21)

Así es el que hace para si tesoro, y no es rico para con Dios. (Lc.12:21)

Bienaventurado aquel siervo al cual, cuando su señor venga, le halle haciendo así. De cierto os digo que sobre todos sus bienes le pondrá. (Mt. 24:46-47)

NOTA: Véase la parábola de los talentos, (Mt. 25:14-30). Aún en esta vida el Señor nos premia para nuestra fidelidad con darnos más responsabilidad.

Y nos has hecho para nuestro Dios reyes y sacerdotes, y reinaremos sobre la tierra. (Ap. 5:10)

486. ¿ENVÍA DIOS AL INFIERNO LOS QUE NUNCA HAN OÍDO DE JESUCRISTO?

Dios no envía gente al infierno porque nunca hayan oído de Jesucristo. Dios nos juzga según lo que sabemos y mide nuestro pecado en la luz de lo que nuestra conciencia nos dijo era malo y bueno. Las Escrituras enseñan que nuestra conciencia nos acusará o nos defenderá en el día de juicio. Lamentablemente cada hombre ha pecado. "Por cuanto todos pecaron, y están destituidos de la gloria de Dios." Gracias a Dios, que los que han recibido a Jesucristo como Salvador encontrarán perdón y misericordia.

Porque cuando los gentiles que no tienen ley, hacen por naturaleza lo que es de la ley, éstos, aunque no tengan ley, son ley para sí mismos, mostrando la obra de la ley escrita en sus corazones, dando testimonio su conciencia, y acusándoles o defendiéndoles sus razonamientos, en el día en que Dios juzgará por Jesucristo los secretos de los hombres, conforme a mi evangelio. (Ro. 2:14-16)

Por cuanto todos pecaron, y están destituidos de la gloria de Dios. (Ro. 3:23)

Y al que sabe hacer lo bueno, y no lo hace, le es pecado. (Stg. 4:17)

Instruye al niño en su camino, y aun cuando fuere viejo no apartará de él. (Pr. 22:6)

487. ¿IRÁN AL INFIERNO LOS BEBES QUE MUEREN SIN SER BAUTIZADOS?

La Escritura no es claro sobre este tema. Porque Dios es misericordioso y repetidamente expresaba interés y cariño para los niños, nosotros concluimos que los bebes que no han sido bautizados no irán al infierno porque no son culpables de pecado. Recuerde, Pecado Original es la corrupción total de nuestra naturaleza que nos influye a rebelar contra Dios y sus mandamientos, pero esto no es un hecho de pecado. Un bebé no es culpable de nada. Dios es justo y juzgará a gente solamente sobre la base de lo que han hecho.

. . . El Juez de toda la tierra, ¿no ha de hacer lo que es justo? (Gn. 18:25)

JUICIO ETERNO

488. ¿QUÉ ES EL ESTADO ESPIRITUAL DE UN NIÑO?

Hasta la edad de contabilidad, un niño es santificado por un padre que es un creyente.

Porque el marido incrédulo es sanctificado en la mujer, y la mujer incrédula en el marido; pues de otra manera vuestros hijos serían inmundos, mientras que ahora son santos. (I Co.7:14)

NOTA: La edad de contabilidad se refiere al momento un niño llega a ser responsable a Dios para sus acciones. La verdad es que niños llegan a la edad cuando pueden ser responsables por lo que hacen. Cuando lleguen a este tiempo, serán juzgados por los mismos estandartes de los demás.

489. ¿POR QUÉ HA DE PREDICAR EL EVANGELIO DE JESUCRISTO EN EL MUNDO ENTERO?

El Evangelio de Jesucristo ha de ser predicado en todas las naciones para que todos los hombres puedan tener la oportunidad de ser redimidos de pecado y de la muerte eterna. Cada uno que cree y recibe a Jesucristo como su Señor y Salvador, será dado el don de vida eterna.

Porque de tal manera amó Dios al mundo, que ha dado a su Hijo unigénito, para que todo aquel que en él cree, no se pierda, mas tenga vida eterna. (Jn. 3:16)

E irán estos al castigo eterno, y los justos a la vida eterna. (Mt. 25:46)

490. ¿EXPERIMENTAN CREYENTES EL JUICIO DE DIOS ANTES DEL REGRESO DE CRISTO?

Sí. Hay dos juicios para cada creyente antes del regreso de

Cristo:

1. El juicio de pecado.
2. El juicio de fuego.

491. ¿QUÉ ES EL JUICIO DE PECADO?

El juicio de pecado ocurre cuando el Espíritu Santo nos hace concientes de nuestro estado pecaminoso, concediéndonos tristeza por nuestros pecados y dándonos arrepentimiento por ellos. Cuando reconocemos nuestros pecados del pasado son juzgados y quitados de los archivos de Dios.

Y a vosotros, estando muertos en pecados, y en la incircuncisión de vuestra carne, os dio vida juntamente con él, perdonándoos todos los pecados, anulando el acta de los decretos que había contra nosotros, que nos era contraria, quitándola de en medio y clavándola en la cruz. (Col. 2:13-14)

Si confesamos nuestros pecados, él es fiel y justo para perdonar nuestros pecados, y limpiarnos de toda maldad. (I Jn. 1:9)

Cuanto está lejos el oriente del occidente, hizo alejar de nosotros nuestras rebeliones. (Sal. 103:12)

Si, pues, nos examinásemos a nosotros mismos, no seríamos juzgados; mas siendo juzgados, somos castigados por él Señor, para que no seamos condenados con el mundo. (I Co. 11: 31-32)

492. ¿QUÉ ES EL JUICIO DE FUEGO?

Dios envía el fuego de tribulación en las vidas de todos los creyentes para probar la profundidad de su amor y la fuerza de su fe en El. Si aguantan la tribulación, su amor y su fe se profundizan, madurándoles como hijos de Dios.

Para que sometida a prueba vuestra fe, mucho más preciosa que el oro, el cual aunque perecedero se prueba con fuego, sea hallada en alabanza, gloria y honra cuando sea manifestado Jesucristo. (I P.1:7)

Mas él conoce mi camino; me probará, y saldré como oro. (Job 23:10)

Y no sólo esto, sino que también nos gloriamos en las tribulaciones, sabiendo que la tribulación produce paciencia; y la paciencia, prueba; y la prueba, esperanza; y la esperanza no avergüenza; porque el amor de Dios ha sido derramado en nuestros corazones por el Espíritu Santo que nos fue dado. (Ro. 5:3-5)

493. ¿QUÉ PASA AL CREYENTE QUE NO PUEDE SOPORTAR EL JUICIO DE FUEGO?

El creyente cuyo amor y fe no puede soportar el juicio de fuego llega a ser ofendido por Dios y pierde confianza en lo que había creído en el pasado como verdadero.

Y el que fue sembrado en pedregales, éste es el que oye la palabra, y al momento la recibe con gozo; pero no tiene raíz en sí, sino que es de corta duración, pues al venir la aflicción o la persecución por causa de la palabra, luego tropieza. (Mt. 13:20-21)

494. ¿QUÉ DEBERÍA HACER EL CREYENTE QUE PIERDE CONFIANZA POR EL JUICIO DE FUEGO?

Cuando un creyente pierde confianza por el juicio de fuego, debería pedir a Dios que le revele en que área su fe necesita ser corregida o cambiada.

Para que sometida a prueba vuestra fe mucho más preciosa que el oro, el cual aunque perecedero se prueba con fuego, sea hallada en alabanza, gloria y honra cuando sea manifestado Jesucristo. (I P. 1:7)

Amados, no os sorprendáis del fuego de prueba que os ha sobrevenido, como si alguna cosa extraña os aconteciese. (I P. 4:12)

495. ¿POR QUÉ HAY PERÍODOS CUANDO NUESTRA FE NECESITA SER CAMBIADA O CORREGIDA?

1. El hombre natural tiene la tendencia de seguir la sabiduría de los hombres en vez de la sabiduría de Dios.

   Pero el hombre natural no percibe las cosas que son del Espíritu de Dios, porque para el son locura, y no las puede entender, porque se han de discernir espiritualmente. (I Co. 2:14)

2. Cuanto más crecemos en la gracia y conocimiento del Señor, nuestra fe va madurándose.

   Y ni mi palabra ni mi predicación fue con palabras persuasivas de humana sabiduría, sino con demostración del Espíritu y de poder, para que vuestra fe no esté fundada en la sabiduría de los hombres, sino en el poder de Dios. (I Co. 2:4-5)

   Porque el Señor es el Espíritu; y donde está el Espíritu del Señor, allí hay libertad. Por tanto, nosotros todos, mirando a cara descubierta como en un espejo la gloria del Señor, somos transformados de gloria en gloria en la misma imagen, como por el Espíritu del Señor. (II Co. 3:17-18)

496. ¿QUÉ PASA CUANDO NOS REBELAMOS CONTRA EL JUICIO DE FUEGO?

Nos echamos atrás.

Mas el justo vivirá por fe; y si retrocediere, no agradará a mi alma. (He. 10:38)

NOTA: Véase Capitulo 34 sobre el Bautismo de Fuego.

497. ¿QUÉ SIGNIFICA QUE UNA PERSONA SE ECHA ATRÁS?

Una persona que se echa atrás es un creyente que abandona la fe, se ha separado de la compañía de los santos, y vuelve a su vida anterior de pecado.

> *Porque mejor les hubiera sido no haber conocido el camino de la justicia, que después de haberlo conocido, volverse atrás del santo mandamiento que les fue dado. Pero les ha acontecido lo del verdadero proverbio: El perro vuelve a su vómito, y la puerca lavada a revolcarse en el cieno.*
> *(II P. 2:21-22)*

498. ¿QUÉ PASARÁ A LAS PERSONAS QUE SE ECHAN ATRÁS?

Los que se echan atrás serán juzgados con los creyentes en el tribunal de Cristo. Ahí serán castigados y designados al destino de los hipócritas y no creyentes y perderán su salvación.

> *Porque es necesario que todos nosotros comparezcamos ante el tribunal de Cristo, para que cada uno reciba según lo que haya hecho mientras estaba en el cuerpo, sea bueno o sea malo. (II Co. 5:10)*

> *El que en mí no permanece, será echado fuera como pámpano, y se secará; y los recogen, y los, echan en el fuego, y arden. (Jn. 15:6)*

> *Pero si aquel siervo malo dijere en su corazón: Mi señor tarda en venir; y comenzare a golpear a sus consiervos, y aun a comer y a beber con los borrachos, vendrá el señor de aquel siervo en día que éste no espera, y a la hora que no sabe, y lo castigará duramente, y pondrá su parte con los hipócritas; allí será el lloro y el crujir de dientes.*
> *(Mt. 24:48-51)*

> *Ciertamente, si habiéndose ellos escapado de las contaminaciones del mundo, por el conocimiento del Señor*

y Salvador Jesucristo, enredándose otra vez en ellas son vencidos, su postrer estado viene a ser peor que el primero. Porque mejor les hubiera sido no haber conocido el camino de la justicia, que después de haberlo conocido, volverse atrás del santo mandamiento que les fue dado. (II P. 2:20-21)

499. **¿VIENE LA SALVACIÓN SOLAMENTE DE GRACIA?**

Sí. El hombre no puede merecer la salvación de Dios. Sin embargo, si la gracia de Dios no es una licencia para vivir en una manera pecaminosa, tampoco elimina el tribunal donde los creyentes tienen que dar cuentas por las cosas que han hecho en la tierra. Si un hombre vive en pecado, la gracia de Dios no puede obrar en su vida.

Porque la gracia de Dios se ha manifestado para salvación a todos los hombres, enseñándonos que, renunciando a la impiedad y a los deseos mundanos, vivamos en este siglo sobria, justa y piadosamente. (Tit. 2:11-12)

500. **¿QUE ES EL JUICIO DEL GRAN TRONO BLANCO?**

El gran trono blanco es el juicio final de los que no han tenido parte en la primera resurrección, tanto como los ángeles caídos.

Y vi un gran trono blanco y al que estaba sentado en él, de delante del cual huyeron la tierra y el cielo, y ningún lugar se encontró para ellos. Y vi a los muertos, grandes y pequeños, de pie ante Dios; y los libros fueron abiertos, y otro libro fue abierto, el cual es el libro de la vida; y fueron juzgados los muertos por las cosas que estaban escritas en los libros, según sus obras. (Ap. 20:11-12)

Y a los ángeles que no guardaron su dignidad, sino que abandonaron su propia morada, los ha guardado bajo oscuridad, en prisiones eternas, para el juicio del gran día. (Jud. 6)

501. ¿TIENEN LOS CREYENTES PODER PARA JUZGAR ASUNTOS ESPIRITUALES?

Creyentes maduros tienen poder que el Espíritu Santo les da para ejecutar el juicio de Dios en asuntos espirituales. A través de oración están capacitados a atar las fuerzas de maldad y librar a los hombres de las ataduras de Satanás.

Y a ti te daré las llaves del reino de los cielos; y todo lo que atares en la tierra será atado en los cielos; y todo lo que desatares en la tierra será desatado en los cielos. (Mt. 16:19)

Regocíjense los santos por su gloria, y canten aun sobre sus camas. Exalten a Dios con sus gargantas, y espadas de dos filos en sus manos, para ejecutar venganza entre las naciones, y castigo entre los pueblos; para aprisionar a sus reyes con grillos, y a sus nobles con cadenas de hierro; para ejecutar en ellos el juicio decretado; gloria será esto para todos sus santos. Aleluya. (Sal. 149:5-9)

502. ¿QUÉ SIGNIFICA "NO JUZGUÉIS, PARA QUE NO SEÁIS JUZGADOS"?

El Señor no juzga ningún hombre según su apariencia exterior, sino le juzga según lo que está en su corazón. El hombre juzga por lo que ve y le condena por la amargura en su propio corazón, así condenándose a sí mismo.

No juzguéis, para que no seáis juzgados. Porque con el juicio con que medís, os será medido. ¿Y por qué miras la paja que está en el ojo de tu hermano, y no echas de ver la viga que está en tu propio ojo? ¿O cómo dirás a tu hermano: Déjame sacar la paja de tu ojo, y he aquí la viga en el ojo tuyo? ¡Hipócrita! saca primero la viga de tu propio ojo, y entonces verás bien para sacarla paja del ojo de tu hermano. (Mt. 7:1-5)

503. ¿CÓMO PODEMOS EVITAR EL JUICIO DE DIOS?

Si nos examinamos nosotros mismos a través de autoexaminación, reconociendo nuestras debilidades o pecados, y nos arrepentimos, podemos evitar el juicio y el castigo de Dios.

Si, pues, nos examinásemos a nosotros mismos, no seríamos juzgados; mas siendo juzgados, somos castigados por el Señor, para que no seamos condenados con el mundo. (I Co. 11:31-32)

... porque si no me fuese, el Consolador no vendría a vosotros; mas si me fuere, os lo enviaré. Y cuando él venga,

convencerá al mundo de pecado, de justicia y de juicio. (Jn. 16:7-8)

504. ¿QUÉ DEBERÍA HACER UN CREYENTE QUE HA SIDO JUZGADO (CASTIGADO) POR DIOS?

Un creyente que ha sido castigado por Dios debe orar y confesar sus pecados a Dios. Si el castigo es enfermedad, debería llamar a los líderes espirituales de la Iglesia. Debe confesar los pecados que han traído el juicio de Dios sobre el a los ancianos. La oración de fe y la unción de aceite le salvará del castigo de Dios. El Señor le perdonará de su pecado y le restaurará su sanidad.

¿Está alguno entre vosotros afligido? Haga oración. ¿Está alguno alegre? Cante alabanzas. ¿Está alguno enfermo entre vosotros? Llame a los ancianos de la iglesia, oren por él, ungiéndole con aceite en el nombre del Señor. Y la oración de fe salvará al enfermo, y el Señor lo levantará; y si hubiere cometido pecados, le serán perdonados. Confesados vuestras ofensas unos a otros, y orad unos por otros, para que seáis sanados. La oración eficaz del justo puede mucho. (Stg.5:13-16)

505. ¿CON QUÉ PROPÓSITO JUZGA DIOS A SU PUEBLO?

Para enseñarnos que todo obra para nuestro bien, si aprendemos a alabar a Dios en el fuego. El Señor quiere que seamos partícipes en Su santidad. Sin santidad no podemos ver al Señor, ni podemos gobernar y reinar con El en Su reino.

> Porque es tiempo de que el juicio comience por la casa de Dios; y si primero comienza por nosotros, ¿cuál será el fin de aquellos que no obedecen al evangelio de Dios? Y: si el justo con dificultad se salva, ¿en dónde aparecerá el impío y el pecador? De modo que los que padecen según la voluntad de Dios, encomienden sus almas al fiel Creador, y hagan el bien. (I P.4:17-19)

> Si soportáis la disciplina, Dios os trata como a hijos; porque ¿qué hijo es aquel a quien el padre no disciplina? Pero si se os deja sin disciplina, de la cual todos han sido participantes, entonces sois bastardos, y no hijos. Por otra parte, tuvimos a nuestros padres terrenales que nos disciplinaban, y los venerábamos. ¿Por qué no obedeceremos mucho mejor al Padre de los espíritus, y viviremos? Y aquéllos, ciertamente por pocos días nos disciplinaban como a ellos les parecía, pero éste para lo que nos es provechoso, para que participemos de su santidad. (He. 12:7-10)

EL ESPÍRITU SANTO Y LA IGLESIA

ENTENDIENDO AL ESPÍRITU SANTO

CAPITULO 34

506. ¿QUIÉN ES EL ESPÍRITU SANTO?

El Espíritu Santo es la tercera persona de la Santa Trinidad, verdaderamente Dios junto con el Padre y el Hijo. Es la expiación del aliento de Dios, o sea, la vida que sale de Dios para vivificar.

NOTA: Espíritu Santo significa Aliento Santo.

Otros símbolos para el Espíritu Santo son viento, poder, fuego aceite, agua, una paloma, una voz, lluvia, rocío, y un sello.

Por tanto, id, y haced discípulos a todas las naciones, bautizándolos en el nombre del Padre, y del Hijo, y del Espíritu Santo. (Mt. 28:19)

El espíritu de Dios me hizo, y él soplo del Omnipotente me dio vida. (Job 33:4)

Por la palabra de Jehová fueron hechos los cielos, y todo el ejército de ellos por el aliento de su boca. (Sal. 33:6)

Y la tierra estaba desordenada y vacía, y las tinieblas estaban sobre la faz del abismo, y el Espíritu de Dios se movía sobre la faz de las aguas. (Gn. 1:2)

Escondes tu rostro, se turban; les quitas el hálito, dejan de ser, y vuelvan al polvo. Envías tu Espíritu, son creados, y renuevas la faz de la tierra. (Sal. 104:29-30)

507. ¿POR QUÉ CREEMOS QUE EL ESPÍRITU SANTO ES EL DIOS VERDADERO?

Creemos que el Espíritu Santo es Dios verdadero porque las Escrituras le atribuyen:

A. Nombres divinos. Es llamado "Dios" y "Señor".

Y dijo Pedro: Ananías, ¿por qué llenó Satanás tu corazón para que mintieses al Espíritu Santo? . . . No has mentido a los hombres, sino a Dios. (Hch. 5:3-4)

Por tanto, nosotros todos, mirando a cara descubierta como en un espejo la gloria del Señor, somos transformados de gloria en gloria en la misma imagen, como por el Espíritu del Señor. (II Co. 3:18)

B. Atributos divinos. Omnipresente - (presente en todos lugares).

¿A dónde me iré de tu Espíritu? ¿Y a dónde huiré de tu presencia? Si subiere a los cielos, allí estás tú: y si en el Seol hiciere mi estrado, he aquí, allí tú estás. Si tomare las alas del alba y habitare en el extremo del mar, aun allí me guiará tu mano, y me asirá tu diestra. (Sal. 139: 7-10)

Omnisciente - (sabiendo todo)

. . . porque el Espíritu todo lo escudriña, aun lo profundo de Dios. (I Co. 2:10)

Omnipotente - (todopoderoso)

Pero recibiréis poder, cuando haya venido sobre vosotros el Espíritu Santo, y me seréis testigos en Jerusalén, en toda Judea, en Samaria, y hasta lo último de la tierra. (Hch. 1:8)

Eterno -

... Cristo, el cual mediante el Espíritu eterno se ofreció a sí mismo sin mancha a Dios, limpiará vuestras conciencias de obras muertas para que sirváis al Dios vivo. (He. 9:14)

C. Obras Divinas - Creación

Por la palabra de Jehová fueron hechos los cielos, y todo el ejército de ellos por el aliento de su boca. (Sal. 33:6)

Vida -

Y si el Espíritu de aquel que levantó de los muertos a Jesús mora en vosotros, el que levantó de los muertos a Cristo Jesús vivificará también vuestros cuerpos mortales por su Espíritu que mora en vosotros. (Ro. 8:11)

El espíritu es el que da vida; la carne para nada aprovecha; las palabras que yo os he hablado son espíritu y son vida. (Jn. 6:63)

Entonces Jehová Dios formó al hombre del polvo de la tierra, y sopló en su nariz aliento de vida, y fue el hombre un ser viviente. (Gn. 2:7)

Santificación -

... nos salvó por el lavamiento de la regeneración y por la renovación en el Espíritu Santo. (Tit. 3:5)

D. Honor Divino y Gloria -

... el glorioso Espíritu de Dios reposa sobre vosotros ... (I P. 4:14)

508. **¿CUALES SON LOS HECHOS DEL ESPÍRITU SANTO?**

A. Contiende con los pecadores para traerles a Dios,

convenciéndoles de su pecado y de la necesidad de arrepentirse.

Y dijo Jehová: No contenderá mi espíritu con el hombre para siempre, porque ciertamente él es carne... (Gn. 6:3)

Pero cuando venga el Consolador, a quien yo os enviaré del Padre, el Espíritu de verdad, el cual procede del Padre, el dará testimonio acerca de mí. (Jn. 15:26)

Y cuando el venga, convencerá al mundo de pecado, de justicia y de juicio. De pecado, por cuanto no creen en mí; de justicia, por cuanto voy al Padre, y no me veréis más; y de juicio, por cuanto el príncipe de este mundo ha sido ya juzgado. (Jn. 16:8-11)

B. Regenera a los hombres para hacerles nuevas criaturas, les bautiza en el Cuerpo de Cristo, les llena, y mora dentro de ellos.

Respondió Jesús y le dijo: De cierto, de cierto te digo, que él que no naciere de nuevo, no puede ver el reino de Dios. Nicodemo le dijo: ¿Cómo puede un hombre nacer siendo viejo? ¿Puede acaso entrar por segunda vez en el vientre de su madre, y nacer? Respondió Jesús: De cierto, de cierto te digo, que él que no naciere de agua y del Espíritu, no puede entrar en el reino de Dios. Lo que es nacido de la carne, carne es; y lo que es nacido del Espíritu, espíritu es. (Jn. 3:3-6)

Porque por un solo Espíritu fuimos todos bautizados en un cuerpo, sean judíos o griegos, sean esclavos o libres; y a todos se nos dio a beber de un mismo Espíritu. (I Co. 12:13)

¿No sabéis que sois templo de Dios, y que el Espíritu de Dios mora en vosotros? (I Co. 3:16)

No os embriaguéis con vino, en lo cual hay disolución;

antes bien sé llenos del Espíritu. (Ef. 5:18)

C. Dirije y guía a hombres y mujeres en Su servicio. Les capacita, les da poder, y abre el camino para que puedan comunicar con Dios a través de poder y alabanza.

Porque todos los que son guiado por el Espíritu de Dios, estos son hijos de Dios. (Ro. 8:14)

Entonces él se levantó y fué. Y sucedió que un etíope, eunuco, funcionario de Canace reina de los etíopes, el cual estaba sobre todos sus tesoros, y había venido a Jerusalén para adorar, volvía sentado en su carro, y leyendo al profeta Isaías. Y el Espíritu dijo a Felipe: Acércate y júntate ese carro. (Hch. 8:27-29)

Y nosotros no hemos recibido el espíritu del mundo, sino el Espíritu que proviene de Dios, para que sepamos lo que Dios nos ha concedido . . . Pero el hombre natural no percibe las cosas que son del Espíritu de Dios, porque para el son locura, y no las puede entender, porque se han de discernir espiritualmente. (I Co. 2:12,14)

Pues nuestro evangelio no llegó a vosotros en palabras solamente, sino también en poder, en el Espíritu Santo, y en plena certidumbre, como bien sabéis cuales fuimos entre vosotros por amor de vosotros. (I Ts. 1:5)

Pero vosotros, amados, edificándoos sobre vuestra santísima fe, orando en el Espíritu Santo. (Jud. 20)

509. ¿CUAL ES LA OBRA DEL ESPÍRITU SANTO EN RELACIÓN DE JESUCRISTO?

Jesucristo vivió su vida con dependencia absoluta y en subjección al Espíritu Santo. Fue concebido por el Espíritu Santo en la virgen, María. Durante su vida terrenal, Jesús fue ungido, guiado, llenado, y capacitado por el Espíritu Santo. La obra de redención y la resurrección fueron realizados por el

ENTENDIENDO AL ESPÍRITU SANTO

Espíritu de Santidad para que Cristo pudiera conferir este don del Espíritu Santo sobre sus seguidores.

Respondiendo el ángel, le dijo: El Espíritu Santo vendrá sobre ti, y el poder del Altísimo te cubrirá con su sombra; por lo cual también el Santo Ser que nacerá, será llamado Hijo de Dios. (Lc. 1:35)

Como Dios ungió con el Espíritu Santo Y con poder a Jesús de Nazaret, y como éste anduvo haciendo bienes y sanando a todos los oprimidos por el diablo, porque Dios estaba con él. (Hch. 10:38)

Y si el Espíritu de aquel que levantó de los muertos a Jesús mora en vosotros, el que levantó de los muertos a Cristo Jesús vivificará también vuestros cuerpos mortales por su Espíritu que mora en vosotros. (Ro. 8:11)

En el primer tratado, oh Teófilo, hablé acerca de todas las cosas que Jesús comenzó a hacer y a enseñar, hasta el día en que fue recibido arriba, después de haber dado mandamientos por el Espíritu Santo a los apóstoles que había escogido. (Hch. 1:1-2)

510. ¿CUAL ES LA OBRA DEL ESPÍRITU SANTO EN RELACIÓN CON LAS ESCRITURAS?

El Espíritu Santo es el autor y el intérprete de toda Escritura.

Entendiendo primero esto, que ninguna profecía de la Escritura es de interpretación privada, porque nunca la profecía fue traída por voluntad humana, sino que los santos hombres de Dios hablaron siendo inspirados por el Espíritu Santo. (II P. 1;20-21)

Para que el Dios de nuestro Señor Jesucristo, el Padre de gloria, os dé espíritu de sabiduría y de revelación en el conocimiento de él. (Ef. 1:17)

511. ¿QUÉ CLASE DE TRATAMIENTO HA RECIBIDO EL ESPÍRITU SANTO POR EL HOMBRE?

El hombre se ha rebelado contra el Espíritu Santo y le ha enojado, ha intentado engañarle, y le ha blasfemado.

Mas ellos fueron rebeldes, e hicieron enojar su santo espíritu; por lo cual se les volvió enemigos, y él mismo peleó contra ellos. (Is. 63:10)

Y dijo Pedro: Ananías, ¿por qué llenó Satanás tu corazón para mintiéses al Espíritu Santo, y sustrajeses del precio de la heredad? (Hch. 5:3)

512. ¿CUAL ES EL PECADO INPERDONABLE?

Los líderes religiosos en los días de Jesús eran tan ciegos espiritualmente que rechazaban la obra del Espíritu Santo en sus propias vidas, hasta el punto en que atribuían las obras milagrosas del Espíritu Santo a Satanás. El Espíritu Santo proclamaba que "¡Este es el Hijo de Dios! ¡Este es el Hijo de Dios!", pero tapaban sus oídos y endurecían sus corazones. Los líderes religiosos totalmente rechazaron la revelación de Dios.

El pecado inperdonalble no es meramente decir algo desamable acerca del Espíritu Santo, sino es llamar Sus obras milagrosas las obras de Satanás . . . este insulto es inperdonable.

513. ¿CÓMO PUEDE SER DEFINIDO MAS COMPLETO?

Cuando una persona con conocimiento atribuye al diablo las obras por las cuales pueden ser hechas por el Espíritu de Dios, esta es blasfemia contra el Espíritu Santo y es inperdonable.

De cierto os digo que todos los pecados serán perdonados a los hijos de los hombres, y las blasfemias cualesquiera que sean; pero cualquiera que blasfeme contra el Espíritu Santo, no tiene jamás perdón, sino que es reo de juicio eterno. Porque ellos habían dicho: Tiene espíritu inmundo. (Mr. 3:28-30)

Por tanto os digo: Todo pecado y blasfemia será perdonado a los hombres; mas la blasfemia contra el Espíritu no les será perdonada. A cualquiera que dijere alguna palabra contra el Hijo del Hombre, le será perdonado; pero al que hable contra el Espíritu Santo, no le será perdonado, ni en este siglo ni en el venidero. (Mt. 12:31-32)

Habiendo, yo sido antes blasfemo, perseguidor e injuriador; mas fui recibido a misericordia porque lo hice por ignorancia, en incredulidad. (I Ti. 1:13)

Porque si pecaremos voluntariamente después de haber recibido el conocimiento de la verdad, ya no queda más sacrificio por los pecados. (He. 10:26)

514. ¿CUAL ES EL CASTIGO PARA LOS QUE ENOJAN AL ESPÍRITU SANTO?

Para los que enojan al Espíritu Santo el castigo es muy severo: Los que le enojan y se rebelan contra El están en peligro de tener que luchar contra él. Los que mienten al Espíritu Santo están en peligro de muerte, y los con conocimiento que lo blasfeman, nunca pueden tener este pecado perdonado ni en esta vida o en la venidera.

Y dijo Pedro: Ananías, ¿por qué llenó Satanás tu corazón para que mintieses al Espíritu Santo, y sustrajeses del precio de la heredad? Reteniéndola, ¿no se te quedaba a ti? y vendida, ¿no estaba en tu poder? ¿Por qué pusiste esto en tu corazón? No has mentido a los hombres, sino a Dios. Al oír Ananías estas palabras, cayó y expiró. Y vino un gran temor sobre todos los que lo oyeron. Y levantándose los jóvenes, lo envolvieron, y sacándolo, lo sepultaron. (Hch. 5: 3-6)

515. ¿POR QUÉ ES LA BLASFEMIA CONTRA EL ESPÍRITU UN PECADO INPERDONABLE?

Cuando una persona rechaza entendimiento espiritual, y atribuye a Satanás las obras poderosas de Dios, entonces no se acerca a Jesús, la única fuente de perdón. Sin la presencia del Espíritu Santo, es imposible que el hombre se acerque al trono de gracia para encontrar arrepentimiento de pecado. Blasfemia contra el Espíritu Santo es inperdonable porque el Espíritu Santo se aparta de la persona que blasfema Su nombre.

516. ¿CÓMO PUEDO SABER SI YO HE COMETIDO ESTE PECADO?

Si Ud. quiere servir a Dios, pero está preocupado de que ha cometido el pecado inperdonable, entonces Ud. **no lo ha cometido**. La gente que comete este pecado inperdonable tienen corazones muy endurecidos y no están interesados en servir a Dios o en recibir su perdón.

517. ¿QUÉ ACTITUD DEBERÍAMOS TENER HACIA EL ESPÍRITU?

Deberíamos considerarle como una persona real, tanto como Jesús. Deberíamos respetarle con alta-estima, como alguien amable, sabio, fuerte, y digno de nuestra confianza, amor, y rendimiento. Ha sido enviado para ser a nosotros lo que Jesucristo era a Sus discípulos durante Sus días como acompañante personal con ellos. Deberíamos intentar tener comunión y una relación íntima con el Espíritu Santo.

Y no contristéis al Espíritu Santo de Dios, con el cual fuisteis sellados para el día de la redención. (Ef. 4:30)

SANTIFICACIÓN

CAPITULO 35

518. ¿QUÉ ES SANTIFICACIÓN?

Santificación es la obra del Espíritu Santo que nos hace santo y nos consagra al servicio de Dios.

519. ¿CÓMO EMPIEZA EN NOSOTROS LA OBRA DE SANTIFICACIÓN?

La obra de Santificación empieza después de que hayamos sido bautizados en el Espíritu Santo. El Espíritu nos guía en circunstancias que nos ayudan a hacer caso de nuestras debilidades de carácter, para que podamos empezar a cooperar con Dios mientras que El obra en nosotros, llevándonos a la madurez y santidad.

Si en verdad le habéis oído, y habéis sido por él enseñados, conforme a la verdad que está en Jesús. En cuanto a la pasada manera de vivir, despojaos del viejo hombre, que está viciado conforme a los deseos engañosos, y renovaos en el espíritu de vuestra mente, y vestíos del nuevo hombre, creado según Dios en la justicia y santidad de la verdad. (Ef. 4:21-24)

Para que andéis como es digno del Señor, agradándole en todo, llevando fruto en toda buena obra, y creciendo en el conocimiento de Dios. (Col. 1:10)

520. ¿CÓMO ES REALIZADA LA OBRA DE SANTIFICACIÓN EN NOSOTROS?

La obra de Santificación es un proceso divino que madura y consagra a los creyentes a Dios para servicio: Muchas veces es llamada "El Bautismo de Fuego". Dios emplea varios niveles de tensión para entrenar y perfeccionar sus siervos: pruebas, tribulaciones, problemas familiares, problemas financieras, persecución, o enfermedad. Normalmente empieza cuando obtenemos el bautismo del Espíritu Santo.

Respondió Juan, diciendo a todos: Yo a la verdad os bautizo en agua; pero viene uno más poderoso que yo, de quien no soy digno de desatar la correa de su calzado; él os bautizará en Espíritu Santo y fuego. Su aventador está en su mano, y limpiará su era, y recogerá el trigo en su granero, y quemará la paja en fuego que nunca se apagará. (Lc. 3:16-17)

Fuego vine a echar en la tierra ¿y qué quiero, si ya se ha encendido? De un bautismo tengo que ser bautizado; y ¡cómo me angustió hasta que se cumpla! ¿Pensáis que he venido para dar paz en la tierra? Os digo: No, sino disensión. Porque de aquí en adelante, cinco en una familia estarán divididos, tres contra dos, y dos contra tres. (Lc. 12:49-52)

Jesús, lleno del Espíritu Santo, volvió del Jordán, y fue llevado por el Espíritu al desierto por cuarenta días, y era tentado por el diablo. Y no comió nada en aquellos días, pasados los cuales, tuvo hambre. (Lc. 4:1-2)

521. ¿POR QUÉ ES NECESARIO ESTE, "BAUTISMO DE FUEGO"?

Hombres y mujeres quienes nunca han experimentado adversidad o dolor son inefectos en el servicio de Dios. Carácter y santidad van desarrollándose en nosotros mientras experimentamos y nos sujetamos a la disciplina de Dios.

La vida en sí no es justa, pero en la vida crecemos en justicia; no en salud, sino en sanidad; no en ser, sino en llegar a ser; no en descanso, sino en ejercicio. Ya no somos lo que seremos, pero vamos perfeccionándonos; el proceso no ha terminado, sino es perpetuo; esto no es el fin, pero el camino; todo no brilla con gloria, pero todo está en el proceso de ser purificado. (Martín Lutero)

SANTIFICACIÓN

522. ¿POR QUÉ ES LLAMADO "EL BAUTISMO DE FUEGO"?

Es llamado el Bautismo de Fuego porque a través de ello el fuego del amor de Dios es aventado dentro del creyente.

Su aventador está en su mano, y limpiará su era, y recogerá el trigo en su granero, y quemará la paja en fuego que nunca se apagará. (Lc. 3:17)

523. ¿CUAL ES EL PROPÓSITO DE DIOS EN DISCIPLINARNOS?

A través de la disciplina, Dios nos atrae a El. Aunque a veces la mano de Dios sobre nosotros parece ser pesada, Dios se compadece de nosotros en nuestro dolor paseante. La presencia de pruebas y apuros no son pruebas de pecado y de la ira de Dios, sino son señales de Su amor.

Es verdad que ninguna disciplina al presente parece ser causa de gozo, sino de tristeza; pero después da fruto apacible de justicia a los que en ella han sido ejercitados. (He. 12:11)

524. ¿CUAL ES LA DISCIPLINA IDEAL?

La disciplina ideal esta conforme a la ofensa en una manera para forjar y fortalecer las áreas de nuestro carácter que son débiles.

Mas el conoce mi camino; me probará, y saldré como oro. (Job 23:10)

El, pues, acabará lo que ha determinado de mí; y muchas cosas como estas hay en él. (Job 23:14)

He aquí te he purificado, y no como a plata; te he escogido en horno de aflicción. (Is. 48:10)

525. ¿CÓMO SUBYUGA LA DISCIPLINA LAS ÁREAS DÉBILES EN NUESTRO CARÁCTER?

La disciplina llama atención a estas áreas hasta el punto en que reconocemos estas debilidades y las confesamos a Dios. Cuando hacemos esto, El nos da el poder para sobrevencerlas.

Que con mansedumbre corrija a los que se oponen, por si quizá Dios les conceda que se arrepientan para conocer la verdad, y escapen del lazo del diablo, en que están cautivos a voluntad de él. (II Ti 2:25-26)

526. ¿CUAL ES LA DIFERENCIA ENTRE DISCIPLINA Y CASTIGO?

La disciplina es correctiva para nuestro bien. El castigo es una expresión de ira.

Por otra parte, tuvimos a nuestros padres terrenales que nos disciplinaban, y los venerábamos. ¿Por qué no obedeceremos mucho mejor al Padre de los espíritus, y viviremos? Y aquéllos, ciertamente por pocos días nos disciplinaban como a ellos les parecía, pero este para lo que nos es provechoso, para que participemos de su santidad. (He. 12:9-10)

527. ¿QUÉ ACTITUD DEBERÍAMOS TENER EN CUANTO A LA DISCIPLINA?

Deberíamos ser totalmente sumiso a nuestro Padre celestial, confiando en Su amor para hacer una obra dentro de nosotros para nuestra ganancia y para Su gloria y honor.

Y sabemos que a los que aman a Dios, todas las cosas les ayudan a bien, esto es, a los que conforme a su propósito son llamados. Porque a los que antes conoció, también los predestinó para que fuesen hechos conformes a la imagen de su Hijo, para que él sea el primogénito entre muchos hermanos. Y a los que predestinó, a éstos también llamó;

SANTIFICACIÓN

y a los que llamó, a estos también justificó; y a los que justificó, a estos también glorificó. ¿Qué, pues, diremos a esto? Si Dios es por nosotros, ¿quién contra nosotros? (Ro. 8:28-31)

... hijo mío, no menosprecies la disciplina del Señor, ni desmayes cuando eres reprendido por él. (He. 12:5)

Sobre toda cosa guardada, guarda tu corazón. (Pr. 4:23)

Mirad bien, no sea que alguno deje de alcanzar la gracia de Dios; que brotando alguna raíz de amargura, os estorbe, y por ella muchos sean contaminados. (He. 12:15)

528. ¿QUÉ CONSUELO RECIBIMOS A TRAVÉS DE ESTA DISCIPLINA?

La seguridad de pertenecer a la familia de Dios a través del conocimiento que nuestro Padre nos trata como sus propios hijos.

Porque el Señor al que ama, disciplina, y azota a todo el que recibe por hijo. Si soportáis la disciplina, Dios os trata como a hijos; porque ¿qué hijo es aquel a quien el padre no disciplina? Pero si se os deja sin disciplina, de la cual todos han sido participantes, entonces sois bastardos, y no hijos. (He. 12:6-8)

Todo pámpano que en mí no lleva fruto, lo quitará; y todo aquel que lleva fruto, lo limpiará, para que lleve más fruto. (Jn. 15:2)

529. ¿QUÉ PARTE DE NOSOTROS SANTIFICA DIOS A TRAVÉS DE LA DISCIPLINA?

Dios santifica nuestra voluntad.

Y aunque era Hijo, por lo que padeció aprendió la obediencia; y habiendo sido perfeccionado, vino a ser autor de eterna salvación para todos los que le obedecen. (He. 5:8-9)

... pero no sea como yo quiero, sino como tú. (Mt. 26:39)

530. ¿ES SANTIFICACIÓN PROGRESIVA O INSTANTÁNEA?

Santificación es progresiva e instantánea. A través de cada acto de disciplina, aprendemos a confiar, amar, y rendirnos a Dios.

Muchas son las aflicciones del justo, pero de todas ellas le librará Jehová. (Sal. 34:19)

Jehová cumplirá su propósito en mí. (Sal. 138:8)

En esa voluntad somos santificados mediante la ofrenda del cuerpo de Jesucristo hecha una vez para siempre. (He. 10:10)

531. ¿CUAL ES LA DIFERENCIA ENTRE ENFERMEDAD Y AFLICCIÓN?

Enfermedad es una indisposición o dolencia en particular que ataca el cuerpo. Aflicción se refiere a un suceso o una circunstancia que es difícil de soportar; la causa de dolor continuo de la mente o del cuerpo. Por ejemplo: debilidad física o dolor, calamidad, persecución, etc.

¿Está alguno entre vosotros afligido? Haga oración. ¿Está alguno alegre? Cante alabanzas. ¿Está alguno enfermo entre vosotros? Llame a los ancianos de la iglesia, y oren por él, ungiéndole con aceite en el nombre del Señor. (Stg. 5:13-14)

Muchas son las aflicciones del justo, pero de todas ellas le librará Jehová. (Sal. 34:19)

He aquí te he purificado, y no como a plata; te he escogido en horno de aflicción. (Is. 48:10)

SANTIFICACIÓN

532. ¿POR QUÉ TENEMOS QUE SER DISCIPLINADOS?

Porque si nos falta disciplina y corrección, jamás podremos llegar a ser partícipes en la santidad de Dios y sin santidad, no podemos ver a Dios.

Y aquéllos, ciertamente por pocos días no disciplinaban como a ellos les parecía, pero éste para lo que nos es provechoso, para que participemos de su santidad. (He. 12:10)

Seguid paz con todos, y la santidad, sin la cual nadie verá al Señor. (He. 12:14)

Así que, amados, puesto que tenemos tales promesas, limpiémonos de toda contaminación de carne y de espíritu, perfeccionando la santidad en el temor de Dios. (II Co.7:1)

533. ¿PODEMOS OBTENER SANTIFICACIÓN Y SANTIDAD?

Sí. Dios no nos hubiera mandado que alcanzáramos algo que no es alcanzable. Si nuestra voluntad es santificada, entonces podemos vivir y ser guiados según la guianza del Espíritu Santo.

Sed, pues, vosotros perfectos, como vuestro Padre que está en los cielos es perfecto. (Mt. 5:48)

Habéis, pues, de serme santos, porque yo Jehová soy santo, y os he apartado de los pueblos para que seáis míos. (Lv. 20:26)

. . . Andad en el Espíritu, y no satisfagáis los deseos de la carne. (Gá. 5:16)

NARRATIVOS BÍBLICOS: El bautismo de sufrimiento para Cristo fue su bautismo de fuego, enseñándole obediencia a la voluntad de su Padre.

EL CUERPO DE CRISTO

CAPITULO 36

534. ¿QUÉ ES EL CUERPO DE CRISTO?

El Cuerpo de Cristo es el cuerpo corporal de todos los creyentes que han sido nacidos de nuevo desde el día de Pentecostés hasta la primera resurrección, quienes están unidos orgánicamente el uno al otro y a Cristo a través de la obra de bautismo del Espíritu Santo.

Porque así como el cuerpo es uno, y tiene muchos miembros, pero todos los miembros del cuerpo, siendo muchos, son un solo cuerpo, así también Cristo. Porque por un solo Espíritu fuimos todos bautizados en un cuerpo, sean judíos o griegos, sean esclavos o libres; y a todos se nos dio a beber de un mismo Espíritu. Además, el cuerpo no es un solo miembro, sino muchos. (I Co. 12:12-14)

535. ¿CÓMO SE LLAMA EL CUERPO DE CRISTO?

El Cuerpo de Cristo se llama la Iglesia.

Ahora me gozo en lo que padezco por vosotros, y cumplo en mi carne lo que falta de las aflicciones de Cristo por su cuerpo, que es la iglesia. (Col. 1:24)

536. ¿QUÉ ES EL SIGNIFICADO DE LA PALABRA "IGLESIA"?

La palabra "iglesia" es la traducción de la palabra griega, "ecclesia" que significa "llamado aparte".

Simón ha contado como Dios visitó por primera vez a los gentiles, para tomar de ellos pueblo para su nombre. (Hch. 15:14)

Que por revelación me fue declarado el misterio, como antes lo he escrito brevemente, leyendo lo cual podéis

EL CUERPO DE CRISTO

> *entender cual sea mi conocimiento en el misterio de Cristo, misterio que en otras generaciones no se dio a conocer a los hijos de los hombres, como ahora es revelado a sus santos apóstoles y profetas por el Espíritu: que los gentiles son coherederos y miembros del mismo cuerpo, y copartícipes de la promesa en Cristo Jesús por medio del evangelio. (Ef. 3:3-6)*

537. ¿QUÉ ES LA IGLESIA UNIVERSAL?

La Iglesia Universal es una nación espiritual hecha del pueblo de Dios.

> *Mas vosotros sois linaje escogido, real sacerdocio, nación santa, pueblo adquirido por Dios, para que anunciéis las virtudes de aquel que os llamó de las tinieblas a su luz admirable; vosotros que en otro tiempo no erais pueblo, pero que ahora sois pueblo de Dios; que en otro tiempo no habíais alcanzado misericordia, pero ahora habéis alcanzado misericordia. (I P. 2:9-10)*

538. ¿CÓMO SE LLAMA ESTA NACIÓN ESPIRITUAL?

La nación espiritual se llama la Nueva Jerusalén o la Ciudad de Dios.

> *Sino que os habéis acercado al monte de Sion, a la ciudad del Dios vivo, Jerusalén la celestial, a la compañía de muchos millares de ángeles, a la congregación de los primogénitos que están inscritos en los cielos, a Dios el Juez de todos, a los espíritus de los justos hechos perfectos. (He. 12:22-23)*

> *. . . Ven acá, yo te mostraré la desposada, la esposa del Cordero. Y me llevó en el Espíritu a un monte grande y alto, y me mostró la gran ciudad santa de Jerusalén, que descendía del cielo, de Dios. (Ap. 21:9-10)*

> *Grande es Jehová, y digno de ser en gran manera alabado*

en la ciudad de nuestro Dios, en su monte santo. Hermosa provincia, el gozo de toda la tierra, es el monte de Sion, a los lados del norte, la ciudad del gran Rey. (Sal. 48:1-2)

539. ¿CÓMO SE LLAMAN LOS CIUDADANOS DE ESTA NACIÓN?

Los ciudadanos de esta nación se llaman cristianos, judíos verdaderos, el pueblo con un pacto con Dios o la semilla de Abrahán.

... y a los discípulos se les llamó cristianos por primera vez en Antioquía. (Hch. 11:26)

Pues no es judío el que lo es exteriormente, ni es la circuncisión la que se hace exteriormente en la carne; sino que es judío el que lo es en lo interior, y la circuncisión es la del corazón, en espíritu, no en letra; la alabanza del cual no viene de los hombres, sino de Dios. (Ro. 2:28-29)

Y si vosotros sois de Cristo, ciertamente linaje de Abrahán sois, y herederos según la promesa. (Gá. 3:29)

540. ¿CUANDO EMPEZÓ LA EXISTENCIA DE ESTA NACIÓN ESPIRITUAL?

Dios siempre quería tener su propio pueblo y empezó a formar esta nación en la tierra con Abrahán.

541. ¿CÓMO FORMÓ DIOS UNA NACIÓN CON ABRAHÁN?

Dios cumplió Su promesa a Abrahán dándole una semilla ... un hijo, Isaac, milagrosamente nacido a él y a su esposa, Sara. A través de Isaac y su hijo, Jacob, la nación de Israel empezó.

Y haré de ti una nación grande, y te bendeciré, y engrandeceré tu nombre, y serás bendición ... y serán benditas en ti todas las familias de la tierra. (Gn. 12:2-3)

EL CUERPO DE CRISTO

542. ¿ERA LA SEMILLA, DADA A ABRAHÁN, NATURAL O ESPIRITUAL?

Ambos, era natural y espiritual.

Y haré tu descendencia como el polvo de la tierra; que si alguno puede contar el polvo de la tierra, también tu descendencia será contada. Levántate, ve por la tierra a lo largo de ella y a su ancho; porque a ti la daré.
(Gn. 13:16-17)

543. ¿QUIÉN ERA LA SEMILLA NATURAL DE ABRAHÁN Y DE SARA?

Los descendientes naturales de Abrahán y de Sara eran:

A. Isaac, quien tuvo un hijo llamado, Jacob.

Y el Dios omnipotente te bendiga, y te haga fructificar y te multiplique, hasta llegar a ser multitud de pueblos; y te dé la bendición de Abrahán, y a tu descendencia contigo, para que heredes la tierra en que moras, que Dios dio a Abrahán. (Gn. 28:3-4)

B. Jacob, quien tuvo doce hijos que eran los padres de las tribus de Israel, (el nuevo nombre de Jacob). Los hijos de Lea: Rubén el primogénito de Jacob; Simeón, Leví, Judá, Isacar y Zabulón. Los hijos de Raquel: José y Benjamín. Los hijos de Bilha, sierva de Raquel: Dan y Neftalí. Y los hijos de Zilpa, sierva de Lea: Gad y Aser. Estos fueron los hijos de Jacob, que le nacieron en Padan-aram.
(Gn. 35:23-26)

NARRATIVOS BÍBLICOS: El cambio del nombre de Jacob, (Gn. 32); La profecía de la esclavitud de Israel en Egipto, (Gn. 15).

544. ¿QUIÉN ERA LA SEMILLA ESPIRITUAL DE ABRAHÁN?

Jesucristo es el cumplimiento de las promesas acerca de la semilla de Abrahán y a través de El, muchos otros hijos han nacido.

Ahora bien, a Abrahán fueron hechas las promesas, y a su simiente. No dice: Y a las simientes, como si hablase de muchos, sino como de uno: Y a tu simiente, la cual es Cristo. (Gá. 3:16)

545. ¿CÓMO CREÓ DIOS UNA NUEVA NACIÓN A TRAVÉS DE CRISTO?

Dios ha juntado todos los que han llegado a ser hijos de Dios a través del nuevo nacimiento, como uno en Cristo.

Pues todos sois hijos de Dios por la fe en Cristo Jesús; porque todos los que habéis sido bautizados en Cristo, de Cristo estáis revestidos. Y a no hay judío ni griego; no hay esclavo ni libre; no hay varón ni mujer; porque todos vosotros sois uno en Cristo Jesús. (Gá. 3:26-28)

546. ¿CÓMO NOS HACEMOS PARTE DE ESTA NUEVA NACIÓN?

Renunciamos nuestra ciudadanía terrenal y todo lo que está identificado con ella. Cuando llegamos a ser ciudadanos de la nueva nación, nos identificamos con ella, aceptamos su gobierno, y prometemos nuestra lealtad a ella.

Porque por un solo Espíritu fuimos todos bautizados en su cuerpo, sean judíos o griegos sean esclavos o libres; y a todos se nos dio a beber de un mismo Espíritu. (I Co. 12:13)

EL CUERPO DE CRISTO

547. ¿CÓMO ESTÁN JUNTADOS DIOS Y SU PUEBLO EN ESTA NUEVA NACIÓN?

La unión de Dios y su pueblo es un misterio que siempre ha sido escondido en el corazón de Dios. Fue escondido de los hombres en otras edades, pero ahora es revelado por el Espíritu Santo.

Leyendo lo cual podéis entender cuál sea mi conocimiento en el misterio de Cristo, misterio que en otras generaciones no se dio a conocer a los hijos de los hombres, como ahora es revelado a sus santos apóstoles y profetas por el Espíritu. (Ef. 3:4-5)

548. ¿QUÉ QUIERE DECIR CUANDO SE DICE "MISTERIO"?

Un misterio es una verdad que ha sido escondida del hombre hasta un tiempo determinado y elegido por Dios hasta que El quiera revelarla y hacerla clara.

... Bienaventurados los ojos que ven lo que vosotros veis; porque os digo que muchos profetas y reyes desearon ver lo que vosotros veis, y no lo vieron; y oír lo que oís, y no lo oyeron. (Lc. 10:23-24)

549. ¿QUÉ MISTERIOS NOS HAN SIDO REVELADOS ACERCA DE LA UNIÓN DE CRISTO Y DE SU IGLESIA?

Muchos misterios están revelados en el Nuevo Testamento para enseñarnos el propósito que Dios tiene para Su iglesia. Estos misterios incluyen:

A. La Iglesia es el Cuerpo de Cristo por lo cual Cristo es la Cabeza y Su pueblo son los miembros.

Y él es la cabeza del cuerpo que es la iglesia, el que es el principio, el primogénito de entre los muertos, para que en todo tenga la preeminencia. (Col. 1:18)

B. La Iglesia es la Novia de Cristo y para ser unido con El deberíamos dejar todas otras obligaciones.

Así también los maridos deben amar a sus mujeres como a sus mismos cuerpos. El que ama a su mujer, a sí mismo se ama. Porque nadie aborreció jamás a su propia carne, sino que la sustenta y la cuida, como también Cristo a la iglesia, porque somos miembros de su cuerpo, de su carne y de sus huesos.

Por esto dejará el hombre a su padre y a su madre, y se unirá a su mujer, y los dos serán una sola carne. Grande es este misterio; mas yo digo esto respecto de Cristo y de la iglesia. (Ef. 5:28-32)

C. Cristo mora en cada miembro de la Iglesia y nos hace su templo para Su morada espiritual.

El misterio que había estado oculto desde los siglos y edades, pero que ahora ha sido manifestado a sus santos, a quienes Dios quiso dar a conocer las riquezas de la gloria de este misterio entre los gentiles; que es Cristo en vosotros, la esperanza de gloria. (Col. 1:26-27)

D. En Cristo habita la plenitud de Dios y el hecho de que somos hecho completos en El.

Porque en él habita corporalmente toda la plenitud de la Deidad. (Col. 2:9)

E. Santidad es restaurada al hombre a través de experiencia las doctrinas que Dios ha puesto en la Iglesia para el fin de perfeccionar a los santos.

A fin de perfeccionar a los santos para la obra del ministerio, para la edificación del cuerpo de Cristo, hasta que todos lleguemos a la unidad de la fe y del conocimiento del Hijo de Dios, a un varón perfecto, a la medida de la estatura de la plenitud de Cristo. (Ef. 4:12-13)

F. Dios sobrenaturalmente elige mensajeros para traer cada Iglesia Local bajo Su supervisión directa.

El misterio de las siete estrellas que has visto en mi diestra, y de los siete candeleros de oro: las siete estrellas son los ángeles de las iglesias, y los siete candeleros que has visto, son las siete iglesias. (Ap. 1:20)

G. Hay una iglesia falsa, hecha por el hombre (Babilonia) que está en contra de la Iglesia verdadera y de todos los que le pertenecen.

Y en su frente un nombre escrito, un misterio: BABILONIA LA GRANDE, LA MADRE DE LAS RAMERAS Y DE LAS ABOMINACIONES DE LA TIERRA. (Ap. 17:5)

550. ¿CÓMO NOS LLEVA DIOS AL LUGAR DONDE ENTREGAMOS NUESTRAS VIDAS Y TODO LO QUE AMAMOS PARA QUE LLEGUEMOS A SER UNA PARTE DE CRISTO?

El Padre nos atrae a Su Hijo dándonos una revelación de quien es Cristo y con crear dentro de nosotros el deseo de pertenecer a El. Mientras que la revelación de quien es Jesucristo brilla en nuestros corazones, esto empieza a removerlos de otras lealtades y tesoros.

Y haré temblar a todas las naciones, y vendrá el Deseado de todas las naciones; y llenaré de gloria esta casa, ha dicho Jehová de los ejércitos. (Hag. 2:7)

El que ama a padre o madre más que a mí, no es digno de mí; el que ama a hijo o hija más que a mí, no es digno de mí; y el que no toma su cruz y sigue en pos de mí, no es digno de mí. El que halla su vida, la perderá; y el que pierde su vida por causa de mí, la hallará. (Mt. 10:37-39)

551. **¿ESTÁN DISPUESTOS TODOS PARA RECIBIR LA REVELACIÓN DE CRISTO Y PARA PAGAR EL PRECIO PARA OBTENERLA?**

No. Algunos ponen más valor sobre nuestras propias vidas y nuestros tesoros que la salvación que Dios puede darnos si nos entregamos a Cristo. Si no entregamos nuestras propias vidas, no podemos recibir entrada a la Iglesia porque no nos permitimos ser juntado solamente con Cristo.

. . . que si el grano de trigo no cae en la tierra y muere, queda solo; pero si muere, lleva mucho fruto. El que ama su vida, la perderá; y el que aborrece su vida en este mundo, para vida eterna la guardará. (Jn. 12:24-25)

NARRATIVO BÍBLICO: El joven rico se volvió ataras. (Lc. 18:18-28)

552. **¿CÓMO RECIBIMOS ESTA REVELACIÓN DE QUE CRISTO ES DIOS Y QUE ES SOLAMENTE A TRAVÉS DE EL QUE PODEMOS SER RECONCILIADOS CON DIOS?**

El Espíritu Santo nos convence hasta que admitamos lo que El esta enseñándonos acerca de nuestra relación con Dios es verdadero . . . que estamos en guerra con Dios a través de pecado y enemistad, y que solamente Jesucristo puede quitar la enemistad y hacernos uno con Dios.

. . . He aquí el Cordero de Dios, que quita el pecado del mundo. (Jn. 1:29)

Que Dios estaba en Cristo reconciliando consigo al mundo, no tomándoles en cuenta a los hombres sus pecados, y nos encargó a nosotros la palabra de la reconciliación. Así que, somos embajadores en nombre de Cristo, como si Dios rogase por medio de nosotros; os rogamos en nombre de Cristo: Reconciliados con Dios. Al que no conoció pecado,

EL CUERPO DE CRISTO

por nosotros lo hizo pecado, para que nosotros fuésemos hechos justicia de Dios en él. (II Co. 5:19-21)

553. ¿QUÉ HACEMOS CUANDO RECIBIMOS LA REVELACIÓN DE QUE SOLAMENTE CRISTO ES LA RESPUESTA?

Respondemos con obediencia. Nos arrepentimos de nuestros pecados; creyendo que Jesucristo murió en nuestro lugar; bautizándonos en agua para que seamos identificados con Su muerte, entierro, y resurrección; recibiendo el bautismo del Espíritu Santo.

Sepa, pues, ciertísimamente toda la casa de Israel, que a este Jesús a quien vosotros crucificasteis, Dios le ha hecho Señor y Cristo. Al oír esto, se compungieron de corazón, y dijeron a Pedro y a los otros apóstoles: Varones hermanos, ¿qué haremos? Pedro les dijo: Arrepentíos, y bautícese cada uno de vosotros en el nombre de Jesucristo para perdón de los pecados; y recibiréis el don del Espíritu Santo. Porque para vosotros es la promesa, y para vuestros hijos, y para todos los que están lejos; para cuantos el Señor nuestro Dios llamare. (Hch. 2:38-39)

554. ¿NOS HACE MIEMBROS DE CRISTO EL BAUTISMO EN AGUA?

No, no en sí. Nos hacemos miembros de Cristo a través de bautismo en agua cuando es combinado con arrepentimiento, fe en Dios, y la revelación de nuestro Señor Jesucristo.

Pedro les dijo: Arrepentíos, y bautícese cada uno de vosotros en el nombre de Jesucristo para perdón de los pecados . . . (Hch. 2:38)

Así que, los que recibieron su palabra fueron bautizados; y se añadieron aquel día como tres mil personas. (Hch. 2:41)

555. ¿QUÉ ES LA REVELACIÓN DE JESUCRISTO?

Es la misma revelación que Pedro recibió cuando el Espíritu Santo le reveló quien era Jesús . . . el Cristo, el Hijo del Dios viviente.

Respondiendo Simón Pedro, dijo: Tú eres el Cristo, el Hijo del Dios viviente. (Mt. 16:16)

556. ¿ES REVELACIÓN SIN BAUTISMO EN AGUA SUFICIENTE PARA HACERNOS MIEMBROS DE CRISTO?

No. La revelación crea fe y la fe es expresada en obediencia. Si no hay obediencia, entonces no ha sido una revelación.

El que creyere y fuere bautizado, será salvo; mas el que no creyere, será condenado. (Mr. 16:16)

. . . no fui rebelde a la visión celestial. (Hch. 26:19)

. . . que se arrepintiesen y se convirtiesen a Dios, haciendo obras dignas de arrepentimiento. (Hch. 26:20)

557. ¿CÓMO NOS SEPARÁ DIOS DE LAS COSAS QUE NOS SUJETAN AL MUNDO?

Experimentamos la muerte y la liberación de todo lo que erramos cuando nos juntamos con Cristo en Su muerte y en su entierro, y nos da Su vida cuando nos juntamos a El en Su resurrección.

¿O no sabéis que todos los que hemos sido bautizados en Cristo Jesús, hemos sido bautizados en su muerte? Porque somos sepultados juntamente con él para muerte por el bautismo, a fin de que como Cristo resucitó de los muertos por la gloria del Padre, así también nosotros andemos en vida nueva. Porque si fuimos plantados juntamente con él en la semejanza de su muerte, así también lo seremos en la de su resurrección. (Ro. 6:3-5)

558. ¿CÓMO NOS JUNTA DIOS CON OTROS MIEMBROS DE CRISTO A TRAVÉS DEL BAUTISMO EN AGUA?

Quitando nuestra enemistad natural y con reconciliándonos con Sí Mismo. Ahora no reconocemos barreras carnales, pero somos todos juntados en Cristo.

Porque él es nuestra paz, que de ambos pueblos hizo uno, derribando la pared intermedia de separación, aboliendo en su carne las enemistades, la ley de los mandamientos expresados en ordenanzas, para crear en sí mismo de los dos un solo y nuevo hombre, haciendo la paz, y mediante la cruz reconciliar con Dios a ambos en u solo cuerpo, matando en ella las enemistades. Y vino y anunció las buenas nuevas de paz a vosotros que estabais lejos, y a los que estaban cerca; porque por medio de él los unos y los otros tenemos entrada por un mismo Espíritu al Padre. Así que ya no sois extranjeros ni advenedizos, sino conciudadanos de los santos, y miembros de la familia de Dios. (Ef. 2:14-19)

559. ¿CÓMO HACE DIOS NUESTRA UNIÓN CON CRISTO, Y CON SUS MIEMBROS MAS FUERTE QUE NUESTRAS PREVIAS RELACIONES NATURALES?

Entramos en la familia de Dios a través de la sangre de Cristo por la cual nos junta como hermanos de sangre. Con circuncidarnos de corazón como el sello del Nuevo Pacto y con tomar nombre, estamos juntos más como una nación de pacto.

En aquel tiempo estabais sin Cristo, alejados de la ciudadanía de Israel y ajenos a los pactos de la promesa, sin esperanza y sin Dios en el mundo. Pero ahora en Cristo Jesús, vosotros que en otro tiempo estabais lejos, habéis sido hechos cercanos por la sangre de Cristo. (Ef. 2:12-13)

Porque el que santifica y los que son santificados, de uno son todos; por lo cual no se avergüenza de llamarlos hermanos, diciendo: anunciaré a mis hermanos tu nombre, en medio de la congregación te alabaré . . . He aquí, yo y los hijos que Dios me dio. (He. 2:11-13)

560. ¿CUAL ES NUESTRO NUEVO NOMBRE DESPUÉS DE JUNTARNOS CON CRISTO?

Somos llamados Cristianos. La palabra "cristiano" significa "uno que pertenece a Cristo".

. . . y a los discípulos se les llamó cristianos por primera vez en Antioquía. (Hch. 11:26)

Entonces Agripa dijo a Pablo: Por poco me persuades a ser cristiano. (Hch. 26:28)

561. ¿QUÉ LLEGAMOS A SER DESPUÉS DE JUNTARNOS CON CRISTO?

Llegamos a ser nuevas criaturas quienes han sido hechas miembros de Su cuerpo.

Porque somos miembros de su cuerpo, de su carne y de sus huesos. (Ef. 5:30)

Porque en Cristo Jesús ni la circuncisión vale nada, ni la incircuncisión, sino una nueva creación. Y a todos los que anden conforme a esta regla, paz y misericordia sea a ellos, y al Israel de Dios. (Gá. 6:15-16)

562. ¿CÓMO SABEMOS QUE DIOS HA QUITADO LA ENEMISTAD Y ESTAMOS VERDADERAMENTE JUNTOS CON CRISTO?

Amamos a otros miembros del Cuerpo y podemos reconocerles como parte de Cristo.

Nosotros sabemos que hemos pasado de muerte a vida, en que amamos a los hermanos. El que no ama a su hermano, permanece en muerte. (I Jn. 3:14)

El que ama a su hermano, permanece en la luz, y en él no hay tropiezo. Pero el que aborrece a su hermano está en tinieblas, y anda en tinieblas, y no sabe a dónde va, porque las tinieblas le han cegado los ojos. (I Jn.2:10-11)

563. ¿CÓMO DE ESTRECHO LLEGA A SER NUESTRA RELACIÓN CON OTROS MIEMBROS DEL CUERPO DE CRISTO?

Como somos actualmente parte de Cristo, llegamos a ser parte del uno al otro.

Porque así como el cuerpo es uno, y tiene muchos miembros, pero todos los miembros del cuerpo, siendo muchas, son un solo cuerpo, así también Cristo. (I Co. 12:12)

. . . somos miembros los unos de los otros. (Ef. 4:25)

564. ¿EXPERIMENTAMOS ACTUALMENTE UN PARENTESCO ESTRECHO CON CADA MIEMBRO DE LA IGLESIA?

Sí. Somos dados una verdadera compasión para los otros miembros hasta el punto de sentir los gozos y las tristezas de cada uno.

Para que no haya desavenencia en el cuerpo, sino que los miembros todos se preocupen los unos por los otros. De manera que si un miembro padece, todos los miembros se duelen con él, y si un miembro recibe honra, todos los miembros con él se gozan. (I Co. 12:25-26)

565. ¿CUMPLE LA IGLESIA EL DESEO QUE DIOS SIEMPRE HA TENIDO EN SU CORAZÓN?

Sí. Dios siempre había querido Su propio pueblo para que pudiera morar en su medio. Vemos imágenes de esto en el antiguo Israel, pero esto puede ser realizado solamente con el Espíritu Santo morando en la Iglesia, los miembros del Cuerpo de Cristo.

> *Y oí una gran voz del cielo que decía: He aquí el tabernáculo de Dios con los hombres, y él morará con ellos; y ellos serán su pueblo, y Dios mismo estará con ellos como su Dios. (Ap. 21:3)*

LA MISIÓN DE LA IGLESIA

CAPITULO 37

566. ¿QUÉ ES LA IGLESIA LOCAL?

La Iglesia Local es cualquier asamblea local hecha de miembros de la Iglesia Universal, el Cuerpo de Cristo, cuya unión común es su comunión con Cristo.

A la iglesia de Dios que está en Corinto, a los santificados en Cristo Jesús, llamados a ser santos con todos los que en cualquier lugar invocan el nombre de nuestro Señor Jesucristo, Señor de ellos y nuestro. (I Co. 1:2)

... a todos los santos en Cristo Jesús que están en Filipos, con los obispos y diáconos. (Flm. 1:1)

... a la iglesia de los tesalonicenses en Dios Padre y en el Señor Jesucristo ... (I Ts. 1:1)

... a las iglesias de Galacia. (Gá. 1:2)

567. ¿QUÉ ES LA MISIÓN Y LA OBRA DE LA IGLESIA LOCAL?

Ya que la Iglesia Local es la voz de la Iglesia Universal, su misión y obra es:

1. Adorar a Dios y glorificarle en la tierra.

2. Evangelizar al mundo con el Evangelio, predicando y demostrando el mensaje del Reino de Dios.

3. Entrenar sus miembros y llevarles a madurez en experiencia cristiana y habilidad.

4. Ser un testigo para Jesucristo en medio de un mundo hostil.

> *Y les dijo: Id por todo el mundo y predicad el evangelio a toda criatura. El que creyere y fuere bautizado, será salvo; mas el que no creyere, será condenado. (Mr.16:15-16)*

568. ¿QUÉ ES EL MENSAJE DEL REINO DE DIOS?

El mensaje del Reino es que Jesucristo, el Rey, está ofreciendo a todos los que se someten a El, la entrada a Su reino a través de arrepentimiento, fe en Dios, bautismo en agua, y recibiendo el bautismo del Espíritu Santo.

> *... Arrepentíos, y bautícese cada uno de vosotros en el nombre de Jesucristo para perdón de los pecados; y recibiréis el don de Espíritu Santo. (Hch. 2:38)*

> *... que el que no naciere de agua y del Espíritu, no puede entrar en el reino de Dios. (Jn. 3:5)*

569. ¿QUÉ AVISO DEBERÍA DAR LA IGLESIA JUNTO CON EL MENSAJE DEL REINO?

La Iglesia ha sido comisionado a avisar a todos los hombres de que Cristo volverá otra vez a la tierra y que todos los que rechazan Su oferta de gracia serán juzgados.

> *Y nos mandó que predicásemos al pueblo, y testificásemos que él es el que Dios ha puesto por Juez de vivos y muertos. De éste dan testimonio todos los profetas, que todos los que en él creyeren, recibirán perdón de pecados por su nombre. (Hch. 10:42-43)*

570. ¿QUÉ SEÑALES DE PODER ACOMPAÑAN AL MENSAJE DEL REINO?

El Espíritu Santo confirma el mensaje del Reino concediendo sanidad y liberación como señal del poder del Reino.

> *Y ellos saliendo, predicaron en todas partes, ayudándoles*

LA MISIÓN DE LA IGLESIA

el Señor y confirmando la palabra con las señales que la seguían. Amén. (Mr. 16:20)

Y yendo, predicad, diciendo: El reino de los cielos se ha acercado. Sanad enfermos, limpiad leprosos, resucitad muertos, echad fuera demonios; de gracia recibisteis, dad de gracia. (Mt. 10:7-8)

571. ¿POR CUÁNTO TIEMPO HA DE PREDICAR EL MENSAJE DEL REINO LA IGLESIA LOCAL?

La Iglesia Local ha de predicar el mensaje del Reino hasta que cada hombre lo haya oído. Después de esto, Jesucristo volverá a reinar sobre la tierra.

Y será predicado este evangelio del reino en todo el mundo, para testimonio a todas las naciones; y entonces vendrá el fin. (Mt. 24:14)

572. ¿DE QUÉ CONSTITUYE UNA IGLESIA LOCAL?

Según el Nuevo Testamento, los factores siguientes tienen que ser presentes:

A. Por lo menos dos miembros tienen que estar congregados en la autoridad y en el poder del nombre del Señor Jesucristo.

Porque donde están dos o tres congregados en mi nombre, allí estoy yo en medio de ellos. (Mt. 18:20)

B. Cristo, a través de Su Espíritu, está presente personalmente en la congregación.

Porque el que santifica y los que son santificados, de uno son todos; por lo cual no se avergüenza de llamarlos hermanos, diciendo: Anunciaré a mis hermanos tu nombre, en medio de la congregación te alabaré. (He. 2:11-12)

C. Por lo menos dos miembros reciben dirección del Espíritu Santo creando unidad en adoración, oración, y ministerio.

... por boca de dos o de tres testigos se decidirá todo asunto. (II Co. 13:1)

Os ruego, pues, hermanos, por el nombre de nuestro Señor Jesucristo, que habléis todos una misma cosa, y que no haya entre vosotros divisiones, sino que estéis perfectamente unidos en una misma mente y en un mismo parecer. (I Co. 1:10)

D. Cada miembro comparte su parte en adoración y en cuidar el uno al otro.

De quien todo el cuerpo, bien concertado y unido entre sí por todas las coyunturas que se ayudan mutuamente, según la actividad propia de cada miembro, recibe su crecimiento para ir edificándose en amor. (Ef. 4:16)

Para que no haya desavenencia en el cuerpo, sino que los miembros todos se preocupen los unos por los otros. (I Co. 12:25)

E. Un miembro o más ha recibido la responsabilidad y dones de Dios para dirigir y cuidar la asamblea.

Por esta causa te dejé en Creta, para que corrigieses lo deficiente, y estableciereis ancianos en cada ciudad, así como yo te mandé. (Tit. 1:5)

Ruego a los ancianos que están entre vosotros ... Apacentad la grey de Dios que está entre vosotros, cuidando de ella... (I P. 5:1-2)

573. **¿QUÉ PROVEE LA IGLESIA LOCAL?**

La Iglesia Local provee una familia espiritual en la cual nos maduramos bajo cuidado amoroso y la protección de los

LA MISIÓN DE LA IGLESIA

pastores y los ancianos.

Para que ya no seamos niños fluctuantes, llevados por doquiera de todo viento de doctrina, por estratagema de hombres que para engañar emplean con astucia las artimañas del error, sino que siguiendo la verdad en amor, crezcamos en todo en aquel que es la cabeza, esto es, Cristo. (Ef. 4:14-15)

574. **¿POR QUÉ ES NECESARIO QUE NOS HAGAMOS MIEMBROS DE UNA IGLESIA LOCAL?**

Podemos madurar solamente cuando aceptemos las responsabilidades de crecimiento:

A. Sumisión a la autoridad.

Pero también digo: Entre tanto que el heredero es niño, en nada difiere del esclavo, aunque es Señor de todo; sino que esta bajo tutores y curadores hasta el tiempo señalado por el padre. (Gá. 4:1-2)

Someteos unos a otros en el temor de Dios. (Ef. 5:21)

Obedeced a vuestros pastores, y sujetaos a ellos . . . (He. 13:17)

B. Fidelidad a los compromisos (obligaciones, votos, responsabilidades, lealtades, etc.).

El que es fiel en lo muy poco, también en lo más es fiel . . . Y si en lo ajeno no fuisteis fieles, ¿quién os dará lo que es vuestro? (Lc. 16:10-12)

. . . por cuanto en lo poco has sido fiel, tendrás autoridad . . . (Lc. 19:17)

C. Involucramiento con las preocupaciones de otros.

> *Sobrellevad los uno las cargas de los otros, y cumplid así la ley de Cristo. (Gá. 6:2)*
>
> *Amados, si Dios nos ha amado así, debemos también nosotros amarnos unos a otros . . . Si nos amamos unos a otros, Dios permanece en nosotros, y su amor se ha perfeccionado en nosotros. (I Jn. 4:11-12)*

575. ¿CÓMO NOS HACEMOS MIEMBROS DE UNA IGLESIA LOCAL?

Después de hacernos miembros de la Iglesia Universal, a través del nacimiento nuevo, nos juntamos con la Iglesia Local sometiéndonos a los que Dios ha puesto en liderazgo, y cumpliendo los requisitos de la Iglesia Local para hacernos miembros.

> *Obedeced a vuestros pastores, y sujetaos a ellos; porque ellos velan por vuestras almas, como quienes han de dar cuenta; para que lo hagan con alegría, y no quejándose, porque esto no os es provechoso. (He. 13:17)*

576. ¿CON QUÉ PROPÓSITO NOS CONGREGAMOS EN LA IGLESIA LOCAL?

Dios ha determinado que todos los que somos miembros del Cuerpo de Cristo congregaremos en la asamblea local para que nos conozcamos y para que compartamos los gozos y las cargas de los demás.

> *No dejando de congregarnos, como algunos tienen por costumbre, sino exhortándonos; y tanto más, cuanto veis que aquel día se acerca. (He. 10:25)*
>
> *Y puestos en libertad, vinieron a los suyos y contaron todo lo que los principales sacerdotes y los ancianos les habían dicho . . . alzaron unánimes la voz a Dios, y dijeron: Soberano Señor, tú eres el Dios . . . (Hch. 4:23-24)*

LA MISIÓN DE LA IGLESIA

577. ¿QUÉ ES COMPAÑERISMO?

Compañerismo es tener algo en común por participación y es compartir las mismas experiencias espirituales. Es compartir de Cristo el uno con el otro.

Siendo uno solo el pan, nosotros, con ser muchos, somos un cuerpo; pues todos participamos de aquel mismo pan. (I Co. 10:17)

578. ¿CÓMO PODEMOS COMPARTIR LAS MISMAS EXPERIENCIAS ESPIRITUALES?

Cada uno de nosotros estamos unidos a Cristo y también, el uno al otro a través del nuevo nacimiento. Nuestra unión es realizada compartiendo el uno al otro nuestras experiencias para el beneficio de los demás. El mejor ejemplo de esto es la Santa Cena.

La copa de bendición que bendecimos, ¿no es la comunión de la sangre de Cristo? El pan que partimos, ¿no es la comunión del cuerpo de Cristo? Siendo uno solo el pan, nosotros, con ser muchas, somos un cuerpo; pues todos participamos de aquel mismo pan. (I Co. 10:16-17)

579. ¿POR QUÉ TENEMOS QUE COMPARTIR DE CRISTO EL UNO CON EL OTRO?

Ninguno de nosotros tenemos una revelación o una experiencia completa de Cristo. Dios lo tiene diseñado de manera que cuando falta uno, será suplido por otros en el Cuerpo de Cristo.

Porque si todos fueran un solo miembro, ¿dónde estaría el cuerpo? (I Co. 12:19)

Ni el ojo puede decir a la mano: No te necesito, ni tampoco la cabeza a los pies: No tengo necesidad de vosotros... Porque los que en nosotros son más

*decorosos, no tienen necesidad; pero Dios ordenó el cuerpo
... (I Co. 12:21,24)*

580. ¿CÓMO PODEMOS COMPARTIR DE CRISTO EL UNO CON EL OTRO?

El Espíritu Santo obra dentro y a través de nosotros para comunicar a otros la porción de Cristo que hemos recibido.

... el amor de Dios ha sido derramado en nuestros corazones por el Espíritu Santo que nos fue dado. (Ro. 5:5)

Por tanto, si hay alguna consolación en Cristo, si algún consuelo de amor, si alguna comunión del Espíritu, si algún afecto entrañable, si alguna misericordia, completad mi gozo, sintiendo lo mismo, teniendo el mismo amor, unánimes, sintiendo una misma cosa. (Flm. 2:1-2)

581. ¿CÓMO PODEMOS COMPARTIR EL UNO CON EL OTRO EN COMPAÑERISMO?

En compañerismo, compartimos el ministerio de habilidades especiales: nuestra hospitalidad, nuestro dinero y posesiones, nuestro tiempo y fuerza en ayudar a otros. También compartimos nuestro amor y consuelo mientras nos damos a oración e intercesión.

¿Qué hay, pues, hermanos? Cuando os reunís, cada uno de vosotros tiene salmo, tiene doctrina, tiene lengua, tiene revelación, tiene interpretación. Hágase todo para edificación. (I Co. 14:26)

*Hospedados los unos a los otros sin murmuraciones.
(I P. 4:9)*

*Compartiendo para las necesidades de los santos ...
(Ro. 12:13)*

Así que, según tengamos oportunidad, hagamos bien a

LA MISIÓN DE LA IGLESIA

todos, y mayormente a los de la familia de la fe. (Gá. 6:10)

Para que sean consolados sus corazones, unidos en amor (Col. 2:2)

Orando en todo tiempo con toda oración y súplica en el Espíritu, y velando en ello con toda perseverancia y súplica por todos los santos. (Ef. 6:18)

582. ¿CÓMO NOS AYUDA CRECER EN CRISTO LA IGLESIA LOCAL?

La Iglesia Local nos ayuda crecer cuando nos alimentarnos espiritualmente y cuando suplimos líderes espirituales quienes nos darán cuidado, protección, disciplina, aviso, exhortación, y atención personal según nuestras necesidades.

Por tanto, mirad por vosotros, y por todos el rebaño en que el Espíritu Santo os ha puesto por obispos, para apacentar la iglesia del Señor, la cual él ganó por su propia sangre. (Hch. 20:28)

Y él mismo constituyó a unos, apóstoles; a otros, profetas; a otros, evangelistas; a otros, pastores y maestros, a fin de perfeccionar a los santos para la obra del ministerio, para la edificación del cuerpo de Cristo, hasta que todos lleguemos a la unidad de la fe y del conocimiento del Hijo de Dios, a un varón perfecto, a la medida de la estatura de la plenitud de Cristo. (Ef. 4:11-13)

583. ¿QUÉ TENEMOS QUE HACER PARA CREER EN CRISTO?

Para crecer en Cristo, tenemos que cooperar con la Iglesia Local.

A. Tenemos que desear ser alimentados por la Palabra de Dios.

Desead, como niños recién nacidos, la leche espiritual no adulterada, para que por ella crezcáis para salvación, si es que habéis gustado la benignidad del Señor. (I P. 2:2-3)

B. Tenemos que recibir la palabra con mansedumbre y fe para prosperar.

Por lo cual, desechando toda inmundicia y abundancia de malicia, recibid con mansedumbre la palabra implantada, la cual puede salvar vuestras almas. (Stg. 1:21)

Porque también a nosotros se nos ha anunciado la buena nueva como a ellos; pero no les aprovechó el oír la palabra, por no ir acompañada de fe en los que la oyeron. (He. 4:2)

C. Tenemos que obedecer a nuestros pastores y sujetarnos a ellos y también el uno al otro para que podamos crecer en la gracia de Dios.

Obedeced a vuestros pastores, y sujetaos a ellos; porque ellos velan por vuestras almas, como quienes han de dar cuenta; para que lo hagan con alegría, y no quejándose, porque esto no os es provechoso. (He. 13:17)

Igualmente, jóvenes, estad sujetos a los ancianos; y todos, sumisos unos a otros, revestíos de humildad; porque: Dios resiste a los soberbios, y da gracia a los humildes. (I P. 5:5)

Antes bien, creced en la gracia y el conocimiento de nuestro Señor y Salvador Jesucristo. A él sea gloria ahora y hasta el día de la eternidad. Amén. (II P. 3:18)

D. Tenemos que hacer caso a los avisos, responder a las exhortaciones, y ser entrenados por disciplina.

Mirad, hermanos, que no haya en ninguno de vosotros corazón malo de incredulidad para apartarse del Dios vivo;

LA MISIÓN DE LA IGLESIA

antes exhortaos los unos a los otros cada día, entre tanto que se dice: Hoy; para que ninguno de vosotros se endurezca por el engaño del pecado. Porque somos hechos participantes de Cristo, con tal que retengamos firme hasta el fin nuestra confianza del principio. (He. 3:12-14)

Velad, pues, en todo tiempo orando que seáis tenidos por dignos de escapar de todas estas cosas que vendrán, y de estar en pie delante del Hijo del Hombre. (Lc. 21:36)

Es verdad que ninguna disciplina al presente parece ser causa de gozo, sino de tristeza; pero después da fruto apacible de justicia a los que en ella han sido ejercitados. (He. 12:11)

E. Tenemos que congregarnos para recibir la ayuda de la Iglesia Local.

No dejando de congregarnos, como algunos tienen por costumbre, sino exhortándonos; y tanto más, cuanto veis que aquel día se acerca.(He. 10:25)

584. ¿CÓMO PODEMOS MADURAR COMO HIJOS DE DIOS?

Podemos madurar como hijos permitiendo que el Espíritu Santo perfeccione, en nosotros, la naturaleza de Cristo.

Sino que siguiendo la verdad en amor, crezcamos en todo en aquel que es la cabeza, esto es, Cristo. (Ef. 4:15)

Por tanto, nosotros todos, mirando a cara descubierta como en un espejo la gloria del Señor, somos transformados de gloria en gloria en la misma imagen, como por el Espíritu del Señor. (II Co. 3:18)

585. ¿QUÉ DIÓ CRISTO A LA IGLESIA LOCAL PARA AYUDARNOS A PERFECCIONAR COMO HIJOS?

Cristo dio a la Iglesia Local cinco ministerios para

perfeccionarnos en la imagen de Cristo.

Y él mismo constituyó a unos, apóstoles; a otros, profetas; a otros, evangelistas; a otros, pastores y maestros, a fin de perfeccionar a los santos para la obra del ministerio, para la edificación del cuerpo de Cristo, hasta que todos lleguemos a la unidad de la fe y del conocimiento del Hijo de Dios, a un varón perfecto, a la medida de la estatura de la plenitud de Cristo. (Ef. 4:11-13)

586. ¿CRECEN A SER HIJOS MADUROS TODOS LOS QUE HAN SIDO NACIDO DE DIOS?

No. Todos han sido dados la misma vida en Cristo, pero todos no se sujetan a la disciplina que Dios requiere para que maduren en El.

Porque el Señor al que ama, disciplina, y azota a todo el que recibe por hijo. Si soportáis la disciplina, Dios os trata como a hijos; porque ¿qué hijo es aquel a quien el padre no disciplina? Pero si se os deja sin disciplina, de la cual todos han sido participantes entonces sois bastardos, y no hijos. (He. 12:6-8)

587. ¿QUÉ PASA A LOS QUE NO CRECEN?

Quedan bebes en Cristo continuamente necesitando leche. Son cristianos carnales quienes causan divisiones en la Iglesia Local con sus preferencias personales y comportamiento egoísta.

. . . por cuanto os habéis hecho tardos para oír. Porque debiendo ser ya maestros, después de tanto tiempo, tenéis necesidad de que se os vuelva a enseñar cuales son los primeros rudimentos de las palabras de Dios; y habéis llegado a ser tales que tenéis necesidad de leche, y no de alimento sólido. Y todo aquel que participa de la leche es inexperto en la palabra de justicia, porque es niño. (He. 5:11-13)

LA MISIÓN DE LA IGLESIA

De manera que yo, hermanos, no pude hablarnos como a espirituales, sino como a carnales, como a niños en Cristo. Os di a beber leche, y no vianda; porque aún no erais capaces, ni sois capaces todavía, porque aún sois carnales; pues habiendo entre vosotros celos, contiendas y disensiones, ¿no sois carnales, y andáis como hombres? Porque diciendo el uno: Yo ciertamente soy de Pablo; y el otro: Yo soy de Apolos, ¿no sois carnales? (I Co. 3:1-4)

588. ¿QUÉ PASA A LOS QUE SE MADURAN?

Llegan a ser hijos maduros en quienes el Padre puede confiar dándoles autoridad, conocimiento, mucha responsabilidad, revelación (carne espiritual) en la Palabra, e intimidad con El.

Pero el alimento sólido es para los que han alcanzado madurez, para los que por el uso tienen los sentidos ejercitados en el discernimiento del bien y del mal. Por tanto, dejando ya los rudimentos de la doctrina de Cristo, vamos adelante a la perfección; no echando otra vez el fundamento . . . y esto haremos, si Dios en verdad lo permite. (He. 5:14; 6:1,3)

Hasta que todos lleguemos a la unidad de la fe y del conocimiento del Hijo de Dios, a un varón perfecto, a la medida de la estatura de la plenitud de Cristo; para que ya no seamos niños fluctuantes, llevados por doquiera de todo viento de doctrina, por estratagema de hombres . . . sino que siguiendo la verdad en amor, crezcamos en todo en aquel que es la cabeza, esto es, Cristo. (Ef. 4:13-15)

589. ¿CUANDO EMPEZAMOS A MADURAR COMO HIJOS?

Solamente después de que hayamos experimentado los seis principios de Cristo podemos empezar a madurar.

Por tanto, dejando ya los rudimentos de la doctrina de Cristo, vamos adelante a la perfección; no echando otra vez el fundamento del arrepentimiento de obras muertas, de la fe en Dios, de la doctrina de bautismos, de la imposición de manos, de la resurrección de los muertos y del juicio eterno. Y esto haremos, si Dios en verdad lo permite. (He. 6:1-3)

590. ¿CÓMO HACEMOS UN FUNDAMENTO ESPIRITUAL?

Cuando nos vamos sujetando a la enseñanza de los líderes que Dios ha dado a la Iglesia Local, Dios dará revelación y fe para experimentar personalmente todas las doctrinas de Cristo.

Así que, los que recibieron su palabra fueron bautizados; y se añadieron aquél día como tres mil personas. (Hch. 2:41)

Y él mismo constituyó a unos, apóstoles; a otros, profetas; a otros, evangelistas; a otros, pastores y maestros, a fin de perfeccionar a los santos para la obra del ministerio, para la edificación del cuerpo de Cristo, hasta que todos lleguemos a la unidad de la fe y del conocimiento del Hijo de Dios, a un varón perfecto, a la medida de la estatura de la plenitud de Cristo. (Ef. 4:11-13)

591. ¿POR QUÉ DESEAMOS LLEGAR A SER HIJOS MADUROS?

Deberíamos desear madurez para que seamos manifestados (revelados) como hijos de Dios al mundo. La gloria de Dios puede ser enseñada a otros a través de nosotros.

Pues tengo por cierto que las aflicciones del tiempo presente no son comparables con la gloria venidera que en nosotros ha de manifestarse. Porque el anhelo ardiente de la creación es el aguardar la manifestación de los hijos de Dios. (Ro. 8:18-19)

Prosigo a la meta, al premio del supremo llamamiento de Dios en Cristo Jesús. (Flm. 3:14)

ALABANZA Y ADORACIÓN

CAPITULO 38

592. **¿QUÉ ES ADORACIÓN, ALABANZA, Y ACCIÓN DE GRACIAS?**

Es un ministerio de dar a Dios ofrendas y sacrificios espirituales.

Vosotros también, como piedras vivas, sed edificados como casa espiritual y sacerdocio santo, para ofrecer sacrificios espirituales aceptables a Dios por medio de Jesucristo. (I P. 2:5)

593. **¿QUÉ SON OFRENDAS ESPIRITUALES?**

Ofrendas espirituales son las alabanzas y acciones de gracias que presentamos voluntariamente a Dios.

Alabaré yo el nombre de Dios con cántico, lo exaltaré con alabanza. Y agradará a Jehová más que sacrificio de buey, o becerro que tiene cuernos y pezuñas. (Sal. 69:30-31)

594. **¿QUÉ ES UN SACRIFICIO?**

Un sacrificio es cualquier cosa consagrado (puesto aparte) y ofrecido a Dios, que nos cuesta algo. Siempre involucra negarse a sí mismo o rendirse de la voluntad.

. . . No, sino por precio te lo compraré; porque no ofreceré a Jehová mi Dios holocaustos que no me cuestan nada . . . (II S. 24:24)

595. **¿QUÉ SACRIFICIOS ESPIRITUALES DESEA DIOS DE NOSOTROS?**

Hay tres sacrificios espirituales que Dios desea de nosotros como adoradores: nuestro cuerpo, nuestros labios, nuestro servicio y hospitalidad.

> *Así que, hermanos, os ruego por las misericordias de Dios, que presentéis vuestros cuerpos en sacrificio vivo, santo, agradable a Dios, que es vuestro culto racional. (Ro. 12:1)*

> *Así que ofrezcamos siempre a Dios, por medio de él, sacrificio de alabanza, es decir, fruto de labios que confiesan su nombre. (He. 13:15)*

> *Y de hacer bien y de la ayuda mutua no os olvidéis; porque de tales sacrificios se agrada Dios. (He. 13:16)*

596. ¿QUÉ ES ADORACIÓN?

Adoración en su forma más pura es la reverencia que ofrecemos a Dios. Es iniciada en nosotros por Dios, quien nos revela a Sí Mismo a través del Espíritu Santo, causándonos confiar y sujetarnos totalmente al Señor. Es dar gloria a Dios con la ayuda del Espíritu Santo para circunstancias o situaciones que son difíciles para entender o aceptar.

> *Mas la hora viene, y ahora es, cuando los verdaderos adoradores adorarán al Padre en espíritu y en verdad; porque también el Padre tales adoradores busca que le adoren. Dios es Espíritu; y los que le adoran, en espíritu y en verdad es necesario que adoren. (Jn. 4:23-24)*

> *Y un gran viento vino del lado del desierto y azotó las cuatro esquinas de la casa, la cual cayo sobre los jóvenes, y murieron; y solamente escapé yo para darte la noticia. Entonces Job se levantó, y rasgó su manto, y rasuró su cabeza, y se postró en tierra y adoró, y dijo: Desnudo salí del vientre de mi madre, y desnudo volveré allá. Jehová dio, y Jehová quitó; sea el nombre de Jehová bendito. (Job 1:19-21)*

ALABANZA Y ADORACIÓN

597. ¿PODEMOS ADORAR A DIOS SIN SOMETERNOS A SU VOLUNTAD?

No. La adoración exige que cedamos nuestras voluntades a la voluntad de Dios. Adoración dice "sí" a todo lo que Dios nos envía o requiere de nosotros.

Y sabemos que a los que aman a Dios, todas las cosas les ayudan a bien, esto es, a los que conforme a su propósito son llamados. (Ro. 8:28)

Entonces Job se levantó, rasgó su manto, Y rasuró su cabeza, y se postró en tierra y adora, y dijo: Desnudo salí del vientre de mi madre, y desnudo volveré allá. Jehová dio, y Jehová quitó; sea el nombre de Jehová bendito. (Job 1:20-21)

598. ¿CUAL ES LA DIFERENCIA ENTRE LA ADORACIÓN DEL NUEVO PACTO Y LA ADORACIÓN DEL ANTIGUO PACTO?

Bajo el Antiguo Pacto, el pueblo de Dios adoraba en templos. Para ellos, El, era un Dios fuera de ellos. En el Nuevo Pacto, somos los templos de Dios y Dios mora dentro de nosotros por el Espíritu Santo. Algunas diferencias básicas entre los dos pactos son:

A. Bajo el Antiguo Testamento, algunos de los hombres fueron elegidos como sacerdotes (levitas) y uno como el sumo sacerdote. En el Nuevo Pacto, todos somos sacerdotes y nuestra adoración es hecho aceptable a Dios por nuestro sumosacerdote, Jesús.

. . . Al que nos amó, y nos lavó de nuestros pecados con su sangre, y nos hizo reyes y sacerdotes para Dios, su Padre; a él sea gloria e imperio por los siglos de los siglos. Amén. (Ap. 1:5-6)

B. Bajo el Antiguo Testamento, solamente el sumosacerdote podía entrar en la presencia actual de Dios, y esto ocurría una vez al año. Bajo el Nuevo Pacto, todos tenemos acceso a Su presencia y Dios viene a vivir dentro de nosotros.

Así que, hermanos, teniendo libertad para entrar en el Lugar Santísimo por la sangre de Jesucristo, por el camino nuevo y vivo que el nos abrió a través del velo, esto es, de su carne. (He. 10:19-20)

C. Bajo el Antiguo Testamento, la sangre de toros y de machos cabríos cubrían los pecados por una temporada, pero este sacrificio tenía que ser repetido vez tras vez. En el Nuevo Pacto, la sangre de Jesucristo quita el pecado para siempre y libra nuestra consciencia de la memoria de pecado.

Pero en estos sacrificios cada año se hace memoria de los pecados; porque la sangre de los toros y de los machos cabríos no puede quitar los pecados. (He. 10:3-4)

¿Cuánto más la sangre de Cristo, el cual mediante el Espíritu eterno se ofreció a sí mismo sin mancha a Dios, limpiará vuestras conciencias de obras muertas para que sirváis al Dios vivo? (He. 9:14)

D. Bajo el Antiguo Testamento, Dios requería sacrificios de animales y pájaros por el pecado. En el Nuevo Pacto, no hay sacrificio por el pecado, ya que Jesucristo se entregó como sacrificio por nosotros. En cambio, nos entregamos, nosotros, con gozo como sacrificios vivos a Dios para servicio.

Así que, ofrezcamos siempre a Dios, por medio de él, sacrificio de alabanza, es decir, fruto de labios que confiesan su nombre. Y de hacer bien y de la ayuda mutua no os olvidéis; porque de tales sacrificios se agrada Dios. (He. 13:15-16)

ALABANZA Y ADORACIÓN

E. Bajo el Antiguo Testamento, la voluntad de Dios fue escrita sobre tablas de piedra y fueron impuestas de fuera. En el Nuevo Pacto, Dios pone dentro de nosotros el deseo de agradecerle.

El hacer tu voluntad, Dios mío, me ha agradado, y tu ley está en medio de mi corazón. (Sal. 40:8)

F. Bajo el Antiguo Pacto, adoración fue limitada a un lugar especial. En el Nuevo Pacto, adoración es en el Espíritu y no está limitada a tiempos o lugares sagrados.

Y de allí me declararé a ti, y hablaré contigo de sobre el propiciatorio, de entre los dos querubines que están sobre el arca del testimonio . . . (Ex. 25:22)

599. ¿CÓMO ADORABAN LOS CRISTIANOS PRIMITIVOS?

Se congregaban y permitían que el Espíritu Santo dirigiera su ministerio de adoración.

Porque nosotros somos la circuncisión, los que en espíritu servimos a Dios y nos gloriamos en Cristo Jesús, no teniendo confianza en la carne. (Flm. 3:3)

¿Qué hay, pues, hermanos? Cuando os reunís, cada uno de vosotros tiene salmo, tiene doctrina, tiene lengua, tiene revelación, tiene interpretación. Hágase todo para edificación. (I Co. 14:26)

600. ¿CÓMO ADORAMOS HOY DIA?

Dios está restaurando adoración espiritual en Su Iglesia por visitación de Su Espíritu sobre Su pueblo en todos lugares.

Y después de esto derramaré mi Espíritu sobre toda carne, y profetizarán vuestros hijos y vuestras hijas; vuestros ancianos soñarán sueños, y vuestros jóvenes verán visiones. Y también sobre los siervos y sobre las siervas derramaré mi Espíritu en aquellos días. (Jl. 2:28-29)

Así que, arrepentíos y convertíos, para que sean borrados vuestros pecados; para que vengan de la presencia del Señor tiempos de refrigerio. (Hch. 3:19)

601. ¿QUÉ ES UNA VISITACIÓN ESPIRITUAL?

Es una temporada de refrigerio causada por la presencia inusual de Dios. Es como una lluvia cayendo sobre tierra seca.

Vosotros también, hijos de Sion alegraos y gozaos en Jehová vuestro Dios; porque os ha dado la primera lluvia a su tiempo, y hará descender sobre vosotros lluvia temprana y tardía como al principio. (Jl. 2:23)

602. ¿QUÉ BENDICIONES VIENEN CON UNA VISITACIÓN ESPIRITUAL?

Mientras Dios envía la lluvia de Su presencia sobre nosotros, nosotros bebemos hasta que el pozo dentro de nosotros se derrama y llega a ser un río a otros. Estas bendiciones por las cuales podemos experimentar durante tiempos de visitación incluyen:

A. Revelación fresca de las Escrituras.

Goteará como la lluvia mi enseñanza; destilará como el rocío mi razonamiento; como la llovizna sobre la grama, y como las gotas sobre la hierba. (Dt. 32:2)

B. Nacimiento de cantos espirituales y coros.

. . . sed llenos del Espíritu, hablando entre vosotros con salmos, con himnos y cánticos espirituales, cantando y alabando al Señor en vuestros corazones. (Ef. 5:18-19)

La palabra de Cristo more en abundancia en vosotros, enseñándoos y exhortándoos unos a otros en toda

ALABANZA Y ADORACIÓN

sabiduría, cantando con gracia en vuestros corazones al Señor con salmos e himnos y cánticos espirituales. (Col. 3:16)

C. Restauración de vida y verdad.

Vosotros también, hijos de Sión, alegráos y gozáos en Jehová vuestro Dios; porque os ha dado la primera lluvia a su tiempo, y hará descender sobre vosotros lluvia temprana y tardía como al principio... Y os restituiré los años que comió la oruga, el saltón, el revoltón y la langosta, mi gran ejército que envié contra vosotros. Comeréis hasta saciáros, y alabaréis el nombre de Jehová vuestro Dios, el cual hizo maravillas con vosotros; y nunca jamás será mi pueblo avergonzado. Y conoceréis que en medio de Israel estoy yo, y que yo soy Jehová vuestro Dios, y no hay otro; y mi pueblo nunca jamás será avergonzado. (Jl. 2:23,25-27)

D. Milagros de liberación.

Y todo aquel que invocare el nombre de Jehová será salvo; porque en el monte de Sion y en Jerusalén habrá salvación, como ha dicho Jehová, y entre el remanente al cual él habrá llamado. (Jl. 2:32)

Entonces los ojos de los ciegos serán abiertos, y los oídos de los sordos se abrirán. Entonces el cojo saltará como un ciervo, y cantará la lengua del mudo; porque aguas serán cavadas en el desierto, y torrentes en la soledad. (Is. 35:5-6)

E. Llamando el pueblo verdadero para congregarse alrededor del Señor.

... y a él se congregarán los pueblos. (Gn. 49:10)

Y los redimidos de Jehová volverán, y vendrán a Sion con alegría; y gozo perpetuo será sobre sus cabezas; y tendrán

> *gozo y alegría, y huirán la tristeza y el gemido. (Is. 35:10)*
>
> *Juntadme mis santos, los que hicieron conmigo pacto con sacrificio. (Sal. 50:5)*

F. Unidad del Espíritu.

> *¡Voz de tus atalayas! Alzarán la voz, juntamente darán voces de júbilo; porque ojo a ojo verán que Jehová vuelve a traer a Sion. Cantad alabanzas, alegraos juntamente, soledades de Jerusalén; porque Jehová ha consolado a su pueblo, a Jerusalén ha redimido. (Is. 52:8-9)*

603. ¿QUÉ NOS ENSEÑÓ JESÚS ACERCA DE ADORACIÓN A DIOS?

Jesús vino enseñándonos una nueva manera de adorar a Dios . . . adorarle en espíritu y en verdad.

> *Dios es Espíritu; y los que le adoran, en espíritu y en verdad es necesario que adoren. (Jn. 4:24)*

604. ¿CÓMO PODEMOS ADORAR "EN ESPÍRITU Y EN VERDAD"?

Cuando nos entregamos a Dios en fe con el deseo sincero de bendecirle, el Espíritu Santo hace que Su presencia sea real para nosotros.

> *Bendice, alma mía, a Jehová, y bendiga todo mi ser su santo nombre. (Sal. 103:1)*
>
> *Te alabaré, oh Jehová, con todo mi corazón; contaré todas tus maravillas. Me alegraré y me regocijaré en ti; cantaré a tu nombre, oh Altísimo. (Sal.9:1-2)*

ALABANZA Y ADORACIÓN

605. ¿POR QUÉ QUIERE DIOS SOLAMENTE ADORACIÓN ESPIRITUAL?

El hombre natural no puede agradar a Dios. Dios nos ha dado el don de Su Espíritu Santo para darnos un lenguaje espiritual y entrar en Su presencia.

Porque el ocuparse de la carne es muerte, pero el ocuparse del Espíritu es vida y paz. Por cuanto los designios de la carne son enemistad contra Dios; porque no se sujetan a la ley de Dios, ni tampoco pueden; y los que viven según la carne no pueden agradar a Dios. (Ro. 8:6-8)

Pero el hombre natural no percibe las cosas que son del Espíritu de Dios, porque para el son locura, y no las puede entender, porque se han de discernir espiritualmente. (I Co. 2:14)

606. ¿CÓMO ENTRAMOS EN LA PRESENCIA DE DIOS?

Cumplimos el mandamiento que El nos ha dado, dándole acción de gracias por lo que ha hecho y alabanza por lo que significa para nosotros.

Entrad por sus puertas con acción de gracias, por sus atrios con alabanza; alabadle, bendecid su nombre. (Sal. 100:4)

607. ¿QUÉ ES ACCIÓN DE GRACIAS?

Acción de gracias es cuando expresamos nuestra gratitud a Dios por su bondad divina, misericordias y dones.

Aleluya. Alabad a Jehová, porque él es bueno; porque para siempre es su misericordia. ¿Quién expresará las poderosas obras de Jehová? ¿Quién contará sus alabanzas? (Sal. 106:1-2)

Grande es Jehová, y digno de suprema alabanza; y su grandeza es inescrutable. (Sal. 145:3)

608. ¿QUÉ ES LA ALABANZA?

Con la alabanza expresamos honor y amor por la persona de Dios más que por Sus dones.

> *Te confesaré en grande congregación; te alabaré entre numeroso pueblo. (Sal. 35:18)*

> *El que sacrifica alabanza me honrará; y al que ordenaré su camino, le mostraré la salvación de Dios. (Sal. 50:23)*

Nota: La alabanza y la acción de gracias dan gloria a Dios y son combinadas frecuentemente como un solo ministerio.

609. ¿POR QUÉ QUIERE DIOS QUE LE ALABEMOS?

Alabanza crea un lugar de habitación (un vapor) para la presencia de Dios.

> *Pero tú eres santo, tú que habitas entre las alabanzas de Israel. (Sal. 22:3)*

> *Anunciaré a mis hermanos tu nombre, en medio de la congregación te alabaré. (He. 2:12)*

> *. . . al transformarse el vapor en lluvia, la cual destilan las nubes, goteando en abundancia sobre los hombres. (Job 36:27-28)*

610. ¿CÓMO EXPRESOS NUESTRA ALABANZA?

Con presentar nuestros cuerpos a Dios, cooperamos con el Espíritu Santo en las maneras siguientes:

> *Así que, hermanos, os ruego por las misericordias de Dios, que presentéis vuestros cuerpos en sacrificio vivo, santo, agradable a Dios, que es vuestro culto racional. (Ro. 12:1)*

A. Levantando nuestras manos.

ALABANZA Y ADORACIÓN

Porque mejor es tu misericordia que la vida; mis labios te alabarán. Así te bendeciré en mi vida; en tu nombre alzaré mis manos. (Sal. 63:3-4)

B. Batiendo nuestras palmas.

Pueblos todos, batid las manos; aclamad a Dios con voz de júbilo. (Sal. 47:1)

C. Cantando

Cantad a Dios, cantad salmos a su nombre; exaltad al que cabalga sobre los cielos. JAH es su nombre; alegraos delante de él.(Sal. 68:4)

D. Tocando instrumentos musicales y bailando.

Alabadle con pandero y danza; alabadle con cuerdas y flautas. Alabadle con címbalos resonantes; alabadle con címbalos de júbilo. (Sal. 150:4-5)

E. Regocijándonos y riéndonos.

Regocijaos en el Señor siempre. Otra vez digo: ¡Regocijaos! (Flm. 4:4)

Entonces nuestra boca se llenará de risa, y nuestra lengua de alabanza; entonces dirán entre las naciones: grandes cosas ha hecho Jehová con estos. (Sal. 126:2)

F. Gritando las victorias.

Cantad salmos a Jehová, porque ha hecho cosas magníficas; sea sabido esto por toda la tierra. (Is. 12:6)

G. Dando extravagantemente.

NARRATIVOS BÍBLICO: María de Betania rompió el vaso de

alabastro, (Mt. 26:6-13); La viuda dio todo lo que tenía, (Lc. 21:1-4).

611. ¿POR QUÉ ES IMPORTANTE LA ALABANZA Y LA ADORACIÓN EN LA IGLESIA LOCAL?

A través de adoración y alabanza, ministramos a Dios, creando una habitación espiritual donde El puede venir y ministrar.

En quien todo el edificio, bien coordinado, va creciendo para ser un templo santo en el Señor; en quien vosotros también sois juntamente edificados para morada de Dios en el Espíritu. (Ef. 2:21-22)

612. ¿NOS PONE LA BIBLIA UNA ORDEN DE ADORACIÓN PARA LA IGLESIA LOCAL?

Sí. La Escritura nos dice:

¿Qué hay, pues, hermanos? Cuando os reunís, cada uno de vosotros tiene salmo, tiene doctrina, tiene lengua, tiene revelación, tiene interpretación. Hágase todo para edificación. (I Co. 14:26)

613. ¿CÓMO MINISTRAMOS A DIOS?

Ministramos a Dios a través de salmos, himnos, y cantos espirituales.

614. ¿QUÉ SON HIMNOS?

Himnos son cantos cristianos de alabanza.

615. ¿POR QUÉ CANTAMOS HIMNOS?

Himnos nos recuerdan de que el Señor ha sido bueno con nosotros y continuará a visitarnos con Su bondad y misericordia.

ALABANZA Y ADORACIÓN

Me acordaba de mis cánticos de noche; meditaba en mi corazón, y mi espíritu inquiría. (Sal. 77:6)

616. ¿CUÁNDO DEBERÍAMOS CANTAR HIMNOS?

Deberíamos cantar himnos durante tiempos de pruebas y cuando bendecimos al Señor en los cultos de la Iglesia Local.

Hablando entre vosotros con salmos, con himnos y cánticos espirituales, cantando y alabando al Señor en vuestros corazones; dando siempre gracias por todo al Dios y Padre, en el nombre de nuestro Señor Jesucristo. (Ef. 5:19-20)

617. ¿DEBERÍAMOS MEMORIZAR LOS HIMNOS?

Sí. Si aprendemos los himnos de la Iglesia, podemos cantarlos cuando estemos en apuros y el Señor nos librará de la tensión, la ansiedad, y el temor que tenemos durante tiempos difíciles o pruebas.

¿Por qué te abates, oh alma mía, y por qué te turbas dentro de mí? Espera en Dios; porque aún he de alabarle, salvación mía y Dios mío. (Sal. 43:5)

618. ¿QUÉ SON CANTOS ESPIRITUALES?

Cantos espirituales son cantos, o coritos, de experiencia o de meditación llenos de verdad espiritual con exhortaciones, profecías, y alabanzas.

Venid, aclamemos alegremente a Jehová; cantemos con júbilo a la roca de nuestra salvación. Lleguemos ante su presencia con alabanza; aclamémosle con cánticos. (Sal. 95:1-2)

619. ¿CUÁNDO CANTAMOS CANTOS ESPIRITUALES?

Cantamos cantos espirituales cuando el Espíritu Santo empieza a llenar la mente y el corazón con melodía.

Cantad a Jehová cántico nuevo, porque ha hecho maravillas; su diestra lo ha salvado, y su santo brazo. (Sal. 98:1)

620. ¿CUÁNDO OCURRE ESTO?

Durante tiempos de oración, meditación, o cuando bendecimos al Señor en nuestros cultos.

Servid a Jehová con alegría; venid ante su presencia con regocijo. (Sal.100:2)

621. ¿CÓMO HACEMOS ESTO?

Cuando el Espíritu Santo nos da un canto y no tenemos que buscar las letras porque las letras vienen a la mente y empiezan a fluir de nosotros como un río. Empezamos a cantar cantos espirituales cuando sentimos en nuestro corazón . . . nuestras letras . . . nuestros sentimientos . . . nuestro canto.

Las misericordias de Jehová cantaré perpetuamente; de generación en generación haré notoria tu fidelidad con mi boca. (Sal. 89:1)

622. ¿CUÁNDO APRENDEMOS A ALABAR A DIOS?

Aprendemos a alabar a Dios mientras nos juntamos con otros con nuestras voces en un gran coro de alabanza a Dios.

La palabra de Cristo more en abundancia en vosotros, enseñándoos y exhortándoos unos a otros en toda sabiduría, cantando con gracia en vuestros corazones al Señor con salmos e himnos y cánticos espirituales. (Col. 3:16)

ORACIÓN Y AYUNO

CAPITULO 39

623. ¿QUÉ ES ORACIÓN?

Oración es comunicación con Dios.

624. ¿CÓMO NOS COMUNICAMOS CON DIOS?

Nos comunicamos con Dios cuando hablamos con El directamente.

Tú oyes la oración; a ti vendrá toda carne. (Sal. 65:2)

625. ¿CÓMO HABLAMOS CON DIOS?

Hablamos oralmente y mentalmente con Dios en una manera formal o informal.

Quiero, pues, que los hombres oren en todo lugar, levantando manos santas, sin ira ni contienda. (I Ti.2:8)

626. ¿ES ORACIÓN UNA FORMA DE ADORACIÓN?

Sí. Es reconocer la soberanía y el poder de Dios con acción de gracias.

Por nada estéis afanosos, sino sean conocidas vuestras peticiones delante de Dios en toda oración y ruego, con acción de gracias. (Flm. 4:6)

627. ¿NOS DIÓ JESÚS UN EJEMPLO PARA ORACIÓN?

Sí. En el Padre Nuestro, Jesús nos dio un ejemplo básico para oración en la cual ora por las cosas siguientes:

- Honrar al nombre de Dios.

- Ver la Paternidad de Dios y aceptar Su voluntad.
- Pedir nuestras necesidades diarias.
- Perdonar para poder ser perdonados.
- Pedir poder para sobrevencer las fuerzas malignas.
- Pedir la demostración del poder de Dios sobre la tierra.

Vosotros, pues, oraréis así: Padre nuestro que estás en los cielos, santificado sea tu nombre. Venga tu reino. Hágase tu voluntad, como en el cielo, así también en la tierra. El pan nuestro de cada día, dánoslo hoy. Y perdónanos nuestras deudas, como también nosotros perdonamos a nuestros deudores. Y no nos metas en tentación, mas líbranos del mal; porque tuyo es el reino, y el poder, y la gloria, por todos los siglos. Amén. (Mt. 6:9-13)

628. ¿CUAL ES NUESTRO PAPEL EN ORACIÓN PERSONAL?

Nuestro papel en oración personal es:

A. Entrar en la presencia de Dios con alabanza y acción de gracias, invitándole tener comunión con nosotros o para oír nuestras peticiones personales.

Entrad por sus puertas con acción de gracias, por sus atrios con alabanza; alabadle, bendecid su nombre. (Sal. 100:4)

B. Entregarnos totalmente al Espíritu Santo en adoración y mientras nuestro espíritu responde, empezamos a hablar misterios a Dios en una lengua extraña.

Y de igual manera el Espíritu nos ayuda en nuestra debilidad; pues que hemos de pedir como conviene, no lo sabemos, pero el Espíritu mismo intercede por nosotros con gemidos indecibles. Mas el que escudriña los corazones sabe cual es la intención del Espíritu, porque conforme a la voluntad de Dios intercede por los santos. (Ro. 8:26-27)

C. Meditar reverentemente en la presencia de Dios - escuchando, aprendiendo, y regocijándose. Durante este tiempo el Espíritu Santo puede inspirarnos con una escritura o con una palabra de consuelo o instrucción.

Sean gratos los dichos de mi boca y la meditación de mi corazón delante de ti, oh Jehová, roca mía, y redentor mío. (Sal. 19:14)

Sobre mi guarda estaré, y sobre la fortaleza afirmaré el pie, y velaré para ver lo que se me dirá, y que he de responder tocante a mi queja. Y Jehová me respondió, y dijo: Escribe la visión, y declárala en tablas, para que corra el que leyere en ella. (Hab. 2:1-2)

Y nosotros no hemos recibido el espíritu del mundo, sino el Espíritu que proviene de Dios, para que sepamos lo que Dios nos ha concedido, lo cual también hablamos, no con palabras enseñadas por sabiduría humana, sino con las que enseña el Espíritu, acomodando lo espiritual a lo espiritual. (I Co. 2:12-13)

D. Leer las escrituras que el Espíritu Santo haya hablado a nuestro corazón y leer otras escrituras que están relacionadas.

Y éstos eran más nobles que los que estaban en Tesalónica, pues recibieron la palabra con toda solicitud, escudriñando cada día las Escrituras para ver si estas cosas eran así. (Hch. 17:11)

E. Terminar el tiempo de oración personal renovado en espíritu y en mente.

No os conforméis a este siglo, sino transformaos por medio de la renovación de vuestro entendimiento, para que comprobéis cual sea la buena voluntad de Dios, agradable y perfecta. (Ro. 12:2)

629. ¿QUÉ BENEFICIOS RECIBIMOS DE ORACIÓN PERSONAL?

Recibimos el gozo de tener comunión con el Señor, entendiendo las Escrituras, consuelo, guianza, y poder para sobrevencer tentaciones.

Y les dijo: ¿Por qué dormís? Levantaos, y orad para que no entréis en tentación. (Lc. 22:46)

Pero vosotros, amados, edificándoos sobre vuestra santísima fe, orando en el Espíritu Santo, conservaos en el amor de Dios . . . (Jud. 20-21)

Y temerán desde el occidente el nombre de Jehová, y desde el nacimiento del sol su gloria; porque vendrá el enemigo como río, mas el Espíritu de Jehová levantará bandera contra él. (Is. 59:19)

630. ¿CÓMO SE PRODUCE UNA VIDA DE ORACIÓN EFECTIVA?

Una vida de oración efectiva se produce cuando **nos disciplinamos diariamente para orar:**

A. Con fe (en nuestro corazón y con nuestra confesión).

Porque de cierto os digo que cualquiera que dijere a este monte: Quítate y échate en el mar, y no dudare en su corazón, sino creyere que será hecho lo que dice, lo que diga le será hecho. Por tanto, os digo que todo lo que pidiereis orando, creed que lo recibiréis, y os vendrá. (Mr. 11:23-24)

B. Por medio de la justicia de Jesucristo. (Dios exige que seamos **justos** con El por medio de Jesucristo y seamos

justos en nuestras relaciones humanas . . .)

Porque los ojos del Señor están sobre los justos, y sus oídos atentos a sus oraciones; pero el rostro del Señor está contra aquellos que hacen el mal. (I P. 3:12)

C. Sinceramente. (No deberíamos orar para que el hombre nos viera, sino abiertamente a Dios.)

Y cuando ores, no seas como los hipócritas; porque ellos aman el orar en pie en las sinagogas y en las esquinas de las calles, para ser vistos de los hombres; de cierto os digo que ya tienen su recompensa. Mas tú, cuando ores, entra en tu aposento, y cerrada la puerta, ora a tu Padre que está en secreto; y tu Padre que ve en lo secreto te recompensará en público. (Mt. 6:6)

D. Perdonando uno al otro. (No recibiremos nada de Dios si nuestros corazones no están rectos con nuestros hermanos y hermanas.)

Y cuando estéis orando, perdonad, si tenéis algo contra alguno, para que también vuestro Padre que está en los cielos os perdone a vosotros vuestras ofensas. Porque si vosotros no perdonáis, tampoco vuestro Padre que está en los cielos os perdonará vuestras ofensas. (Mr. 11:25-26)

E. Con persistencia. (A veces tenemos que quedarnos firmes en oración para recibir nuestra respuesta de Dios.)

También le refirió Jesús una parábola sobre la necesidad de orar siempre, y no desmayar. (Lc. 18:1)

F. Permaneciendo en Cristo. (Como continuamos en Cristo y en la Iglesia que es Su cuerpo, recibiremos de Dios.)

Si permanecéis en mí, y mis palabras permanecen en vosotros, pedid todo lo que queréis, y os será hecho. (Jn. 15:7)

G. Con concordia en la casa. (Un matrimonio debe ser libre de contienda, sin amargura.)

Vosotros, maridos, igualmente, vivid con ellas sabiamente, dando honor a la mujer como a vaso más frágil, y como a coherederas de la gracia de la vida, para que vuestras oraciones no tengan estorbo. (I P. 3:7)

H. Según la voluntad de Dios. (Para saber la voluntad de Dios, primeramente tenemos que saber las promesas en Su Palabra.)

Codiciáis, y no tenéis; matáis y ardéis de envidia, y no podéis alcanzar; combatís y lucháis, pero no tenéis lo que deseáis, porque no pedís. Pedís, y no recibís, porque pedís mal, para gastar en vuestros deleites. (Stg. 4:2-3)

631. ¿NOS AYUDA, DIOS, A ORAR?

Sí. Nos ha dado al Espíritu Santo para orar por nosotros si nos entregamos a El, y nos ha dado un lenguaje del Espíritu (lenguas) para que podamos usar nuestros labios para orar según la voluntad de Dios.

Y de igual manera el Espíritu nos ayuda en nuestra debilidad; pues que hemos de pedir como conviene, no lo sabemos, pero el Espíritu mismo intercede por nosotros con gemidos indecibles. Mas el que escudriña los corazones sabe cual es la intención del Espíritu, porque conforme a la voluntad de Dios intercede por los santos. (Ro. 8:26-27)

632. ¿POR QUÉ ES NECESARIO ORAR EN LENGUAS?

Ya que no sabemos orar, el Espíritu Santo nos ayuda hablando con Dios en nuestro favor. El Espíritu Santo, quien mora dentro de nosotros, sabe nuestras necesidades más profundas y personales, y habla con Dios acerca de nosotros. El Espíritu Santo habla en un lenguaje extraña para que no quedemos avergonzados u ofendidos mientras que, abiertamente, descubre nuestros pecados, y debilidades en oración.

. . . pues que hemos de pedir como conviene, no lo sabemos, pero el Espíritu mismo intercede por nosotros con gemidos indecibles. (Ro. 8:26)

Pero vosotros, amados, edificándoos sobre vuestra santísima fe, orando en el Espíritu Santo. (Jud. 20)

Porque el que habla en lenguas no habla a los hombres, sino a Dios; pues nadie le entiende, aunque por el Espíritu habla misterios. (I Co. 14:2)

633. ¿QUÉ HACE PARA NOSOTROS EL ORAR EN LENGUAS?

Significa que Dios nos ha dado el Espíritu para ayudarnos en oración para que podamos madurar en santidad y ser edificados en la fe.

Pero vosotros, amados, edificándoos sobre vuestra santísima fé, orando en el Espíritu Santo. (Jud. 20)

El que habla en lengua extraña, a sí mismo se edifica. . . (I Co. 14:4)

Porque el que habla en lenguas no habla a los hombres, sino a Dios; pues nadie le entiende, aunque por el Espíritu habla misterios. (I Co. 14:2)

634. ¿ES MEJOR ORAR EN LENGUAS O CON ENTENDIMIENTO?

Ambos son necesarios. Oramos en la manera apropiada según la ocasión. Si estamos orando en una voz alta con otras personas, entonces oramos en un idioma que todos pueden entender. En oración privada, es mejor orar en lenguas.

¿Qué, pues? Oraré con el espíritu, pero oraré también con

el entendimiento; cantaré también con el entendimiento. Porque si bendices sólo con el espíritu, el que ocupa lugar de simple oyente, ¿cómo dirá el Amén a tu acción de gracias? pues no sabe lo que has dicho. Porque tú, a la verdad, bien das gracias; pero el otro no es edificado. (I Co. 14:15-17)

635. ¿CUÁNTO TIEMPO TARDA EL ESPÍRITU EN ORAR A TRAVÉS DE NOSOTROS?

El tiempo puede variar . . . puede durar algunos minutos o puede continuar muchos días o meses.

NARRATIVO BÍBLICO: Daniel oró por veintiún días, (Dn. 10).

636. ¿CÓMO SABEMOS CUANDO DIOS HA OÍDO NUESTRA PETICIÓN?

La carga de oración se levanta de nosotros y tenemos paz interior.

Y esta es la confianza que tenemos en él, que si pedimos alguna cosa conforme a su voluntad, él nos oye. Y si sabemos que el nos oye en cualquiera cosa que pidamos, sabemos que tenemos las peticiones que le hayamos hecho. (I Jn. 5:14-15)

637. ¿CONTESTA DIOS TODAS LAS ORACIONES?

Dios contesta cada oración que oye. A veces Dios dice "No" a nuestras peticiones porque tiene un plan para nuestras vidas y este plan sería impedido si nuestro plan fuese concedido.

Y cuando llegaron a Misia, intentaron ir a Bitinia, pero el Espíritu no se lo permitió. (Hch. 16:7)

Si en mi corazón hubiese yo mirado a la iniquidad. (Sal. 66:18)

ORACIÓN Y AYUNO

Y sabemos que Dios no oye a los pecadores; pero si alguno es temeroso de Dios, y hace su voluntad, a ése oye. (Jn. 9:31)

638. ¿HAY VECES CUANDO DIOS NO OYE NUESTRAS PETICIONES?

Sí. Dios no oye nuestras oraciones si estamos escondiendo pecado en nuestras vidas o si tenemos un espíritu que no quiere perdonar.

Si en mi corazón hubiese yo mirado a la iniquidad, El Señor no me habría escuchado. (Sal. 66:18)

Y sabemos que Dios no oye a los pecadores; pero si alguno es temeroso de Dios, i hace su voluntad, a ése oye. (Juan 9:31)

639. ¿QUÉ DEBERÍAMOS EVITAR EN ORACIÓN?

Deberíamos evitar:

1. Vanas repeticiones. (Repitiendo las mismas cosas.)

   Y orando, no uséis vanas repeticiones, como los gentiles, que piensan que por su palabrería serán oídos. (Mt. 6:7)

2. Imponiendo nuestra voluntad sobre la voluntad de Dios.

   ... pero no sea como yo quiero, sino como tú. (Mt. 26:39)

3. Regateando con Dios.

   ... Dicho esta: No tentarás al Señor tu Dios. (Lc. 4:12)

4. Buscando venganza.

   Pero yo os digo: Amad a vuestros enemigos, bendecid a los que os maldicen, haced bien a los que os aborrecen, y orad por los que os ultrajan y os persiguen; para que seáis hijos de vuestro Padre que está en los cielos, que hace salir su sol sobre malos y buenos, y que hace llover sobre justos e injustos. Porque si amáis a los que os aman, ¿qué recompensa tendréis? ¿No hacen también lo mismo los publicanos? (Mt. 5:44-46)

640. SEGÚN LAS ESCRITURAS, ¿CUALES SON LAS POSTURAS QUE DEBERÍAMOS TOMAR CUANDO ORAMOS?

Hay cuatro posturas encontradas en las escrituras. Son: de pie, arrodillado, inclinado, o postrado; con manos levantadas.

Y puesto de rodillas, clamó a gran voz: Señor, no les tomes en cuenta este pecado . . . (Hch. 7:60)

Yendo un poco adelante, se postró sobre su rostro, orando y diciendo: Padre mío, si es posible pase de mí esta copa; pero no sea como yo quiero, sino como tú. (Mt. 26:39)

Quiero, pues, que los hombres oren en todo lugar, levantando manos santas, sin ira ni contienda. (I Ti. 2:8)

Y cuando estéis orando, (parados) perdonad, si tenéis algo contra alguno, para que también vuestro Padre que está en los cielos os perdone a vosotros vuestras ofensas. (Mt. 11:25)

641. ¿CUALES SON LOS DIFERENTES TIPOS DE ORACIÓN?

1. Oración personal es una oración privada que oramos a Dios en secreto para que tengamos comunión con El o para decirle nuestras necesidades privadas y personales.

   Mas tú, cuando ores, entra en tu aposento, y cerrada la puerta, ora a tu Padre que está en secreto; y tu Padre que ve en lo secreto te recompensará en público. (Mt. 6:6)

2. Oración corporal es oración ofrecida a Dios por un grupo de creyentes que oran el uno por el otro y que interceden por otros.

NARRATIVOS BÍBLICOS: La iglesia ora por denuedo para predicar, (Hch. 4:23-31); La iglesia ora que Pedro se librara de la cárcel, (Hch. 12:5-7).

3. Oración congregacional es la oración de miembros de una Iglesia Local, a Dios por el Cuerpo de Cristo, el gobierno, y toda la humanidad.

Exhorto ante todo, a que se hagan rogativas, oraciones, peticiones y acciones de gracias, por todos los hombres; por los reyes y por todos los que están en eminencia, para que vivamos quieta y reposadamente en toda piedad y honestidad. (I Ti. 2:1-2)

642. **¿POR QUÉ COSAS DEBERÍAMOS DE ORAR EN LAS REUNIONES DE ORACIÓN CORPORAL Y CONGREGACIONAL?**

Dependiendo de como el Espíritu Santo nos dirija, deberíamos interceder por las necesidades de la iglesia y del mundo orando por:

A. Autoridades gobernables.

Exhorto ante todo, a que se hagan rogativas, oraciones, peticiones y acciones de gracias, por todos los hombres; por los reyes y por todos los que están en eminencia, para que vivamos quieta y reposadamente en toda piedad y honestidad. (I Ti. 2:1-2)

B. Los siervos de Dios y sus ministerios.

Y ahora, Señor, mira sus amenazas, y concede a tus siervos que con denuedo hablen tu palabra. (Hch. 4:29)

C. Liberación para todos los que están en necesidad o en apuros.

Así que Pedro estaba custodiado en la cárcel; pero la iglesia hacía sin cesar oración a Dios por él . . . y llegó . . . donde muchos estaban reunidos orando. (Hch. 12:5,12)

D. Que Dios envíe obreros a la miés.

Entonces dijo a sus discípulos: A la verdad la mies es mucha, mas los obreros pocos. Rogad, pues, al Señor de la mies, que envié obreros a su mies. (Mt. 9:37-38)

E. Todos los miembros del cuerpo de Cristo.

Orando en todo tiempo con toda oración y súplica en el Espíritu, y velando en ello con toda perseverancia y súplica por todos los santos; (Ef. 6:18)

643. ¿CÓMO SE ENSEÑA A LA GENTE A ORAR JUNTOS?

Siguiendo este plan probado:

A. Use la lista en pregunta #642 y asigne dos minutos de oración por cada necesidad. Cuando haya terminado orando por las **cinco** necesidades básicas, y las necesidades personales del grupo por dos minutos. Son doce minutos de oración (un buen comienzo).

B. En su próxima reunión de oración, aumente el tiempo a cinco minutos por cada cosa en la lista de oración, añadiendo las necesidades personales del grupo al final. Son treinta minutos de oración.

C. Aumente gradualmente el tiempo hasta que haya orado diez minutos por cada necesidad, y habrá llegado a la meta de una hora de oración unida sin interrupción.

NOTA: Alguien necesita guardar el tiempo con un cronómetro.

Guardando el tiempo exacto dará al grupo un sentido de cumplimiento. Asegúrese de que siempre reconozcan las respuestas de las oraciones y encontrarán que orando juntos puede ser una aventura de fe.

644. ¿CUAL ES EL PROPÓSITO DE ORAR JUNTOS?

Orando juntos une al pueblo de Dios. Oración unida era una de las actividades más importantes de la Iglesia Primitiva. Solamente a través de oración unida Dios puede traernos en unidad espiritual, uniendo nuestros corazones y dándonos poder de El.

Y perseveraban en la doctrina de los apóstoles, en la comunión unos con otros, en el partimiento del pan y en las oraciones. (Hch. 2:24)

¡Mirad cuan bueno y cuan delicioso es habitar los hermanos juntos en armonía! (Sal. 133:1)

Y ellos, habiéndolo oído, alzaron unánimes la voz a Dios, y dijeron: Soberano Señor, tú eres el Dios que hiciste el cielo y la tierra, el mar y todo lo que en ellos hay . . . Cuando hubieron orado, el lugar en que estaban congregados tembló; y todos fueron llenos del Espíritu Santo, y hablaban con denuedo la palabra de Dios. (Hch. 4:24,31)

NARRATIVOS BÍBLICOS: Una reunión de oración después de persecución (Hch. 4:23-31); Oración por la liberación de Pedro de la cárcel (Hch. 12:5-17).

645. ¿QUÉ ES INTERCESIÓN?

Intercesión es oración por otros.

Orando en todo tiempo con toda oración y súplica en el Espíritu, y velando en ello con toda perseverancia y súplica por todos los santos. (Ef. 6:18)

Así que, lejos sea de mí que peque yo contra Jehová cesando de rogar por vosotros. (I S. 12:23)

646. ¿QUIÉN PUEDE ORAR COMO UN INTERCESOR?

Todo creyente es llamado a ser un sacerdote delante del Señor para interceder y llevar las cargas de otros a través de oración.

La oración eficaz del justo puede mucho. (Stg. 5:16)

Y nos hizo reyes y sacerdotes para Dios, su Padre, a él sea gloria e imperio por los siglos de los siglos. (Ap. 1:6)

647. ¿QUIÉN DIRIJE LAS ORACIONES DE UN INTERCESOR?

El Espíritu Santo dirije la oración de un intercesor, capacitándole para orar precisamente y efectivamente según la sabiduría de Dios.

Y de igual manera el Espíritu nos ayuda en nuestra debilidad; pues que hemos de pedir como conviene, no lo sabemos, pero el Espíritu mismo intercede por nosotros con gemidos indecibles. (Ro. 8:26)

648. ¿QUÉ ES ORACIÓN QUE ES COMPARADA A DOLORES DURANTE UN PARTO?

Este tipo de oración es inspirada por el Espíritu Santo, en la cual agonizamos y sufrimos por nuestras propias necesidades o por las necesidades de alguien querido.

Hijitos míos, por quienes vuelvo a sufrir dolores de parto, hasta que Cristo sea formado en vosotros. (Gá. 4:19)

Y Cristo, en los días de su carne, ofreciendo ruegos y súplicas con gran clamor y lágrimas al que le podía librar de la muerte, fue oído a causa de su temor reverente. (He. 5:7)

ORACIÓN Y AYUNO

Yo he visto el trabajo que Dios ha dado a los hijos de los hombres para que se ocupen en él. (Ec. 3:10)

649. ¿HAY UNA DIFERENCIA ENTRE SUPLICACIONES Y ORACIONES COMPARADAS A UN PARTO?

No. Suplicaciones y oración comparada a un parto son oraciones rogando a Dios, o intensivamente pidiendo Su ayuda e intervención.

Y volví mi rostro a Dios el Señor, buscándole en oración y ruego, en ayuno, cilicio y ceniza. (Dn. 9:3)

Ahora pues, Dios nuestro, oye la oración de tu siervo, y sus ruegos; y haz que tu rostro resplandezca sobre tu santuario asolado, por amor del Señor. (Dn.9:17)

Exhorto ante todo, a que se hagan rogativas, oraciones, peticiones y acciones de gracias, por todos los hombres. (Ti. 2:1)

NARRATIVO BÍBLICO: La suplicación de Daniel para la restauración de Israel. (Dn. 9)

650. ¿CUAL ES EL PROPÓSITO DE SUPLICACIONES U ORACIÓN COMPARADA A UN PARTO?

Causa que los propósitos de Dios nazcan, y causa cambio en un individuo o una situación a través de intervención divina.

. . . La oración eficaz del justo puede mucho. Elías era hombre sujeto a pasiones semejantes a las nuestras, y oró fervientemente para que no lloviese, y no llovió sobre la tierra por tres años y seis meses. Y otra vez oró, y el cielo dio lluvia, y la tierra produjo su fruto. (Stg. 5:16-18)

He aquí que Jehová el Señor vendrá con poder, y su brazo señoreará; he aquí que su recompensa viene con él, y su paga delante de su rostro. (Is. 40:10)

> *Hijitos míos, por quienes vuelvo a sufrir dolores de parto, hasta que Cristo sea formado en vosotros. (Gá. 4:19)*

651. ¿CUAL ES EL PAPEL DE LA PERSONA HACIENDO LA SUPLICACIÓN?

El papel de la persona orando es hacer guerra espiritual contra las fuerzas de maldad.

> *Pues aunque andamos en la carne, no militamos según la carne; porque las armas de nuestra milicia no son carnales, sino poderosas en Dios para la destrucción de fortalezas, derribando argumentos y toda altivez que se levanta contra el conocimiento de Dios, y llevando cautivo todo pensamiento a la obediencia a Cristo. (II Co. 10:3-5)*

> *Bendito sea Jehová, mi roca, quien adiestra mis manos para la batalla, y mis dedos para la guerra. Misericordia mía y mi castillo, fortaleza mía y mi libertador, escudo mío, en quien he confiado; el que sujeta a mi pueblo debajo de mí. (Sal. 144:1-2)*

652. ¿QUÉ ES GUERRA ESPIRITUAL?

Guerra espiritual es una batalla en la cual el Espíritu Santo capacita al creyente con armadura espiritual para luchar contra las fuerzas de maldad.

> *Por lo demás, hermanos míos, fortaleceos en el Señor, y en el poder de su fuerza. Vestíos de toda la armadura de Dios, para que podáis estar firmes contra las asechanzas del diablo. (Ef. 6:10-11)*

653. ¿QUÉ ES LA ARMADURA ESPIRITUAL QUE EL ESPÍRITU SANTO NOS DA?

El Espíritu Santo nos da la armadura siguiente:

1. **Verdad para los lomos.** A través de encuentros previos en

oración, somos fortalecidos en el conocimiento de que podemos venir en contra de las mentiras del diablo.

2. **Justicia como una coraza.** Según las Escrituras Dios oye las oraciones de un hombre justo . . . uno que tiene la libertad de acercarse a Dios porque su consciencia es pura y no tiene culpabilidad para sus pecados.

3. **Paz para calzar los pies con el apresto del evangelio.** Nuestro motivo en buscar al Señor debería ser con el deseo de traer reconciliación entre Dios y el hombre . . . no venganza.

4. **Fe como un escudo.** A través de experiencia, creemos que Dios no nos da el poder solamente para vencer al diablo, sino para derrotarle también.

5. **Salvación como un yelmo.** Teniendo seguridad de nuestra salvación a través de la sangre de Jesucristo, podemos tener confianza en saber que pertenecemos a Dios, y nos ayudará a pelear la batalla.

6. **La Palabra como una espada.** La Palabra de Dios que nace dentro de nosotros como un resultado de oración como una mujer que tiene dolores durante un parto, llega a ser la espada que destruye al enemigo.

Vestíos de toda la armadura de Dios, para que podáis estar firmes contra las asechanzas del diablo. Estad, pues, firmes, ceñidos vuestros lomos con la verdad, y vestidos con la coraza de justicia, y calzados los pies con el apresto del evangelio de la paz. Sobre todo, tomad el escudo de la fe, con que podáis apagar todos los dardos de fuego del maligno. Y tomad el yelmo de la salvación, y la espada del Espíritu, que es la palabra de Dios. (Ef. 6:11,14-17)

654. ¿CÓMO NOS EMPEÑAMOS EN GUERRA ESPIRITUAL?

Nos empeñamos en guerra espiritual en las maneras siguientes:

1. Después de entrar en la presencia de Dios a través de alabanza, acción de gracias, y de recibir la armadura de Dios, nos enfrentamos con el enemigo con suplicaciones y con oración intercesoria.

Entrad por sus puertas con acción de gracias, por sus atrios con alabanza; alabadle, bendecid su nombre. (Sal. 100:4)

2. El Espíritu Santo nos da poder y dirección por medio del nombre de Jesucristo para batallar las fuerzas de maldad que han rodeado la mente . . . imaginaciones vanas, y pensamientos plagados con incredulidad o engaño.

Porque las armas de nuestra milicia no son carnales, sino poderosas en Dios para la destrucción de fortalezas, derribando argumentos y altivez que se levanta contra el conocimiento de Dios, y llevando cautivo todo pensamiento a la obediencia a Cristo. (II Co. 10:4-5)

Bendito sea Jehová, mi roca, Quien adiestra mis manos para la batalla, y mis dedos para la guerra. (Sal. 144:1)

3. La batalla es verbal. Mientras que continuamos a orar en el Espíritu, reprendemos las mentiras del tentador y las acusaciones falsas.

Y de igual manera el Espíritu nos ayuda en nuestra debilidad; pues que hemos de pedir como conviene, no lo sabemos, pero el Espíritu mismo intercede por nosotros con gemidos indecibles. (Ro. 8:26)

Y vinieron a él y le despertaron, diciendo: ¡Maestro, Maestro, que perecemos! Despertando él, reprendió al viento y a las olas; y cesaron, y se hizo bonanza. (Lc. 8:24)

4. La oración intercesoria trae nacimiento a la espada del Espíritu por la cual es la Palabra de Dios . . . la Palabra inspirada que crea fe y esperanza.

¿Quién oyó cosa semejante? ¿quién vio tal cosa? ¿Concebirá la tierra en un día? ¿Nacerá una nación de una vez? Pues en cuanto Sion estuvo de parto, dio a luz sus hijos. Yo que hago dar a luz, ¿no haré nacer? dijo Jehová. Yo que hago engendrar, ¿impediré el nacimiento? dice tu Dios. (Is. 66:8-9)

No comimos de balde el pan de nadie, sino que trabajamos con afán y fatiga día y noche, para no ser gravosos a ninguno de vosotros; no porque no tuviésemos derecho, sino por daros nosotros mismos un ejemplo para que nos imitaseis. (II Tesa. 3:8-9)

5. Un canto de victoria brota. Hemos vencido por la sangre de Jesús y la Palabra del Señor.

. . . y esta es la victoria que ha vencido al mundo, nuestra fe. ¿Quién es él que vence al mundo, sino el que cree que Jesús es el Hijo de Dios? (I Jn. 5:4-5)

. . . mayor es el que está en vosotros, que el que está en el mundo. (I Jn. 4:4)

655. ¿CON CUÁNTA FRECUENCIA DEBERÍAMOS DE ORAR LA ORACIÓN INTERCESORIA?

Oramos la oración intercesoria hasta que la victoria sea nuestra.

Orando en todo tiempo con toda oración y súplica en el Espíritu, y velando en ello con toda perseverancia y súplica por todos los santos. (Ef. 6:18)

Hijitos míos, por quienes vuelvo a sufrir dolores de parto, hasta que Cristo sea formado en vosotros. (Gá. 4:19)

656. ¿PODEMOS INSTIGAR ORACIÓN EN EL ESPÍRITU DENTRO DE NOSOTROS?

No. La ayuda del Espíritu para oración intercesoria puede ser instigada por el Espíritu de Dios dentro de nosotros.

Acercaos a Dios, y él se acercará a vosotros... (Stg. 4:8)

657. ¿CUÁNDO COMBINAMOS AYUNO CON ORACIÓN?

Ayuno es combinado con oración cuando:

1. Oración intercesoria parece que no es suficiente.

   Ayunamos, pues, y pedimos a nuestro Dios sobre esto, y él nos fue propicio. (Esd. 8:23)

2. Una situación seria lo exige.

   ¿No es más bien el ayuno que yo escogí, desatar las ligaduras de impiedad, soltar las cargas de opresión, y dejar ir libres a los quebrantados, y que rompáis todo yugo? (Is. 58:6)

3. Necesitamos recibir un respuesta de Dios para una necesidad en particular.

   Y volví mi rostro a Dios el Señor, buscándole en oración y ruego, en ayuno, cilicio y ceniza. Y oré a Jehová mi Dios... (Dn. 9:3-4)

658. ¿QUÉ ES EL AYUNO?

El ayuno es la abstención voluntaria de comida y bebida por un tiempo para darnos la oportunidad de prestar nuestra completa atención a un asunto en particular. Tiene que ser acompañado de oración sincera para ser efectivo en recibir una respuesta de Dios.

659. ¿SON EFECTIVOS ORACIÓN Y AYUNO?

Sí. Cuando se hace correctamente puede mover montañas. Solo ayuno nos beneficiará físicamente. Como nos humillamos con ayuno y oración sincera delante del Señor, podemos ver grandes resultados espirituales.

> *¿No es más bien el ayuno que yo escogí, desatar las ligaduras de impiedad, soltar las cargas de opresión, y dejar ir libres a los quebrantados, y que rompáis todo yugo? ¿No es que partas tu pan con el hambriento, y a los pobres errantes albergues en casa; que cuando veas al desnudo, lo cubras, y no te escondas de tu hermano? (Is. 58:6-7)*

> *Cuando ayunéis, no seáis austeros, como los hipócritas; porque ellos demudan sus rostros para mostrar a los hombres que ayunan; de cierto os digo que ya tienen su recompensa. Pero tú, cuando ayunes, unge tu cabeza y lava tu rostro. Para no mostrar a los hombres que ayunas, sino a tu Padre que está en secreto; y tu Padre que ve en lo secreto te recompensará en público. (Mt. 6:16-18)*

NARRATIVOS BÍBLICOS: Moisés ayunó delante del Señor por cuarenta días. Durante este tiempo recibió los Diez Mandamientos. (Ex. 34:1-35); Después de que Jesús hubiera ayunado cuarenta días, empezó su ministerio con gran poder. (Mt. 4:1-25).

660. ¿CUÁNTAS CLASES DE AYUNO HAY?

Hay tres clases de ayunos... normal, parcial, y completo.

661. ¿QUÉ ES UN AYUNO NORMAL?

Durante un ayuno normal nos abstenemos totalmente de comida y bebida, menos agua.

> *Y después de haber ayunado cuarenta días y cuarenta noches, tuvo hambre. (Mt. 4:2)*

662. ¿QUÉ ES UN AYUNO PARCIAL?

En un ayuno parcial, dejamos una cierta comida cada día, y rigurosamente limitamos la cantidad de comida y bebida que consumimos.

No comí manjar delicado, ni entró en mi boca carne ni vino. (Dn. 10:3)

663. ¿QUÉ ES UN AYUNO COMPLETO?

En un ayuno completo, ni comemos ni bebemos líquido de cualquier tipo. Esta clase de ayuno no debería durar más de tres días.

Donde estuvo tres días sin ver, y no comió ni bebió. (Hch. 9:9)

Ve y reúne a todos los judíos . . . y ayunad por mí, y no comáis ni bebáis en tres días, y noche y día; yo también con mis doncellas ayunaré igualmente. (Est. 4:16)

664. ¿QUÉ ES UN AYUNO DE LÍQUIDOS?

Un ayuno de líquidos es un ayuno que permite la consumación de cualquier clase de líquidos por un período de tiempo (jugo, caldo, o bebidas).

NOTA: Un ayuno de líquidos está recomendado por un tiempo extendido.

665. ¿CUAL DEBERÍA SER NUESTRO MOTIVO EN AYUNAR?

Cuando ayunamos, nuestra meta principal debería ser ministrar al Señor a través de adoración entregándonos totalmente a El.

Cuando ayunasteis . . . ¿habéis ayunado para mí? (Zac. 7:5)

> *Ministrando estos al Señor, y ayunando, dijo el Espíritu Santo: Apartadme a Bernabé y a Saulo para la obra a que los he llamado. (Hch. 13:2)*

666. ¿CUALES SON LOS BENEFICIOS DE AYUNAR?

Los beneficios de ayunar son:

1. Liberación.
2. Disciplina en el cuerpo.
3. Liberta nuestra fe para la sanidad.
4. Fuerza en nuestras oraciones.
5. Nos limpia el espiritu.

> *Ayunamos, pues, y pedimos a nuestro Dios sobre esto, y él nos fue propicio. (Esd. 8:23)*

> *Sino que golpeo mi cuerpo, y lo pongo en servidumbre, no sea que habiendo sido heraldo para otros, yo mismo venga a ser eliminado. (I Co. 9:27)*

> *Pero yo, cuando ellos enfermaron, me vestí de cilicio; afligí con ayuno mi alma. (Sal. 35:13)*

DONES, LLAMADAS Y MINISTERIOS DEL ESPÍRITU SANTO

CAPITULO 40

667. ¿CUALES SON LOS DONES DEL ESPÍRITU SANTO?

Los dones del Espíritu Santo son las habilidades especiales dadas a creyentes para extender la obra de Cristo en la tierra.

Pero recibiréis poder, cuando haya venido sobre vosotros el Espíritu Santo, y me seréis testigos en Jerusalén en toda Judea, en Saria, y hasta lo último de la tierra. (Hch. 1:8)

668. ¿CUAL ES LA DIFERENCIA ENTRE "EL DON" DEL ESPÍRITU SANTO Y LOS DONES DEL ESPÍRITU SANTO?

"El don" del Espíritu Santo es el bautismo del creyente en el dominio de poder espiritual y sobrenatural, y también es un depósito del Aliento de Dios dentro de él.

Pedro les dijo: Arrepentíos, y bautícese cada uno de vosotros en el nombre de Jesucristo para perdón de los pecados; y recibiréis el don del Espíritu Santo. (Hch. 2:38)

Pero todas estas cosas las hace uno y el mismo Espíritu, repartiendo a cada uno en particular como él quiere. (I Co. 12:11)

669. ¿CUÁNTOS DONES HAY?

Hay nueve dones (habilidades especiales). Son:

1. Tres dones de poder: fe, milagros y sanidad.

2. Tres dones de lenguaje: profecía, lenguas y la interpretación de lenguas.

3. Tres dones de revelación: una palabra de sabiduría, una palabra de conocimiento y el discernir de espíritus.

> *Porque a este es dada por el Espíritu palabra de sabiduría; a otro, palabra de ciencia según el mismo Espíritu; a otro, fe por el mismo Espíritu; y a otro, dones de sanidades por el mismo Espíritu. A otro, el hacer milagros; a otro, diversos géneros de lenguas; y a otro, interpretación de lenguas. Pero todas estas cosas las hace uno y el mismo Espíritu, repartiendo a cada uno en particular como él quiere. Porque así como el cuerpo es uno, y tiene muchos miembros, pero todos los miembros del cuerpo, siendo muchos, son un solo cuerpo, así también Cristo.*
> *(I Co. 12:8-12)*

NOTA: La misma palabra por "dones" (habilidades, o sea dotaciones de gracia) está usada en Romanos 12:4-6) para incluir ministerio (predicación, enseñanza, exhortación, testimonios, liderazgo y la demostración de misericordia); y en I Co. 12:28-31 incluyen el ministerio de ayuda y gobiernos.

670. ¿QUÉ ES EL DON DE FE?

La fe es la habilidad de creer en la Palabra de Dios y responder a como nos inspira divinamente.

> *Así que la fe es por el oír, y el oír, por la palabra de Dios.*
> *(Ro. 10:17)*

> *Dijeron los apóstoles al Señor: Auméntanos la fe.*
> *(Lc. 17:5)*

671. ¿QUÉ ES EL DON DE MILAGROS?

El don de milagros es una habilidad de interferir y cambiar la naturaleza, sucesos o circunstancias.

> *Testificando Dios juntamente con ellos, con señales y prodigios y diversos milagros y repartimientos del Espíritu Santo según su voluntad. (He. 2:4)*

EL ESPÍRITU SANTO Y LA IGLESIA

672. ¿QUÉ SON LOS DONES DE SANIDAD?

Los dones de sanidad son las habilidades de sanar los enfermos aparte de la ayuda de medios naturales o habilidades humanas.

Y estas señales seguirán a los que creen: en mi nombre echarán fuera demonios; hablarán nuevas lenguas; tomarán en las manos serpientes, y si bebieren cosa mortífera, no les hará daño; sobre los enfermos pondrán sus manos, y sanarán. (Mr. 16:17-18)

673. ¿QUÉ ES EL DON DE PROFECÍA?

Profecía es la voz del Espíritu Santo hablando a través de un creyente al hombre para edificación, exhortación y consuelo.

Pero el que profetiza habla a los hombres para edificación, exhortación y consolación. (I Co. 14:3)

... si habla Jehová el Señor, ¿quién no profetizará? (Amos 3:8)

674. ¿QUÉ ES EDIFICACIÓN?

Edificación es el derrame del Espíritu Santo a través de profecía que fortalece, anima, y aumenta la fe de creyentes.

El que habla en lengua extraña, a sí mismo se edifica; pero el que profetiza, edifica a la iglesia. Así que, quisiera que todos vosotros hablaseis en lenguas, pero más que profetizaseis; porque mayor es el que profetiza que el que habla en lenguas, a no ser que las interprete para que la iglesia reciba edificación. (I Co. 14:4-5)

675. ¿QUÉ ES EXHORTACIÓN?

Es el flujo ardiente de palabras expresadas a través de un creyente bajo la dirección del Espíritu Santo implorando o avisando un pecador o creyente de que se arrepienta, que

DONES, LLAMADAS Y MINISTRIOS

busque guianza, o para dar dirección a la Iglesia.

Os rogamos, hermanos, que reconozcáis a los que trabajan entre vosotros, y os presiden en el Señor, y os amonestan; y que los tengáis en mucha estima y amor por causa de su obra. Tened paz entre vosotros. También os rogamos, hermanos, que amonestéis a los ociosos, que alentéis a los de poco ánimo, que sostengáis a los débiles, que seáis pacientes para con todos. (I Ts.5:12-14)

Confirmando los ánimos de los discípulos, exhortándoles a que permaneciesen en la fe, y diciéndoles: Es necesario que a través de muchas tribulaciones entremos en el reino de Dios. (Hch. 14:22)

676. ¿QUÉ ES CONSUELO?

Consuelo es la impartación de coraje y fuerza a un creyente por el Espíritu Santo en tiempos de tristeza o ansiedad. Las promesas y la seguridad de Dios están incluidas en esto.

Bendito sea el Dios y Padre de nuestro Señor Jesucristo, Padre de misericordias y Dios de toda consolación, el cual nos consuela en todas nuestras tribulaciones, para que podamos también nosotros consolar a los que están en cualquier tribulación, por medio de la consolación con que nosotros somos consolados por Dios. (II Co. 1:3-4)

677. ¿QUÉ ES EL DON DE LENGUAS?

Es la habilidad dada a un creyente por el Espíritu Santo para hablar palabras divinamente inspiradas. El hablador es dado palabras para hablar que son desconocidas a él, pero entendidas por la persona quien está recibiendo el mensaje. Tal mensaje es una señal a los creyentes para convencerles de que se acerquen a Dios.

Así que, las lenguas son por señal, no a los creyentes, sino a los incrédulos . . . (I Co. 14:22)

678. ¿QUÉ ES LA INTERPRETACIÓN DE LENGUAS?

Interpretación de lenguas es la habilidad de explicar completamente el significado de palabras que han sido divinamente inspiradas y habladas en una lengua desconocida. El intérprete no tiene conocimiento del lenguaje hablado por la persona que ha dado el mensaje en lenguas.

Si habla alguno en lengua extraña, sea esto por dos, o a lo más tres, y por turno; y uno intérprete. Y si no hay intérprete, calle en la iglesia, y hable para sí mismo y para Dios. (I Co. 14:27-28)

679. ¿QUÉ ES LA PALABRA DE SABIDURÍA?

La palabra de sabiduría es la habilidad dada por Dios para entender los misterios de Dios y para hablar la mente del Señor. La sabiduría de las palabra es tan completa en contestar preguntas, en resolver problemas y en dar instrucciones que no dejan sitio para discusión.

Sin embargo, hablamos sabiduría entre los que han alcanzado madurez; y sabiduría, no de este siglo, ni de los príncipes de este siglo, que perecen. Mas hablamos sabiduría de Dios en misterio, la sabiduría oculta, la cual Dios predestinó antes de los siglos para nuestra gloria. (I Co. 2:6-7)

Proponed en vuestros corazones no pensar antes como habéis de responder en vuestra defensa; porque yo os daré palabra y sabiduría, la cual no podrán resistir ni contradecir todos los que se opongan. (Lc. 21:14-15)

680. ¿QUÉ ES LA PALABRA DE CONOCIMIENTO?

La palabra de conocimiento es la habilidad dada por Dios para saber ciertos hechos acerca de una situación sin tener conocimiento previo de la situación o del individuo involucrado.

Pero si todos profetizan, y entra algún incrédulo o indocto, por todos es convencido, por todos es juzgado; lo oculto de su corazón se hace manifiesto; y así, postrándose sobre el rostro, adorará a Dios, declarando que verdaderamente Dios está entre vosotros. (I Co. 14:24-25)

Y dijo Pedro: Ananías, ¿por qué llenó Satanás tu corazón para que mintieses al Espíritu Santo y sustrajeses del precio de la heredad? Reteniéndola, ¿no se te quedaba a ti? y vendida, ¿no estaba en tu poder? ¿Por qué pusiste esto en tu corazón? No has mentido a los hombres, sino a Dios. Al oír Ananías estas palabras, cayó y expiró. Y a vino un gran temor sobre todos los que lo oyeron. (Hch. 5:3-5)

681. ¿QUÉ ES EL DISCERNIMIENTO DE ESPÍRITUS?

El discernimiento de espíritus es la habilidad dada por Dios para revelar la identidad del espíritu que tiene una persona cautiva o está causando la persona angustia. También es para revelar si una persona está funcionando bajo la dirección del Espíritu Santo o no.

Porque en hiel de amargura y en prisión de maldad veo que estas. (Hch. 8:23)

682. ¿POR QUÉ NOS SON DADOS LOS DONES ESPIRITUALES?

Nos son dados como una señal de vida divina y poder del Espíritu Santo obrando dentro de nosotros para capacitarnos a ministrar según la voluntad de Dios.

. . . Jesús nazareno, varón aprobado por Dios entre vosotros con las maravillas, prodigios y señales que Dios hizo entre vosotros por medio de él, como vosotros mismos sabéis. (Hch. 2:22)

EL ESPÍRITU SANTO Y LA IGLESIA

683. ¿ES NECESARIO QUE CADA CREYENTE TENGA DONES ESPIRITUALES?

Sí. Cada miembro del Cuerpo de Cristo debería tener una función, un deber y un lugar en la Iglesia.

> *Porque de la manera que en un cuerpo tenemos muchos miembros, pero no todos los miembros tienen la misma función, así nosotros, siendo muchos, somos un cuerpo en Cristo, y todos miembros los unos de los otros. De manera que, teniendo diferentes dones, según la gracia que es dada, si el de profecía, úsese conforme a la medida de la fe. (Ro. 12:4-6)*

684. ¿QUÉ SON LLAMADAS ESPIRITUALES?

Llamadas espirituales son mandatos divinos a una vocación o servicio en la iglesia de Jesucristo. Hay cinco vocaciones: apóstol, profeta, evangelista, pastor y maestro. Hay cuatro clasificaciones de servicio: ancianos, diáconos, ministerio de ayuda, y administración.

> *Y él mismo constituyó a unos, apóstoles; a otros, profetas; a otros, evangelistas; a otros, pastores y maestros, a fin de perfeccionar a los santos para la obra del ministerio, para la edificación del cuerpo de Cristo. (Ef. 4:11-12)*

> *Y a unos puso Dios en la iglesia, primeramente apóstoles, luego profetas, lo tercero maestros, luego los que hacen milagros, después los que sanan, los que ayudan, los que administran, los que tienen don de lenguas. (I Co. 12:28)*

685. ¿CUAL ES LA DIFERENCIA ENTRE UNA LLAMADA Y UN MINISTERIO?

Una llamada es un mandato divino para servicio que incluye las habilidades especiales necesarias para un ministerio en particular. Cuando estas habilidades hayan sido desarrolladas por uso consistente, llegan a ser un ministerio.

De manera que, teniendo diferentes dones, según la gracia que nos es dada, si el de profecía, úsese conforme a la medida de la fe; o si de servicio, en servir; o el que enseña, en la enseñanza; el que exhorta, en la exhortación; el que reparte, con liberalidad; el que preside, con solicitud; el que hace misericordia, con alegría. (Ro. 12:6-8)

686. ¿SOMOS TODOS LLAMADOS A LOS MISMOS MINISTERIOS EN EL CUERPO DE CRISTO?

No. Dios ha elegido a cada uno para cumplir un propósito en particular y ocupar un lugar en el Cuerpo de Cristo que ninguno otro pueda ocupar.

Además, el cuerpo no es un solo miembro, sino muchos. Si dijere el pie: Porque no soy mano, no soy del cuerpo, ¿por eso no será del cuerpo? . . . Si todo el cuerpo fuese ojo, ¿dónde estaría el oído? Si todo fuese oído, ¿dónde estaría el olfato? Mas ahora Dios ha colocado los miembros cada uno de ellos en el cuerpo, como él quiso. Porque si todos fueran un solo miembro, ¿dónde estaría el cuerpo? (I Co. 12:14-15,17-19)

687. ¿POR QUÉ NOS HA DADO DIOS LLAMADAS DIFERENTES DENTRO DEL CUERPO?

Aumenta la unidad y el amor cuando sabemos que verdaderamente necesitamos el uno al otro. No somos autosuficientes en el ministerio del Espíritu, pero somos perfeccionados y hechos completos por los otros miembros del Cuerpo.

Ni el ojo puede decir a la mano: No te necesito, ni tampoco la cabeza a los pies: No tengo necesidad de vosotros. Antes bien los miembros del cuerpo que parecen más débiles, son los mas necesarios . . . Porque los que en nosotros son más decorosos, no tienen necesidad; pero Dios ordenó el cuerpo, dando más abundante honor al que le faltaba, para que no haya desavenencia en el cuerpo, sino que los miembros todos se preocupen los unos por los otros. (I Co. 12:21-25)

688. ¿CÓMO PODEMOS DESARROLLAR NUESTRAS HABILIDADES ESPECIALES PARA QUE LLEGUEMOS A SER EFECTIVOS EN EL MINISTERIO?

Podemos desarrollar nuestras habilidades pasando tiempo a solas con Dios en oración, leyendo las Escrituras, aprendiendo a servir otras personas usando nuestros dones en la Iglesia Local donde los líderes espirituales pueden guiar y corregirnos, y con dedicarnos totalmente a la perfección de nuestras personalidades y ministerios.

No descuides el don que hay en ti, que te fue dado mediante profecía con la imposición de las manos del presbiterio. Ocúpate en estas cosas; permanece en ellas, para que tu aprovechamiento sea manifiesto a todos. Ten cuidado de ti mismo y de la doctrina; persiste en ello, pues haciendo esto, te salvarás a ti mismo y a los que te oyeren. (I Ti. 4:14-16)

Procura con diligencia presentarte a Dios aprobado, como obrero que no tiene de que avergonzarse, que usa bien la palabra de verdad. (II Ti. 2:15)

El labrador, para participar de los frutos, debe trabajar primero. (II Ti. 2:6)

689. ¿CUAL ES LA DIFERENCIA ENTRE UN DON NATURAL Y UN DON ESPIRITUAL?

Nuestros dones naturales son nacidos en nosotros. Los dones espirituales nos son dados por el Espíritu Santo.

690. ¿TIENEN TODOS UN DON NATURAL?

Sí. Sin embargo, la mayoría de nosotros no reconocemos

nuestros dones naturales. Tenemos poco o ni siquiera idea de lo que hacemos mejor, o como podemos verdaderamente expresarnos y vivir nuestras vidas para darnos profunda satisfacción y un sentido de cumplimiento.

691. ¿ESTÁN RELACIONADOS NUESTROS DONES ESPIRITUALES CON NUESTROS DONES NATURALES?

Dones naturales o capacidades son nacidos en nosotros. También son dones de Dios, dados a nosotros en amor y con una voluntad libre para usarlos como pensemos que sea mejor. Los dones del Espíritu Santo son dados a creyentes para ayudarles a descubrir, desarrollar y mejorar sus dones naturales, para extender la obra de Cristo.

692. ¿CÓMO ES ESTO REALIZADO?

El Espíritu Santo añade la dimensión perdida de carisma a nuestras capacidades naturales para hacernos éxitos en nuestro trabajo y hacernos testigos efectivos para Cristo. Mientras que estas habilidades empiezan a desarrollarse, las llamadas espirituales y ministerios llegan a ser evidentes y frutíferos.

693. ¿DEBERÍAN SER USADOS NUESTROS DONES NATURALES SOLAMENTE PARA MINISTERIO ESPIRITUAL?

Dones naturales o capacidades nos fueron dados para capacitarnos a ganar la vida y encontrar cumplimiento en esta vida. Sin embargo, cuando los combinamos con dones espirituales, tiene un doble propósito: Nuestras capacidades están enriquecidas y se desarrollan en carreras que nos realizan, y juntamente con esto nuestra vida espiritual se desarrolla, haciéndonos testigos efectivos para el Señor en nuestro trabajo, en nuestras escuelas y en nuestros hogares.

Amado, yo deseo que tú seas prosperado en todas las cosas, y que tengas salud, así como prospera tu alma.
(III Jn. 2)

694. ¿PUEDE EL DESARROLLO DE NUESTROS DONES NATURALES EN CAMPOS SECULARES LLEGAR A SER MINISTERIOS ESPIRITUALES?

Sí. Las Escrituras nos dan descripciones de José, Daniel y Ester, y como usaron ambos dones naturales y espirituales para ayudarles a tener éxito. Sus carreras brillantes llegaron a ser verdaderamente ministerios espirituales.

NOTA: La historia de José (Gn. 37-47); La historia de Daniel (Dn. 1-6); La historia de Reina Ester (Ester 1-10).

695. ¿CÓMO SON REPARTIDOS LOS DONES Y LAS LLAMADAS?

Los dones espirituales y las llamadas son repartidos en maneras diferentes.

A. Una manifestación del Espíritu o un mandato espiritual a una vocación o un servicio puede manifestarse después del bautismo del Espíritu Santo.

Y habiéndoles impuesto Pablo las manos, vino sobre ellos el Espíritu Santo; y hablaban en lenguas, y profetizaban. (Hch. 19:6)

B. Dones espirituales y ministerios son impartidos por la imposición de manos del presbiterio (ministros) y son acompañados por profecía.

No descuides el don que hay en ti, que te fue dado mediante profecía con la imposición de las manos del presbiterio. (I Ti. 4:14)

Porque deseo veros, para comunicaros algún don espiritual, a fin de que seáis confirmados. (Ro. 1:11)

Este mandamiento, hijo Timoteo, te encargo, para que conforme a las profecías que se hicieron antes en cuanto a

DONES, LLAMADAS Y MINISTRIOS

ti, milites por ellas la buena milicia. (I Ti. 1:18)

C. Dones espirituales son repartidos en contestación a oración ferviente surgiendo de una necesidad espiritual evidente.

Y ellos, habiéndolo oído, alzaron unánimes la voz a Dios, y dijeron: soberano Señor, tú eres el Dios que hiciste el cielo y la tierra, el mar y todo lo que en ellos hay . . . Y ahora, Señor, mira sus amenazas, y concede a tus siervos que con todo denuedo hablen tu palabra, mientras extiendes tu mano para que se hagan sanidades y señales y prodigios mediante el nombre de tu santo Hijo Jesús. Cuando hubieron orado, el lugar en estaban congregados tembló; y todos fueron llenos del Espíritu Santo, y hablaban con denuedo la palabra de Dios.
(Hch. 4:24,29-31)

696. **¿REPARTE DIOS DONES ESPIRITUALES Y LLAMADAS A TODOS LOS CREYENTES?**

Los dones y llamadas de Dios son repartidos a cada creyente que está dedicado y consagrado según el plan y propósito de Dios.

Pues si vosotros, siendo malos, sabéis dar buenas dádivas a vuestros hijos, ¿cuánto más vuestro Padre que está en los cielos dará buenas cosas a los que le pidan? (Mt. 7:11)

Procurad, pues, los dones mejores. (I Co. 12:31)

Mas ahora Dios ha colocado los miembros cada uno de ellos en el cuerpo, como él quiso. (I Co. 12:18)

Subiste a lo alto, cautivaste la cautividad, tomaste dones para los hombres, y también para los rebeldes, para que habite entre ellos JAH Dios. (Sal. 68:18)

697. ¿SEREMOS JUZGADOS SI NO USOS Y NO DESARROLLAMOS NUESTROS DONES ESPIRITUALES Y NATURALES?

Sí. No solamente seremos juzgados por Dios por no haber usado o desarrollado nuestros dones como nos lo ha repartido, sino también dones naturales que no son usados pueden causar angustia en esta vida. Ha sido probado que habilidades naturales que no son usados pueden causar descontento en el trabajo, inquietud, depresión, abuso de alcohol y drogas, enfermedad mental, crimen, etc..

NARRATIVO BÍBLICO: La parábola de los talentos (Mt. 25:15)

DONES, LLAMADAS Y MINISTRIOS

LOS MINISTERIOS DEL ESPÍRITU SANTO

698. ¿QUÉ SIGNIFICA LA PALABRA "MINISTRAR".

La palabra "ministrar" significa servir.

Porque el Hijo del Hombre no vino para ser servido, sino para servir... (Mr. 10:45)

Mas ahora voy a Jerusalén para ministrar a los santos. (Ro. 15:25)

699. ¿QUIÉN PUEDE TENER UN MINISTERIO EN LA IGLESIA?

Cualquier persona que se haya arrepentido de sus pecados, se haya bautizado en agua, y haya sido llenado del Espíritu Santo es un candidato para un ministerio.

Cada uno según el don que ha recibido, minístrelo a los otros, como buenos administradores de la multiforme gracia de Dios. (I P. 4:10)

Y todo esto proviene de Dios, quien nos reconcilió consigo mismo por Cristo, y nos dio el ministerio de la reconciliación. (II Co. 5:18)

700. ¿QUÉ DEBEMOS DE HACER PARA TENER UN MINISTERIO EN LA IGLESIA?

Después de que hayamos entrado en el Reino de Dios, debemos consagrarnos a Dios. Para consagrarnos tenemos que dedicar nuestras vidas, tiempo, talentos y posesiones totalmente a Su Reino. Este proceso de consagrarse para el ministerio es llamado santificación.

Así que, hermanos, os ruego por las misericordias de Dios, que presentéis vuestros cuerpos en sacrificio vivo, santo, agradable a Dios, que es vuestro culto racional. (Ro. 12:1)

Si alguno viene a mí, y no aborrece a su padre, y madre, y mujer, e hijos, y hermanos, y hermanas, y aun también su propia vida, no puede ser mi discípulo. (Lc. 14:26-27)

Humillaos delante del Señor, y él os exaltará. (Stg. 4:10)

701. ¿CUALES SON LOS MINISTERIOS DE LOS "DONES DE ASCENCIÓN" QUE CRISTO DIO A LA IGLESIA?

Después de ascender Cristo al cielo como Cabeza de Su Cuerpo, la Iglesia, dio cinco ministerios para suplir liderazgo a Su pueblo. Cristo dio los ministerio del Apóstol, Profeta, Evangelista, Pastor y Maestro.

702. ¿POR QUÉ DIÓ CRISTO ESTOS MINISTERIOS A LA IGLESIA?

Cristo dio estos ministerios de los dones de ascención a la iglesia para su perfección (madurez), entrenamiento, y edificación.

A fin de perfeccionar a los santos para la obra del ministerio, para la edificación del cuerpo de Cristo, hasta que todos lleguemos a la unidad de la fe y del conocimiento del Hijo de Dios, a un varón perfecto, a la medida de la estatura de la plenitud de Cristo; para que ya no seamos niños fluctuantes, llevados por doquiera de todo viento de doctrina, por estratagema de hombres que para engañar emplean con astucia las artimañas del error sino que siguiendo la verdad en amor, crezcamos en todo en aquel que es la cabeza, esto es, Cristo. (Ef. 4:12-15)

703. ¿QUÉ ES UN APÓSTOL?

Un apóstol es un mensajero específicamente enviado y un líder cuyos ministerios son:

1. Predicar el evangelio.

DONES, LLAMADAS Y MINISTRIOS

2. Plantar y establecer iglesias.

3. Producir y desarrollar a los que han sido llamado al ministerio dándoles guianza e instrucción hasta que puedan ser confirmados en su llamada.

4. Llevar la responsabilidad de oración y de consejo a las iglesias y a los ancianos que han sido confirmados.

5. Ser la fuente de revelación hasta que la iglesia la reciba como doctrina.

6. Establecer creyentes en verdades fundamentales.

7. Llevar el Evangelio en palabra y en demostración a la gente no alcanzada.

8. Corregir errores en doctrina o en comportamiento, directamente o a través de dar autoridad a las iglesias locales.

704. ¿TERMINÓ EL MINISTERIO DEL APÓSTOL CON LOS DOCE APÓSTOLES ORIGINALES?

No. En el Nuevo Testamento, muchas personas fueron dadas este título. Pablo llegó a ser el apóstol a los gentiles. También Pablo se refería a "otros apóstoles" en sus epístolas.

Porque a vosotros hablo, gentiles. Por cuanto yo soy apóstol a los gentiles, honro mi ministerio. (Ro. 11:13)

¿No tenemos derecho de traer con nosotros una hermana, esposa, como también los otros apóstoles, y los hermanos del Señor, y Cefas? (I Co. 9:5)

Saludad a Andrónico y Junias, mis parientes y mis compañeros de prisiones, los cuales son muy estimados entre los apóstoles, y que también fueron antes de mí en Cristo. (Ro. 16:7)

705. ¿QUÉ ES UN PROFETA?

Un profeta es un orador ordenado por Dios con un ministerio especial de:

1. Hablar la palabra de Dios.

2. Dar revelación y más entendimiento espiritual de las Escrituras.

3. Predecir y avisar sucesos futuros.

4. Proveer dirección en ministerio, doctrina y adoración.

5. Mantener el fluir de la palabra de Dios fresco y vivo en la Iglesia Local.

6. Revelar los secretos de los corazones de hombres como una señal a no creyentes.

7. Ser miembros del presbiterio. Confirman e imparten bendiciones espirituales y dones.

706. ¿QUÉ ES UN EVANGELISTA?

Un evangelista es uno que proclama el Evangelio y tiene los ministerios especiales de:

1. Extender el mensaje del reino a las áreas no alcanzadas.

2. Demostrar el Evangelio del Reino con obras de fe y poder.

3. Exhortar que los hombres se arrepientan, crean y obedezcan el Evangelio.

4. Mantener comunicación entre las iglesias y ministros.

5. Ordenar ancianos y establecer o restaurar orden en varias iglesias.

707. ¿QUÉ ES UN PASTOR?

Una persona establecida por el Gran Pastor, Jesucristo, para atender el rebaño local. Sus ministerios especiales son:

1. Alimentar la gente que Dios pone bajo su cuidado.

2. Tomar la responsabilidad de proteger la puerta del redil de maestros falsos.

3. Disciplinar la congregación local en general o tratar con un individuo en amor que necesita reprensión o corrección.

4. Gobernar y guiar la congregación.

708. ¿QUÉ ES UN MAESTRO?

Un maestro trae el conocimiento de verdad a otros con instrucciones cuidadosas, ilustraciones y ejemplos. Sus ministerios especiales incluyen:

1. Clarificar la aplicación de verdad en nuestras vidas para capacitarnos a obedecer la Palabra.

2. Organizar verdad en estudios tópicos y en asignaturas prácticas.

3. Proveer la motivación para más estudio en las Escrituras que hacen la verdad más interesante y recompensable.

4. Examinar cuidadosamente la verdad que ya han experimentado y comunicar verdad revelada para traer la unidad de la fe a través de entendimiento.

709. ¿CUALES SON LOS GOBIERNOS DE LA IGLESIA?

Gobiernos son los que guían, manejan, o llevan a la iglesia. Gobiernos no son solamente para el pastor, sino más bien pueden ser empleados por cualquiera de los cinco dones del ministerio, o por los ancianos, diáconos y diaconeses quienes son parte del presbiterio de la Iglesia local y quienes trabajan con el pastor. Esto es un ministerio espiritual. Este ministerio incluye:

1. Vigilar la congregación local.

2. Dirigir juntas de concilio, iniciar acción, y finalizar decisiones.

3. Deberes administrativos, dirigir negocios y ser buenos mayordomos del dinero y la propiedad de la iglesia local.

710. ¿QUÉ ES UN ANCIANO?

Un anciano es uno cuyo ministerio es consistente con su edad, experiencia, y dignidad. Un anciano comparte con el presbiterio la responsabilidad de gobernar la Iglesia, adiestra autoridad en asuntos espirituales de la congregación y está consagrado para ungir a los enfermos con aceite, atender las necesidades de los enfermos, orar e interceder por los santos, y dar exhortaciones de las Escrituras.

711. ¿QUÉ ES UN DIÁCONO?

Un diácono es un maestro cristiano que ha sido llamado para servir y ministrar a las necesidades de los pobres y a las necesidades de la Iglesia Local. Sus deberes incluyen el servir la Santa Cena, orar por los enfermos, atender a las necesidades de los enfermos, orar e interceder por los santos, y de la exhortación de las Escrituras.

712. ¿TIENE LA MUJER UN MINISTERIO EN LA IGLESIA?

Sí. En Cristo (el cuerpo de Cristo, la Iglesia), no hay varón ni mujer. Cristo, quien es la Cabeza, unge a quien quiera para ministrar en la Iglesia.

Y no hay judío ni griego; no hay esclavo ni libre; no hay

varón ni mujer; porque todos vosotros sois uno en Cristo Jesús. (Gá. 3:28)

713. ¿NO PROHIBIÓ PABLO QUE LAS MUJERES HABLARAN EN LA IGLESIA O EJERCIERAN DOMINIO SOBRE UN HOMBRE?

Sí. Pablo estaba guardando una ordenanza judía que no permitía que mujeres hablaran ni hicieran preguntas en la Iglesia. Pablo no se refiría a mujeres ministrando en la Iglesia, sino a las interrupciones fastidiosas durante la reunión, hechas por mujeres pidiendo que sus maridos les explicaran lo que estaban discutiendo durante el culto. No fueron las intenciones de Pablo de prohibir a las mujeres de ministrar bajo la unción del Espíritu Santo. El Apóstol Pablo animaba a las mujeres a profetizar y les escribía instrucciones en su epístola de como deberían vestirse cuando lo hacían. Según la profecía de Joel, hoy en día, ambos hombres y mujeres pueden ser ungidos por Dios en toda clase de articulación para que la Iglesia sea edificada.

Pero toda mujer que ora o profetiza con la cabeza descubierta, afrenta su cabeza . . . (I Co. 11:5)

Y después de esto derramaré mi Espíritu sobre toda carne, y profetizarán vuestros hijos y vuestras hijas; vuestros ancianos soñarán sueños, y vuestros jóvenes verán visiones. (Jl. 2:28-29)

Pablo prohibe que una mujer usurpa dominio sobre un hombre (su marido). Esto se refiere a una esposa estando en sujeción a su esposo, según el Orden Divino de Dios.

Porque no permito a la mujer enseñar, ni ejercer dominio sobre el hombre, sino estar en silencio. (I Ti. 2:12)

714. ¿QUÉ ES UN PRESBITERIO?

El cuerpo gobernante de los pastores, ministros, y ancianos de la Iglesia es llamado el Presbiterio.

> No descuides el don que hay en ti, que te fué dado mediante profecía con la imposición de las manos del presbiterio. (I Ti. 4:14)

715. ¿QUÉ ES EL MINISTERIO DE "AYUDAS" EN LA IGLESIA?

El ministerio de ayudas en la Iglesia es un ministerio guiado por el Espíritu Santo que lleva las cargas naturales y espirituales de los santos.

> Y a unos puso Dios en la iglesia, primeramente apóstoles, luego profetas, lo tercero maestros, luego los que hacen milagros, después los que sanan, los que ayudan, los que administran, los que tienen don de lenguas. (I Co. 12:28)

716. ¿QUIÉN TIENE EL MINISTERIO DE AYUDAS EN LA IGLESIA?

El ministerio puede involucrar e incluir la mayoría de los miembros de la congregación, porque hay muy pocas personas necesitadas en los papeles de liderazgo. El ministerio de ayudas está diseñado para personas que tienen vocaciones aparte de la iglesia local, (para que puedan ganarse la vida). En este ministerio pueden ser realizados y benditos en su servicio a Dios.

El ministerio de ayudas contribuye con buen gusto sus habilidades y talentos para desarrollar la efectividad de la iglesia local. Toman la responsabilidad para la música, hospitalidad, obra benéfica, la enseñanza de los niños, actividades sociales, actividades juveniles, son ujieres, el mantenimiento de la iglesia, actividades para levantar dinero, etc. Son la razón por la que la iglesia local tiene éxito.

DONES, LLAMADAS Y MINISTRIOS

717. ¿DEBERÍAMOS DESEAR E INTENTAR PROCURAR UN MINISTERIO DE AYUDAS?

Sí, porque el plan maravilloso de Dios es involucrarnos en las actividades de Su Reino. Mientras usamos y desarrollamos nuestros talentos naturales, Cristo nos añade los dones espirituales. Nos añade la "carisma" que necesitamos para ser frutíferos en nuestros ministerios.

718. ¿POR QUÉ DEBEMOS TENER UN MINISTERIO EN LA IGLESIA LOCAL?

El Señor diseñó Su Iglesia como un lugar donde sus miembros podían ser realizados en esta vida. Trabajo secular raramente satisface nuestros deseos profundos para auto-expresión de nuestros talentos. Podemos encontrar aquella satisfacción y triunfo en un ministerio en la iglesia local.

Si un hombre tiene un talento y no puede usarlo, entonces ha fallado. Si tiene un talento y lo usa solamente en parte, entonces ha fallado en parte. Si tiene un talento y en alguna manera aprende a usarlo todo, entonces ha tenido un éxito glorioso y ha ganado una satisfacción y un triunfo que pocos hombres jamás conocerán. Tomado de: "La Tela y La Roca", por Tomás Wolfe.

COMPROMISO AL CUERPO DE CRISTO

CAPITULO 41

719. **¿QUÉ SIGNIFICA "COMPROMETERSE AL CUERPO DE CRISTO?"**

Cada cristiano debería de comprometerse a la iglesia local que asiste. Este compromiso incluye:

1. Asistencia fiel a las reuniones normales de la iglesia.
2. Dando fielmente de sus diezmos y ofrendas para el apoyo de la iglesia local y sus miembros.
3. Apoyo fiel de oración para los líderes de la iglesia y sus miembros.
4. El uso de nuestros dones naturales y espirituales para el crecimiento y el desarrollo de la iglesia local.
5. Enseñando caridad y hospitalidad donde sea necesitado.
6. Una vida temerosa de Dios, sin reproche, para que la iglesia tenga un buen testimonio con los de dentro y con los de fuera de la iglesia local.

Así que, hermanos, os ruego por las misericordias de Dios, que presentéis vuestros cuerpos en sacrificio vivo, santo, agradable a Dios, que es vuestro culto racional. (Ro.12:1)

720. **¿CÓMO Y DÓNDE HACEMOS UN COMPROMISO AL CUERPO DE CRISTO?**

Hacemos este compromiso cuando nos juntamos con la membresía de la iglesia local. El compromiso es hecho a Dios y a la iglesia.

COMPROMISO AL CUERPO DE CRISTO 363

721. ¿ES EL DAR DE NOSOTROS MISMOS TIEMPO Y POSESIONES UN MINISTERIO?

Sí. El dar es un acto de adoración. Llega a ser un ministerio a Dios cuando nos entregamos y cuando le damos lo que poseemos para el adelantamiento de Su Reino en la tierra.

Pidiéndonos con muchos ruegos que les concediésemos el privilegio de participar en este servicio para los santos. Y no como lo esperábamos, sino que a sí mismos se dieron primeramente al Señor, y luego a nosotros por la voluntad de Dios. (II Co. 8:4-5)

722. ¿CÓMO MINISTRAMOS AL SEÑOR CUANDO DAMOS?

Presentamos nuestros cuerpos como sacrificios vivos y nuestras posesiones, no solamente para alabarle, sino para servir a otros con amor.

Así que, hermanos, os ruego por las misericordias de Dios, que presentéis vuestros cuerpos en sacrificio vivo, santo, agradable a Dios, que es vuestro culto racional. (Ro. 12:1)

Porque vosotros, hermanos, a libertad fuisteis llamados; solamente que no uséis la libertad como ocasión para la carne, sino servíos por amor los unos a los otros. (Gá. 5:13)

723. ¿POR QUÉ ES MINISTERIO A OTROS EN LA IGLESIA UN MINISTERIO A DIOS?

Ministerio a otros en la iglesia es un ministerio a Dios porque los que están en Cristo son parte de Cristo.

De cierto os digo que en cuanto lo hicisteis a uno de estos mis hermanos más pequeños, a mí lo hicisteis. (Mt. 25:40)

364 EL ESPÍRITU SANTO Y LA IGLESIA

724. **¿QUÉ DEBERÍAMOS DAR A OTROS EN LA IGLESIA?**

Deberíamos darles de nuestras posesiones, tiempo, fuerzas y hospitalidad.

Así que ofrezcamos siempre a Dios, por medio de él, sacrificio de alabanza, es decir, fruto de labios que confiesan su nombre. (He. 13:15)

725. **¿CUÁNTO DEBERÍAMOS DAR A OTROS EN LA IGLESIA?**

El Espíritu Santo nos dirigirá cuando nos entregamos a El. Damos según lo que tenemos, lo que es necesitado, y lo que es nuestra parte justa de responsabilidad.

Compartiendo para las necesidades de los santos; practicando la hospitalidad. (Ro. 12:13)

Porque si primero hay la voluntad dispuesta, será acepta según lo que uno tiene, no según lo que no tiene. Porque no digo esto para que haya otros holgura, y para vosotros estrechez, sino para que en este tiempo, con igualdad, la abundancia vuestra supla la escasez de ellos, para que también la abundancia de ellos supla la necesidad vuestra, para que haya igualdad. (II Co. 8:12-14)

726. **¿HAY PAUTAS BÍBLICAS EN CUANTO A QUE PORCENTAJE DE NUESTROS BIENES ES NUESTRA PARTE JUSTA?**

Sí. Dios instruyó a Israel que diera en maneras tan detalladas que sirven como un cuaderno de como cada uno de nosotros en la Iglesia del Nuevo Pacto es responsable para dar.

Y estas cosas les acontecieron como ejemplo, y están escritas para amonestarnos a nosotros, a quienes han alcanzado los fines de los siglos. (I Co. 10:11)

727. ¿QUÉ LECCIONES PODEMOS APRENDER ACERCA DE LAS INSTRUCCIONES DADAS A ISRAEL?

Específicamente aprendemos:

A. Dios espera que demos un porcentaje básico de todo lo que poseemos y que ayudemos a otros que tienen necesidad.

Dad, y se os dará; medida buena, apretada, remecida y rebosando darán en vuestro regazo; porque con la misma medida con que medís, os volverán a medir. (Lc. 6:38)

Traed todos los diezmos al alfolí y haya alimento en mi casa; y probadme ahora en esto, dice Jehová de los ejércitos, si no os abriré las ventanas de los cielos, y derramaré sobre vosotros bendición hasta que sobreabunde. (Mal. 3:10)

B. El dar es apoyo sistemático de los ministerios que Dios ha puesto sobre nosotros.

Y en ellas depositaron las primicias y los diezmos y las cosas consagradas, fielmente; y dieron cargo de ello al levita Conanías, el principal, y Simei su hermano fue el segundo. (II Cr. 31:12)

Y que estaría el sacerdote hijo de Aarón con los levitas, cuando los levitas recibiesen el diezmo; y que los levitas llevarían el diezmo del diezmo a la casa de nuestro Dios, a las cámaras de la casa del tesoro. (Neh. 10:38)

C. Damos las primicias y de lo mejor que tenemos a Dios.

Honra a Jehová con tus bienes, y con las primicias de todos tus frutos. (Pr. 3:9)

D. Dios espera que tengamos misericordia de los pobres.

Mas el séptimo año la dejarás libre, para que coman los

pobres de tu pueblo. (Ex. 23:11)

Porque no faltarán menesterosos en medio de la tierra; por eso yo te mando, diciendo: Abrirás tu mano a tu hermano, al pobre y al menesteroso en tu tierra. (Dt. 15:11)

E. Damos a la casa de Dios y permitimos que sus ministros sean dirigidos determinando como nuestras ofrendas son usadas.

Traed todos los diezmos al alfolí y haya alimento en mi casa. (Mal. 3:10)

Y de los levitas, Ahías tenía cargo de los tesoros de la casa de Dios, y de los tesoros de las cosas santificadas. (I Cr. 26:20)

728. ¿QUÉ ES EL DIEZMO?

Un diezmo es diez por ciento. Es la porción que pertenece a Dios.

Y el diezmo de la tierra, así de la simiente de la tierra como del fruto de los árboles, de Jehová es,; es cosa dedicada a Jehová. (Lv. 27:30)

729. ¿EMPEZÓ EL DAR DE DIEZMO CON LA LEY DE MOISÉS?

No. Abrahán dio un diezmo de su botín de victoria a Melquisedec, un sacerdote de Dios. Jacob dio un diezmo de todo lo que tenía a Dios después de su visión en Luz.

Entonces Melquisedec, rey de Salem y sacerdote del Dios Altísimo, sacó pan y vino; y le bendijo, . . . Y le dio Abram los diezmos de todo. (Gn. 14:18-20)

NARRATIVO BÍBLICO: El voto de Jacob. (Gn. 28:11-22)

730. ¿POR QUÉ DIÓ ABRAHÁN DIEZMOS A DIOS?

Abrahán había visto que Dios era el dueño de todo y que le había bendecido con abundancia. A través de estar dando, Dios vio que Abrahán confiaba solamente en El.

> *Y le bendijo, diciendo: Bendito sea Abram del Dios Altísimo, creador de los cielos y de la tierra; y bendito sea el Dios Altísimo, que entregó tus enemigos en tu mano. Y le dio Abram los diezmos de todo. (Gn. 14:19-20)*

NARRATIVOS BÍBLICOS: El voto de diezmar de Abrahán le protegió de codiciar cualquier cosa del Rey de Sodoma. (Gn. 14:21-24).

731. ¿QUÉ BENDICIONES PROMETIÓ DIOS A LOS QUE DIEZMARAN?

Dios prometió cada clase de prosperidad a los que fueron obedientes en dar.

> *Traed todos los diezmos al alfolí y haya alimento en mi casa; y probadme ahora en esto, dice Jehová de los ejércitos, si no os abriré las ventanas de los cielos, y derramaré sobre vosotros bendición hasta que sobreabunde. Reprenderé también por vosotros al devorador, y no os destruirá el fruto de la tierra, ni vuestra vid en el campo será estéril, dice Jehová de los ejércitos. (Mal. 3:10-11)*

732. ¿QUÉ SIGNIFICA EN LA ESCRITURA LA PALABRA "ALFOLÍ"?

Es el lugar donde recibimos regularmente nuestra alimentación espiritual. En Israel, el Tabernáculo o el Templo fueron los lugares céntricos de adoración. Bajo el Nuevo Pacto, la Iglesia Local es el lugar de adoración.

> *En cuanto a la ofrenda para los santos, haced vosotros también de la manera que ordené en las iglesias de*

Galacia. Cada primer día de la semana cada uno de vosotros ponga aparte algo, según haya prosperado, guardándolo, para que cuando yo llegue no se recojan entonces ofrendas. (I Co. 16:1-2)

733. ¿QUÉ ES UNA OFRENDA?

Una ofrenda es un regalo a la obra de Dios que es más de un diezmo. Es un donativo de su voluntad libre para apoyar una necesidad especial o una persona, o es para expresar gratitud.

734. ¿QUÉ ES LIMOSNA?

Limosna es una obra de misericordia o un regalo de caridad para ayudar a los pobres.

El ojo misericordioso será bendito, porque dio de su pan al indigente. (Pr. 22:9)

. . . y que diere de su pan al hambriento y cubriere al desnudo con vestido. (Ez. 18:7)

735. ¿QUÉ NOS ENSEÑO JESÚS ACERCA DE DAR?

Jesús nos enseñó que lo más importante de dar es la actitud de nuestro corazón. Enseñó que:

A. Agarrando riquezas terrenales puede causarnos perder riquezas eternas.

Vended lo que poseéis, y dad limosna; haceos bolsas que no se envejezcan, tesoro en los cielos que no se agote, donde ladrón no llega, ni polilla destruye. Porque donde está vuestro tesoro, allí estará también vuestro corazón. (Lc. 12: 33-34)

B. No deberíamos de dar esperando ser premiados por el hombre.

COMPROMISO AL CUERPO DE CRISTO

Guardaos de hacer vuestra justicia delante de los hombres, para ser vistos de ellos, de otra manera no tendréis recompensa de vuestro Padre que está en los cielos. (Mt. 6:1)

C. No deberíamos guardar más de lo que necesitamos sino compartir lo que tenemos.

Y respondiendo, les dijo: El que tiene dos túnicas, dé al que no tiene; y el que tiene que comer, haga lo mismo. (Lc. 3:11)

D. Dios se agrada más si damos con un sacrificio genuino que si damos muchas riquezas sin sacrificio.

Entonces llamando a sus discípulos, les dijo: de cierto os digo que esta viuda pobre echó más que todos los que han echado en el arca; porque todos han echado de lo que les sobra; pero ésta, de su pobreza echó todo lo que tenía, todo su sustento. (Mr. 12:43-44)

E. El dar tiene tanto significado cuando servimos a Dios como la oración y el ayuno.

Mas cuando tú des limosna... y cuando ores... cuando ayunéis... (Mt. 6:3,5,16)

F. Dios mide lo que damos por la cantidad que recibimos.

Dad, y se os dará; medida buena, apretada, remecida y rebosando darán en vuestro regazo; porque con la misma medida con que medís, os volverán a medir. (Lc. 6:38)

736. **¿CÓMO ADMINISTRABA LA IGLESIA PRIMITIVA EL MINISTERIO DE DAR?**

El dar fue una parte importante del ministerio de la iglesia. Daba a personas fuera de la iglesia tanto como cuidaba a los miembros de la iglesia.

A. Los primeros diáconos fueron elegidos para ayudar proveer a las viudas.

En aquéllos días, como creciera el número de los discípulos, hubo murmuración de los griegos contra los hebreos, de que las viudas de aquéllos eran desatendidas en la distribución diaria. Entonces los doce convocaron a la multitud de los discípulos, y dijeron: No es justo que nosotros dejemos la palabra de Dios, para servir a las mesas. Buscad, pues, hermanos, de entre vosotros a siete varones de buen testimonio, llenos del Espíritu Santo y de sabiduría, a quienes encarguemos de este trabajo. (Hch. 6:1-3)

B. En la iglesia de Jerusalén nadie consideraba sus bienes como algo suyo.

Todos los que habían creído estaban juntos, y tenían todo en común todas las cosas; y vendían sus propiedades y sus bienes, y lo repartían a todos según la necesidad de cada uno. (Hch. 2:44-45)

C. Las iglesias locales prósperas apoyaban a las iglesias pobres en otras áreas.

Asimismo, hermanos, os hacemos saber la gracia de Dios que se ha dado a las iglesias de Macedonia; que en grande prueba de tribulación, la abundancia de su gozo y su profunda pobreza abundaron en riquezas de su generosidad. Pues doy testimonio de sus fuerzas, pidiéndonos con muchos ruegos que les concediésemos el privilegio de participar en este servicio para los santos. Y no como lo esperábamos, sino que así mismos se dieron primeramente al Señor, y luego a nosotros por la voluntad de Dios. (II Co. 8:1-5)

D. La Iglesia Filipense ayudaba a ministerios viajantes.

Sin embargo, bien hicisteis en participar conmigo en mi

tribulación. Y sabéis también vosotros, oh filipenses, que al principio de la predicación del evangelio, cuando partí de Macedonia, ninguna iglesia participó conmigo en razón de dar y recibir, sino vosotros solos. (Flm. 4:14-15)

737. ¿CÓMO QUIERE DIOS QUE DEMOS HOY EN DIA?

Dios quiere que demos en maneras que le glorifican y que nos preparan para recibir más bendiciones de El. Así que deberíamos de dar de buena voluntad, generosamente, gozosamente y con generosidad.

Porque si primero hay la voluntad dispuesta, será acepta según lo que uno tiene, no según lo que no tiene. (II Co. 8:12)

Pero esto digo: El que siembra escasamente, también segará escasamente; y el que siembra generosamente, generosamente también segará. Cada uno de como propuso en su corazón: no con tristeza, ni por necesidad, porque Dios ama al dador alegre. (II Co. 9:6-7)

El que reparta, con liberalidad. (Ro. 12:8)

738. ¿CÓMO SE RELACIONA EL DAR CON EL AMOR FRATERNAL?

La única manera que el amor dentro de nosotros es enseñado a otros, es a través de lo que hacemos. Compasión es demostrada con cuidar las necesidades de nuestro hermano.

Pero el que tiene bienes de este mundo y ve a su hermano tener necesidad, y cierra contra él su corazón, ¿cómo mora el amor de Dios en él? Hijitos míos, no amemos de palabra ni de lengua, sino de hecho y en verdad. (I Jn. 3:17-18)

739. ¿CÓMO DEBERÍAMOS DE AMAR A LOS HERMANOS?

Deberíamos de amar a los hermanos como Cristo nos amó,

poniendo nuestra vida por ellos.

En esto hemos conocido el amor, en que él puso su vida por nosotros; también nosotros debemos poner nuestras vidas por los hermanos. (I Jn. 3:16)

740. ¿PODEMOS AMAR A DIOS SIN DEMOSTRAR AMOR A OTROS?

No. La Biblia nos dice expresamente que no podemos amar a Dios y odiar a nuestro hermano a la vez.

Si alguno dice: Yo amo Dios, y aborrece a su hermano, es mentiroso. Pues el que no ama a su hermano a quien ha visto, ¿como puede amar a Dios a quien no ha visto? Y nosotros tenemos este mandamiento de él: El que ama a Dios, ame también a su hermano. (I Jn. 4:20-21)

741. ¿QUÉ ES HOSPITALIDAD?

Hospitalidad significa demostrar amabilidad y cuidado a otros con invitarles a su propia casa. Es una manera muy personal de dar a otros.

Hospedaos los unos a los otros sin murmuraciones. (I P. 4:9)

Compartiendo para las necesidades de los santos; practicando la hospitalidad. (Ro. 12:13)

742. ¿A QUIÉN DEBERÍAMOS DE ENSEÑAR A DAR HOSPITALIDAD?

Deberíamos de enseñar hospitalidad a los que están en la Iglesia, a los forasteros y a los que tienen una necesidad especial.

Permanezca el amor fraternal. No os olvidéis de la hospitalidad, porque por ella algunos, sin saberlo,

COMPROMISO AL CUERPO DE CRISTO

> *hospedaron ángeles. Acordaos de los presos, como si estuvierais presos juntamente con ellos; y de los maltratados, como que también vosotros mismos estáis en el cuerpo. (He. 13:1-3)*

743. ¿QUÉ DEBERÍA SER NUESTRA RAZÓN VERDADERA PARA DAR?

La manera en la que respondemos al amor que Dios nos ha dado generosamente.

> *De gracia recibisteis, dad de gracia. (Mt. 10:8)*

744. ¿CUALES SON NUESTRAS RESPONSABILIDADES EN DAR HOY EN DIA?

Nuestra primera responsabilidad es apoyar al ministerio y a la obra de la Iglesia Local.

> *Traed todos los diezmos al alfolí y haya alimento en mi casa. (Mal. 3:10)*

> *Cada primer día de la semana cada uno de vosotros ponga aparte algo, según haya prosperado, guardándolo, para que cuando yo llegue no se recojan entonces ofrendas. Y cuando haya llegado, a quienes hubiereis designado por carta, a estos enviaré para que lleven vuestro donativo a Jerusalén. (I Co. 16:2-3)*

> *Así que, según tengamos oportunidad, hagamos bien a todos, y mayormente a los de la familia de la fe. (Gá. 6:10)*

745. ¿REQUIERE DIOS QUE APOYEMOS NUESTROS MINISTROS FINANCIALMENTE?

Sí. Dios libra a Sus siervos para dedicar todo su tiempo y fuerzas para proveer nuestras necesidades espirituales. Debemos de cuidar de sus necesidades materialísticas.

> *Pues le pareció bueno, y son deudores a ellos; porque si los gentiles han sido hechos participantes de sus bienes espirituales, deben también ellos ministrarles de los materiales. (Ro. 15:27)*
>
> *¿O solo yo y Bernabé no tenemos derecho de no trabajar? ¿Quién fue jamás soldado a sus propias expensas? ¿Quién planta viña y no come de su fruto? ¿O quién apacienta el rebaño y no toma de la leche del rebaño? ¿Digo esto solo como hombre? ¿No dice esto también la ley? porque en la ley de Moisés está escrito: No pondrás bozal al buey que trilla. ¿Tiene Dios cuidado de los bueyes, o lo dice enteramente por nosotros? Pues por nosotros se escribió; porque con esperanza debe arar el que ara, y el que trilla, con esperanza de recibir del fruto. Si nosotros sembramos entre vosotros lo espiritual, ¿es gran cosa si segáremos de vosotros lo material? . . . Así también ordenó el Señor a los que anuncian el evangelio, que vivan del evangelio. (I Co. 9:6-11,14)*
>
> *El obrero es digno de su salario. (Lc. 10:7)*

746. ¿QUIÉN USA DIOS PARA SUPLIR LAS NECESIDADES DE SUS SIERVOS?

Dios ha hecho un plan en donde nosotros los que beneficiamos del ministerio deberíamos compartir nuestros bienes materiales con aquellos que ministran a nosotros.

> *El que es enseñado en la palabra, haga partícipe de toda cosa buena al que lo instruye. (Gá. 6:6)*

747. ¿POR QUÉ NOS USA DIOS PARA SUPLIR LAS NECESIDADES DEL MINISTERIO?

Mientras vamos dando nos hace libres para recibir y nos hace gente fructífera.

> *No es que busque dádivas, sino que busco fruto que*

abunde en vuestra cuenta. (Flm. 4:17)

Dad, y se os dará; medida buena, apretada, remecida y rebosando darán en vuestro regazo; porque con la misma medida con que medís, os volverán a medir. (Lc. 6:38)

748. ¿QUÉ LECCIONES APRENDEMOS A TRAVÉS DE DAR?

Aprendemos que Dios es la fuente que suple todo lo que necesitamos y disfrutamos.

Mi Dios, pues, suplirá todo lo que os falta conforme a sus riquezas en gloria en Cristo Jesús. (Flm. 4:19)

A los ricos de este siglo manda que no sean altivos, ni pongan la esperanza en las riquezas, las cuales son inciertas, sino en el Dios vivo, que nos da todas las cosas en abundancia para que las disfrutemos. Que hagan bien, que sean ricos en buenas obras, dadivosos, generosos. (I Ti. 6:17-18)

749. ¿QUÉ BENDICIONES SON PROMETIDAS AL DADOR GENEROSO?

Cuando permitimos que Dios crea una generosidad en nuestros espíritus, nos promete las siguientes bendiciones: prosperidad, sanidad, un fundamento espiritual para el futuro, y frutos de justicia.

Hay quienes reparten, y les es añadido más; y hay quienes retienen más de lo que es justo, pero vienen a pobreza. El alma generosa será prosperada; y el que saciaré, él también será saciado. (Pr. 11:24-25)

Amado, yo deseo que tú seas prosperado en todas las cosas, y que tengas salud, así como prospera tu alma. (III Jn. 2)

Atesorando para si buen fundamento para lo por venir, que

echen mano de la vida eterna. (I Ti. 6:19)

Y el que da semilla al que siembra, y pan al que come, proveerá y multiplicará vuestra sementera, y aumentará los frutos de vuestra justicia. (II Co. 9:10)

750. CUANDO DAMOS NUESTROS DIEZMOS Y OFRENDAS A LA CASA DE DIOS, ¿CÓMO SABEMOS QUE SERÁN USADOS PARA EL ADELANTAMIENTO DEL REINO?

Nuestra responsabilidad es dar, no estar preocupados por lo que ha sido hecho con lo que hemos dado. Después de que hayamos dado nuestros diezmos y ofrendas a Su casa, como El nos mandó, nuestro deber ha sido cumplido. Los mayordomos o sea los que están encargados del dinero de Dios, son ahora responsables.

Ahora bien, se requiere de los administradores, que cada uno sea hallado fiel. (I Co. 4:2)

¿Qué a ti? Sígueme tú. (Jn. 21:22)

751. ¿QUÉ ES UN MAYORDOMO?

Un mayordomo es uno que está encargado de los bienes y de las propiedades que pertenecen a otro. Dios nos ha hecho mayordomos sobre todo lo que El nos ha dado de bienes materiales. No somos los dueños de nada. Mas bien, somos mayordomos de las posesiones de Dios. Tenemos que ser fieles en cuidar bien lo que El ha puesto en nuestro cuidado.

Porque mía es toda bestia del bosque, y los millares de animales en los collados. Conozco a todas las aves de los montes, y todo lo que se mueve en los campos me pertenece. Si yo tuviese hambre, no te lo diría a ti; Porque mío es el mundo y su plenitud. (Sal. 50:10-12)

Mía es la plata, y mío es el oro, dice Jehová de los ejércitos. (Hag. 2:8)

COMPROMISO AL CUERPO DE CRISTO

NARRATIVOS BÍBLICOS: La parábola de las minas (Lc. 19:11-27); El hombre rico (Lc. 12:16-20)

752. ¿POR QUÉ NOS USA DIOS COMO MAYORDOMOS DE SUS POSESIONES?

Nos usa para forjar nuestro carácter para prepararnos a heredar el Reino. Somos herederos de Dios y reinaremos con El si somos fieles. Nuestra fidelidad determina nuestro premio.

Y si hijos, también herederos, herederos de Dios y coherederos con Cristo. (Ro. 8:17)

Para una herencia incorruptible, incontaminada e inmarcesible, reservada en los cielos para vosotros. (I P. 1:4)

El le dijo: Está bien, buen siervo; por cuanto en lo poco has sido fiel, tendrás autoridad sobre diez ciudades. (Lc. 19:17)

EL ESTILO DE VIDA DEL REINO

CAPITULO 42

753. ¿QUÉ ES EL ESTILO DE VIDA DEL REINO?

El estilo de vida del Reino es el método de vivir en la manera que Jesucristo ordenó a Su Cuerpo, la Iglesia.

754. ¿QUÉ ES ESTE MÉTODO?

Es un método de disciplina y de abnegación que produce los frutos del Espíritu Santo en nuestras vidas.

Entonces Jesús dijo a sus discípulos: si alguno quiere venir en pos de mí, niéguese a sí mismo, y tome su cruz, y sígame. Porque todo el que quiera salvar su vida, la perderá; y todo el que pierda su vida por causa de mí, la hallará. (Mt. 16:24-25)

755. ¿CUAL ES EL PROPÓSITO DE ESTE ESTILO DE VIDA?

El propósito para este estilo de vida es para forjarnos en la imagen del Hijo de Dios y para hacernos partícipes en Su santidad.

Y sabemos que a los que aman a Dios, todas las cosas les ayudan a bien, esto es, a los que conforme a su propósito son llamados. (Ro.8:28)

Santificaos, pues, y sed santos, porque yo Jehová soy vuestro Dios. (Lv. 20:7)

756. ¿CUALES SON LOS FRUTOS DEL ESPÍRITU QUE ESTE ESTILO PRODUCE?

El estilo de vida del Reino produce:

1. Tres beneficios para el cristiano: amor, gozo y paz.

2. Tres cualidades cristianas que afectan la relación del hombre con su prójimo: paciencia, benignidad y bondad.

3. Tres cualidades cristianas de comportamiento: honestidad, templanza y mansedumbre.

Mas el fruto del Espíritu es amor, gozo, paz, paciencia, benignidad, bondad, fe, mansedumbre, templanza; contra tales cosas no hay ley. (Gá. 5:22-23)

757. ¿QUÉ EXIGE CRISTO DE SU PUEBLO?

Cristo exige que vivan vidas santas y de paz con todos los hombres, lo más posible.

Seguid la paz con todos, y la santidad, sin la cual nadie verá al Señor. (He. 12:14)

Santificaos, pues, y sed santos, porque yo Jehová soy vuestro Dios. (Lv. 20:7)

758. ¿QUÉ SIGNIFICA DISCIPLINA?

La disciplina es el entrenamiento que recibimos de aquellos en autoridad sobre nosotros en la Iglesia Local. Es diseñado para forjar carácter a través de instrucción, control, corrección y fortaleza.

Da al sabio, y será más sabio; enseña al justo, y aumentará su saber. (Pr. 9:9)

Toda la Escritura es inspirada por Dios, y útil para enseñar, para redargüir, para corregir, para instruir en justicia, a fin de que el hombre de Dios sea perfecto, enteramente preparado para toda buena obra. (II Ti. 3:16-17)

759. ¿CUAL ES EL PROPÓSITO DE DISCIPLINA?

La disciplina nos enseña obediencia a través de someter

nuestro voluntad a la voluntad de Dios.

> *Obedeced a vuestros pastores, y sujetaos a ellos; porque ellos velan por vuestras almas, como quienes han de dar cuenta; para que lo hagan con alegría, y no quejándose, porque esto no os es provechoso. (He. 13:17)*

760. ¿POR QUÉ DEBEMOS APRENDER OBEDIENCIA?

Debemos aprender obediencia porque Dios lo exige de todos sus hijos. No nos requiere obediencia solamente para cumplir los Diez Mandamientos, sino para practicarla en cada área de nuestras vidas.

> *Instruye al niño en su camino, y aun cuando fuere viejo no se apartará de él. (Pr.22:6)*

> *Porque el Señor al que ama, disciplina, y azota a todo el que recibe por hijo. (He. 12:6)*

761. ¿QUIERE DIOS OBEDIENCIA DE TODOS?

Sí. Obediencia es requerido de todos. Dios nos presenta al ejemplo de su propio Hijo, Jesucristo, quien fue obediente en todas cosas. La Biblia nos da ejemplos de Su obediencia.

1. A Sus padres.

> *Y descendió con ellos, y volvió a Nazaret, y estaba sujeto a ellos. Y su madre guardaba todas estas cosas en su corazón. (Lc. 2:51)*

2. A aquellos en autoridad.

> *Respondiendo Jesús, les dijo: Dad a César lo que es de César, y a Dios lo que es de Dios. Y se maravillaron de él. (Mr. 12:17)*

3. En Sus sufrimientos.

EL ESTILO DE VIDA DEL REINO

Y aunque era Hijo, por lo que padeció aprendió la obediencia; y habiendo sido perfeccionado, vino a ser autor de eterna salvación para todos los que le obedecen. (He. 5:8-9)

4. En Su muerte.

Y estando en la condición de hombre, se humilló a sí mismo, haciéndose obediente hasta la muerte, y muerte de cruz. (Flm. 2:8)

5. A Dios el Padre.

Porque he descendido del cielo, no para hacer mi voluntad del que me envió. (Jn. 6:38)

762. **¿POR QUÉ SON NECESARIAS LA DISCIPLINA Y LA OBEDIENCIA EN LA IGLESIA LOCAL?**

Son necesarias en la Iglesia Local para el desarrollo de nuestro crecimiento espiritual, entregándonos en los caminos de Dios y corrigiéndonos cuando estamos equivocados o somos desobedientes.

Hijo de hombre, yo te he puesto por atalaya a la casa de Israel; oirás, pues, tú la palabra de mi boca, y los amonestarás de mi parte. Cuando yo dijere al impío: De cierto morirás; y tú no le amonestares ni le hablares, para que el impío sea apercibido de su mal camino a fin de que viva, el impío morirá por su maldad, pero su sangre demandaré de tu mano . . . Pero si al justo amonestares para que no peque, y no pecare, de cierto vivirá, porque fue amonestado; y tú habrás librado tu alma.
(Ez. 3:17-18,21)

763. **¿QUIÉN TIENE LA AUTORIDAD PARA DISCIPLINARNOS EN LA IGLESIA LOCAL?**

El Pastor y el Concilio de la Iglesia.

764. ¿QUÉ ES EL CONCILIO DE LA IGLESIA?

El pastor, los ancianos, y los que Dios ha dado la responsabilidad de supervisión y el ministerio de gobierno tienen la autoridad para disciplinarnos. Incluye supervisores de departamentos, maestros, ujieres, etc.

Como Pablo y Bernabé tuviesen una discusión y contienda no pequeña con ellos, se dispuso que subiesen Pablo y Bernabé a Jerusalén, y algunos otros de ellos, a los apóstoles y a los ancianos, para tratar esta cuestión. Y llegados a Jerusalén, fueron recibidos por la iglesia y los apóstoles y los ancianos, y refirieron todas las cosas que Dios había hecho con ellos. (Hch. 15:2,4)

Hermanos, ya sabéis que la familia de Estéfanas es las primicias de Acaya, y que ellos se han dedicado al servicio de los santos. Os ruego que os sujetéis a personas como ellos, y a todo los que ayudan y trabajan. (I Co. 16:15-16)

765. ¿QUIÉN DA AUTORIDAD AL PASTOR Y A LOS ANCIANOS?

Toda autoridad viene de Dios y los que han sido puestos sobre nosotros la tienen solamente cuando nos sometemos a ellos.

Por causa del Señor sometéos a toda institución humana, ya sea al rey, como a superior. Y a los gobernadores, como por el enviados para castigo de los malhechores y alabanza de los que hacen bien. (I P. 2:13-14)

766. ¿CUÁNDO ES NECESARIO LA DISCIPLINA EN LA IGLESIA LOCAL?

La disciplina siempre es necesario en la Iglesia Local. La corrección es necesaria cuando miembros llegan a ser inmanejables o cuando hay necesidad para mantener comunión el uno con el otro.

> ... ¿No sabéis que un poco de levadura leuda toda la masa? Limpiáos, pues, de la vieja levadura, para que seáis nueva masa, sin levadura como sois; porque nuestra pascua, que es Cristo, ya fue sacrificada por nosotros. Así que celebremos la fiesta, no con la vieja levadura, ni con la levadura de malicia y de maldad, sino con panes sin levadura, de sinceridad y de verdad. (I Co. 5:6-8)

767. ¿QUÉ SE DEBE HACER CUANDO HAY UN PROBLEMA ENTRE DOS MIEMBROS DE LA IGLESIA LOCAL?

El que ha sufrido una injusticia debe irse al que tiene la culpa e intentar reconciliarse. Según las Escrituras debería hacer dos intentos - el primero debería ser privado; el segundo, en la presencia de dos o tres testigos. Si los dos intentos fallan, el problema debería ser presentado a los líderes de la Iglesia. Si la persona culpable se niega a escuchar a los líderes debería ser excomulgado. Sin embargo, la Iglesia no tiene poder de excomulgar la persona culpable de la gracia de Dios.

> Por tanto, si tu hermano peca contra ti, ve y repréndele estando tú y él solos; si te oyere, has ganado a tu hermano. Mas si no te oyere, toma aún contigo a uno o dos, para que en boca de dos otros testigos conste toda palabra. Si no los oyere a ellos, dilo a la iglesia; y si no oyere a la iglesia, tenle por gentil y publicano. (Mt. 18:17)

NOTA: Las Escrituras prohíban que cristianos lleven un hermano cristiano a juicio. Todo problema debería ser solucionado dentro de la Iglesia y en su estructura de gobierno.

> ¿Osa alguno de vosotros, cuando tiene algo contra otro, ir a juicio delante de los injustos y no delante de los santos? ¿O no sabéis que los santos han de juzgar al mundo? Y si el mundo ha de ser juzgado por vosotros, ¿sois indignos de juzgar cosas muy pequeñas? (I Co. 6:1-2)

768. ¿CÓMO DISCIPLINAMOS UNO QUE HA CORRUPTADO LA IGLESIA CON SUS PRACTICAS PECAMINOSAS?

Cuando una persona ha caído en pecado o conducta escandalosa, es el deber de los "espirituales" de la congregación para intentar restaurar a este individuo. Es la responsabilidad final del pastor, pero no debería estar dejado solo en esto. Cada persona espiritual (ancianos, diáconos, maestros de la Palabra) debería ser interesado en disciplina que traerá unidad o pureza a la Iglesia y disciplina a la persona que se ha desaviado.

Hermanos, si alguno fuere sorprendido en alguna falta, nosotros que sois espirituales, restauradle con espíritu de mansedumbre, considerándote a ti mismo, no sea que tú también seas tentado. (Gá. 6:1)

769. ¿QUÉ PASA SI ESTA PERSONA QUE ESTÁ PRACTICANDO PECADO NO QUIERE ARREPENTIRSE Y SER RESTAURADO?

Esta persona no debería ser permitida a tomar la Santa Cena con el Señor y los otros miembros del Cuerpo. Debería ser excluido de la Iglesia Local. El pecado es contagioso y si la persona que está practicando deliberadamente iniquidad es permitida quedarse, eventualmente todo el Cuerpo de creyentes estará enfermo. Un miembro de la Iglesia de Corinto estaba viviendo en pecado sexual. Pablo, el Apóstol, dio el siguiente mandamiento:

En el nombre de nuestro Señor Jesucristo, reunidos vosotros y mi espíritu, con el poder de nuestro Señor Jesucristo, el tal sea entregado a Satanás para destrucción de la carne, a fin de que el espíritu sea salvo en el día del Señor Jesús . . . ¿No sabéis que un poco de levadura leuda toda la masa? . . . Quitad, pues, a ese perverso de entre vosotros. (I Co. 5:4-5,13)

770. ¿CÓMO SE DISCIPLINA UNO QUE HA TRAÍDO CONFUSIÓN AL CUERPO CON DOCTRINAS FALSAS, ENSENAÑZAS FALSAS Y ACTIVIDADES TRASTORNAS?

Algunas personas sienten que lo que hacen es importante, pero lo que cree no lo es. Esto no es la verdad. Lo que Ud. cree, causa lo que hace. Si no creemos, enseñamos y practicamos lo que la Biblia dice, somos testigos falsos a la verdad.

> *Al hombre que cause divisiones, después de una y otra amonestación deséchalo, sabiendo que el tal se ha pervertido, y peca y está condenado por su propio juicio. (Tit. 3:10-11)*

> *Mas si aun nosotros, o un ángel del cielo, os anunciare otro evangelio diferente del que os hemos anunciado, sea anatema. (Gá. 1:8)*

NARRATIVO BÍBLICO: El pecado de Acán hizo daño a toda la nación de Israel. (Jos. 7:1-12)

771. ¿DEBERÍAMOS TENER COMPAÑERISMO CON ALGUIEN QUE HA SIDO EXCOMULGADO DE LA IGLESIA LOCAL?

Tener compañerismo con un individuo que ha sido excomulgado de la Iglesia indica que condonamos lo que él ha hecho. También demuestra que no apoyamos a los que tienen autoridad sobre nosotros cuya responsabilidad es mantener el fluir de comunión entre Cristo y Su Cuerpo, la Iglesia.

> *Mas os ruego, hermanos, que os fijéis en los que causan divisiones y tropiezos en contra de la doctrina que vosotros habéis aprendido, y que os apartéis de ellos. (Ro. 16:17)*

772. ¿ESTÁ PERMITIDA LA IGLESIA USAR CASTIGO COMO UNA FORMA DE DISCIPLINA?

No. El gobierno tiene el derecho para castigar, pero nunca tiene la Iglesia este derecho. El símbolo de autoridad civil (gobierno) es la espada. El símbolo de la autoridad de la Iglesia son llaves. Cuando Jesús habló a Pedro y a los discípulos acerca de su autoridad, dijo, "te daré las llaves del reino de los cielos", pero en el huerto de Getsemane, Jesús dijo a Pedro, "Mete tu espada en la vaina." La Iglesia no fue permitida exigir multas de sus miembros, echarles en prisión, pegarles o boicotear sus sitios de negocio.

773. **¿CUALES SON LAS TRES ÁREAS EN LAS CUALES LA IGLESIA PUEDE DISCIPLINAR?**

La Iglesia debe disciplinar:

1. Injusticias personales entre individuos.

   ¿Osa alguno de vosotros, cuando tiene algo contra otro, ir a juicio delante de los injustos, y no delante de los santos? ¿O no sabéis que los santos han de juzgar al mundo? Y si el mundo ha de ser juzgado por vosotros, ¿sois indignos de juzgar cosas muy pequeñas? (I Co. 6:1-2)

2. Conducta personal (pecado) que corrumpe el Cuerpo, causando un impedimento a la unidad de los creyentes y un paro en la comunión con Cristo. **Fornicador** (una persona inmoral); **Una persona codiciosa** (una persona que toma las posesiones de otros, un estafador); **Un idólatra** (una persona dedicada a cualquier cosa que toma el lugar de Dios en su vida); **Un murmurador** (una persona calumniosa con una lengua abusiva); **Un borracho** (uno que está bajo la influencia de alcohol continuamente; **Un concusionario** (uno que gana la vida aprovechándose de otros a través de mentiras, negocios cuestionables y medios ilícitos).

3. Creencias equivocadas y enseñanzas que corrumpen la verdad de la Biblia trayendo confusión al Cuerpo de Cristo y una irreverencia a la Palabra de Dios.

   Si alguno viene a vosotros, y no trae esta doctrina, no lo recibáis en casa, ni le digáis: ¡Bienvenido! (II Jn. 10)

774. ¿CÓMO PODEMOS APRENDER OBEDIENCIA?

Podemos aprender obediencia practicando auto-disciplina y obedeciendo las leyes de la Iglesia Local.

... Ciertamente el obedecer es mejor que los sacrificios, y el prestar atención que la grosura de los carneros. (I S. 15:22)

775. ¿QUÉ ES AUTO-DISCIPLINA?

Auto-disciplina es el practicar la templanza (auto-control) en nuestras vidas.

Al conocimiento, dominio propio; al dominio propio, paciencia; a la paciencia, piedad. (II P. 1:6)

Si, pues, nos examinásemos a nosotros mismos, no seríamos juzgados. (I Co. 11:31)

En cambio el espiritual juzga todas las cosas; pero él no es juzgado de nadie. (I Co. 2:15)

776. QUÉ SON LEYES DE LA IGLESIA?

Las leyes de la Iglesia son leyes hechas por el hombre en la Iglesia Local para el propósito de evitar vicios que pueden esclavizar hombres y mujeres.

777. ¿SON LAS LEYES DE LA IGLESIA IGUALES A LAS LEYES DE DIOS?

No. Las leyes de la Iglesia son reglas hechas por los líderes de una Iglesia Local. Las leyes de Dios son los Diez Mandamientos.

778. ¿ES UN PECADO DESOBEDECER UNA LEY DE LA IGLESIA?

Si Ud. se ha hecho un miembro de una Iglesia Local y ha concordado cumplir las leyes de la Iglesia, y luego quebranta una de estas leyes, entonces Ud. ha pecado. Desobedecer una ley de la Iglesia significa deshonrar a los que están en autoridad sobre nosotros. Somos mandados en el Quinto Mandamiento a obedecer a nuestros superiores.

> *Obedeced a vuestros pastores, y sujetaos a ellos; porque ellos velan por vuestras almas, como quienes han de dar cuenta; para que lo hagan con alegría, y no quejándose, porque esto no os es provechoso. (He. 13:17)*

779. ¿PUEDE OBLIGAR LA IGLESIA A QUE SUS LEYES SEAN OBEDECIDAS?

Sí. Los ancianos tratan con los ofensores y si no cambian sus hábitos, entonces su relación con la Iglesia es discontinuado.

780. ¿TENÍAN LAS IGLESIAS EN EL NUEVO TESTAMENTO LEYES?

Sí. El Concilio de la Iglesia de Jerusalén puso reglas para los creyentes gentiles.

> *Por lo cual yo juzgo que no se inquieta a los gentiles que se convierten a Dios, sino que se les escriba que se aparten de las contaminaciones de los ídolos, de fornicación, de ahogado y de sangre. (Hch. 15:19-20)*

781. ¿QUÉ LEYES OBSERVAN LAS IGLESIAS LOCALES HOY EN DIA?

Las Iglesias Locales nos prohíban participar en cualquier cosa que puede esclavizarnos.

> *Todo me es lícito, pero no todo conviene; todo me es*

lícito, pero no todo edifica. (I Co. 10:23)

Les prometen libertad, y son ellos mismos esclavos de la corrupción. Porque el que es vencido por alguno es hecho esclavo del que lo venció. Ciertamente, si habiéndose ellos escapado de las contaminaciones del mundo, por el conocimiento del Señor y Salvador Jesucristo, enredándose otra vez en ellas son vencidos, su postrer estado viene a ser peor que el primero. (II P. 2:19-20)

782. ¿CUALES SON ALGUNAS DE ESTAS COSAS QUE DEBERÍAMOS EVITAR?

Deberíamos evitar toda forma de intemperancia que puede esclavizarnos:

A. Embriaguez y glotonía.

B. Nicotina y abuso de drogas.

C. El juego (por dinero).

D. Películas, libros y diversiones pornográficas. Inmodestia, inmoralidad, música y baile indecentes.

E. Literatura, reuniones y prácticas del oculto.

Cuando alguno es tentado, no diga que es tentado de parte de Dios; porque Dios no puede ser tentado por el mal, ni el tienta a nadie; sino que cada uno es tentado, cuando de su propia concupiscencia, después que ha concebido, da a luz el pecado; y el pecado, siendo consumado, da a luz la muerte. (Stg. 1:13-15)

783. ¿POR QUÉ NO DEBERÍAMOS PARTICIPAR DE COSAS QUE NOS ESCLAVIZAN?

Porque si nos sujetamos a estas cosas, llegarán a ser nuestros amos.

¿No sabéis que si os sometéis a alguien como esclavos para obedecerle, sóis esclavos de aquel a quien obedecéis, sea del pecado para muerte, o sea de la obediencia para justicia. (Ro. 6:16)

784. **¿CÓMO PODEMOS DESARROLLAR EL ESTILO DE VIDA DEL REINO EN NUESTRAS PROPIAS VIDAS?**

El estilo del Reino es desarrollado en nosotros mientras que nos disciplinamos diariamente para orar y leer la Palabra de Dios. Los cultos y actividades de la Iglesia Local están diseñados para ayudarnos madurar espiritualmente, para que podamos producir los frutos del espíritu en nuestras vidas.

Por lo cual, salid de en medio de ellos, y apartaos, dice el Señor, y no toquéis lo inmundo; y yo os recibiré, y seré para vosotros por Padre, y vosotros me seréis hijos e hijas, dice el Señor Todopoderoso. Así que amados, puesto que tenemos tales promesas, limpiémonos de toda contaminación de carne y de espíritu, perfeccionando la santidad en el temor de Dios. (II Co. 6:17-18; 7:1)

LOS SACRAMENTOS Y LAS ORDENANZAS DE LA IGLESIA

CAPITULO 43

785. ¿CÓMO RELACIONAMOS A DIOS Y SU NUEVO PACTO HOY EN DIA?

Relacionamos personalmente a Dios y Su pacto a través de participar en los sacramentos de la Iglesia. En cambio El nos bendice y manifiesta Su presencia dentro de nosotros.

Y a los hijos de los extranjeros que sigan a Jehová para servirle, y que amen el nombre de Jehová para ser sus siervos; a todos los que guarden el día de reposo para no profanarlo, y abracen mi pacto, y los llevaré a mi santo monte, y los recrearé en mi casa de oración; sus holocaustos y sus sacrificios serán aceptos sobre mi altar; porque mi casa será llamada casa de oración para todos los pueblos. (Is. 56:6-7)

786. ¿POR QUÉ USA DIOS CEREMONIAS PARA RELACIONARSE CON EL HOMBRE?

Palabras solas no pueden hacer la verdad espiritual real al corazón. Acciones, símbolos visibles, emociones, y experiencias compartidas con otros pueden hacer una impresión duradera sobre nosotros en tal manera que nos impacta cada vez que oímos las palabras del pacto que hemos hecho con Dios. Solamente con desempeñar los significados de entrar en el pacto con Dios podemos darnos cuenta del poder del acuerdo que puede traernos la vida o la muerte.

Por tanto, guárdate, y guarda tu alma con diligencia, para que no te olvides de las cosas que tus ojos han visto, ni se aparten de tu corazón todos los días de tu vida; antes bien, las enseñarás a tus hijos, y a los hijos de tus hijos. El día que estuviste delante de Jehová tu Dios en Horeb, cuando Jehová me dijo: Reúneme el pueblo, para que yo les haga oír mis palabras, las cuales aprenderán, para temerme todos

LOS SACRAMENTOS Y LAS ORDENANZAS

los días que vivieren sobre la tierra, y las enseñarán a sus hijos. (Dt. 4:9-10)

787. ¿QUÉ ES UN SACRAMENTO?

"La palabra "sacramento" viene del latín, y significa un juramento de lealtad, consagración, o obligación solemne. La Iglesia Cristiana utiliza esta palabra para describir algo sagrado en carácter o en significado: una señal espiritual, un sello o una unión (o sea un pacto que existe entre Dios y el hombre.)" -- Webster

788. ¿CÓMO NOS RELACIONAMOS AL PACTO A TRAVÉS DE PARTICIPAR EN LOS SACRAMENTOS?

En creer que Dios se ha entregado a nosotros a través de estos medios y al entregarnos a El en obediencia. Llegamos a conocer a Dios, acercándonos a El en las maneras que El ha dado a la Iglesia.

Acercaos a Dios, y él se acercará a vosotros. (Stg. 4:8)

789. ¿CUÁNTOS SACRAMENTOS HAY?

Hay siete sacramentos. Son:

1. El Bautismo en Agua

2. La Santa Cena

3. Confirmación

4. El Lavar de Pies

5. El Matrimonio

6. La Presentación de un Niño a Dios.

7. La Unción con Aceite

LOS SACRAMANTOS Y LAS ORDENAZAS

790. ¿QUÉ ES UNA ORDENANZA?

Las Ordenanzas de la Iglesia Cristiana son las doctrinas fundamentales de la religión cristiana (ordenadas por Jesús) que se relacionan a la adoración de Dios. Incluye:

1. El Bautismo en Agua. *
2. La Santa Cena. *
3. Ministerio Publico. --(El Predicar y Leer de la Palabra.)
4. Oír la Palabra.
5. Oración Pública.
6. Cantar Salmos.
7. Ayuno.
8. Acciones de Gracias.

* También un sacramento.

791. ¿QUIÉN PUEDE PARTICIPAR EN LOS SACRAMENTOS Y LAS ORDENANZAS DE LA IGLESIA?

Creyentes pueden participar en los sacramentos y las ordenanzas de la Iglesia.

792. ¿HAY UNA DIFERENCIA ENTRE UN SACRAMENTO Y UN RITO RELIGIOSO?

Sí. La diferencia entre un sacramento y un rito religioso es:

1. Un rito religioso tiene solamente **una** parte . . . una señal o ceremonia exteriormente visible usualmente basado sobre prácticas religiosas.

394 LOS SACRAMENTOS Y LAS ORDENANZAS

> *Pues en vano me honran, enseñando como doctrinas mandamientos de hombres. Porque dejando el mandamiento de Dios, os aferráis a la tradición de los hombres . . . Bien invalidáis el mandamiento de Dios para guardar vuestra tradición. (Mr. 7:7-9)*

> *. . . ¿Por qué también vosotros quebrantáis el mandamiento de Dios por vuestra tradición? . . . Así habéis invalidado el mandamiento de Dios por vuestra tradición. (Mt. 15:3,6)*

> *Mirad que nadie os engañe por medio de filosofías y huecas sutilezas, según las tradiciones de los hombres, conforme a los rudimentos del mundo, y no según Cristo. (Col. 2:8)*

2. Un sacramento tiene **dos** partes:

   (a). Una señal o ceremonia exteriormente visible que es cumplido exactamente como es enseñado en las Escrituras.

   (b). La obra interior espiritual del Espíritu Santo que imparte vida y cambio.

793. **¿CÓMO PUEDE IMPARTIR VIDA Y CAMBIO UN SACRAMENTO?**

El creyente que prepara su corazón y obedece en fe recibirá vida espiritual y cambio a través de revelación y experiencia.

794. **¿CÓMO NOS PREPARAMOS PARA RECIBIR UN SACRAMENTO?**

   A. Con arrepentimiento (reconocimiento de nuestra necesidad).

   > *. . . Arrepentíos, y bautícese cada uno de vosotros . . (Hch. 2:38)*

LOS SACRAMANTOS Y LAS ORDENAZAS 395

Por tanto, pruébese cada uno a sí mismo, y coma así del pan, y beba de la copa. (I Co. 11:28)

B. Con permitir que el Espíritu nos de entendimiento de la Palabra. (Dios puede usar instrucciones para darnos entendimiento.)

Así que la fe es por el oír, y el oír, por la palabra de Dios. (Ro. 10:17)

Enseñándoles que guarden todas las cosas que os he mandado; y he aquí yo estoy con vosotros todos los días, hasta el fin del mundo. (Mt. 28:20)

Y perseveraban en la doctrina de los apóstoles, en la comunión unos con otros, en el partimiento del pan y en las oraciones. (Hch. 2:42)

C. Con pedir a Dios en fe que El nos dé lo que ha sido ordenado para nosotros en este acto de fe.

Sepultados con él en el bautismo, en el cual fuisteis también resucitados con él, mediante la fe en el poder de Dios que le levantó de los muertos. (Col. 2:12)

Pero sin fe es imposible agradar a Dios; porque es necesario que el que se acerca a Dios crea que le hay, y que es galardonador de los que le buscan. (He. 11:6)

D. Con someternos en obediencia a todo lo que es ordenado en el sacramento. Esto significa que haremos todo exactamente como se ha enseñado en las Escrituras, sin substituir revisiones hechas por el hombre.

Pues en vano me honran, enseñando como doctrinas mandamientos de hombres. Porque dejando el mandamiento de Dios, os aferráis a la tradición de los hombres . . . Bien invalidáis el mandamiento de Dios para guardar vuestra tradición. (Mr. 7:7-9)

LOS SACRAMENTOS Y LAS ORDENANZAS

¿Por qué también vosotros quebrantáis el mandamiento de Dios, os aferráis a la tradición de los hombres . . . Bien invalidáis el mandamiento de Dios para guardar vuestra tradición. (Mt. 15:3,6)

Mirad que nadie os engañe por medio de filosofías y huecas sutilezas, según las tradiciones de los hombres, conforme a los rudimentos del mundo, y no según Cristo. (Col. 2:8)

Mira . . . las cosas conforme al modelo que se te ha mostrado en el monte. (He. 8:5)

EL SACRAMENTO DE COMFIRMACIÓN

CAPITULO 44

795. ¿QUÉ ES COMFIRMACIÓN?

Confirmación es el sacramento de la Iglesia en la cual cristianos son fortalecidos y establecidos en la fe de Jesucristo.

Y Judas y Sílas, como ellos también eran profetas, consolaron y confirmaron a los hermanos con abundancia de palabras. (Hch. 15:32)

Y después de anunciar el evangelio a aquella ciudad y de hacer muchos discípulos, volvieron a Listra, a Iconio y a Antioquía, confirmando los ánimos de los discípulos, exhortándoles a que permaneciesen en la fe, y diciéndoles: Es necesario que a través de muchas tribulaciones entremos en el reino de Dios. (Hch. 14:21-22)

Y pasó (Pablo) por Siria y Cilicia, confirmando a las iglesias. (Hch. 15:41)

796. ¿POR QUÉ NECESITAMOS SER CONFIRMADOS?

Necesitamos ser establecidos en la fe para que no nos desviemos por una doctrina falsa y para que podamos vivir piadosamente, cumpliendo la voluntad de Dios en esta edad maligna.

Y yo los fortaleceré en Jehová, y caminarán en su nombre, dice Jehová. (Zac.10:12)

Pero fiel es el Señor, que os afirmará y guardará del mal. (Ts. 3:3)

797. ¿POR QUÉ ES CONFIRMACIÓN UN SACRAMENTO?

Confirmación es un sacramento porque fue instituido por Cristo a través de sus discípulos. Fue establecido para que la Iglesia reciba fuerzas divinas y sea establecida en la fe de Jesucristo.

Por tanto, de la manera que habéis recibido al Señor Jesucristo, andad en él; arraigados y sobreedificados en él, y confirmados en la fe, así como habéis sido enseñados, abundando en acciones de gracias. (Col.2:6-7)

798. **¿POR QUÉ DEBERÍAMOS SER FORTALECIDOS Y ESTABLECIDOS?**

Deberíamos ser fortalecidos para que podamos quedarnos firmes durante tiempos de prueba. Deberíamos ser establecidos antes de que podamos empezar a crecer en la fe.

Por lo cual te aconsejo que avives el fuego del don de Dios que está en ti por la imposición de mis manos. Porque no nos ha dado Dios espíritu de cobardía, sino de poder, de amor y de dominio propio. Por tanto, no te avergüences de dar testimonio de nuestro Señor, ni de mí, preso suyo, sino participa de las aflicciones por el evangelio según el poder de Dios. (II Ti. 1:6-8)

Para que ya no seamos niños fluctuantes, llevados por doquiera de todo viento de doctrina, por estratagema de hombres que para engañar emplean con astucia las artimañas del error, sino que siguiendo la verdad en amor, crezcamos en todo en aquel que es la cabeza, esto es, Cristo. (Ef.4:14-15)

799. **¿CÓMO SE ADMINISTRA EL SACRAMENTO DE CONFIRMACIÓN?**

El Sacramento de Confirmación es administrado a través de la imposición de manos del presbiterio (o sea por ministros).

No descuides el don que hay en ti, que te fue dado mediante profecía con la imposición de las manos del presbiterio. (I Ti. 4:14)

EL SACRAMENTO DE CONFIRMACIÓN

Por lo cual te aconsejo que avives el fuego del don de Dios que está en ti por la imposición de mis manos. (II Ti. 1:6)

800. ¿QUÉ RECIBIMOS EN EL SACRAMENTO DE CONFIRMACIÓN?

Recibimos el Espíritu de amor, poder y dominio propio que nos establece firmemente en la fe.

Será como árbol plantado junto a corrientes de aguas, que da su fruto en su tiempo, y su hoja no cae; y todo lo que hace, prosperará. (Sal. 1:3)

801. ¿CÓMO SABEMOS SI FUERZA DIVINA Y ESTABLECIMIENTO SON IMPARTIDOS VERDADERAMENTE A CREYENTES EN LA CONFIRMACIÓN?

La historia de la Iglesia lo ha probado. La historia de la Iglesia Primitiva archiva la persecución cruel y sangrienta de los primeros cristianos a las manos de Nero, Emperador de Roma. Antes de la persecución de los cristianos, los Apóstoles, Pablo y Bernabé, ministraban a los nuevos conversos con la imposición de manos y les confirmaban en la fe de Jesucristo. Por medio de esta impartación divina, los conversos al cristianismo fueron capacitados para soportar persecuciones inhumanas a las manos de los soldados romanos y quedarse firmes en fe, aún cuando fueron enfrentados con la muerte.

Nero y sus soldados fueron sorprendidos y enojados cuando vieron la fuerza divina y el coraje que enseñaron los cristianos. El testimonio intrépido de los cristianos primitivos fue responsable para el rápido crecimiento de los cristianos en el mundo entero.

802. ¿QUIÉN PUEDE SER CONFIRMADO?

Creyentes pueden ser confirmados después de que hayan sido

enseñado las doctrinas y los sacramentos de la Iglesia y los hayan experimentado.

Y Judas y Silas, como ellos también eran profetas, consolaron y confirmaron a los hermanos con abundancia de palabras. (Hch. 15:32)

803. ¿ES CONFIRMACIÓN NECESARIA?

Sí. Sin confirmación, la Iglesia de Jesucristo es débil. Si jóvenes cristianos no son firmamente establecidos en la verdad, llegan a ser desanimados y caen en confusión y se amargan cuando tienen tribulaciones. El creyente que ha sido confirmado aguantará disciplina y llegará a ser un hijo de Dios.

Si soportáis la disciplina, Dios os trata como a hijos; porque ¿qué hijo es aquel a quien el padre no disciplina? (He. 12:7)

Los de sobre la pierda son los que habiendo oído, reciben la palabra con gozo; pero estos no tienen raíces; creen por algún tiempo, y en el tiempo de la prueba se apartan. La que cayó entre espinos, estos son los que oyen, pero yéndose, son ahogados por los afanes y las riquezas y los placeres de la vida, y no llevan fruto. (Lc. 8:13-14)

. . . serán llamados árboles de justicia, plantío de Jehová, para gloria suya. (Is. 61:3)

804. ¿DEBERÍAN SER CONFIRMADOS LOS NIÑOS?

Sí. Los niños deberían ser establecidos en la fe después de que hayan llegado a la edad de responsabilidad, hayan sido instruidos en los principios de la doctrina de Cristo (catecismo) y hayan experimentado cada doctrina.

NOTA: Experiencia nos ha enseñado que cuando niños llegan a la edad de doce, están listos para instrucciones en catecismo. El Señor Jesús tenía doce años cuando fue instruido en la ley de Dios.

Iban sus padres todos los años a Jerusalén en la fiesta de la pascua; y cuando tuvo doce años, subieron a Jerusalén conforme a la costumbre de la fiesta. (Lc. 2:41-42)

805. ¿DEBERÍAN SER LLENOS DEL ESPÍRITU SANTO LOS QUE QUIEREN SER CONFIRMADOS?

Ya que confirmación establece y fortalece al hombre interior, o sea el Espíritu que está dentro del hombre, entonces es necesario tener el Espíritu Santo morando dentro del creyente. No se puede confirmar la obra del Espíritu Santo si el Espíritu Santo no está ahí.

Y si el Espíritu de aquel que levantó de los muertos a Jesús mora en vosotros, el que levantó de los muertos a Cristo Jesús vivificará también vuestros cuerpos mortales por su Espíritu que mora en vosotros. (Ro. 8:11)

... Y si alguno no tiene el Espíritu de Cristo, no es de él. (Ro. 8:9)

EL SACRAMENTO DE LAVAR LOS PIES

CAPITULO 45

806. ¿QUÉ ES EL LAVAR DE PIES?

El lavar de pies es un sacramento instituido por Jesucristo para capacitar al hombre para cumplir la ley de Dios . . . "Amarás a tu prójimo como a ti mismo".

No te vengarás, ni guardarás rencor a los hijos de tu pueblo, sino amarás a tu prójimo como a ti mismo. Yo Jehová. (Lv. 19:18)

No penséis que he venido para abrogar la ley o los profetas; no he venido para abrogar, sino para cumplir. Porque de cierto os digo que hasta que pasen el cielo y la tierra, ni una jota ni un tilde pasará de la ley, hasta que todo se haya cumplido. (Mt. 5:17-18)

El amor no hace mal al prójimo; así que el cumplimiento de la ley es el amor. (Ro. 13:10)

807. ¿QUÉ PROPÓSITO TIENE EL LAVAR DE PIES?

Como el bautismo en agua que quita la enemistad contra Dios que está dentro de nosotros y nos capacita amar a Dios, así pues el lavar de pies quita la enemistad que tenemos contra nuestro hermano y nos capacita amar a nuestro hermano como nos amamos nosotros mismos.

El amor no hace mal al prójimo; así que el cumplimiento de la ley es el amor. (Ro. 13:10)

Pues si yo, el Señor y el Maestro, he lavado vuestros pies, vosotros también debéis lavaros los pies los unos a los otros. Porque ejemplo os he dado, para que como yo os he hecho, vosotros también hagáis. (Jn. 13:14-15)

EL SACRAMENTO DE LAVAR LOS PIES

808. ¿QUÉ ES LA ENEMISTAD QUE TENEMOS CONTRA NUESTRO HERMANO EN NOSOTROS?

Pensamos demasiado bien de nosotros mismos; deseamos reinar sobre otros; y buscamos solamente nuestros propios intereses.

> ... amor ... no es jactancioso, no se envanece; no hace nada indebido, no busca lo suyo ... (I Co. 13:4-5)

> Digo, pues, por la gracia que me es dada, a cada cual que está entre vosotros, que no tenga más alto concepto de si que el que debe tener, sino que piense de si con cordura, conforme a la medida de fe que Dios repartió a cada uno. (Ro. 12:3)

809. ¿POR QUÉ LAVÓ JESÚS LOS PIES DE LOS DISCÍPULOS?

Lavó los pies de los discípulos para enseñarles que tenían que hacerse "siervos" del Señor sirviendo el uno al otro.

> Entonces él se sentó y llamó a los doce, y les dijo: Si alguno quiere ser el primero, será el postrero de todos, y el servidor de todos. (Mr. 9:35)

> ... sino servios por amor los unos a los otros. Porque toda la ley en esta sola palabra se cumple: Amarás a tu prójimo como a ti mismo. (Gá. 5:13-14)

> Mas entre vosotros no será así, sino que el que quiera hacerse grande entre vosotros será vuestro servidor, y el que quiera ser el primero entre vosotros será vuestro siervo; como el Hijo del Hombre no vino para ser servidor, sino para servir, y para dar su vida en rescate por muchos. (Mt. 20:26-28)

810. ¿SABÍAN LOS DISCÍPULOS QUE TENÍAN QUE SERVIR EL UNO AL OTRO?

No. No tenían idea ni deseo en servir a nadie, y discutían el uno con el otro de quien sería el mayor en el Reino de Dios.

Hubo también entre ellos una disputa sobre quien de ellos sería el mayor. (Lc. 22:24)

Y vuelto a la mujer, dijo a Simón: ¿Ves esta mujer? Entré en tu casa, y no me diste agua para mis pies; mas ésta ha regado mis pies con lágrimas, y los ha enjugado con sus cabellos. No me diste beso; mas ésta desde que entre, no ha cesado de besar mis pies. No ungiste mi cabeza con aceite; mas ésta ha ungido con perfume mis pies.
(Lc. 7:44-46)

NOTA: Véase Mt. 20:20-28.

811. ¿POR QUÉ NO SABÍAN LOS DISCÍPULOS QUE TENÍAN QUE HACERSE SIERVOS?

El Espíritu Santo no les había revelado esto. No podemos saber nada acerca de asuntos espirituales hasta que recibamos una revelación del Espíritu Santo.

Antes bien, como está escrito: cosas que ojo no vió, ni oído oyó, ni han subido en corazón de hombre, son las que Dios ha preparado para los que le aman. Pero Dios nos las reveló a nosotros por el Espíritu; porque el Espíritu todo lo escudriña, aun lo de Dios. Porque ¿quién de los hombres sabe las cosas del hombre, sino el espíritu del hombre que está en él? así tampoco nadie conoció las cosas de Dios, sino el Espíritu de Dios. (I Co. 2:9-11)

Pero el hombre natural no percibe las cosas que son del Espíritu de Dios, porque para él son locura, y no las puede entender, porque se han de discernir espiritualmente.
(I Co. 2:14)

EL SACRAMENTO DE LAVAR LOS PIES

812. ¿CÓMO LES ENSEÑÓ JESÚS HACERSE SIERVOS?

Jesús les dió un ejemplo para seguir cuando El lavó sus pies y se hizo un siervo a ellos.

Se levantó de la cena, y se quitó su manto, y tomando una toalla, se la ciñó. Luego puso agua en un lebrillo, y comenzó a lavar los pies de los discípulos, y a enjugarlos con la toalla con que estaba ceñido. (Jn. 13:4-5)

813. ¿POR QUÉ HIZO JESÚS ESTO?

Jesús sabía que si los discípulos siguieran su ejemplo, el Espíritu Santo haría una obra profunda de arrepentimiento en ellos y les impartiría el don de amor al uno para el otro.

Así que, después que les hubo lavado los pies, tomó su manto, volvió a la mesa, y les dijo: ¿Sabéis lo que os he hecho? Vosotros me llamáis Maestro, y Señor; y decis bien, porque lo soy. Pues si yo, el Señor y el Maestro, he lavado vuestros pies, vosotros también debéis lavaros los pies los unos a los otros. Porque ejemplo os he dado, para que como yo os he hecho, vosotros también hagáis . . . Un mandamiento nuevo os doy: Que os améis unos a otros; como yo os he amado, que también os améis unos a otros. En esto conocerán todos que sois mis discípulos, si tuviereis amor los unos con los otros.
(Jn. 13:12-15,34-35)

814. ¿POR QUÉ ES EL DON DE AMOR TAN IMPORTANTE?

1. El Evangelio del Reino no puede ser predicado efectivamente sin que el mensajero posea el don de amor.

Si yo hablase lenguas humanas y angélicas, y no tengo amor, vengo a ser como metal que resuena, o címbalo que retiñe. Y si tuviese profecía, y entendiese todos los misterios y toda ciencia, y si tuviese toda la fe, de tal manera que trasladase los montes, y no tengo amor, nada soy. (I Co. 13:1-2)

2. El Cuerpo de Cristo no puede funcionar sin el fluir de amor a través de cada juntura, tampoco pueden los miembros estimar correctamente el valor de cada parte.

Para que no haya desavenencia en el cuerpo, sino que los miembros todos se preocupen los unos por los otros. (I Co. 12:25)

815. ¿CÓMO DESCRIBE LAS ESCRITURAS LOS SIERVOS DE CRISTO QUE POSEEN EL DON DE AMOR?

Las Escrituras los describen como personas con "pies hermosos".

¿Cómo, pues, invocarán a aquel en el cual no han creído? ¿Y cómo creerán en aquel de quien no han oído? ¿Y cómo oirán sin haber quien les predique? ¿Y cómo predicarán si no fueren enviados? Como está escrito: ¡Cuán hermosos son los pies de los que anuncian la paz, de los que anuncian buenas nuevas! (Ro. 10:14-15)

816. ¿A QUIÉN ELIGE CRISTO PARA PROCLAMAR EL EVANGELIO DEL REINO?

Cristo elige creyentes que tienen pies hermosos para proclamar el Evangelio del Reino.

He aquí sobre los montes los pies del que trae buenas nuevas, del que anuncia la paz. Celebra, oh Judá, tus fiestas, cumple tus votos . . . (Nah. 1:15)

Ministrando éstos al Señor, y ayunando, dijo el Espíritu Santo: Apartadme a Bernabé y a Saulo para la obra a que os he llamado. Entonces, habiendo ayunado y orado, les impusieron las manos y los despidieron. (Hch. 13:2-3)

. . . ¿cómo predicarán si no fueren enviados? Como está

EL SACRAMENTO DE LAVAR LOS PIES

escrito: ¡Cuán hermosos son los pies de los que anuncian la paz, de los que anuncian buenas nuevas! (Ro. 10:15)

817. ¿ES ESTO EL PROPÓSITO POR LO CUAL CRISTO LAVÓ LOS PIES DE LOS DISCÍPULOS?

Sí. Cristo lavó los pies de Sus discípulos para hacer sus pies hermosos - para crear un vínculo de unidad en ellos que les haría un equipo, un ejercicio para llevar el Evangelio al mundo en palabra y en ejemplo.

Y calzados los pies con el apresto del evangelio de la paz. (Ef. 6:15)

Pedro le dijo: No me lavarás los pies jamás. Jesús le respondió: Si no te lavare, no tendrás parte conmigo. (Jn. 13:8)

818. ¿CÓMO VE CRISTO LOS PIES DE SU IGLESIA ANTES DE QUE HAYAN TENIDO SUS PIES LAVADOS?

Los pies de su Iglesia son:

1. Contaminados.

Porque toda la ley en esta sola palabra se cumple: Amarás a tu prójimo como a ti mismo. Pero si os mordéis y os coméis unos a otros, mirad que también no os consumáis unos a otros. (Gá. 5:14-15)

2. Quebrantados, no están concertados.

Y haced sendas derechas para vuestros pies, para que lo cojo no se salga del camino, sino que sea sanado. (He. 12:13)

De quien todo el cuerpo, bien concertado y unido entre sí por todas las coyunturas que se ayuda mutuamente, según la actividad propia de cada miembro, recibe su crecimiento

LOS SACRAMENTOS Y LAS ORDENNZAS

para ir edificándose en amor. Esto, pues, digo y requiero en el Señor: que ya no andéis como los otros gentiles, que andan en la vanidad de su mente, teniendo el entendimiento entenebrecido, ajenos de la vida de Dios por la ignorancia que en ellos hay, por la dureza de su corazón; los cuales, después que perdieron toda sensibilidad, se entregaron a la lasciva para cometer con avidez toda clase de impureza. Mas vosotros no habéis aprendido así a Cristo, si en verdad le habéis oído, y habéis sido por él enseñados, conforme a la verdad que está en Jesús. (Ef. 4:16-21)

819. **¿CAMBIARON LOS DISCÍPULOS CUANDO CRISTO LAVÓ SUS PIES?**

Los mismos discípulos que discutían para posición y preferencia se arrepentieron y recibieron el don de amor. Las multitudes se maravillaron al ver como amaban el uno al otro.

Y la multitud de los que habían creído era de un corazón y un alma; y ninguno decía ser suyo propio nada de lo que poseía, sino que tenían todas las cosas en común. Y con gran poder los apóstoles daban testimonio de la resurrección del Señor Jesús, y abundante gracia era sobre todos ellos. (Hch. 4:32-33)

820. **¿CÓMO NOS PREPARAMOS PARA EL LAVADO DE PIES?**

Con arrepentirnos de nuestro orgullo y de la enemistad que tenemos contra nuestro hermano y con permitir que el Espíritu nos dé entendimiento de la Palabra para que tengamos fe para recibir el don de amor.

821. **¿QUÉ HACE EL SACRAMENTO DE LAVADO DE LOS PIES PARA NOSOTROS EN RELACIÓN A OTROS?**

A través del Sacramento de Lavado de los Pies:

EL SACRAMENTO DE LAVAR LOS PIES

1. El Espíritu Santo nos revela que somos siervos de Cristo, y del uno al otro.
2. La enemistad contra nuestro hermano es quitado para que podamos amar el uno al otro.
3. Barreras son quebrantados y un vínculo de unidad es producido entre los miembros del Cuerpo de Cristo.
4. El hermano desviado es restaurado al Cuerpo de Cristo.

Y haced sendas derechas para vuestros pies, para que lo cojo no se salga del camino, sino que sea sanado. (He. 12:13)

Hermanos, si alguno fuere sorprendido en alguna falta, vosotros que sois espirituales, restauradle con espíritu de mansedumbre, considerándote a ti mismo, no sea que tú también seas tentado. (Gá. 6:1)

... así como Cristo amó a la iglesia, y se entregó a sí mismo por ella, para sanctificarla, habiéndola purificado en el lavamiento del agua por la palabra, a fin de presentársela a sí mismo, una iglesia gloriosa, que no tuviese mancha ni arruga ni cosa semejante, sino que fuese santa y sin mancha. (Ef. 5:25-26)

822. **¿QUÉ HACE EL SACRAMENTO DE LAVAR DE PIES PARA NOSOTROS COMO INDIVIDUOS?**

Con cada Sacramento de la Iglesia, hay una experiencia espiritual para el creyente. En el Sacramento del Lavado de Pies, la revelación de que somos siervos trae un arrepentimiento profundo, y humildad para el orgullo y egoísmo que hay dentro de nosotros. En cambio, el don de arrepentimiento prepara nuestros corazones para recibir el don de amor que viene del Espíritu Santo.

Nada hagáis por contienda o por vanagloria; antes bien con

> humildad, estimando cada uno a los demás como superiores a él mismo; no mirando cada uno por lo suyo propio, sino cada cual también por lo de los otros. Haya, pues, en vosotros este sentir que hubo también en Cristo Jesús, el cual, siendo en forma de Dios, no estimó el ser igual a Dios como cosa a que aferrarse, sino que se despojó a sí mismo, tomando forma de siervo . . .
> (Flm. 2:3-7)

823. ¿CON CUÁNTA FREQUENCIA DEBERÍAMOS PRACTICAR EL LAVAR DE PIES?

El Lavado de Pies debería ser practicado cuando los miembros de la Iglesia Local necesitan ser limpiados de pecado cometido contra el Cuerpo de Cristo, la Iglesia, o cuando el liderazgo local es dirigido a practicarlo. Pecado cometido contra otro miembro del Cuerpo manifiesta una necesidad para amor y arrepentimiento.

El Lavar de Pies debería preceder a la Santa Cena cuando los comulgantes no se encuentran dignos de participar del cuerpo y de la sangre del Señor.

> Porque cualquiera que se enaltece, será humillado; y él que se humilla, será enaltecido. (Lc.14:11)

> Acercaos a Dios, y él se acercará a vosotros. Pecadores, limpiad las manos; y vosotros los de doble ánimo, purificad vuestros corazones. Afligíos, y lamentad, y llorad. Vuestra risa se convierta en lloro, y vuestro gozo en tristeza. Humillaos delante del Señor, y él os exaltará.
> (Stg. 4:8-10)

> Porque el que come y bebe indignamente, sin discernir el cuerpo del Señor, juicio come y bebe para sí. (I Co. 11:29)

EL SACRAMENTO DE LAVAR LOS PIES

824. ¿CUAL ES LA CONTRAPARTE DEL LAVADO DE PIES EN EL ANTIGUO TESTAMENTO?

El sacerdote judío se lavaba completamente antes de que pudiera practicar los deberes del oficio de sacerdote. Sin embargo, mientras que practicaba sus deberes, su manos y pies se ensuciaban. Para mantearlos limpios tenía que lavar muchas veces en la fuente de bronce proveído para esta razón. Este lavado en la fuente de bronce es la contraparte en el Antiguo Testamento del sacramento del Lavado de Pies en el Nuevo Testamento.

Y llevarás a Aarón y a sus hijos a la puerta del tabernáculo de reunión, y los lavarás con agua. (Ex. 29:4)

Habló más Jehová a Moisés, diciendo: Harás también una fuente de bronce, con su base de bronce, para lavar; y la colocarás entre el tabernáculo de reunión y el altar, y pondrás en ella agua. Y de ella se lavarán Aarón y sus hijos las manos y los pies. Cuando entren en el tabernáculo de reunión, se lavarán con agua, para que no mueran; y cuando se acerquen al altar para ministrar, para quemar la ofrenda encendida para Jehová, se lavarán las manos y los pies, para que no mueran. Y lo tendrán por estatuto perpetuo él y su descendencia por sus generaciones. (Ex. 30:17-21)

825. ¿QUÉ NOS OCURRE CUANDO LAVAMOS LOS PIES DE OTROS?

El Espíritu Santo nos capacita para hacernos siervos verdaderos. Tomamos el lugar de Cristo y limpiamos la enemistad que está en nuestro hermano.

. . . para santificarla, habiéndola purificado en el lavamiento del agua por la palabra, a fin de presentársela a sí mismo, una iglesia gloriosa, que no tuviese mancha ni arruga ni cosa semejante, sino que fuese santa y sin mancha. Porque somos miembros de su cuerpo, de su carne

LOS SACRAMENTOS Y LAS ORDENNZAS

y de sus huesos. (Ef. 5:26-27,30)

826. ¿QUÉ NOS OCURRE CUÁNDO NUESTROS PIES SON LAVADOS POR OTRO?

Recibimos a la persona que lava nuestros pies como si recibiéramos a Cristo. Este reconocimiento nos da una ingenuidad y estrechez a los otros miembros del cuerpo y limpia la enemistad de nosotros.

De cierto, de cierto os digo: El que recibe al que yo enviare, me recibe a mí; y el que me recibe a mí, recibe al que me envió. (Jn. 13:20)

Pedro le dijo: No me lavarás los pies jamás. Jesús le respondió: Si no te lavare, no tendrás parte conmigo. (Jn. 13:8)

A quienes Dios quiso dar a conocer las riquezas de la gloria de este misterio entre los gentiles; que es Cristo en vosotros, la esperanza de gloria. (Col. 1:27)

827. ¿CUAL ES EL PROCEDIMIENTO PARA LAVAR LOS PIES?

El procedimiento usado es el mismo que Jesucristo usó.

Se levantó de la cena, y se quitó su manto, y tomando una toalla, se la ciñó. Luego puso agua en un lebrillo, y comenzó a lavar los pies de los discípulos, y a enjugarlos con la toalla con que estaba ceñido. (Jn. 13:4-5)

Los hombres y las mujeres fueron separados y cada grupo lleva su propio culto. Los hombres lavan los pies de los hombres y las mujeres lavan los pies de las mujeres.

Pero hágase todo decentemente y en orden. (I Co. 14:40)

828. ¿CUALES SON LAS BENDICIONES DEL LAVADO DE PIES?

Las bendiciones del Lavado de Pies son:

1. Quita todo lo que nos ha contaminado en nuestra vida diaria como miembros del Cuerpo de Cristo.

2. Hace una obra profunda en el corazón.

3. Une los corazones en amor y fraternidad cristiana.

4. Enseña humildad y complacencia para servir a otros seguidores de Cristo.

5. Reprende egoísmo y el deseo de gobernar a otros.

6. Nos hace dignos para tomar la Santa Cena.

7. Prepara nuestros pies para llevar el Evangelio de Paz al mundo.

NOTA: El Lavado de Pies puede ser considerado el testigo perpetuo del agua, como la Santa Cena es el testigo de la sangre, y el Espíritu Santo es el testigo del Espíritu en la tierra.

Porque tres son los que dan testimonio en el cielo: el Padre, el Verbo y el Espíritu Santo; y estos tres son uno. Y tres son los que dan testimonio en la tierra: el Espíritu, el agua y la sangre; y estos tres concuerdan. (I Jn. 5:7-8)

LA SANTA CENA

CAPITULO 46

829. ¿QUÉ ES LA SANTA CENA?

La Santa Cena es un sacramento, instituido por Jesucristo en la noche antes de su muerte, que confirma el pacto hecho con Dios a través de la sangre de Cristo. Es el cumplimiento del pacto eterno de la Pascua que Dios mandó que los israelitas cumpliesen. A través de la sangre del cordero, los israelitas confirmaban su pacto con Dios.

Limpiáos, pues, de la vieja levadura, para que seáis nueva masa, sin levadura como sois; porque nuestra pascua, que es Cristo, ya fue sacrificada por nosotros. (I Co. 5:7)

... Que el Señor Jesús, la noche que fue entregado, tomó pan; y habiendo dado gracias, lo partió, y dijo: tomad, comed; esto es mi cuerpo que por vosotros es partido; haced esto en memoria de mí. Asimismo tomó también la copa, después de haber cenado, diciendo: Esta copa es el nuevo pacto en mi sangre; haced esto todas las veces que la bebiereis, en memoria de mí. Así, pues, todas las veces que comiereis este pan, y bebiereis esta copa, la muerte del Señor anunciáis hasta que él venga. (I Co. 11:23-26)

830. ¿POR QUÉ CELEBRABAN LA PASCUA?

La Pascua fue celebrada por los israelitas para conmemorar su liberación de esclavitud en Egipto. La sangre de un cordero fue puesto en los dos postes y en el dintel de sus casas como protección del juicio divino que iba a pasar por Egipto. Dios hirió a los primogénitos de los egipcios mientras hería las casas y el ganado que no fue protegido por la sangre del cordero.

Pues yo pasaré aquella noche por la tierra de Egipto, y heriré a todo primogénito en la tierra de Egipto, así de los hombres como de las bestias; y ejecutaré mis juicios en todos los dioses de Egipto. Yo Jehová. (Ex. 12:12)

831. ¿CÓMO ERA LA SANTA CENA UN CUMPLIMIENTO DE LA PASCUA?

1. Cristo fue hecho nuestra pascua y fue sacrificado por nosotros. Tomó nuestro lugar como el cordero de la Pascua - el cordero inmolado que fue comido en la Pascua.

   El siguiente día vio Juan a Jesús que venía a él, dijo: He aquí el Cordero de Dios, que quita el pecado del mundo . . . Y mirando a Jesús que andaba por allí, dijo: He aquí el cordero de Dios.(Jn. 1:29,36)

2. Cuando los israelitas comieron el cordero, recibieron sanidad en sus cuerpos. Cuando nosotros tomamos la Santa Cena, recibimos sanidad en el cuerpo, alma y espíritu.

   Los sacó con plata y oro; y no hubo en sus tribus enfermo. (Sal. 105:37)

3. La Pascua fue un recordativo del éxodo de los israelitas de esclavitud en Egipto. La Santa Cena es un recordativo de nuestra liberación de la esclavitud de pecado.

   Jesús les dijo: Yo soy el pan de vida; el que a mí viene, nunca tendrá hambre; y el que en mí cree, no tendrá sed jamás. (Jn. 6:35)

   La copa de bendición que bendecimos, ¿no es la comunión de la sangre de Cristo? El pan que partimos, ¿no es la comunión del cuerpo de Cristo? Siendo uno solo el pan, nosotros, con ser muchos, somos un cuerpo; pues todos participamos de aquel mismo pan. (I Co. 10:16-17)

832. ¿POR QUÉ CELEBRAMOS LA SANTA CENA?

Celebramos la Santa Cena por cinco razones:

1. Cristo mandó que lo hiciéramos.

   ... Haced esto en memoria de mí. (I Co. 11:25)

   Guardaréis esto por estatuto para vosotros y para vuestros hijos para siempre. (Ex. 12:24)

2. Para tener en nosotros la vida de Cristo, o sea vida eterna.

   Yo soy el pan vivo que descendió del cielo; si alguno comiere de este pan, vivirá para siempre; y el pan que yo daré es mi carne, la cual yo daré por la vida del mundo. ... Jesús les dijo: De cierto, de cierto os digo: Si no coméis la carne del Hijo del Hombre, y bebéis su sangre, no tenéis vida en vosotros. (Jn. 6:51,53)

3. Para confirmar el pacto hecho con Dios a través de la sangre de Cristo.

   Porque esto es mi sangre del nuevo pacto, que por muchos es derramada para remisión de los pecados. (Mt. 26:28)

4. Para tener sanidad.

   Porque el que come y bebe indignamente, sin discernir el cuerpo del Señor, juicio come y bebe para sí. Por lo cual hay muchos enfermos y debilitados entre vosotros, y muchos duermen. (I Co. 11:29-30)

5. Para recordarnos constantemente del gran sacrificio que Cristo hizo por nuestra redención.

   Haced esto todos ... en memoria de mí. (I Co. 11:25)

   Y cuando os dijeren vuestros hijos: ¿Qué es este rito vuestro?, vosotros responderéis: Es la victima de la pascua de Jehová, el cual pasó por encima de las casas de los hijos de Israel en egipto, cuando hirió a los egipcios, y libró nuestras casas. Entonces el pueblo se inclinó y adoró. (Ex. 12:26-27)

833. ¿CUALES SON LOS EMBLEMAS VISIBLES DE LA SANTA CENA?

Los emblemas visibles son el pan y la copa.

834. ¿QUÉ RECIBIMOS CUANDO TOMAMOS LA SANTA CENA?

Recibimos el cuerpo y la sangre de Cristo. Es Su presencia real que hace comunión con Cristo posible. Por esta razón es llamado "La Sagrada Comunión".

La copa de bendición que bendecimos, ¿no es la comunión de la sangre de Cristo? El pan que partimos, ¿no es la comunión del cuerpo de Cristo? Siendo uno solo el pan, nosotros, con ser muchos, somos un cuerpo; pues todos participamos de aquel mismo pan. (I Co. 10:16-17)

835. ¿POR QUÉ CREEMOS EN LA PRESENCIA REAL DE CRISTO DURANTE LA SANTA CENA?

Creemos en la presencia real de Cristo porque:

A. Jesús dijo, "Esto es mi cuerpo y esta es mi sangre que se derrama por vosotros."

Y tomó el pan y dio gracias, y lo partió y les dió, diciendo: Esto es mi cuerpo, que por vosotros es dado; haced esto en memoria de mí. (Lc. 22:19)

B. La Biblia dice claramente que a través de la sangre tenemos comunión con Cristo.

De igual manera, después que hubo cenado, tomó la copa, diciendo: Esta copa es el nuevo pacto en mi sangre, que por vosotros se derrama. (Lc. 22:20)

C. La Biblia dice claramente que partícipes indignos son culpables, no del pan y del vino, sino del cuerpo y de la sangre.

De manera que cualquiera que comiere este pan o bebiere esta copa del Señor indignamente, será culpado del cuerpo y de la sangre del Señor. (I Co. 11:27)

D. Ninguno tiene el derecho para cambiar el significado de una institución divina o un pacto.

Hermanos, hablo en términos humanos: Un pacto, aunque sea de hombre, una vez ratificado, nadie lo invalida, ni le añade. (Gá. 3:15)

836. ¿CUÁNDO LLEGAN A SER EL PAN Y EL VINO EL CUERPO Y LA SANGRE DE CRISTO?

El momento que comemos el pan y bebemos el vino, tomamos la presencia real de Cristo.

Y habiendo dado gracias, lo partió, y dijo: Tomad, comed; esto es mi cuerpo que por vosotros es partido; haced esto en memoria de mí. Asimismo tomó también la copa, después de haber cenado, diciendo: Esta copa es el nuevo pacto en mi sangre; haced esto todas las veces que la bebiereis, en memoria esta copa, la muerte del Señor anunciáis hasta que él venga. (I Co. 11:24-26)

837. ¿QUÉ DEBERÍAMOS HACER ANTES DE QUE TOMÁRAMOS DE LA SANTA CENA?

Las Escrituras nos dicen que nos probáramos cuidadosamente.

Por tanto, pruébese cada uno a sí mismo, y coma así del pan, y beba de la copa. (I Co. 11:28)

LA SANTA CENA

838. ¿QUÉ SIGNIFICA PABLO CUANDO DICE, "PRUÉBESE CADA UNO A SI MISMO"?

Debemos estar en comunión completa con Cristo cuando tomamos de la Santa Cena.

De manera que cualquiera que comiere este pan o bebiere esta copa del Señor indignamente, será culpado del cuerpo y de la sangre del Señor. Por tanto, pruébese cada uno a sí mismo, y coma así del pan y beba de la copa. Porque el que come y bebe indignamente, sin discernir el cuerpo del Señor, juicio come y bebe para sí. (I Co. 11:27-29)

839. ¿CÓMO NOS EXAMINAMOS?

Nos examinamos con recordar los Diez Mandamientos de Dios y las leyes de la Iglesia, los deberes involucrados con nuestra llamada, y si tenemos enemistad contra un hermano.

1. Pedir que el Espíritu Santo recuerde dé que pecados hemos cometido y nos de arrepentimiento por ellos.

2. Confesar nuestros pecados a Dios y pedir Su perdón.

3. Hacer restitución cuando es posible.

4. Determinar no volver a pecar.

840. ¿QUÉ NOS PASARA SI COMEMOS Y BEBEMOS DEL CUERPO Y DE LA SANGRE INDIGNAMENTE?

Nos ponemos en peligro de enfermedad y muerte.

Porque el que come y bebe indignamente, sin discernir el cuerpo del Señor, juicio come y bebe para sí. Por lo cual hay muchos enfermos y debilitados entre vosotros, y muchos duermen. (I Co. 29-30)

LOS SACRAMENTOS Y LAS ORDENANZAS

841. ¿QUÉ BENDICIONES RECIBIMOS DE LA SANTA CENA?

Cuando los miembros del cuerpo de Cristo se juntan, arrepintiéndose de pecado y perdonando el uno al otro, reciben una limpieza que les fortalece y les une más firmemente en el cuerpo entero. Nuestro sentido de pertenecer a Dios y del uno al otro se profundiza mientras que reafirmamos nuestro pacto. La Santa Cena renueva nuestra comunión con el Señor y Su Cuerpo, y nuestra consagración a El: nos recuerda de la muerte del Señor, por la cual tenemos vida eterna.

El que come mi carne y bebe mi sangre, tiene vida eterna; y yo le resucitaré en el día postrero. (Jn. 6:54)

Así, pues, todas las veces que comiereis este pan, y bebiereis esta copa, la muerte del Señor anunciáis hasta que él venga. (I Co. 11:26)

Pero si andamos en luz, como él está en luz, tenemos comunión unos con otros, y la sangre de Jesucristo su Hijo nos limpia de todo pecado. (I Jn. 1:7)

842. ¿POR QUÉ NOS MANDA JESÚS QUE RECORDEMOS LA SANTA CENA?

Jesucristo dijo que tomáramos la copa en memoria de El... recordamos la copa que El bebió de buena voluntad por nosotros, una copa que intentó evitar, porque sabía que la copa significaba padecimiento y muerte. Sin embargo, la bebió para que pudiera redimirnos del poder del diablo.

Cuando tomamos la copa de comunión en nuestra mano, las palabras de Jesús, "Haced esto" deberían inspirarnos para someternos a la voluntad completa de Dios, aceptando todas las cosas de Su mano. Aún si es la copa de padecimiento, de buena voluntad bebes la copa. Sumisión a la voluntad de Dios nos capacita a tener una relación íntima con Cristo que nos da comunión verdadera.

LA SANTA CENA

Jesús dijo que comiéramos el pan, que es Su cuerpo, en memoria de El. Recordamos que entregó Su cuerpo de buena voluntad a hombres crueles que lo herían y lo mutilaban para que pudiéramos tener vida eterna.

Cuando tomamos el pan de comunión en nuestra mano, las palabras de Jesús, "Haced esto" deberían inspirarnos a entregar nuestros cuerpos a El como un sacrificio vivo para que Su voluntad pueda ser realizada en nosotros. La sumisión de nuestra voluntad y la consagración de nuestro cuerpo hacen comunión verdadera con Cristo una realidad.

> *. . . Si alguno quiere venir en pos de mí, niéguese a sí mismo, y tome su cruz, y sígame. (Mt. 16:24)*

> *Así que, hermanos, os ruego por las misericordias de Dios, que presentéis vuestros cuerpos en sacrificio vivo, santo, agradable a Dios, que es vuestro culto racional. (Ro. 12:1)*

843. **¿DEBERÍAN TOMAR LA SANTA CENA LOS NIÑOS?**

Solamente después de que hayan entrado en un pacto con Cristo, hayan sido limpiados por Su sangre, y hayan sido bautizados en Cristo para la circuncisión de corazón deberían ser permitidos tomar de la Santa Cena. (Véase Capitulo 29)

LOS SACRAMENTOS DE MATRIMONIO Y DE LA DEDICACIÓN DE NIÑOS

CAPITULO 47

844. ¿QUÉ ES EL MATRIMONIO?

Matrimonio es un sacramento instituido por Dios en lo cual un hombre y una mujer entran en unión durante toda la vida con votos hechos el uno al otro en la presencia de Dios.

845. ¿QUÉ PREPARACIONES DEBERÍAN PRECEDER EN EL MATRIMONIO?

Porque matrimonio es un sacramento, deberían contraerlo con mucha oración, sobrio y con pureza del cuerpo, mente y espíritu. Debería ser precedido un noviazgo propio.

846. ¿QUÉ CLASE DE ACUERDO HAY EN EL MATRIMONIO?

El marido y la mujer se ponen de acuerdo para hacerse una sola carne, para que puedan estar juntados en unión física y espiritual que puede ser rota solamente por la muerte.

> *Por esto dejará el hombre a su padre y a su madre, y se unirá a su mujer, y los dos serán una sola carne. Grande es este misterio; mas yo digo esto respecto de Cristo y de la iglesia. Por lo demás, cada uno de vosotros ame también a su mujer como a sí mismo; y la mujer respete a su marido. (Ef. 5:31-33)*

847. ¿POR QUÉ ES IMPORTANTE QUE EL MATRIMONIO SEA UNA UNIÓN ESPIRITUAL?

A menos que el marido y la mujer estén unidos en espíritu, perderán el plan y propósito de Dios para matrimonio . . . hacer su amor un reflejo del amor de Cristo para Su novia, la Iglesia.

LOS SACRAMENTOS Y L DEDICACIÓN 423

Así también los maridos deben amar a sus mujeres como a sus mismos cuerpos. El que ama a su mujer, a sí mismo se ama. Porque nadie aborreció jamás a su propia carne, sino que la sustenta y la cuida, como también Cristo a la iglesia, porque somos miembros de su cuerpo, de su carne y de sus huesos. (Ef. 5:28-30)

848. **¿CÓMO SON HECHOS UNO EL MARIDO Y LA MUJER?**

El marido y su mujer son hechos uno en espíritu por Dios mientras viven en acuerdo de sus votos. Llegan a depender tanto del uno al otro que sus pensamientos, deseos y fe se combinan y se mezclan hasta que llegan a ser uno en carne, personalidad y espíritu.

Así que no son ya más dos, sino una sola carne; por tanto, lo que Dios juntó, no lo separe el hombre. (Mt. 19:6)

849. **¿QUÉ HIZO CRISTO PARA EL MATRIMONIO?**

Cristo restauró el matrimonio en la institución santa y noble que fue diseñado ser. Restauró el matrimonio a la posición de un sacramento y también restauró la enseñanza original de Dios que el hombre debía ser casado a una mujer hasta la muerte.

También enfatizó el sublime propósito del matrimonio; amor entre el marido y su esposa y la procreación de niños. Restauró dignidad a las esposas y a las madres, y aclaró las enseñanzas acerca de divorcio.

850. **¿QUÉ PAUTAS PONE DIOS PARA EL MATRIMONIO CRISTIANO?**

Las pautas para el matrimonio cristiano son:

1. Hay que ser puro de cuerpo, alma y espíritu.

   Honroso sea en todos el matrimonio, y el lecho sin

mancilla; pero a los fornicarios y a los adúlteros los juzgará Dios. (He. 13:4)

2. Cristianos no están permitidos casarse con no creyentes.

   No os unáis en yugo desigual con los incrédulos; porque ¿qué compañerismo tiene la justicia con la injusticia? ¿Y que comunión la luz con las tinieblas? (II Co. 6:14-15)

3. Cristianos no están permitidos casarse con nadie que haya sido casado antes, a menos que su matrimonio previo terminó por medio de muerte o por un divorcio aprobado y reconocido por la Iglesia.

   Porque la mujer casada está sujeta por la ley al marido mientras éste vive; pero si el marido muere, ella queda libre de la ley del marido. Así que, si en vida del marido se uniere a otro varón, será llamada adúltera; pero si su marido muriere, es libre de esa ley, de tal manera que si se uniere a otro marido, no será adúltera. (Ro. 7:2-3)

4. Ligaduras espirituales y emocionales con los padres tienen que ser rotas. El marido y su esposa tienen que empezar a depender del uno al otro para establecer su propia casa.

   Por tanto, dejará el hombre a su padre y a su madre y se unirá a su mujer, y serán una sola carne. (Gn. 2:24)

5. El marido y la esposa tienen que reconocer que los dos son iguales en Cristo. Ninguno es sobre el otro ni debajo del otro.

   La mujer no tiene potestad sobre su propio cuerpo, sino el marido; ni tampoco tiene el marido potestad sobre su propio cuerpo, sino la mujer. (I Co. 7:4)

   Pero en el Señor, ni el varón es sin la mujer, ni la mujer sin el varón; porque así como la mujer procede del varón, también el varón nace de la mujer; pero todo procede de

LOS SACRAMENTOS Y L DEDICACIÓN

Dios. (I Co. 11:11-12)

Y a no hay judío ni griego; no hay esclavo ni libre; no hay varón ni mujer; porque todos vosotros sois uno en Cristo Jesús. (Gá. 3:28)

851. **¿CUAL ES EL PAPEL DE UNA ESPOSA CRISTIANA?**

El papel de una esposa cristiana es ser una ayuda idónea para su marido. Fe, percepción espiritual y una naturaleza cariñosa fueron creadas en ella para que pudiera ser la fuente de ánimo y fuerza durante tiempos difíciles.

Y dijo Jehová Dios: No es bueno que el hombre esté solo; le haré ayuda idónea para él. (Gn. 2:18)

852. **¿CUALES SON LOS REQUISITOS PARA UNA ESPOSA CRISTIANA?**

Una esposa cristiana está requerida a:

1. Entender que el matrimonio cristiano le levanta a una posición igual en dignidad con su marido.

2. Saber que está mandada someterse a la autoridad de su marido. Ha de someterse con buena voluntad como un acto de devoción espiritual a su marido.

3. Someterse a la autoridad de su marido para que Dios pueda dar la responsabilidad de su bienestar espiritual y físico a él.

4. Enseñar a los niños que el marido es la cabeza de la casa. Ha de respaldarle completamente en la disciplina justa de los niños y en el liderazgo de la familia.

5. Entender que no tiene derechos exclusivos de su propio cuerpo. Su marido ha sido dado ciertos derechos. En cambio ha de saber que ella tiene ciertos derechos sobre el

cuerpo de su marido.

6. Orar con y por su marido y niños.

Las casadas estén sujetas a sus propios maridos, como al Señor; porque el marido es cabeza de la mujer, así como Cristo es cabeza de la iglesia, la cual es su cuerpo, y él es su Salvador. (Ef. 5:22-23)

853. **¿REQUIERE DIOS QUE LA ESPOSA SE SOMETA A SU MARIDO EN TODAS LAS COSAS?**

Por razón de que un hogar puede funcionar pacíficamente solamente con una persona como cabeza, Dios requiere que la esposa reconozca el liderazgo de su marido y se someta a él en todo, menos el pecado. Dios no la pide que **obedezca** a su marido, sino con buena voluntad se someta y coopere con él, no por fuerza sino como un acto de devoción espiritual y amor.

Así que, como la iglesia está sujeta a Cristo, así también las casadas lo estén a sus maridos en todo. (Ef. 5:24)

854. **¿CUAL ES EL PAPEL DE UN MARIDO CRISTIANO?**

El marido tiene la responsabilidad principal para el bienestar del matrimonio y de la familia. El marido es el proveedor, protector, sacerdote y padre. Sus calificaciones para liderazgo en la iglesia son basadas sobre la destreza que demuestra en pastorear su propia familia.

¿No hizo él uno, habiendo en él abundancia de espíritu? ¿Y por qué uno? Porque buscaba una descendencia para Dios. Guardaos, pues, en vuestro espíritu, y no seáis desleales para con la mujer de vuestra juventud. (Mal. 2:15)

Porque si alguno no provee para los suyos, y mayormente para los de su casa, ha negado la fe, y es peor que un incrédulo. (I Ti. 5:8)

Pues el que no sabe gobernar su propia casa, ¿cómo cuidará de la iglesia de Dios. (I Ti. 3:5)

855. ¿CUALES SON LOS REQUISITOS PARA UN MARIDO CRISTIANO?

Un marido cristiano está requerido a:

1. Entender que el matrimonio cristiano es basado sobre dignidad, tanto para la esposa como para el marido.

2. Darse cuenta de que no puede obligar a su esposa a que se someta a él. El mandamiento para sumisión no se le es dado para que lo dé a su esposa, sino es un mandamiento directo de Dios a la esposa.

3. Considerar que su esposa es como su propia carne y hueso y saber que ella es físicamente más débil. Ha de amarla y estimarla para que sus oraciones sean contestadas.

4. Saber que él es responsable personalmente ante Dios para el bienestar espiritual y físico de su esposa y sus niños.

5. Ser habilitado o inhabilitado para servicio en la Iglesia por la manera que gobierna su casa.

Vosotros, maridos, igualmente, vivid con ellas sabiamente, dando honor a la mujer como a vaso más frágil, y como a coherederas de la gracia de la vida, para que vuestras oraciones no tengáis estorbo. (I P. 3:7)

Porque si alguno no provee para los suyos, y mayormente para los de su casa, ha negado la fe, y es peor que un incrédulo. (I Ti. 5:8)

856. ¿POR QUÉ INSTITUYÓ DIOS MATRIMONIO CRISTIANO?

Dios instituyó el matrimonio cristiano para que:

1. El amor entre un marido y su esposa pudiera reflejar el amor de Cristo para Su novia, la Iglesia.

2. El marido y su esposa pudieran expresar el instinto dado por Dios de amor. El hombre inherente tiene que amar a alguien y entregarse a aquella persona.

3. El marido y su esposa pudieran cumplir el uno al otro.

4. El marido y su esposa pudieran compartir en la obra creativa de Dios a través del engendramiento de niños.

5. El marido y su esposa pudieran desarrollar y perfeccionar las características cristianas el uno al otro con aprender ajustarse y vencer los defectos de carácter y de debilidad en sus vidas.

Así que, como la iglesia está sujeta a Cristo, así también las casadas lo estén a sus maridos en todo. Maridos, amad a vuestras mujeres, así como Cristo amó a la iglesia, y se entregó a sí mismo por ella, para santificarla, habiéndola purificado en el lavamiento del agua por la palabra, a fin de presentársela a sí mismo, una iglesia gloriosa, que no tuviese mancha ni arruga ni cosa semejante, sino que fuese santa y sin mancha. (Ef. 5:24-27)

857. ¿PERMITE DIOS UNA DISOLUCIÓN DE UN MATRIMONIO?

Sí. Dios permite la disolución de un matrimonio cuando uno de los conyugales quebranta los votos del pacto de matrimonio cometiendo adulterio. La Biblia cataloga adulterio bajo "fornicación". Jesús dijo que este pecado justificaría la anulación completa del pacto de matrimonio.

. . . cualquiera que repudia a su mujer, salvo por causa de fornicación, y se casa con otra, adúltera . . . (Mt. 19:9)

858. ¿QUÉ SIGNIFICA LA PALABRA "FORNICACIÓN"?

La palabra "fornicación" es una traducción de la palabra griega "porneia" que significa adulterio, homosexualidad e incesto. (Léxico Griego Analítico)

> *Porque sabéis esto, que ningún fornicario . . . tiene herencia en el reino de Cristo y de Dios. (Ef. 5:5)*

859. ¿PUEDE SER DISUELTO UN MATRIMONIO POR OTRA RAZÓN?

No. Según Cristo solamente un pecado "porneia" justifica divorcio.

860. ¿QUÉ ES DIVORCIO?

Divorcio es un decreto del gobierno que declara la unión de matrimonio rota.

861. ¿CUAL ES LA PERSPECTIVA DE DIOS CON RESPECTO AL DIVORCIO?

Nunca agrada a Dios cuando el pacto de matrimonio sea quebrantado. Con RESTRICCIONES FUERTES, Dios ha permitido la posibilidad para divorcio, ambos en los Antiguos y Nuevos Testamentos. Tan como el pecado causa una separación entre Dios y el hombre, también el pecado es la causa de separaciones entre maridos y sus esposas. Originalmente, Dios quería que el marido y esposa se quedaran solos en una carne. Separación y divorcio no tiene parte en el plan de Dios para el matrimonio.

> *Porque Jehová Dios de Israel ha dicho que él aborrece el repudio, y al que cubre de iniquidad su vestido, dijo Jehová de los ejércitos. Guardaos, pues, en vuestro espíritu, y no seáis desleales. (Mal. 2:16)*

430 LOS SACRAMENTOS Y LAS ORDENANZAS

862. ¿CUAL ERA EL CASTIGO POR PORNEIA EN EL ANTIGUO PACTO?

En el Antiguo Testamento, Dios mandó que los que cometieran porneia fueran matados por apedreamiento.

Si un hombre cometiere adulterio con la mujer de su prójimo, el adúltero y la adúltera indefectiblemente serán muertos. (Lv. 20:10)

Si alguno se ayuntare con varón como con mujer, abominación hicieron; ambos han de ser muertos; sobre ellos serán su sangre. (Lv. 20:13)

863. ¿QUÉ SE DEBE HACER CUANDO UN CONYUGAL COMETE PORNEIA EN EL NUEVO PACTO?

El matrimonio cristiano es un tipo de Cristo y Su Iglesia. Miembros del Cuerpo de Cristo no son "cortados" cuando dejan a Cristo por otro, sino son llevados al arrepentimiento y restauración cuando es posible. Sin embargo si continúan en su pecado y se niegan a arrepentirse, el día vendrá cuando el Señor no contenderá con ellos y serán "cortados" de la Iglesia, Su Cuerpo, sin esperanza de restauración.

Así que con un conyugal que sigue en infidelidad, todo medios deben ser empleados para llevarle a arrepentimiento y restauración.

Hermanos, si alguno fuere sorprendido en alguna falta, vosotros que sois espirituales, restauradle con espíritu de mansedumbre, considerándote a ti mismo, no sea que tú también seas tentado. (Gá. 6:1)

Entonces se le acercó Pedro y le dijo: Señor, ¿cuántas veces perdonaré a mi hermano que peque contra mí? ¿Hasta siete? Jesús le dijo: No te digo hasta siete, sino aun hasta setenta veces siete. (Mt. 18:21-22)

LOS SACRAMENTOS Y L DEDICACIÓN

> *Enderezándose Jesús y no viendo a nadie sino a la mujer, le dijo: Mujer, ¿dónde están los que te acusaban? ¿Ninguno te condenó? Ella dijo: Ninguno, Señor. Entonces Jesús le dijo: Ni yo te condeno; vete, y no peques más. (Jn. 8:10-11)*

864. **¿ES INCORRECTO PROCURAR UN DIVORCIO CUANDO EL PECADO DE PORNEIA HA SIDO COMETIDO?**

No. Si el conyugal es culpable de porneia y se niega a arrepentirse, el conyugal inocente, después de consejos pastorales y oración puede procurar un divorcio. Sin embargo, gente divorciada confirmarán este hecho: Un divorcio no resuelve nada, sino muchas veces aumenta sus problemas, y añade su tristeza y dolor.

865. **SI UNA PERSONA ESTA DIVORCIADA CONTRA SU VOLUNTAD, ¿CUAL ES SU POSICIÓN CON DIOS?**

Si una persona está divorciada contra su voluntad, entonces no será responsable por el pecado de su conyugal. Si un conyugal incrédulo o rebelde quebranta el Pacto de Matrimonio y deja el matrimonio, entonces el hermano o la hermana no está bajo la obligación de aquella relación de matrimonio. Cada caso debería ser juzgado con oración y por sus propios méritos. Después de mucha oración y discusión el Pastor y otros ancianos de la Iglesia (Concilio de la Iglesia), deberían aconsejar a la persona que ha sido abandonada por un conyugal rebelde.

> *Pero si el incrédulo se separa, sepárese; pues no está el hermano o la hermana sujeto a servidumbre en semejante caso, sino que a paz nos llamó Dios. (I Co. 7:5)*

866. **¿ESTÁ PERMITIDO CASARSE DE NUEVO?**

Casarse de nuevo está permitido si el pastor y el Concilio de la Iglesia juzgan que el matrimonio del miembro de la Iglesia Local está más allá las posibilidades de restauración, saben todos los hechos acerca de la relación adúltera y deciden que el conyugal herido es inocente. Después de que un período de tiempo razonable ha pasado, en lo cual la persona herida pueda sanarse y tener paz, el Concilio de la Iglesia puede conceder permiso para casarse de nuevo en el Señor.

... cualquiera que repudia a su mujer, salvo por causa de fornicación, y se casa con otra, adúltera; y el que se casa con la repudiada, adultera. Le dijeron sus discípulos: Si así es la condición del hombre con su mujer, no conviene casarse. Entonces él les dijo: No todos son capaces de recibir esto, sino aquellos a quienes es dado. (Mt. 19:9-11)

867. ¿ESTÁ PERMITIDO SEPARARSE O DIVORCIARSE DE UNO CREYENTE?

La Biblia no permite separación o divorcio por esta razón, sino anima que el creyente se quede y crea por su salvación. La fe del creyente actualmente santificará su conyugal incrédulo.

Y si una mujer tiene marido que no sea creyente, y él consiente en vivir con ella, no lo abandone. Porque el marido incrédulo es santificado en la mujer, y la mujer incrédula en el marido; pues de otra manera vuestros hijos serían inmundos, mientras que ahora son santos. (I Co. 7:13-14)

Asimismo vosotras, mujeres, estad sujetas a vuestros maridos; para que también los que no creen a la palabra sean ganados sin palabra por la conducta de sus esposas, considerando vuestra conducta casta y respetuosa. (I P. 3:1-2)

868. ¿CÓMO ES SANTIFICADA ESTA PERSONA POR SU CONYUGAL CREYENTE?

El no creyente comparte en las bendiciones que Dios confiere sobre el creyente mientras estén en la misma casa.

LOS SACRAMENTOS Y L DEDICACIÓN

NARRATIVOS BÍBLICOS: La casa de Potifar fue bendecida por que José estuvo allí (Gn. 39:2-5); La casa de Labán fue bendecido por Jacob (Gn. 30:27)

869. ¿ES POSIBLE QUE INCRÉDULOS, QUE HAYAN SIDO DIVORCIADOS Y SE HAYAN CASADO DE NUEVO, SE HAGAN CRISTIANOS Y RECIBAN EL FAVOR DE DIOS EN SUS VIDAS?

Sí. Si han recibido arrepentimiento y han confesado sus pecados (incluyendo adulterio) a Dios, entonces son justificados por fe en la sangre derramada de Jesucristo. Mientras se identifican con Cristo en el bautismo en agua, reciben la plenitud del Espíritu Santo y se consagran a Dios, se hacen ciudadanos del Reino de Dios.

¿No sabéis que los injustos no heredarán el reino de Dios? No erréis; ni los fornicarios, ni los idólatras, ni los adúlteros, ni los afeminados, ni los que se echan con varones, ni los ladrones, ni los avaros, ni los borrachos, ni los maldicientes, ni los estafadores, heredarán el reino de Dios. Y esto erais algunos; mas ya habéis sido lavados, ya habéis sido santificados, ya habéis sido justificados en el nombre del Señor Jesús, y por el Espíritu de nuestro Dios. (I Co. 6:9-11)

¿Quién acusará a los escogidos de Dios? Dios es el que justifica. (Ro. 8:33)

EL SACRAMENTO DE LA DEDICACIÓN DE NIÑOS

870. ¿QUÉ ES EL SACRAMENTO DE DEDICAR LOS NIÑOS A DIOS?

La dedicación o presentación de un niño a Dios es un sacramento en lo cual los padres entregan sus niños a Dios con el propósito de que el Señor dirija el crecimiento espiritual y desarrollo del niño.

. . . Dejad a los niños venir a mí, y no se lo impidáis; porque de los tales es el reino de los cielos. (Mt. 19:14)

Y tomándolos en los brazos, poniendo las manos sobre ellos, los bendecía. (Mr. 10:16)

871. ¿QUÉ ACUERDO ESTA HECHO EN ESTE SACRAMENTO?

Los padres reconocen que el niño pertenece a ellos y al Señor y se ponen de acuerdo en criar el niño para que pueda servir a Dios. Dios acepta el niño presentado y promete bendecirle con paz, guianza y conocimiento.

Y todos tus hijos serán enseñados por Jehová; y se multiplicará la paz de tus hijos. (Is. 54:13)

872. ¿QUÉ HACE EL SACRAMENTO PARA EL NIÑO?

El niño que es dedicado a Dios es santificado (consagrado) para recibir bendición y cuidado especial. Los pasos del niño son ordenados por el Señor y aun cuando el camino parece llevarle tragedia, victoria y cumplimiento son los resultados finales.

Mirad que no menospreciéis a uno de estos pequeños; porque os digo que sus ángeles en los cielos ven siempre el rostro de mi Padre que está en los cielos. (Mt. 18:10)

NARRATIVOS BÍBLICOS: La historia de José, (Gn. 37:39-

LOS SACRAMENTOS Y L DEDICACIÓN 435

47); La historia de Sansón, (Jue. 13,14)

873. ¿QUÉ HACE EL SACRAMENTO PARA LOS PADRES?

Los padres reciben paz y confianza sabiendo que el niño que han presentado al Señor estará bajo Su cuidado y guianza constante.

... porque yo sé a quien he creído, y estoy seguro que es poderoso para guardar mi depósito para aquel día.
(II Ti. 1:12)

874. ¿CÓMO DEBERÍAMOS PREPARARNOS ANTES DE ENTRAR EN ESTE SACRAMENTO?

Un tiempo de oración y meditación debería preceder una presentación y dedicación formal del niño a Dios. Durante este tiempo los padres deberían pedir que el Espíritu Santo les capacite para rendir su niño y someter sus voluntades a Dios, para que sabiduría pueda ser impartida a ellos durante los años formativos del niño.

Ah, Señor mío ... nos enseñe lo que hayamos de hacer con el niño que ha de nacer. (Jue. 13:8)

Si Jehová no edificare la casa, en vano trabajan los que la edifican; en vano vela la guardia. Por demás es que os levantéis de madrugada, y vayáis tarde a reposar, y que comáis pan de dolores; pues que a su amado dará Dios el sueño. He aquí, herencia de Jehová son los hijos; cosa de estima el fruto del vientre. Como saetas en mano del valiente, así son los hijos habidos en la juventud. Bienaventurado el hombre que llenó su aljaba de ellos; no será avergonzado cuando hablare con los enemigos en la puerta. (Sal. 127)

436 LOS SACRAMENTOS Y LAS ORDENANZAS

875. ¿HAY UNA CEREMONIA ESPECIAL PARA LA PRESENTACIÓN DEL NIÑO A DIOS?

Cada iglesia cristiana tiene su propia ceremonia tradicional para la presentación de un niño a Dios. Dios acepta cada niño presentado a El en fe.

Dejad a los niños venir a mí, y no se lo impidáis; porque de los tales es el reino de los cielos. (Mt. 19:14)

Y tomándolos en los brazos, poniendo las manos sobre ellos, los bendecía. (Mr. 10:16)

876. ¿CUAL ES LA RESPONSABILIDAD DE LOS PADRES?

Los padres son responsables a entrenar el niño para obedecer los mandamientos del Señor y servirle. Con palabras y ejemplos han de llevarle a una experiencia de cada doctrina y sacramento de la Iglesia de Jesucristo.

Instruye al niño en su camino, y aun cuando fuere viejo no se apartará de él. (Pr. 22:6)

877. ¿LLEGA UN TIEMPO CUANDO LA RESPONSABILIDAD DE LOS PADRES TERMINA PARA EL NIÑO?

No. Los padres nunca son aliviados de la responsabilidad de orar por su niño y exhortarle a vivir correctamente. El padre que no levanta su voz cuando ve a su hijo adulto en pecado es responsable delante del Señor.

Aquel día yo cumpliré contra Elí todas las cosas que he dicho sobre su casa, desde el principio hasta el fin. Y le mostraré que yo juzgaré su casa para siempre, por la iniquidad que él sabe; porque sus hijos han blasfemado a Dios, y él no los ha estorbado. (I S. 3:12-14)

LA FAMILIA CRISTIANA

CAPITULO 48

878. ¿QUÉ ES LA FAMILIA CRISTIANA?

Una familia de cristianos que reconocen que su estructura interior es determinada por Dios. Con permiso divino un hombre y una mujer pueden cooperar con el propósito de Dios y ser una parte de esta familia. Pero el hogar que establecen los niños que crían, se quedarán en la institución de Dios.

Si Jehová no edificare la casa, en vano trabajan los que la edifican; si Jehová no guardare la ciudad, en vano vela la guardia. (Sal. 127:1)

Dios hace habitar en familia... (Sal. 68:6)

879. ¿CÓMO FUNCIONA ESTO?

Cuando el Creador de la vida de la familia es dado Su puesto legítimo, y Jesucristo es verdaderamente hecho Señor, esto influenciará lo que hace y adonde va la familia. Los miembros de la familia cristiana realizarán su potencial y llegarán a su destino dentro de la estructura que Dios ha establecido.

Deléitate asimismo en Jehová, y él te concederá las peticiones de tu corazón. Encomiendo a Jehová tu camino, y confía en él; y él hará. (Sal. 37:4-5)

880. ¿CÓMO CULTIVAMOS UNA FAMILIA CRISTIANA?

Para cultivar una Familia Cristiana debemos:

1. Establecer "Orden Divino" en el hogar. Esto tiene que ver con el orden y autoridad entre varios miembros en la familia.

2. Empezar la aventura de "Practicar la Presencia de

Jesucristo" en el hogar.

881. ¿CÓMO ESTABLECEMOS "ORDEN DIVINA" EN EL HOGAR?

Orden divino es una orden de autoridad y responsabilidad que es explicado en la Biblia. Dios ha ordenado a la familia según el principio de "autoridad". Cada miembro de la familia vive bajo la autoridad de la "cabeza" que Dios ha determinado:

A. La cabeza de Cristo es Dios.

B. Cristo es la cabeza del marido.

C. El marido es la cabeza de la esposa.

D. Niños han de obedecer a sus padres en todo.

Pero quiero que sepáis que Cristo es la cabeza de todo varón, y el varón es la cabeza de la mujer, y Dios la cabeza de Cristo. (I Co. 11:3)

Hijos, obedeced a vuestros padres en todo, porque esto agrada al Señor. (Col. 3:20)

882. ¿CUAL ES LA ORDEN DE DIOS PARA LOS MARIDOS?

La orden de Dios para los maridos es:

1. Maridos amen sus esposas.

2. Sacrifíquense por ella.

3. Cuiden su bienestar espiritual.

4. Usen su autoridad con humildad.

Maridos, amad a vuestras mujeres, y no seáis ásperos con ellas. (Col. 3:19)

LA FAMILLA CRISTIANA

Maridos, amad a vuestras mujeres, así como Cristo amo a la iglesia, y se entregó a sí mismo por ella. (Ef. 5:25)

883. ¿CUAL ES LA ORDEN DE DIOS PARA LAS ESPOSAS?

En la familia, la esposa es el escalón entre el marido y los niños; cuando vive según la Orden Divino, tendrá la tendencia de atraer ambos el marido y los niños a la orden. Así que, en cuanto de Orden Divina en la familia, la Escritura se dirige a la esposa:

Las casadas estén sujetas a sus propios maridos, como al Señor; porque el marido es cabeza de la mujer, así como Cristo es cabeza de la iglesia, la cual es su cuerpo, y el es su salvador. Así que, como la iglesia está sujeta a Cristo, así también las casadas lo estén a sus maridos en todo. (Ef. 5:22-24)

884. ¿HAY UN EJEMPLO EN LAS ESCRITURAS DE UN BUEN MARIDO?

Sí, Jesucristo es el ejemplo de la Biblia de un buen marido. Jesús se hizo ejemplo de cada característica y cualidad que quería manifestada en Su novia, la Iglesia. La amó, aún cuando no fue muy amable - Jesús era paciente, considerante y comprensible. Amaba a Su novia tanto, que entregó Su vida por ella. Jesús es el amante y compañero de Su novia para toda la vida, tanto como su Señor y protector. Nunca está demasiado ocupado o cansando para escucharla o compartir sus cargas. Es el mejor amigo de Su esposa.

Maridos, amad a vuestras mujeres, así como Cristo amó a la iglesia, y se entregó a sí mismo por ella. (Ef. 5:25)

885. ¿HAY UN EJEMPLO EN LAS ESCRITURAS DE UNA BUENA ESPOSA?

Sí. Proverbios 31:10-31 presenta el ejemplo de la Biblia más completo y hermoso de la que una buena esposa debería ser.

Es capaz, ambiciosa, buena trajabadora, amable, sabia, confiable, gozosa, cuida su hogar y se extiende más allá de su casa. Sabe su valor. Hace las vidas de su marido y sus niños más ricos. También ayuda a los pobres y necesitados más allá de su círculo familiar. ¡Una mujer increíble!

886. ¿QUÉ MOTIVA LA FUERZA CREATIVA DE UNA ESPOSA?

Un marido que expresa su aprecio para ella. Cuando la sumisión de la esposa llega a ser un mandamiento rígido, la Orden de Dios es tirada fuera y meramente queda autoridad humana. Pero cuando un marido cumple su papel en el Orden de Dios (por lo cual es amar a su esposa y no ser duro con ella), entonces la sumisión de la esposa a él llega a ser una fuente de amor mutua, devoción y una cosa hermosa.

Dadle del fruto de sus manos, y alábenla en las puertas sus hechos. (Pr. 31:31)

887. ¿CUAL ES EL MANDAMIENTO DE DIOS PARA LOS NIÑOS?

El mandamiento de Dios para los niños es comprendido en el mandamiento: "Hijos, obedeced a vuestros padres en todo, porque esto agrada al Señor." (Col. 3:20). La relación que un niño tiene con Jesucristo está relacionado con obediencia a sus padres. Jesús vive y obra en la vida de un niño obediente. Un niño obediente es un niño feliz. El niño que sabe exactamente sus límites es aliviado de una carga muy pesada.

888. ¿QUÉ ES EL MANDAMIENTO DE DIOS PARA LOS PADRES?

El mandamiento de Dios para los padres es resumido en tres mandamientos básicos: Amor, Disciplina, Enseñanza. Este bosquejo sencillo de responsabilidad paternal es diseñado por Dios Mismo.

LA FAMILLA CRISTIANA

Y vosotros, padres, no provoquéis a ira a vuestros hijos, sino criadlos en disciplina y amonestación del Señor. (Ef. 6:4)

889. ¿CÓMO AMAMOS A NUESTROS HIJOS?

Hay tantas maneras en las que se puede dejar saber a su hijo que le ama. Es un momento compartido, un abrazo, un paseo en el campo, una tarde en la playa, un canto en la mesa durante la comida, un cumplido de un trabajo bien hecho, oración por un día mejor en el colegio, dejando su revista para escucharle, enjugando una lágrima, bendiciéndole cuando se acuesta. ¿Cómo amamos a nuestros hijos? Con estar allí para su hijo cuando le necesita, sin respeto a su edad. ¡El amor nunca falla!

890. ¿CÓMO ENSEÑAMOS A NUESTROS HIJOS?

Cada ser humano tiene un destino único para cumplir. Una parte de la llamada de un padre es ayudar a su hijo descubrir lo que Dios quiere que sea y haga. No hemos de instruir al niño en lo que es el camino normal para todos los niños, sino también en el camino específico y único para él. Padres deberían tratar con cada hijo bajo la guianza creativa del Espíritu Santo porque cada niño es diferente y tiene la tendencia de cambiar más con el tiempo.

Instruye al niño en su camino, y aun cuando fuere viejo no se apartará de él. (Pr. 22:6)

891. ¿CÓMO ENTRENAMOS A NUESTROS HIJOS?

Es la responsabilidad de los padres de asegurarse de que el niño entiende exactamente lo que esperan de él. Es imprescindible que no solamente entienda mentalmente una orden, sino tiene que ser ayudado con llevarlo a cabo; o sea, como realizar un buen trabajo. Un padre no tiene derecho esperar que el niño sea diligente o trabaje bien si el padre no está dispuesto a invertir el tiempo y el esfuerzo para instruirle bien. Niños que son enseñados y entrenados correctamente les gustará trabajar. Pero si no les entrena a trabajar, nunca valdrán para mucho, ni para Dios ni para Ud., ni para sí mismo. Un cristiano perezoso nunca ha hecho algo para Dios.

892. ¿CÓMO FORJAMOS LA VIDA ESPIRITUAL DE UN NIÑO?

El fundamento de todo cristianismo genuino es veracidad, fe, y modestia. Estas son las tres virtudes cardinales de la juventud y con guianza no son difíciles para alcanzar. Primeramente una desconfianza profunda de mentiras, incredulidad e inmodestia tiene que ser profundamente arraigado en los padres. Entonces tiene que ser impartido a los niños. Cuando estas tres virtudes hayan sido arraigados en el niño, un padre tendrá un gran consuelo mientras observa a su hijo crecer y luego salir de casa.

893. ¿CÓMO PODEMOS MANTENER ORDEN EN LA CASA?

Cada padre tiene que poner reglas para establecer orden en la casa. Requiere esfuerzo, voluntad y determinación para poner y guardarlas. Hay dos peligros en poner reglas:

1. Demasiadas reglas insignificantes

2. Reglas que no son firmes.

Donde no hay reglas firmes y guardadas, la vida del niño es echado sobre un constante cambio de sentidos e impulsos. Niños prosperan cuando hay orden y una rutina fija. Reglas sensatas y límites son necesarios para proteger niños de todas edades. Acuérdese, el poder de ejemplo en un padre hace más para entrenar a un niño que cualquier otra cosa.

894. ¿QUÉ PAPEL TIENE LA DISCIPLINA EN UNA FAMILIA CRISTIANA?

Padres cristianos son responsables delante de Dios para la disciplina de sus hijos. Si Ud. disciplina y cría a sus hijos según la Palabra de Dios, tendrá Su aprobación y bendición. Si falla en hacerlo, recibirá la ira de Dios. La obediencia de un niño no es meramente deseable o preferible. En ningún sentido es opcional. Es requerido. Es requerido de los padres por Dios, y así tiene que ser requerido de los niños por los padres.

NARRATIVO BÍBLICO: Dios castigó la casa de Elí, el sacerdote, porque fallaba en disciplinar a sus hijos. (I S. 3)

895. ¿CUAL ES EL MÉTODO BÍBLICO DE DISCIPLINAR A UN NIÑO?

Padres no deberían usar sus manos para infligir castigo. Nuestras manos deberían ser usados para acariciar, amar, y consolar nuestros niños. El método Bíblico de disciplina es sencilla. Usar una vara para pegar las nalgas. (Una vara es un palo recto y delgado, como una cortada fresca de un árbol.)

Una nalgada combina los dos aspectos de amor y temor. Es diseñada tras nuestra relación con el Padre Celestial. Es la clase correcta de castigo* no solamente tiene un afecto físico, sino a través de terror físico y dolor, despierta y afina la consciencia de que hay un poder moral sobre nosotros, una ley que no puede ser quebrantada. La vara de corrección fortalece el vínculo moral entre el niño y el padre.

* Abuso físico excesivo no es DISCIPLINA CORRECTA. Tampoco es una buena nalgada una paliza.

El que detiene el castigo, a su hijo aborrece; mas el que lo ama, desde temprano lo corrige. (Pr. 13:24)

896. ¿CÓMO "PRACTICAMOS LA PRESENCIA DE JESÚS "EN NUESTRA CASA"?

Practicamos la presencia de Jesús cuando la familia cristiana vive junto en Jesucristo en su experiencia diaria. Es como si una visita hubiera venido para residir en su casa. Posiblemente no sea visible a nosotros, pero si tomamos el tiempo, podemos aprender a comunicar con él diariamente. Jesús es nuestro invitado invisible en nuestra mesa durante la cena; es el oyente silencioso a cada conversación. No hay ninguna fase de la vida familiar en la que no tiene parte. No hay ningún problema que se enfrenta a la familia que no puede encontrar la solución en su sabiduría e intervención.

. . . habitaré y andaré entre ellos, y seré su Dios, y ellos serán mi pueblo. (II Co. 6:16)

897. ¿CÓMO ENSEÑAMOS A NUESTROS HIJOS AMAR Y CONFIAR EN EL SEÑOR?

Cada miembro, en su propio nivel de comprensión y apropiación, necesita experimentar el perdón, el amor y la aceptación que Dios nos ofrece en Jesucristo. Cada uno, incluyendo los pequeños, tienen que reconocerle como Salvador de la familia. El trabajo del padre es dejar que la sencilla fe de un niño sea una puerta a la experiencia. En maneras concretas y prácticas el padre ayuda que el niño reconozca el amor de Jesús en los asuntos diarios de la vida.

. . . Dejad a los niños venir a mí, y no se lo impidáis; porque de los tales es el reino de Dios. (Mr. 10:14)

Por tanto, pondréis estas mis palabras en vuestro corazón y en vuestra alma, y las ataréis como señal en vuestra mano, y serán por frontales entre vuestros ojos. Y las enseñaréis a vuestros hijos, hablando de ellas cuando te sientes en tu casa, cuando andes por el camino, cuando te acuestes, y cuando te levantes. (Dt. 11:18-19)

898. ¿CÓMO SE HACE JESUCRISTO EL SEÑOR DE LA FAMILIA?

Hay dos maneras para activar el Señorío de Jesucristo sobre la vida y las actividades de la familia. Estos dos compromisos básicos establecen un fundamento para el Señorío de Cristo en la familia. Involucran un compromiso de:

1. Tiempo.

   Estableciendo una hora cada día para adoración como una familia. Si Jesús es verdaderamente el Señor de la familia, entonces es imprescindible que dediquemos un período de tiempo diariamente exclusivamente para El.

   Asistiendo los cultos y reuniones regulares de la iglesia.

2. Dinero

   Significa que damos por lo menos un décimo de las ganancias de la familia al Señor.

   También es importante que padres enseñen a sus hijos a dar limosna a los pobres y que contribuyan al apoyo de misioneros en países extranjeros.

899. **¿QUÉ PAPEL TIENE LOS PADRES EN EL DESARROLLO ESPIRITUAL DE LA FAMILIA CRISTIANA?**

La Biblia enseña el sacerdocio de todos los creyentes . . . representar a Dios a la gente, y representar la gente a Dios. Los padres son llamados y ordenados por Dios como sacerdotes a sus hijos.

1. Los padres son llamados para presentar a Dios a sus hijos. Lo hacen a través de ejemplo, enseñanza diligente, y animándoles a memorizar la Palabra de Dios, y dirigiéndoles en varias formas de adoración familiar.

2. Los padres son llamados a presentar a sus hijos a Dios. Lo hacen principalmente a través del ministerio de oración.

   Y las enseñaréis a vuestros hijos, hablando de ellas cuando te sientes en tu casa, cuando andes por el camino, cuando te acuestes, y cuando te levantes. (Dt. 11:19)

900. ¿QUÉ MANTIENE JUNTOS LA FAMILIA CRISTIANA?

Oración. Ha sido dicho, "La familia que ora juntos se quedan juntos. Hoy en día la vida familiar está bombardeado con muchos conflictos entre marido y esposa, entre los hijos y los padres; entre presiones sociales y los estandartes de la familia. Muchas veces personas están confundidas en cuanto de quien es el enemigo verdadero. Como resultado no saben precisamente como deberían reaccionar durante el conflicto, y no parece que saben adonde les lleva el conflicto.

Cuando la familia se une en oración, Jesús entra en la situación de confusión para tomar control de nuestra batalla.

1. Jesús revela nuestro enemigo. (Satanás nuestro enemigo principal que está intentando destruir la familia cristiana.)

    ... vuestro adversario el diablo, como león rugiente, anda alrededor buscando a quien devorar. (I P. 5:8)

2. Jesús toma control de nuestra batalla y aprendemos lo que espera de nosotros... ¡aguanta! ¡Aguanta! ¡AGUANTA! ... ¡SIGUE LUCHANDO! ... ¡NO TEMAS! ¡No se pare hasta que haya llegado al final de la carrera!

    He peleado la buena batalla, he acabado la carrera, he guardado la fe. (II Ti. 4:7)

3. La familia cristiana depende de Dios quien es un Dios de guerra, un Dios que gana victorias. Cuando Dios toma control de nuestra batalla, podemos depender en Sus promesas. En Su tiempo nos fortalecerá y nos establecerá en victoria.

    Mas el Dios de toda gracia, que nos llamó a su gloria eterna en Jesucristo, después que hayáis padecido un poco de tiempo, él mismo os perfeccione, afirme, fortalezca y establezca. (I P. 5:10)

LA FAMILIA CRISTIANA 447

Porque esta leve tribulación momentánea produce en nosotros un cada vez más excelente y eterno peso de gloria; no mirando nosotros las cosas que se ven, sino las que se ven; pues las cosas que se ven son temporales, pero las que no se ven son eternas. (II Co. 4:17-18)

4. Esto es lo que significa la vida familiar cristiana . . vivir por un poder más allá de nosotros mismos. La familia cristiana que ha visto Jesús tomar control llega a ser su testigo en la tierra hoy en día.

Al cual resistid firmes en la fe, sabiendo que los mismos padecimientos se van cumpliendo en vuestros hermanos en todo el mundo. (I P. 5:9)

901. ¿CUAL ES LA ORDEN DE DIOS PARA EL PADRE SOLTERO?

Dios ha prometido ser un marido a la viuda, y un padre a los que no tienen. Cuando el Señor es pedido asumir el papel de un padre\marido, y respetado así, entonces Orden Divina es puesto en la casa de nuevo, y esto asegura las bendiciones y cuidado continuo de Dios sobre la familia cristiana.

Padre de huérfanos y defensor de viudas es Dios en su santa morada. (Sal. 68:5)

Porque tu marido es tu Hacedor; Jehová de los ejércitos es su nombre; y tu Redentor, el Santo de Israel; Dios de toda la tierra será llamado. Porque como a mujer abandonada y triste de espíritu te llamó Jehová, y como a la esposa de la juventud que es repudiada, dijo el Dios tuyo. (Is. 54:5-6)

SANIDAD DIVINA Y EL SACRAMENTO DE UNGIR CON ACEITE

CAPITULO 49

902. ¿QUÉ ES SANIDAD DIVINO?

Sanidad divina es una sanidad física que viene como resultado de una intervención divina, en respuesta a oración o por medio de fe.

903. ¿QUÉ NOS ENSEÑA LA BIBLIA ACERCA DE SANIDAD DIVINA?

La Biblia nos enseña que Jesucristo llevó todas las enfermedades y dolencias del mundo a la cruz. Recibió llagas en su espalda para que pudiéramos ser sanados.

Para que se cumpliese lo dicho por el profeta Isaías, cuando dijo: El mismo tomó nuestras enfermedades, y llevó nuestras dolencias. (Mt. 8:17)

Ciertamente llevó él nuestras enfermedades, y sufrió nuestros dolores . . . mi siervo justo a muchos, y llevará las iniquidades de ellos . . . habiendo él llevado el pecado de muchos. (Is. 53:4,11-12)

904. ¿DE DÓNDE ORIGINAN ENFERMEDADES Y DOLENCIAS?

Enfermedades y dolencias originan con pecado. El pecado es la causa de toda nuestra miseria y tristeza, de nuestras enfermedades y dolores, y de la muerte.

Por tanto, como el pecado entró en el mundo por un hombre, y por el pecado la muerte, así la muerte pasó a todos los hombres, por cuanto todos pecaron. (Ro. 5:12)

905. ¿CÓMO SE ADMINISTRA SANIDAD DIVINA?

Sanidad divina es administrado a nosotros a través de:

A. Oración personal y alabanza.

En aquellos días Ezequías cayó enfermo de muerte. Y vino a él el profeta Isaías hijo de Amoz, y le dijo: Jehová dice así: Ordena tu casa, porque morirás, y no vivirás. Entonces él volvió su rostro a la pared, y oró a Jehová y dijo: . . . Así dice Jehová, el Dios de David tu padre: Yo he oído tu oración, y he visto tus lágrimas; he aquí que yo te sano. (II R. 20:1-2,5)

Y he aquí vino un leproso y se postró ante él, diciendo: Señor, si quieres, puedes limpiarme. Jesús extendió la mano y le tocó, diciendo: Quiero; sé limpio. Y al instante su lepra desapareció. (Mt. 8:2-3)

B. Imposición de manos. Con la imposición de manos de un creyente, sanidad es impartida.

Y estas señales seguirán a los que creen: En mi nombre echarán fuera demonios; hablarán nuevas lenguas; tomarán en las manos serpientes, y si bebieren cosa mortífera, no les hará daño; sobre los enfermos pondrán sus manos, y sanarán. (Mr. 16:17-18)

C. La Palabra del Señor. Cuando la Palabra de Dios sale de la boca de un creyente ungido, las ataduras más fuertes de Satanás pueden ser rotas.

. . . solamente di la palabra, y mi criado sanará. (Mt. 8:8)

Envió su palabra, y los sanó, y los libró de su ruina. (Sal. 107:20)

D. Pañuelos ungidos.

De tal manera que aun se llevaban a los enfermos los paños o delantales de su cuerpo, y las enfermedades se iban de ellos, y los espíritus malos salían. (Hch. 19:12)

E. Dones de Sanidad.

A otro, fe por el mismo Espíritu; y a otro, dones de sanidades por el mismo Espíritu . . . y a unos puso Dios en la iglesia, primeramente apóstoles, luego profetas, lo tercero maestros, luego los que hacen milagros, después los que sanan, los que ayudan, los que administran, los que tienen don de lenguas. (I Co. 12:9,28)

F. Oración de Fe

Y la oración de fe salvará al enfermo, y el Señor lo levantará; y si hubiere cometido pecados, le serán perdonados. (Stg. 5:15)

G. Unción con aceite.

Y echaban fuera muchos demonios, y ungían con aceite a muchos enfermos, y los sanaban. (Mr. 6:13)

906. ¿PUEDEN SER SANADOS TODOS?

La provisión de sanidad fue hecho en Calvario, es para **todos los hombres.**

. . . Dios no hace ecepción de personas. (Hch. 10:34)

Quien llevó él mismo nuestros pecados en su cuerpo sobre el madero, para que nosotros, estando muertos a los pecados, vivamos a la justicia; y por cuya herida fuisteis sanados. (I P. 2:24)

Bendice, alma mía, a Jehová, y bendiga todo mi ser su santo nombre. Bendice, alma mía, a Jehová, y no olvides

SANIDAD DIVINA

ninguno de sus beneficios. El es quien perdona todas tus iniquidades, el que sana todas tus dolencias. (Sal. 103:1-3)

907. ¿ES FE EN EL SEÑOR NECESARIA PARA SANIDAD?

Sí. Sin fe no podemos recibir nada de Dios. Fe tiene que ser puesta en acción por la persona que ora por el enfermo o por la persona enferma.

Pero sin fe es imposible agradar a Dios; porque es necesario que el que se acerca a Dios crea que le hay, y que es galardonador de los que le buscan. (He. 11:6)

Y no hizo allí muchos milagros, a causa de la incredulidad de ellos. (Mt. 13:28)

908. ¿CÓMO RECIBIMOS ESTA FE?

Cuando verdaderamente buscamos al Señor para sanidad, el Espíritu Santo nos permite oír la Palabra de Dios. Esta "Palabra de Dios" inspirada, que es enviada a nuestros corazones, crea fe en nosotros. En aquel instante, tenemos la habilidad de agarrar la promesa de Dios que trae sanidad.

Así que la fe es por el oír, y el oír, por la palabra de Dios. (Ro. 10:17)

Envió su palabra, y los sanó, y los libró de su ruina. (Sal. 107:20)

909. ¿CUÁNDO EMPIEZA LA SANIDAD?

Cuando recibimos un toque sanador de Cristo, el proceso de sanidad empieza inmediatamente. Muchas veces la recuperación es instantánea, pero puede ser progresiva.

Y recorrió Jesús toda Galilea, enseñando en las sinagogas de ellos, y predicando el evangelio del reino, y sanando toda enfermedad y toda dolencia en el pueblo. (Mt. 4:23)

Cuando él los vio, les dijo: Id, mostraos a los sacerdotes. Y aconteció que mientras iban, fueron limpiados. Entonces uno de ellos, viendo que había sido sanado, volvió, glorificando a Dios a gran voz. (Lc. 17:14-15)

Cómo Dios ungió con el Espíritu Santo y con poder a Jesús de Nazaret, y cómo éste anduvo haciendo bienes y sanado a todos los oprimidos por el diablo, porque Dios estaba con él. (Hch. 10:38)

Pues para que sepáis que el Hijo del Hombre tiene potestad en la tierra para perdonar pecados (dijo al paralítico): A ti te dijo: Levántate, toma tu lecho, y vete a tu casa. (Mr. 2:10-11)

910. ¿POR QUÉ NO ES INSTANTÁNEA TODAS LAS SANIDADES?

Todas las sanidades nos son instantáneas porque:

A. El propósito de nuestra aflicción aun no ha sido llevado a cabo.

Por un breve momento te abandoné, pero te recogeré con grandes misericordias. Con un poco de ira escondí mi rostro de ti por un momento; pero con misericordia eterna tendré compasión de ti, dijo Jehová tu Redentor. (Is. 54:7-8)

B. Pecado o incredulidad bloquean nuestro camino a Cristo.

Pero vuestras iniquidades han hecho división entre vosotros y vuestro Dios, y vuestros pecados han hecho ocultar de vosotros su rostro para no oír. (Is. 59:2)

Entonces me llamarán, y no responderé; me buscarán de mañana, y no me hallarán. Por cuanto aborrecieron la sabiduría, y no escogieron el temor de Jehová. (Pr. 1:28-29)

SANIDAD DIVINA

Porque el corazón de este pueblo se ha engrosado, y con los oídos oyen pesadamente, y han cerrado sus ojos; para que no vean con los ojos, y oigan con los oídos, y con el corazón entiendan, y se conviertan, y yo los sane. (Mt. 13:15)

911. ¿QUÉ PUEDE IMPEDIRNOS EN RECIBIR UNA SANIDAD?

Un pecado que no ha sido confesado, un espíritu que no quiere perdonar, y enemistad contra un hermano pueden impedirnos recibir una sanidad.

Pero vuestras iniquidades han hecho división entre vosotros y vuestro Dios, y vuestros pecados han hecho ocultar de vosotros su rostro para no oír. (Is. 59:2)

Mas si no perdonáis a los hombres sus ofensas, tampoco vuestro Padre os perdonará vuestras ofensas. (Mt. 6:15)

Por tanto, si traes tu ofrenda al altar, y allí te acuerdas de que tu hermano tiene algo contra ti, deja allí tu ofrenda delante del altar, y anda reconcíliate primero con tu hermano, y entonces ven y presenta tu ofrenda. (Mt. 5:23-24)

912. MIENTRAS QUE ESPERAMOS SANIDAD, ¿QUÉ DEBERÍAMOS HACER?

Deberíamos orar y esperar pacientemente dirección de Dios acerca de la lección que El está enseñándonos en nuestra enfermedad.

Y no solo esto, sino que también nos gloriamos en las tribulaciones, sabiendo que la tribulación produce paciencia; y la paciencia, prueba; y la prueba, esperanza; y la esperanza no avergüenza; porque el amor de Dios ha sido derramado en nuestros corazones por el Espíritu Santo que nos fue dado. (Ro. 5:3-5)

Y aunque era Hijo, por lo que padeció aprendió la obediencia. (He. 5:8)

Tampoco dudó, por incredulidad, de la promesa de Dios, sino que se fortaleció en fe, dando gloria a Dios, plenamente convencido de que era también poderoso para hacer todo lo que había prometido. (Ro. 4:20-21)

913. **CUÁNDO SOMOS SANADOS, ¿RECIBIMOS SANIDAD ESPIRITUAL TANTO COMO SANIDAD FÍSICA?**

Sí. Cuando recibimos un toque sanador de Cristo para nuestro cuerpo también somos vivificados en nuestro espíritu. El toque sanador de Cristo afecta nuestra relación espiritual con Dios.

Y cuando estéis orando, perdonad, si tenéis algo contra alguno, para que también vuestro Padre que está en los cielos os perdone a vosotros vuestras ofensas. Porque si vosotros no perdonáis, tampoco vuestro Padre que está en los cielos os perdonará vuestras ofensas. (Mr. 11:25-26)

914. **DESPUÉS DE SER SANADOS, ¿QUÉ NOS MANDA DIOS HACER? ¿POR QUÉ?**

Dios nos manda a no pecar más para que no nos venga alguna cosa peor.

Después le halló Jesús en el templo, y le dijo: Mira, has sido sanado; no peques más, para que no te venga alguna cosa peor. (Jn. 5:14)

Entonces va, y toma consigo otros siete espíritus peores que él, y entrados, moran allí; y el postrer estado de aquel hombre viene a ser peor que el primero. Así también acontecerá a esta mala generación. (Mt. 12:45)

Porque mejor les hubiera sido no haber conocido el camino de la justicia, que después de haberlo conocido, volverse atrás del santo mandamiento que les fue dado. (II P. 2:21)

SANIDAD DIVINA

915. ¿POR QUÉ SE UNGE A LOS ENFERMOS CON ACEITE?

Jesús y Sus discípulos ungían los enfermos con aceite para sanidad. Aceite de oliva que ha sido consagrado es usado en las Escrituras para simbolizar la obra milagrosa del Espíritu Santo.

Y echaban fuera muchos demonios, y ungían con aceite a muchos enfermos, y los sanaban. (Mr. 6:13)

916. ¿POR QUÉ UNGEN ALGUNAS IGLESIAS, A LOS ENFERMOS DE MUERTE CON ACEITE ANTES DE QUE SE MUERAN?

En muchas iglesias cristianas, el ungir con aceite a los que están graves es llamado, "el sacramento de ungir con aceite", o "los últimos ritos". Su propósito es para traer perdón y sanidad al alma y al espíritu de los creyentes, para que puedan ser restaurados al Cuerpo de Cristo (la Iglesia) y para que sean sanados. En casos muy graves les prepara para la muerte y la entrada al Reino de Dios.

¿Está alguno enfermo entre vosotros? Llame a los ancianos de la iglesia, y oren por él, ungiéndole con aceite en el nombre del Señor. Y la oración de fe salvará al enfermo, y el Señor lo levantará; y si hubiere cometido pecados, le serán perdonados. (Stg. 5:14-15)

Pero Jesús dijo: Dejadla, ¿por qué la molestáis? Buena obra me ha hecho. Siempre tendréis a los pobres con vosotros, y cuando queráis les podréis hacer bien; pero a mí no siempre me tendréis. Esta ha hecho lo que podía; porque se ha anticipado a ungir mi cuerpo para la sepultura. De cierto os digo que dondequiera que se predique este evangelio, en todo el mundo, también se contará lo que ésta ha hecho, para memoria de ella. (Mr. 14:6-9)

917. ¿POR QUÉ ES EL UNGIR CON ACEITE LLAMADO UN SACRAMENTO?

Es llamado un Sacramento (un hecho sagrado) porque está escrito en las Escrituras para que cumplamos. Es un símbolo visible y exterior, el aceite de oliva (consagrado por oración), y la obra interior de perdón y restauración.

¿Está alguno enfermo entre vosotros: Llame a los ancianos de la iglesia, y oren por él, ungiéndole con aceite en el nombre del Señor. Y la oración de fe salvará al enfermo, y el Señor lo levantará; y si hubiere cometido pecados, le serán perdonados. (Stg. 5:14-15)

NARRATIVO BÍBLICO: Aceite de la santa unción fue mezclado con perfumes para tiempos especiales de consagración y para santificar los utensilios del templo. (Ex. 30:22-25)

918. ¿POR QUÉ SE USA ACEITE EN EL SACRAMENTO?

A. El aceite simboliza la presencia del Espíritu Santo.

Has amado la justicia, y aborrecido la maldad, por lo cual te ungió Dios, el Dios tuyo, con óleo de alegría más que a tus compañeros. (He. 1:9)

B. Es el símbolo del sacramento que procura las bendiciones prometidas de Dios.

... Mira, haz todas las cosas conforme al modelo que se te ha mostrado en el monte. (He. 8:5)

919. ¿CÓMO SE USA EL ACEITE EN EL SACRAMENTO?

El aceite consagrado es puesto sobre el enfermo para sanidad y liberación en el Nombre del Señor.

... y oren por él, ungiéndole con aceite en el nombre del

Señor. *(Stg. 5:14)*

920. ¿QUIÉN PUEDE ADMINISTRAR ESTE SACRAMENTO?

El ungir de aceite es administrado por los ancianos de la Iglesia.

¿Está alguno enfermo entre vosotros? Llame a los ancianos de la iglesia, y oren por él, ungiéndole con aceite en el nombre del Señor. (Stg. 5:14)

921. ¿POR QUÉ ES ADMINISTRADO ESTE SACRAMENTO?

Este sacramento es administrado para sanidad y liberación de los enfermos y oprimidos. Muchos están débiles y enfermos por pecados cometidos contra Cristo o Su cuerpo, la Iglesia.

De manera que cualquiera que comiere este pan o bebiere esta copa del Señor indignamente, será culpado del cuerpo y de la sangre del Señor. Por tanto, pruébese cada uno a sí mismo, y coma así del pan, y beba de la copa. Porque el que come y bebe indignamente, sin discernir el cuerpo del Señor, juicio come y bebe para sí. Por lo cual hay muchos enfermos y debilitados entre vosotros, y muchos duermen. (I Co. 11:27)

Porque el ocuparse de la carne es muerte, pero el ocuparse del Espíritu es vida y paz. Por cuanto los designios de la carne son enemistad contra Dios; porque no se sujetan a la ley de Dios, ni tampoco pueden. (Ro. 8:6-7)

922. ¿CUALES SON LOS PECADOS COMETIDOS CONTRA CRISTO Y SU CUERPO, LA IGLESIA?

Pecados cometidos contra Cristo o Su cuerpo, la Iglesia, incluyen:

1. Ofendernos cuando somos disciplinados por el Señor.

Y bienaventurado es aquel que no halle tropiezo en mí. (Lc. 7:22)

2. Ofendernos cuando otro hermano dice o hace algo insensible y guardar resentimiento y rencor hacía este hermano.

   Mucha paz tienen los que aman tu ley, y no hay para ellos tropiezo. (Sal. 119:165)

3. Tener un espíritu que no quiere perdonar.

   Porque si vosotros no perdonáis, tampoco vuestro Padre que está en los cielos os perdonará vuestras ofensas. (Mr. 11:26)

4. Tener un espíritu de desobediencia que no obedece los mandamientos de Dios.

   Y estando prontos para castigar toda desobediencia, cuando vuestra obediencia sea perfecta. (II Co. 10:6)

5. Robar a Dios de diezmos y ofrendas.

   ¿Robará el hombre a Dios? Pues vosotros me habéis robado. Y dijisteis: ¿En qué te hemos robado? En vuestros diezmos y ofrendas. (Mal. 3:8)

6. Esconder o condonar pecado.

   El que encubre sus pecados no prosperará; mas el que los confiesa y se aparta alcanzará misericordia. (Pr. 28:13)

7. Chismear.

   Si alguno se cree religioso entre vosotros, y no refrena su lengua, sino que engaña su corazón, la religión del tal es vana. (Stg. 1:26)

SANIDAD DIVINA

8. Tomar de la Santa Cena del Señor indignamente.

De manera que cualquiera que comiere este pan o bebiere esta copa del Señor indignamente, será culpado del cuerpo y de la sangre del Señor. Por tanto, pruébese cada uno a sí mismo, y coma así del pan, y beba de la copa. Porque el que come y bebe indignamente, sin discernir el cuerpo del Señor, juicio come y bebe para sí. Por lo cual hay muchos enfermos y debilitados entre vosotros, y muchos duermen. (I Co. 11:27-30)

923. ¿CÓMO RECIBIMOS SANIDAD CUANDO HEMOS PECADO CONTRA CRISTO O CONTRA SU IGLESIA?

Llamamos a los ancianos de la Iglesia, confesamos nuestros pecados y pedimos perdón de Dios a través de oración.

Confesaos vuestras ofensas unos a otros, y orad unos por otros, para que seáis sanados . . . (Stg. 5:16)

924. ¿QUÉ HACEN LOS ANCIANOS?

Los ancianos escuchan la confesión de pecados y oran al Señor por la persona afligida para que sus pecados sean remitidos.

Después de esto, ungen a la persona enferma con aceite en el Nombre del Señor y oran la oración de fe.

¿Está alguno enfermo entre vosotros? Llame a los ancianos de la iglesia, y oren por él, ungiéndole con aceite en el nombre del Señor. Y la oración de fe salvará al enfermo, y el Señor lo levantará; y si hubiere cometido pecados, le serán perdonados. (Stg. 5:14-15)

925. ¿QUÉ HACE EL SEÑOR?

Según las Escrituras, el Señor perdona los pecados que han sido confesados del creyente, le restaura al Cuerpo de Cristo y a veces restaura su sanidad física.

Y la oración de fe salvará al enfermo, y el Señor lo levantará; y si hubiere cometido pecados, le serán perdonados. (Stg. 5:15)

926. ¿ES EL CREYENTE SIEMPRE RESTAURADO A SANIDAD FÍSICA?

No. Muchas veces sanidad seguirá la administración del sacramento. Sin embargo, este sacramento es usado principalmente para la sanidad y la salvación del alma de la muerte.

Hermanos, si alguno de entre vosotros se ha extraviado de la verdad, y alguno le hace volver, sepa que el que haga volver al pecador del error de su camino, salvará de muerte un alma, y cubrirá multitud de pecados. (Stg. 5:19-20)

927. ¿CUÁNDO SE DEBERÍA LLAMAR A LOS ANCIANOS?

Los ancianos deberían ser llamados en todos los casos de una enfermedad grave. Ni familia ni médicos siempre pueden discernir si la enfermedad es espiritual u orgánica en su origen.

En el año treinta y nueve de su reinado, Asa enfermó gravemente de los pies, y en su enfermedad no buscó a Jehová, sino a los médicos. Y durmió Asa con sus padres, y murió en el año cuarenta y uno de su reinado. (II Cr. 16:12-13)

928. ¿HAY OCASIONES CUÁNDO LAICOS SON PERMITIDOS A UNGIR CON ACEITE?

Sí. Laicos son permitidos a ungir a los enfermos para sanidad física. Sin embargo, solamente los ancianos pueden administrar el Sacramento de Unción para sanidad espiritual y restauración.

Y echaban fuera muchos demonios, y ungían con aceite a muchos enfermos, y los sanaban. (Mr. 6:13)

Y estas señales seguirán a los que creen: En mi nombre echarán fuera demonios; hablarán nuevas lenguas; tomarán en las manos serpientes, y si bebieren cosa mortífera, no les hará daño; sobre los enfermos pondrán sus manos, y sanarán. (Mr. 16:17-18)